▲ 2006 年 4 月 28 日作者在"中国古村落保护(西塘)国际高级论坛"上发言

◀ 2017 年 12 月 23 日作者在浙江
三门召开的冬至文化论坛上发言

▲ 1998 年 12 月 24 日至 26 日中国民俗学会第四次代表大会期间，
作者与钟敬文先生合影

▲ 2005 年 7 月 5 日"中国非物质文化遗产保护·苏州论坛"期间，
作者与靳之琳(右二)、刘魁立(左二)、陈勤建(左一)合影

▲ 2005 年 7 月 5 日在"中国非物质文化遗产保护·苏州论坛"上，作者与乌丙安先生合影

▲ 2005 年 9 月 18 日在上海市莫干山路 50 号举行的中秋雅集上，作者与刘魁立(中)、阮仪三(右)先生合影

▲ 2006 年 4 月 28 日"中国古村落保护(西塘)论坛"期间,作者与时任联合国教科文组织干事长青岛泰之先生合影

▲ 2007 年 9 月 21 日在海盐召开的"江南民间文化保护论坛"上,作者与刘锡诚先生合影

▲ 2013 年 5 月 24 日作者拜访车锡伦先生

▲ 2013 年 5 月 31 日参加春节符号征集活动,作者与陶立璠(中)、邹明华(右)合影

▲ 2005 年 7 月 5 日作者与新疆木卡姆演唱者合影(苏州)

▲ 2006 年 7 月 2 日作者带领学生进行金山农民画调查,与吴彤章(前排左二)、张新英(前排右二)合影

▲ 2009 年 1 月 3 日作者在日本滨松进行民俗调查

▲ 2010 年 5 月 3 日海峡两岸四地常熟民歌大赛期间，作者与台湾民歌手合影

▲ 2017 年 11 月 15 日作者在贵州芦笙节调查

▶ 2018 年 3 月 4 日作者在
河北进行井陉社火调查

非物质文化遗产
保护沉思录

Reflections on the protection of
intangible cultural heritage

◎ 郑土有　著

上海远东出版社

图书在版编目(CIP)数据

非物质文化遗产保护沉思录 / 郑土有著. —上海：上海远东出版社，2021

ISBN 978-7-5476-1684-0

Ⅰ.①非… Ⅱ.①郑… Ⅲ.①非物质文化遗产—保护—研究—中国 Ⅳ.①G122

中国版本图书馆 CIP 数据核字(2021)第 007441 号

责任编辑 李 敏 王智丽
封面设计 陈奥林

非物质文化遗产保护沉思录

郑土有 著

出 版 **上海远东出版社**
　　　　 (200235 中国上海市钦州南路 81 号)
发 行 上海人民出版社发行中心
印 刷 上海锦佳印刷有限公司
开 本 640×965 1/16
印 张 24.25
插 页 6
字 数 330,000
版 次 2021 年 3 月第 1 版
印 次 2021 年 3 月第 1 次印刷
ISBN 978-7-5476-1684-0/G·1088
定 价 88.00 元

我的非遗研究之路(代序)

　　回想起来,自己投身非物质文化遗产保护工作的时间真不短了。

　　1982年秋季学期,我就读的华东师范大学中文系由著名的民间文学学者、中国四大民间故事研究专家罗永麟先生开设了《民间文学概论》,我毫不犹豫地选修了这门课程。起初,由于罗先生浓重的四川话口音,同学们都听得糊里糊涂,慢慢习惯了也就能听明白了。也许是出生于农村,从小喜欢听村里老人讲故事、笑话的缘故,潜意识中对流传于口头的民间文学作品有种亲切感,我不知不觉地喜欢上了这门课,自告奋勇当了课代表。跟罗先生的接触多了,对民间文学的爱好也与日俱增,紧接着就组织成立了兴趣小组。在罗先生的指导和中国民间文艺研究会上海分会(1989年更名为上海民间文艺家协会)的支持下,兴趣小组决定开展对上海郊区的故事、民歌和民俗的调查,要求同学们分小组阅读各县的县志和地方文献,熟悉当地的文化。到了寒假,各调查小组分赴郊区进行调查。我带领五位同学到最偏远的崇明县调查,在当地著名民歌手和民歌搜集整理者姚永发的带领下,搜集了不少当地歌手演唱的民歌作品。正当我们要离开崇明岛的时候,下起了大雪,回市区的唯一交通工具渡轮停航。好在不久雪止恢复了通航,同学们才顺利地返校、回家过年。这是我人生中第一次田野调查,收获颇丰,也对民间文学的流传情况有了深刻的认识。接下来,正巧罗永麟先生开始招收硕士研究生,于是就决定报考民间文学方向的研究生。

　　1984年顺利考取了罗永麟先生的研究生。就读研究生期间,系统地学习了民间文学理论知识,尝试撰写研究论文。期间,为参加冯梦龙学术研讨会撰写的《冯梦龙的民间文学搜集整理理论初探》,后来发表在《宁德师专学报》1985年增刊上;《论孟姜女形象的深表层结构》发表在《民间文学论坛》1986年第6期上。除了理论学习外,也多次参加民间文学、民俗的田野调查。比如参加中国民间文艺研究会上海分会组织的赴松江县调查民歌活动,记忆深刻的是在泗泾镇观看了"叫咕咕"(小名)等人专门为我们表演的皮影戏,皮影的道具都是翻箱倒柜找出来的,戏已经很长时间不演出了。1985 年 3 月,跟随姜彬先生、王文华先生和导师坐了三十多个小时的火车到达昆明,然后坐汽车到大理调查白族民俗,到楚雄参加彝族的插花节,到昆明石林了解阿诗玛的传说和长歌。插花节又叫马缨花节,是彝族的传统节日,现在是云南省非物质文化遗产项目。楚雄州大姚县昙华乡的插花节盛大隆重,每年农历二月初八,来自四面八方的彝族民众身着彝族盛装汇聚到昙华山,欢度彝族传统节日。我们在彝族村寨吃了富有彝族特色的中饭后,便随着上山的队伍步行几公里来到半山腰,加入了众人的行列,此时山上是人山人海,欢歌笑舞此起彼伏。我们这些来自江南地区的人,是第一次看到这种场景,十分震撼。一直到晚上十点多钟,我们才依依不舍地下山。回沪后,写了《彝族羊毛毡》《插花节散记》两篇短文在《采风》上发表,这也算是我最早的田野调查散文吧。

研究生毕业后,我被分配到上海市文学艺术界联合会所属的中国民间文艺研究会上海分会工作,担任《民间文艺季刊》的编辑。该刊是当时国内刊登民间文学研究文章的两大刊物之一(另一个是中国民间文艺研究会主办的《民间文学论坛》),由于工作原因跟国内外民间文学学术界有了广泛的联系。除了正常的编辑工作之外,也参加了时任上海民间文艺家协会主席、《民间文艺季刊》主编姜彬先生主持的吴语地区民间文化调查的系列项目,经常到浙江、江苏以及上海郊区进行民间文化的田野调查。同时,也与日本的学者联合进行了数次民间文学、民间信仰的调查。如与日本神奈川大学广田律子教授合作,赴浙江温州等地进行陈十四夫人信仰以及相关说唱艺术的调查;参与日本新潟大学马场英子教授主持的日本文部科学省科学研究项目《关于民国时期中国的昔话研究的综合研究》,连续两年与日本学者一起到浙江省金华市曹宅镇进行为期一周的民间故事调查,出版了日文版《金华曹宅镇昔话集(稿本)》《金华曹宅镇昔话集(稿本)2》。

为了在理论方面有所提升,2001年至2004年我在职攻读华东师范大学文艺学专业文艺民俗学方向博士学位,师从陈勤建教授。在读期间,受邀加入同济大学阮仪三教授团队,做古镇古村落规划前的民俗文化调查。带领陈勤建教授门下的博士、硕士先后到浙江省仙居县皤滩镇、福建省邵武市和平镇、河北省秦皇岛市山海关区、山东省德州市运河沿岸、上海市浦东新区新场镇等地进行较为深入的民俗文化调查,挖掘、提炼当地独特的民俗文化资源和特色,为规划设计提供文化支撑。博士论文《吴语叙事山歌演唱传统研究》就是在多年对吴语地区山歌调查的基础上,借鉴口头诗学、表演理论,围绕山歌中的叙事歌问题展开讨论,被学界认为是吴歌研究史上的一个转折,获评上海市优秀学位论文。

2004年9月,到复旦大学中文系任教后,相继开设了中国民俗文化、民间文学导论、非物质文化遗产保护导论等课程,并且组织学生利用暑假、寒假进行非遗项目的调查。

尽管联合国教科文组织1982年就成立了保护民俗专家委员会,并设立了非物质遗产处(Section for the Non-Physical Heritage)。但我国真正开展非物质文化遗产保护工作是在进入新世纪以后。2001年5月18日,联合国教科文组织颁布第一批"人类口头和非物质遗产代表作名录",我国的昆曲赫然在19个项目之列,才引起了各级政府和民众的重视。直到2003年10月17日,联合国教科文组织第32届大会通过《保护非物质文化遗产公约》,"非物质文化遗产"的名称和界定才真正确定下来。"非物质文化遗产"涵盖的内容广泛,现在回头看,我从大学本科三年级从事民间文学作品的搜集整理,以及之后所做的工作,事实上都是属于非遗保护、研究的范畴。

真正以"非物质文化遗产保护"名义参加学术活动,是2005年7月4日—7月6日应邀参加"中国非物质文化遗产保护·苏州论坛",在会上做了《"养"与"变"的辨证:非物质文化遗产保护方法之我见》的发言。自此以后,每年参加非物质文化遗产的调查、评审、研讨活动都达十余次。

　　回顾自己这些年来参与的非遗保护工作,主要体现在两方面。

　　一是参与非遗保护的实践工作。参加了浙江宁波梁祝传说的调查和非遗的申报;与学生一起对上海青浦的金泽庙会进行调查,并成功将其申报为上海市非遗代表作;应相关地方政府之邀参与当地的非遗项目申报、非遗项目保护、传承人评审等工作。

　　二是对非遗保护的理论研究。也许是专业的缘故,当非遗保护工作在我国全面展开以后,面对实践工作中出现的各种复杂情况,总是想提出自己的一些思考,故十几年来陆陆续续发表了几十篇文章。其中,有些观点和想法应该具有原创性和前瞻性。如在《"养"与"变"的辨证:非物质文化遗产保护方法之我见》中根据非遗的"活态性"特点,提出了让非遗"回归生活"的观点;《非物质文化遗产保护中的"儿童意识"——从日本民俗活动中得到的启示》一文针对我国非遗传承的实际情况,提出应借鉴日本的做法,创造条件让孩子从小参与非遗活动,首次提出非遗传承的"儿童意识"问题;《从"摇快船"项目探讨非遗保护实践中的问题》以上海市非遗项目"青浦摇快船"为个案,对保护单位的遴选和已经基本失去了生存基础的非遗项目如何保护问题提出了思考;《民俗场:民间文学类非遗活态保护的核心问题》一文针对非遗保护中难度最大的民间文学类非遗的保护,提出了"民俗场"的概念,分析重塑"民俗场"的意义;《"精华"与"糟粕"的迷思——信仰类非遗保护亟待解决的问题》一文认为信仰类非遗保护的关键是要在认识方面破除"精华"与"糟粕"的二分法和思维模式,回归非遗项目的本体。总之,这些思考均来自非遗保护传承的实践,希望从学理上解决实践层面遇到的各种问题,使非遗保护工作真正起到传承中华优秀传统文化的功效。

　　本书所收集的文章,根据内容大致分为非遗及古村落保护的思考、民间文学类非遗的保护问题、信仰类非遗的保护问题、民俗类非遗的保护问题、非遗保护实践问题五编,这些文章均已在国内各类报刊公开发表。由于写作时间跨度较大,有些观点前后可能有变化,有些表述可能有重复,但为了忠实记录自己在不同时期的思考,所以除了个别错别字外,基本没有改动。敬请读者朋友批评指正。

目　　录

第一编　非遗及古村落保护的思考

第二编　民间文学类非遗的保护问题

第三编　信仰类非遗的保护问题

第四编　民俗类非遗的保护问题

第五编　非遗保护实践问题

附　录

第一编

非遗及古村落保护的思考

"养"与"变"的辨证:
非物质文化遗产保护方法之我见

2006 年 5 月 20 日,国务院正式批准公布第一批国家级非物质文化遗产名录(518 项),标志着非物质文化遗产的保护工作已在我国全面展开,这是一件令人振奋的事。全面正确地认识非物质文化遗产保护的意义,提高全民的非物质文化遗产保护意识,恐怕是一项长期而艰巨的工作。而如何从一开始就制定科学规范的保护措施、采取更为有效的方法进行保护,则是一个迫切需要解决的问题。我们必须一开始就防止两种倾向:一是从发展地方经济的近视眼光出发,借保护之名行经济开发之实。这是一种扼杀性或者说破坏性的保护,在我国的自然与文化遗产的保护中已经出现了一些问题,有了惨痛的教训,在非物质文化遗产的保护中也已出现了一些苗子,如各地热情高涨的申遗项目中有少数恐怕就属于这种情况,既没有科学的认证、认真的调查研究,也没有详细的保护规划,匆匆上报,目的无非是想借此提升地方知名度、发展地方经济。如果出于这样的动机,对非物质文化遗产的保护有百害而无一益,甚至会出现弄虚作假的情况。二是防止为保护而保护的做法,即单纯采取"博物馆"式的保护。由于我国的物质文化保护(尤其是文物保护)已实行了很长时间,已经形成了一整套行之有效的保护方法,形成了一种保护的思维模式,相关人员在不熟悉非物质文化特征的情况下,很容易照搬文物保护的方法来保护非物质文化遗产。但非物质文化是一种活态的文化,"博物馆"式的保护往往只能保其"形"不能保其"命",达不到真正保护的目的和效果。根据非物质文化的属性以及我国目前的实际情况,我个人认为采取"养"与"变"并举的方法对非物质文化进行保护是一种较为切合实际的保护办法。

一、"养"与"变"并举的前提：非物质文化的"活态"性

"养"与"变"是两种既有差异又有联系的保护方式。所谓"养"，即由政府和社会力量出资对非物质文化遗产形态进行封闭式的保护，保持其原真性，是一种原汁原味的保护，也就是我们传统意义上所理解的保护；所谓"变"，是指在适当保护的基础上，为其创造条件，让其回归民间，面向社会，面向生活，走"自我发展""自我更新"的道路。可以这样认为："养"与"变"是在保护的大前提下的两种保护方法或者说是两种保护理念。

在目前的情况下，对非物质文化遗产的"养"是非常必要的，但仅靠"养"是远远不够的，而且"养"从本质上说也不符合非物质文化的特征。

联合国教科文组织对"非物质文化遗产"的定义是"源自特定社区并以传统为根基的集体创作，包括所有形式的传统的和民间的文化。这些创作是通过口头和身姿传递的，它们在历史上经过了一个集体再创造的加工过程。它们包括口头传统、习俗、语言、音乐、舞蹈、仪式、节庆、传统医药、厨艺以及各种与物质文化（如工具）、地方特产相联系的特殊技艺"。从联合国教科文组织已经公布的人类口头和非物质文化遗产"代表作"来看，大致可以包括两方面：一是文化表现形式，二是文化表现空间。

综合考察这个概念的定义、分类和已经产生的非物质文化代表作的属性，我们可以对"非物质文化"的特征有一个比较清晰的认识：

一是生活性，即"深深扎根于文化传统或有关社区文化历史之中"。非物质文化是人们日常生活的一个组成部分，与人们的日常生活密不可分。如各种大大小小的庙会，以及庙会期间的祭祀仪式、民间艺术表演。赶庙会通常都是当地老百姓日程表上的重要活动，无论多忙，他们都会去赶庙会，都会参加庙会上的活动，当然也可以在庙会上买到生产生活的所需用品；而庙会期间的"表演者"，都是地道的社区成员，他们费时费力甚至费钱参加演出，纯粹是为了自娱和娱人、娱神，没有很强的功利性。即使那些我们今天称之为艺术的表现形式，它们在民间生

活中的功能也往往第一是实用,第二才是审美的、艺术的。如剪纸,在中国北方地区是用于美化生活环境的,如用作窗花、炕围花、顶棚花;南方地区主要用作刺绣的底样。所以非物质文化表现形式只有在生活场中才体现出了它的价值,也只有在生活场中才是具有生命力的。

二是非物质性,或者说是无形的。非物质文化遗产不像物质文化遗产是一种可视的物质存在。它往往体现为言语、身姿的动作等表现形式,即使那些以物质为载体的表现形式,如舞蹈要借助于身体的表演,可是其本身并不是指作为物质实体的身体,而是指它的表演艺术;面花是以面为载体,但并不是指面,而是指以面为材料的造型艺术。这种特性造成了非物质文化的多变性、不确定性,也给保护带来了一定的难度,它往往只存在于当事人的记忆之中,随着当事人的离世而消亡。当然"非物质性"也脱离不了它的载体——物质,没有纸张也就不可能有剪纸艺术,两者是相辅相成不可分离的。

三是动态性,一直处于不断的变化发展过程之中。因为非物质文化形式是人们生活的一个组成部分,而生活是无时无刻不处于变化发展的过程之中的,所以这种文化形式也是不断变化着的,即使同一品种,在时间上会随着时代的推移而产生变化,在空间上不同的地区会呈现千姿百态的状况。变化是它的生命存在方式,任何的"固定化"都会扼杀它的生命,使它失去生命的活力。

非物质文化遗产这三方面的特性,归纳起来可以用"活态"两个字概括,一种活态的存在形式,只有在活态中才能显现它的生命力和价值。对于那些失去了生存条件、濒临灭亡的非物质文化遗产,"养"是必须的,因为如果不人为地"养"起来的话,它们很快会消失在人们的视野中。这对于文化的多样性是极为不利的。但如何"养"才是有效的,才是符合非物质文化遗产上述特征的呢? 现在我们比较认可的做法是:由政府出钱,投入人力物力,将某一濒临消亡的文化样式用文字、图像的形式记录下来,将传承人保护起来,使其技艺不至于失传,同时对传承环境、传统社区予以保护。我个人认为这种做法属于"养"的办法,这的确是需要的,但还不够,因为单纯采用"养"的方法,是打强心针的做法,其结果很可能把它"格式化""僵化",甚至"养死了"。应该同时采取"变"的办法,给它注入"生长素",让其自身具备生存的能力。"养"与"变"并举,做到"养"中有"变"、"变"中有"养",才能使其既保留传统形态,又具有在新形势下的生存能力。就像保护大熊猫一样,我们不能一直放在繁殖场里饲养,至少要放在野外的保护区内让其生存,当然最好是完全放归大自然。

二、"养"与"变"的辩证关系

"养"与"变"的关系可以从以下两方面理解。

"养"是"变"的基础和前提。我国正处于从农业社会向工业社会、后工业社会的转型期,众多产生于农业社会的非物质文化遗产急剧消亡,迫切需要抢救。在这种情况下,"养"是第一要务,将这些遗产形态用文字、图像记录下来、将传承者保护起来,保护"原生态风貌"是需要"养"来完成的。如果连"原生态风貌"都已经丧失,就根本谈不上"变"了。如年画艺术,如果雕版没有了,制作雕版以及印刷的工艺失传了,老艺人都已经仙逝了,那么就没有办法在传统工艺基础上进行"变"。同样,一个民间剧种,如果老演员都死了,剧本没有留下来,表演的技巧也失传了,那就无法让它重新上台演出。所以在目前的情况下,"养"是非常重要的。

"变"是"养"的延伸,目的是为了更好地"养"。从某种意义上说"养"是一种被动的、消极的做法,由于非物质文化的活态性,能否真正养起来,是一个未知数。从长远来说,仅靠"养"是不可能保护非物质文化形态的。而只有"变"才是积极主动的做法,让其自身获得再生的能力。当然"变"不是放任自流,让其自生自灭,而是一种"扶持"、一种"引导",同时还要为其创造"变"的条件。具体来说,大致包括如下几方面。

首先是提高全民对非物质文化遗产重要性的认识,增强人们关于非物质文化遗产保护重要性的意识,构建一个有利于非物质文化遗产生存的社会环境。这实际上是非常重要的一个方面。我国许多非物质文化形态(包括物质文化遗产)之所以在最近二三十年间快速消亡,关键问题就在于在现代文明的冲击下，民众（特别是各级官员）对其重要性的认识不足，把它们视为落后的、简陋的、粗糙的甚至是迷信的东西，轻易就遗弃了。如果有保护的意识，我想不少非物质文化的形式不至于这么快就消失了；而如果全民对非物质文化遗产保护的意识提高了，不少濒临消亡的非物质文化遗产形式是可以在当今社会生存下去的。2000年10月，我曾参加过韩国的神农祭活动，活动举行这天，在繁华的汉城市（今首尔市）中心，专门辟出许多街道供巡游车和游行的队伍通行。这样就保证了每年该活动的正常进行，传统的仪式得以延续和保存。而回想我国的情况，大量的庙会活动往往被冠以封建迷信而予以禁止，随之消亡的不仅仅是祭祀的仪式，而是借此为舞台和载体的丰富多彩的民间艺术展演形式，以及社区独特的文化。上海南市区有关人士曾策划恢复城隍出巡活动，但连续几年都未得到政府部门的批准。城隍出巡原本是上海市区规模最大的一项民俗活动，承载的非物质文化表演形式非常丰富。由于认识上的问题，至今难以恢复。

其次是帮助恢复或重新搭建非物质文化遗产的生存平台，包括它的载体以及社区的环境。非物质文化遗产的濒临消亡，最主要的原因是其生存"平台"的消失。即随着社会的转型，以及人们生产生活方式的改变，原本是人们生活组成部分的非物质文化形式，逐渐被其他形式所代替，变成非必需的了，也就是失去了它存在的根基。如民间戏剧表演，旧时在农村的农闲时期是很普遍的事，很多村庄都有由喜爱戏剧的人自由组合的草台班，到各村巡回演出。但如今受到电影、电视、录像的冲击，这种草台班不复存在了，各种民间剧种也濒临消亡。只要我们投入少量的财力物力，帮助村民重新组建草台班，培养传承者，那么这种濒危的状态很可能就会改变，因为从调查的情况来看，农村中的文化生活还是相当贫乏的，即使是草台班的演出，也还是有观众的。又如各地大大小小的庙会活动、传统节日民俗活动，是各种仪式、民间文艺展演的"舞台"，长期以来许多优秀的非物质文化形式都是在这个舞台上产生、展示、绵延的；只要恢复了这些平台，非物质文化形式就有了生存的基础和条件，民众就会自发地投入其"创造"活动，非物质文化形式就可以以活态的形式存活于社区的生活之中,而政府并不需要投入大量的资金。一个很典型的例子:吴语地区的山歌演唱在 20 世纪五六十年代以前曾经非常盛行,当地百姓在田间劳动时、水域作业时、夏天乘凉时、冬天晒太阳时都可以听到嘹亮的歌声,但最近几十年,吴语地区广袤大地上的山歌基本上销声匿迹了。惟独有一支脉——赞神歌,至今仍活跃在民间,其原因就在于它的生存平台——民间的庙会活动没有消失。

第三是为某些非物质文化形式的"产品"提供制度上、法律上的保障。例如民间工艺类产品,原本是民众生活中的必需品,如逢年过节时家家户户要张贴年画、每年要更换剪纸窗花,砌新灶要画灶壁画等等;由于有这种需求,艺人生产的作品就不用发愁卖不出去,这种艺术也就能一代一代传承下来。随着时代的发展,这些艺术原本所具有的功用丧失了,失去了"用武之地",作品卖不了,艺人的基本生存成了问题,只好改行,也就没有人再学习这门技艺,这项技艺随之就面临着消亡的危险,需要抢救和保护。对于这类非物质文化形式,最好的保护方式是让其"变"——走入市场,在新的环境中求生存。但由于其自身的缺陷极为明显:一是手工个体制作无法与机械化批量生产相抗衡,成本及价格劣势明显;二是缺乏必须的专利保护,容易仿制。所以必须在政策、制度、法律方面予以保护,增强其在市场中的竞争能力。

打个不恰当的比喻:非物质文化遗产就像一条搁浅的鲸鱼,"养"的办法最终结果是为鲸鱼制作标本,而"变"的方法则是设法让它重新回到大海。

三、"养"与"变"的具体操作

在非物质文化遗产保护的具体操作过程中,如果能处理好"养"与"变"的辩证关系,掌握两者的"度",做到既保护遗产形态的原生态风貌,又赋予遗产形态以新的活力,让其继续"活"在社区生活空间之中,那么这种保护才是有生命力的。具体说,我认为要做到以下几点。

一是重点遗产项目要"养",一般性项目要鼓励其"变"。鉴于我国非物质文化遗产的丰富性以及国家和社会能够投入的经济能力的局限,不可能把所有的非物质文化遗产形式都完全进行保护,所以在目前的情况下建立分级保护制度是必须的。但即使列入重点保护(如被列入联合国教科文组织人类口头和非物质文化遗产代表作和国家级非物质文化遗产名录)的项目,也要实施"养"与"变"并举的做法,即保留其原真性,同时尝试让其回归生活,逐渐培育其在新时期的生存能力。如昆曲,现在各级政府都投入了大量的资金将其"养"起来,整理老艺人的资料,建立昆曲博物馆,培养年轻的演员等等,这在当前都是非常迫切的工作;但仅仅这些恐怕还是不够的,还得培养"观众",培养懂得欣赏昆曲艺术的受众,要让昆曲下社区,逐渐培养它自身的生存能力。

二是根据濒危的程度不同,极度濒危、又完全失去其生存基础的形态,要重点"养",而正处于濒危、尚有发展可能的,则要通过各种手段和措施,让其走"变"的道路。例如在国内外有很大影响的金山农民画,就是在传统民间艺术的基础上"变"出来的。上海市郊的金山县,民间有悠久的制作剪纸、刺绣、灶壁画的传统。但随着社会的发展,手工刺绣逐渐被机器所代替,作为刺绣纹样的剪纸也没有了用武之地,灶头被煤气灶取代后,灶壁画也就没有了栖身之所。因为功能的消失,这三种民间艺术眼看就要消亡。20世纪70年代末,金山县文化馆的辅导员们,将这些善于剪纸、刺绣、画灶壁画的农民大娘、大爷召集在一起,让他们将原先在纸、布、灶壁上的构图、色彩"复制"在宣纸上,呈现了令人惊奇的艺术效果。经过反复的总结和实践,一种一度不被美术界认可,被戏称为"四不像"的艺术品种——金山农民画诞生了。从其早期的作品及作者来看,可以很明显地感受到原先民间艺术元素的抽离和嫁接,其表现的内容及创作技法具有很强的民间性,其功能也未脱离民间艺术的实用性——装饰功能。可以说,金山农民画是传统民间艺术在新时期"变"得比较成功的范例。

三是重要传承人要"养",一般的传承者鼓励其"变"。由于非物质文化遗产具有生活性、活态性的特征,非物质文化遗产保护的核心是传承人的保护,目前遇到的最大问题是传承人的后继乏人,所以对现有的重要的传承人必须要"养",让他培养新的传承者,使其技艺后继有人,以保证千百年长期积累的技艺不失传、不失真。同时要鼓励一般的传承者、从业者勇敢地走"变"的道路,适应新的环境,甚至对传统的技艺也可以大胆创新,吸收现代科技手段用于传统遗产形态的展现和制作。

四是特定的重要传承场所要"养",一般的传承场所可顺势而"变"。如一些著名的古戏台、老式茶馆,已经不仅仅是一种建筑还承载了一种文化、一种象征,需要予以重点保护,保持其原来的格局和表演形式。而其余的则应顺应新时期人们的审美习惯和审美要求,作相应的变革,采用大众乐于接受的形式,与当下现实生活相融,使其成为新时期非物质文化形态的传承地。

五是传统仪式、工艺、技艺、表述方式等要"养",展演手段及最终"作品"要"变"。长期以来形成的、积累了无数前人经验的仪式、技艺、表述方式等,具有独特的文化价值,但它不一定适合今天人们的需求。运用传统的方式、手段来"生产"适合时代需要的"作品",就要求"变"。在这方面中国结是一个成功的例子,既保持了原有的元素,又切合了当代人的心理需求。

总之,对面临消亡的丰富多彩的非物质文化遗产,保护是必须的,也是极为迫切的工作。鉴于我国目前的实际情况,应该有明确的工作重点和工作目标:首先是制定相关的法律法规,在国家层面的法律上进行保障;其次是制定科学规范的保护制度和措施,一开始就走正规的道路;第三是健全四级保护网络(国家级、省市级、县级、街道乡镇级)。

保护手段和方法应是"养"与"变"并举:有一小部分重要的、典型的、濒危度高的遗产形态确实需要"养",而大部分则需要为其创造环境、创造载体促使其"变",在新的形势下逐渐形成自身的生存能力,重新回归民众的生活当中。从某种程度上说,"变"比"养"难度更大,是更高层次的保护。

(本文根据 2005 年 7 月 6 日由文化部、江苏省政府共同主办,苏州市政府等承办的"中国非物质文化遗产保护·苏州论坛"上的发言修改而成,原文刊于文化部民族民间文艺发展中心编《中国非物质文化遗产保护研究(上)》,北京大学出版社 2007 年 1 月版)

非物质文化遗产保护中的"儿童意识"

——从日本民俗活动中得到的启示

　　非物质文化遗产对于世界文化多样性和文化活力的保障作用,对于一个民族和社区的文化认同的重要性正在为人们所认识,目前联合国教科文组织以及世界各国都在通过各种手段和措施做出努力。然而,在非物质文化遗产保护过程中,有一个很难破解的难题——非物质文化的本质特征是其"活态性",其价值和功能都是在其生命的流程中才得以实现的;但是,随着历史的发展,人们的生活方式、审美观念等都发生了巨大的变化,民族传统非物质文化的生存环境已经或者正在消失,如果不施加一定的外力,它注定是要走向消亡的。因此如何通过保护的措施以确保其"活态性",确保其在新的环境中能够继续传承,是一个需要在实践过程中不断探索的课题。

　　2008 年上半年笔者在日本工作期间,从各种媒体中了解和观看了大量的日本民俗(作为非物质文化遗产的主要组成部分)活动,也有幸参加了几次日本民俗活动的调查,日本国民对民俗活动保护的重视,尤其是在传承方面所做出的积极努力,是值得我们借鉴的。其中日本民俗活动中对"儿童"的重视让我最受触动,也是目前我国在非物质文化遗产保护过程中较为欠缺的。下面结合日本的情况,谈谈笔者的一些粗浅看法。

一、谁是传承者

　　确保非物质文化遗产的"活态性",使其能够传承下去,最核心的问题无疑是传承者,因为人是非物质文化的载体。"在非洲,当一位老人去世之时,便是一座图书馆轰然倒塌之日"①,事实上所有的非物质文化均是如此,我国有许多地方戏剧曲艺就是因为老艺人的去世而悄然消亡。但是我们对"传承者"的认识却有一个误区。谁是传承者? 当然主要是指那些掌握特殊技艺的人,如掌握剪纸技艺的老大妈、能扎出漂亮灯彩的老爷爷等等,他们传承了在该社区流传了几百年甚至上千年的传统,是需要特别加以保护的。但问题是,仅仅保护了这些人是否就可以使非物质文化遗产传承下去了呢? 答案是否定的。如果一项非物质文化,仅靠一两位熟谙该活动仪式或技艺的人,而没有社区民众的积极参与,无论如何是传承不下去的。即使如剪纸,虽然可以凭一把剪刀、一张纸就可以完成,但是如果没有人购买、没有人使用、没有人欣赏,时间久了,剪纸艺人也就会失去创作的动力和热情,不用说子女不愿继承,老人们也不会愿意让子女继续从事该行当。

因此,从广义上说,非物质文化遗产的"传承者"并不是某个个体,而应是一个"群体"。在这个"群体"中可以划分出不同的层次:核心传承者,重要传承者,一般传承者。那些需要群体共同参与的项目,如口耳相传的传说故事、大型的民俗活动等,可以说所有的社区居民都是"传承者"。

培养"群体"传承者,当然不是也不可能将社区中的每个人都训练为传承能手,而主要是培养他们对自身所拥有的非物质遗产的自豪感和自珍意识,培养他们的保护意识和责任感,营造一种良好的保护氛围。当然在这过程中,肯定会涌现出部分对此十分痴迷、热爱的佼佼者,日后就成为核心传承人和重要传承人。这是一个循序渐进的、自然而然的过程,也是长期以来非物质文化传承过程中逐渐形成的普遍规律。

而培养"群体"传承者的"重中之重"无疑是对儿童的培养。按照社会分层理论,一个"群体"是由不同年龄层次、不同辈分的人群构成的,不同的辈分不仅是生理学意义上的"传宗接代",而且也是文化的"前后相

---

① 联合国教科文组织、世界文化与发展委员会《文化多样性与人类全面发展——世界文化与发展委员会报告》,张玉国译,广东人民出版社,2006,第 110 页。

继、代代传递"。由于社会的发展,生活环境及生活方式的改变,尤其是人们观念的变化,使得原本人们习以为常的、作为人们生活重要组成部分的某些非物质文化逐渐脱离了人们的生活视野,处于濒临消亡的状态。这种文化,中老年人大多都亲身经历过、参加过,青年人或许也看到过,而少年儿童则基本上没有任何的印象。因此,要想真正使这一文化传承下去,除了培养全民的保护意识以外,对少年儿童的培养教育显得尤为重要。让少年儿童从小就接触、感知非物质文化,培养他们对非物质文化的亲近感、亲情感,只有这样才能使"群体"传承得以延续。这一点,在我国显得尤为迫切。作为传统文化主要组成部分的非物质文化长期以来处于被忽视甚至是被批判的位置。在这样一种意识形态的影响下,大量的非物质文化处于自生自灭甚至被抛弃、被批判的状况,长期得不到展示、演练,导致技艺的消失。特别是改革开放以来,由于受到西方强势文化的冲击,非物质文化更加快了消亡的速度。而更加严重的问题是人们对沉淀着丰富民族文化精神财富、流传了几百年甚至数千年的非物质文化的"自鄙"和漠视。这种漠视在青少年人中间表现尤为突出。当然责任不在于他们,主要在于大的传承环境,他们不熟悉、甚至根本没有接触过各种传统非物质文化的形式,当然也就不可能理解其中的魅力和价值。

因此,在非物质文化保护工作中,强化对儿童的非物质文化重要性的教育,是一项极为重要的工作。只有让他们真正自觉地成为传承者,承担起传承者的职责,非物质文化才有可能代代传承。2003 年 10 月 17 日联合国教科文组织第 32 届世界大会上通过的《保护非物质文化遗产公约》第 14 条"教育、宣传和能力培养"中就明确提出,为了使非物质文化遗产在社会中得到确认、尊重和弘扬,各缔约国应制定"向公众,尤其是向青少年进行宣传和传播信息的教育计划"。韩国政府为了保证传统文化后继有人,还特设奖学金制度,以资助那些有志于学习无形文化遗产的年轻人,这些人统称为"传授奖学生"。《文化财保护法实施规则》要求:传授奖学生必须是"从重要无形文化财的持有者或持有团体那里接受了六个月以上的传授教育、且在该重要无形文化财的技能、技艺方面具有相当素质的人员",或者"在与重要无形文化财相关领域工作一年以上者"。在年龄方面,各领域亦根据各年龄段接受能力的不同而有所区别。重要无形文化财的传授奖学生一般学期五年。[1]

我国的《国家级非物质文化遗产代表作申报评定暂行办法》第七条第三款中也指出:"通过社会教育和学校教育等途径,使该项非物质文化遗产的传承后继有人,能够继续作为活的文化传统在相关社区尤其是青少年当中得到继承和发扬。"但是,就目前的实际情况来看,我国在这方面的工作做得还很不够,"儿童意识"仍然非常薄弱。

二、"儿童第一"的理念

日本是世界上最早提出对文化遗产(包括非物质文化遗产)[2]进行保护的国家,也是世界公认的对文化遗产保护最为成功的国家之一。就保护过程中的"儿童意识"问题,他们的许多做法是值得我们学习借鉴的。

首先,日本从文化保护政策的制定、到学校课程设置以及在各种民俗活动中,都将儿童放在极为重要的位置。

日本政府在制定无形文化财保护以及地域文化振兴的相关法规法律中,就特别注重儿童的问题,例如:

通过提供观看传统艺能和乐器表演的机会,力求扩大对传统艺能有亲近感的人群,特别是丰富孩子们可以亲身接触传统艺能的机会;

尽量丰富孩子们接近生活文化和国民娱乐的机会,这里的生活文化是指跟生活密切相关的衣食住行等,国民娱乐是指长期以来形成的、流行在民众中间的娱乐活动;

在学校和社区尽量增加孩子们学习和体验仍然存在的文化财的机会;

根据全日制学校实施细则,在各社区尽可能多地给青少年提供各种

---

① 顾军、苑利:《文化遗产报告——世界文化遗产保护运动的理论与实践》,社会科学文献出版社,2005,第127页。

② 日本1950年颁布《文化财保护法》,后经1954年、1975年、1996年等多次修订,保护范围包括有形文化财、无形文化财、民俗文化财(有形民俗文化财、无形民俗文化财)、纪念物、传统建筑群落。

各样直接接触、体验文化艺术的机会的同时,学校和文化设施单位作为教育基地,也要丰富孩子们持续体验、学习传统文化、生活文化的机会;

通过从初中到高中阶段的学习,加深学生们对历史、传统、文化的深刻理解,培养他们对传统文化的尊重态度和亲近心理,丰富他们的感性和理性认识;

活用"综合的学习时间",在学习、体验积极向上的文化艺术的同时,要丰富学生对优秀的文化艺术的鉴赏机会;

努力提高文化艺术指导教师业务水平的同时,在各科目的教学和活动方面,社区优秀的艺术家、文化艺术活动指导者、文化财传承者和保护专家要同教师一起共同努力,促进有效的指导;

在教学方面,对于人们从小接触的民歌、童谣、民谣等传统音乐的采用要给予充分的考虑;

对于数目众多的文化艺术、电影胶片、文化财等,要通过数字技术、互联网、CD-ROM等技术手段保存、展示、向国内外公开推广。经过数字化处理后,这些内容对于孩子们来说也变得容易理解了……①

在这样一种总体法律法规的指导下,我们发现日本的中小学课本中就有大量的无形文化财的内容,而且学校每年都要组织学生参观、学习、体验当地著名的文化财项目。大学生们对于一些日本著名的神话、歌谣、民话(故事)等都非常熟悉。

其次,从具体的活动来看,他们不仅重视儿童在非物质文化遗产传承过程中的作用,在一些被确定为民俗文化财的活动中,几乎都有儿童方阵、儿童的参与,而且始终将儿童放在第一的位置,甚至为了儿童的参与,宁可打破

①　中村淳:《文化という名の下に——日本の地域社会に課せられた二つの課題》,载岩本通弥编《ふるさと资源化と民俗学》,吉川弘文馆,2007,第28-30页。

仪式活动的"常规"。

例如,2008 年 5 月 3 日,我同关西外国语大学的牛承彪先生到滋贺县草津市下笠町老杉神社调查"五谷丰成祈愿踊り"。该活动是日本国家级民俗无形文化财。据已跟踪调查了数年的奈良教育大学永池健二教授介绍,这是一项保留着较为古老仪式的民俗活动。由老杉神社

附近的八个村庄轮流举办,轮值村庄负责每年活动的组织安排,并由该村年纪最长者担任会首。活动从 4 月 29 日开始,至 5 月 15 日结束,历时半个多月,其中 5 月 3 日是高潮。这天中午 11 点半,活动参与者在神社举行简短的仪式后,开始绕村子巡游活动。"参弥礼踊保存会"(当地民俗文化财民间保护组织)旗帜开道,最前面是舞蹈队伍,一路表演"风流踊",中间是神舆,每副神舆均由二十余人抬着,最后是手持竹竿的巡游队伍,整个队伍不断高喊表示祈愿的歌词。在长期的传承过程中,已经形成了几处固定的表演场所,每至这些场所,队伍便稍作停顿,表演各种舞蹈,以向神灵祈愿。然后来到位于村庄边缘的神社,举行更加隆重的祈愿仪式,神童和祭司接受膜拜,祭司宣读祭文和祝词。仪式结束后队伍按顺序原路返回,一路上仍然是边舞边喊。到了老杉神社,举行一定的仪式后,将神舆存放于特定的房子,以待来年出游。最后歌舞队伍敲打乐器来到会首家中,表演歌舞完毕,会首招待大家吃晚餐,大家席地而

坐,喝着啤酒饮料,品尝丰盛的佳肴,整天活动结束,时间已是晚上7点钟。据说第二天要举行隆重的交接仪式。

　　该项活动从仪式内容来看,其价值的确表现在其保留着许多古老的元素,如采用扶乩的形式来筛选神童,在轮值村庄中确定某一年出生的孩子为对象(一般是小于5岁),然后在这几位孩子中通过扶乩来决定谁担任神童。神童作为神的化身,是整个仪式活动中最受尊重的人,因此能够被选中担任神童是全家的荣耀;又如在会首家的院子里要布置一个神棚(坛),长方形,约2平方米,四周用芦苇(或细竹竿)围成,中间用泥土一层层垒叠(约20层)而成1米多高的高台,其上有两堆细沙,在细沙中插几根竹子,上面有各种颜色的纸人,

土台前也有两堆细沙。据会首介绍,神棚建于2007年的5月4日,明天办完交接仪式后将拆除,维持整整一年时间。而其中的细沙要移交一部分给明年的会首建神棚时使用,所以神棚中的细沙有一部分始终是从前一年传下来的。从整个神棚的构建来看,虽然建在庭院中,但非常明显保留了中国古代垒土为台的祭台传统,在新石器晚期的良渚文化遗址中,我们已经看到了这种形制。在现代化程度很高的日本能够看到这么古老的传统,的确非常令人吃惊。同时也可以看出日本民众对民俗文化财的保护意识。

　　从传承的角度来看,参与该项活动的人员涵盖各个年龄段,有白发苍苍的老者,也有刚刚入学的小学生;涵盖各种职业,既有神社神职人员,也有许多家庭妇女。其中让我最感到吃惊的是大量青少年的参与。除了神童和两位身穿传统和服的小使女外,走在舞蹈队伍前面的是一位由大人牵着手的只有四五岁的男童(据介绍地位仅次于神童),两位最主要的舞者一位约十岁左右,一位约十五六岁。可见在这项活动中,

少年儿童始终占有重要的地位。而当地民众为了能够使这项国家级的民俗文化财传承下去，甚至不惜打破常规、打破传统。如神舆出游，原本抬者只能是成年男性，不允许女性、小孩接触。但是，我们在现场看到，有两副小神舆是专门供小孩子们抬的，由老师担任指挥，参与者均为小学生，不仅有男孩，也有不少女孩，他们跟随在大人的后面抬着神舆，用童稚的声音高声呐喊，汗流浃背，但没有一人退却。询问当地民众，他们为什么要这样做？几乎一致的看法是让小孩子们在快乐中感受到这种气氛，享受这种乐趣，从而慢慢地学会技艺。在巡游的队伍中，有一大群推着自行车的妈妈，车上载着孩子穿的衣服、喝的饮料和吃的点心，一路随行，队伍休息时就为孩子忙这忙那。从活动的组织者到家长，无不体现了让孩童积极参与的愿望，并为他们的参与创造了良好的条件。

2008 年 5 月 23 日，我们赴广岛县三次市三河町下板木村调查"信原田乐大花田植"时也遇到了这种情况。田乐是广泛流行于日本的一项民俗活动，在插秧时举行，以祈祷水稻丰收。现在日本各地举行的田

乐大多作为一种传统艺能，带有表演的性质。当天的活动在公路边一块三角形水稻田中进行（每年都在这里举行，便于参观）。活动的主要内容：首先是耕牛入场，两头装扮得很华丽的耕牛进入稻田，耕田、耙田；然后是三位农民入场，整理耕田、平整水田；其后是早乙女及鼓队入场，共有 17 位早乙女，其后是三位分秧苗的男性，再后是 13 位男鼓手，根据歌手（在公路与稻田之间的斜坡上有临时用木板搭的一个台，供歌手演唱用，有音响设备，有两位 50 多岁的女歌手和一位 60 岁男歌手，另有两位男笛手、一位女笛手伴奏）所唱内容的节奏，早乙女插秧，鼓手击鼓。临近仪式结束时，安排一

男一女两个小孩入田,学习插秧。这些都是事先安排好的程序。没想到的是,这时又有两个男孩、两个女孩主动提出要下田。当现场广播播出此消息后,现场顿时爆发出了阵阵掌声,对这四个小孩的行为表示赞扬,连歌手也停止了演唱,很快有几位村民带领小孩下田,并指定专人教他们插秧,活动才接着进行。

如果按照非物质文化遗产的原真性保护原则,上述两例都属于"违规"行为,因为它们打破了原有活动的惯例。但这种"违规",却恰恰体现了日本民众在民俗文化财保护过程中对于"儿童"的重视。而我国现在正在恢复的民俗活动,几乎都是成年人的活动,小孩至多是"看客",直接参与的少之又少。

三、学习·体验·理解

强调"儿童"在非物质文化遗产保护和传承中的作用,在保护过程中树立"儿童意识",并放在首要位置,既是现实的需要,也是非物质文化传承自身规律的体现。

所谓现实的需要,正如前面所述,是因为现在的"儿童"对于非物质文化遗产非常隔膜,必须通过外在的"教育"给他们一个"学习"的过程。正如《文化多样性与人类全面发展——世界文化与发展委员会报告》中所指出的:"纵观人类历史,没有哪一代人比当代人经历的变化更剧烈。这些变化对当代儿童的生存状况造成很大影响,如果要使今天的少年儿童成为将来合格的建设者,就必须考虑这些变化所带来的影响。"而"现代性话语的主流,强调过去的一切已经过时,鼓励对传统和本土文化的怀疑"。在这样的时代背景下,要想让孩子们了解、接受非物质文化遗产,教育是不可缺少的重要一环,"来自许多学科的经验表明,传统知识具有不可替代的功能,这些传统知识需要被妥善保存下来,并纳入到教育体系之中,作为人类知识传承的一部分。在人类无形知识和价值观念的传承过程中,教育的角色非常重要,尤其在那些传统知识传递链遭到现代化进程和人口增长所破坏的社会里,教育就更不能缺少了。"

而对儿童进行非物质文化遗产知识"教育"的手段应该是多种多样的。

学校教育当然是一个重要、也是主要的环节。"经过改良,教育可以使文化传统保持旺盛的生命力,而这些文化传统已经孕育和培养了几代人:'没有教育,我们将逐渐把我们的历史文化遗产抛在脑后,只能去模仿别的文化。'经过一定程度的改革,传统游戏、烹饪艺术以及故事、民歌和赞美诗等口头文学完全可以纳入到新的学校课程中来。要通过这些文化传统,教育青少年如何处理人与人之间的关系,教会他们如何自律,教导他们尊敬长辈,教育他们如何与家庭之外的人和睦相处。"

目前,青少年对一个社区非物质文化遗产传承的重要性,也正在被我国社会各界所认知,例如,最近几年在我国也有少数地区将某项非物质遗产引入中小学课堂,如江苏白茆、芦墟,浙江嘉善等地在小学生中组织山歌演唱队,培养小学生对吴语山歌的兴趣;浙江海盐在中小学美术课中引入灶壁画等。但问题是在我国教育部所规定的课程设置中,以及全国通用或地方统编教材中,传统文化特别是非物质文化遗产所占的内容太少,没有引起应有的重视。

另外,仅仅依靠书本知识教育是远远不够的,更重要的是要给儿童、中小学生学生提供参与、体验的机会。

体验对于提高儿童对非物质文化遗产重要性的认识是不可缺少的一环。少年儿童普遍对新事物存在好奇的心理。对于已经习惯网络游戏、多媒体的年轻一代来说,外在古朴而内在凝聚着无数人智慧的非物质文化遗产反而具有新鲜感,因此我们应该为他们创造参与的机会,达到教育的目的,"儿童的教育也可以通过非正规的形式实现,比如做游戏。游戏能够促进人际交流和创造性表达,既让少年儿童拥有自由、又有一定形式的自我约束,它是一种非常有价值的教育形式,能够使少年儿童更加贴近自己的文化和社会"。因此,我们不能把少年儿童简单地当作被动的消费者和无动于衷的观众,要让他们成为非物质文化活动的积极参与者。

因此,对青少年进行非物质文化遗产的教育,是一个综合性的工程。必须是正规教育(学校)与非正规教育(社区、家长等)相结合、书本知识与实践体验相结合,让儿童从感性兴趣入门,逐渐进入理性理解阶段,从而真正认识到非物质文化遗产的重要性,成为其传承者。在这过程中,学习、体验、理解是一个循序渐进的过程。学习是基础,体验是实现从感性到理性升华的必要途径,而理解了的东西,才有可能被真正接受。从日本的情况来看,已经形成了一个政策引导、全民重视、学校教育、儿童自觉参与的立体教育模式。

就我所接触到的中日两国大学生而言,他们对于本国无形文化遗产认知的差异,不仅体现在了解、熟悉的程度上,更体现在自觉保护意识以及理解深度上。这是我国长期以来对非物质文化遗产教育缺位所造成的后果。

非物质文化传承的规律最主要表现为以人为载体的"代代相传"。一个完整的人是由物理生命和文化生命组成的,物理生命主要取决于遗传基因,文化生命则主要取决于后天的学习,而儿童时期不仅是一个人身体生长的重要时期,更是学习的最重要阶段。据《3 岁决定孩子的一生》①一书中介绍:3 岁之前是一个人大脑发育的重要时期。一个人出生时脑重量只有 370 克,第一年年末时,婴儿脑重就已经接近成人脑重的 60%;第二年年末时,约为出生时的 3 倍,约占成人脑重的 75%;到 3 岁时,婴儿脑重已接近成人脑重的范围,以后发育速度就变慢了。所以孩子在出生后 2～3 年内,无论在生理和心理方面,良好的育儿刺激对大脑的功能和结构都有重要的影响。1980 年英国伦敦精神病研究所教授卡斯比同伦敦国王学院的精神病学家们进行了一项试验观

---

① 　[美]玛丽亚·蒙台梭利:《3 岁决定孩子的一生》,马琴译,朝华出版社,2008。

察。以当地 1 000 名 3 岁幼儿为研究对象,先是经过一番调查分析,然后将他们分为 5 种类型:充满自信型、良好适应型、沉默寡言型、自我约束型和坐立不安型。到 2003 年,当这些 3 岁孩子都长成了 26 岁的成人时,卡斯比教授再次与他们进行了面谈,并且对他们的朋友和亲戚进行了走访。他们 3 岁时的言行竟然准确预示了他们成年后的性格。卡斯比教授指出,一个人对 3 岁之前所经历的事情会像海绵一样吸收。这意味着孩子性格形成和能力培养的关键期就在 3 岁之前,这个阶段的孩子跟随什么样的人,接受什么样的教育,就将会形成相应的性格。和其朝夕相处的成人所说的每一句话,所做的每一个动作都可能会深深地烙在他们的心灵深处。印度"狼孩"卡玛拉被人发现时已有 7 岁多,没有语言能力,不能直立行走,更不会与人交流。重返人类世界后经过长达 6 年的专业人员的护理,也只学会走路,到 17 岁时才学会十几个单词,智商只有 4 岁孩子的水平。这个事实表明,如果错过了孩子学习关键期的教育时机,将造成不可逆转的后果。因此,让儿童从小学习、接触非物质文化遗产,可以说能起到事半功倍的作用,同时也是现阶段一项刻不容缓的工作。正如著名诗人盖勃瑞拉·米斯托《今天》中所呼吁的:

> 我们为曾经犯下的许多错误和失误感到内疚。
> 但是,我们最严重的罪行是把儿童抛弃在一边,
> 置人类生命的源泉于不顾。
> 我们需要的许多东西都可以先放一放等一等,
> 但是孩子的事情刻不容缓。
> 现在就要启动。
> 孩子的骨骼正在发育,
> 她的血液正在凝成,
> 她对这个世界的感知逐渐成熟。
> 我们不能以"明天"来搪塞她,
> 她的名字就叫"今天"。

在非物质文化遗产的保护工作中,应该说传承比抢救更为困难和复杂,要让一项已经基本失去生存环境的文化,被大众接受认可,并视为本社区的一种荣耀,自觉自愿地去宣传、弘扬,是一项非常艰巨的工作。而要让社区的少年儿童接受,难度更大,但这又是必须要做的工作,如果少年儿童不愿接受,传承者就势必要出现年龄断层,该项遗产也就无法传承下去。日本在文化遗产(包括非物质文化遗产)保护工作中许多成功的经验是值得我们学习借鉴的,上文所述的"儿童意识",我觉得尤其需要我国在非物质文化遗产的保护工作中认真学习,并在实践工作中不断强化。

（本文原刊于《江西社会科学》2008 年第 9 期）

从"摇快船"项目探讨非遗保护实践中的问题

理论探讨固然重要,但理论研究必须与实践结合,凡是能被实践证明有效的理论才是正确的,否则很容易滑入空谈的泥坑。目前,在非遗保护过程中,从联合国教科文组织到各国政府都在积极探索这个问题,不断在保护实践中发现问题,从而纠正理论的缺陷和不足。2018年7月、2019年7月我们对摇快船项目进行了两次实地调查,发现了许多在保护过程中遇到的实际问题,有的与以往的理论相悖,如原真性保护原则;有的是新问题,如企业作为保护单位是否能够真正起到保护的责任,需要我们认真考虑,需要理论界与实际操作部门相互配合加以解决。

一、基本失去了生存基础的摇快船

摇快船活动旧时在浙江嘉兴、江苏吴江、上海青浦等地都非常流行,这些地方曾经流传着"无快船不成村"和"有快船有人气"的俗语。目前青浦、吴江、昆山、嘉兴等地都已将摇快船(或称"踏白船")活动列入当地的非遗保护名录。1987年上海青浦县民舞集成编辑组内部出版的《中国民族民间舞蹈集成·上海市青浦县分卷》中记载了蔡金标先生的口述:"从农历七月初一开始到九月十九为止,各地轮流,活动跨江浙沪两省一市十几处,东到金山朱泾、西至江苏平望、南至浙江嘉善,北至昆山千灯、陆家浜……涉及我县的有七月十二南旺四家港、七月十五盛神庙(石人庙),七月十七、十八金泽,七月十八、十九西岑,七月二十七朱家角,其中七月二十七规模最为盛大。"可见摇快船活动的流行之广。每年从七月到九月,金泽、商榻、朱家角等地都会派出船只到举办快船的地方进行比赛表演。商榻摇快船在七月十五,朱家角摇快船在七月廿七,九月初九重阳节金泽还会再举行一次摇快船。① 摇快船的日期多是随着庙会传统约定俗成的,各地的乡民到了这些日子便会前去。参与"摇快船"比赛的村庄集镇甚多,而且作为半社交性质的比赛竞技也重视快船间的相互往来。今日你摇快船来我们镇,明日我摇快船到你们镇,这是环淀山湖地区的人们相互表示友好的方式之一。七月是农闲时节,也是各个庙宇集中举行庙会神诞仪式的时节。"摇快船"作为这些庙会活动的主要环节,在各地的庙会上轮番亮相。

　　各地的快船在船体装饰、比赛规则方面稍有差异,但大致分为三种:花快船、毛竹快船和姨婆船。毛竹快船样式最为简单,船体最小,竞技性最强。花快船装饰华丽,装有顶棚,中舱有锣鼓队,摇起花快船,锣鼓喧天,热闹非凡。而姨婆船则是纯粹的表演船只,与花船形制类似,中舱常有唱曲、演戏本、反串等表演,船行速度在三者中最慢,几乎无竞技性而观赏性最强。环淀山湖东岸以三官堂的摇快船活动最为盛大。朱家角镇北泥河滩有三官堂,农历七月廿七是三官神诞,所以每年举行庙会,称为"游泥河滩"或是"泥河滩香汛"。据老人们回忆,庙会从七月廿六开始,总共持续两天。七月廿六一大早,乡民们将快船摇到朱家角三官堂祭神烧香。中午便在朱家角附近的斜角吃饭,晚上回去,一日来回。廿七再到朱家角参加摇快船比赛。廿七早上大约8点,快船比赛从淀东(现淀山湖镇)三分荡开始,经过杨湘泾,到放生桥结束,全程大概1 000米。比赛经过几个来回,大约用时1到2小时。② 据《朱家角镇志》中记载,朱家角摇快船的基本形式和路程是这样的:"快船都搭起花棚,披红挂彩,前棚悬挂着彩灯、插彩旗,中棚坐着锣鼓手,后棚为摇橹手遮阳。前棚与中棚竖一方塔伞,顶安葫芦。每艘船有彩衣七八套,上绣花、下流苏⋯⋯掌橹扯棚者双双对立共10人,均为壮汉,穿紧身衣衫,脚蹬绣花鞋,从三分荡至水仙庙,单程1 000米左右,往来如梭,相互竞赛。"③可见,当时的热闹和民众参与程度。

①　王宏刚、袁鹰主编《民俗上海·青浦卷》,上海文化出版社,2007,第82页。
②　参见青浦区朱家角镇文体中心编《上海市非物质文化遗产项目申报书》。
③　《朱家角镇志》编纂委员会编《朱家角镇志》,上海辞书出版社,2006,第190页。

相传摇快船是清朝顺治年间形成的民间习俗，至今已有三百多年时间。由早期农用船经过简单的装饰发展而来，逐渐形成了独特的摇快船形式和华丽的外部装饰以及表演者精美的服饰。清朝末年，摇快船表演进入鼎盛时期，出现了专门打造用于比赛的船只，区别于水上交通运输船只，装饰华丽，美观大方，搭起花棚，挂起红绸，头棚悬挂彩灯，中棚有锣鼓手，艄棚插彩旗，为摇橹、扯绷手遮阳，图案有八仙过海、刘海洒金钱等，中棚顶是珍珠串成的狮子抢天球。摇快船 5 人摇大橹、4 人摇矮橹，两支橹 9 人，分两组替换，中棚锣鼓手 4 人，头桨 1 人，每艘快船上共有 23 人，配上经典的吹打乐《五龙船和水锣经》，"金鼓阗沸，拔桨如飞"，有"力拔山兮气盖世"之势。船上锣鼓响彻云霄，岸上人山人海，呐喊助威，精彩纷呈。快船表演深受乡民欢迎，经久不衰。

依据相关记载和参与过摇快船的老人回忆，1949 年后摇快船活动就基本停止了。最后一次影响比较大的摇快船活动，大约是在 1958 年庆祝人民公社成立时，之后就完全停止了。

据 1996 年上海地方志办公室所编《上海体育志》记载，我们可以看到 20 世纪 80 年代开始，青浦县开始依据传统旧例恢复摇快船民俗活动，1984 年在元宵节及县第二届农运会时都有摇快船表演。[①] 真正恢复是在 20 世纪 90 年代，特别是在我国非遗保护工作开始之后。因为摇快船入选了第一批上海市非遗"游艺、传统体育与竞技"类代表作名录，青浦区文化馆非物质文化遗产保护分中心对此非常重视，由于该项目属于竞技体育，将保护单位落实在朱家角旅游公司，将之用于古镇旅游开发。2005 年旅游公司重新定制了 4 条崭新的快船。起初游人如织，纷纷体验具有地方特色的项目。之后每况愈下，从维修成本和从业人员工资支付角度考虑，4 条船减为 2 条船，至 2018 年 7 月我们前往青浦朱家角调查时，漕港河里已不见快船的踪迹，据说朱家角旅游公司会在每年农历七月廿七（原石人庙庙会时间）进行摇快船的表演。从其

---

① 参见蔡扬武主笔《上海体育志》"传统体育章"第五节，上海社会科学院出版社，1996，第82 页。

极低的活动频率、传承人的稀少与年龄偏高等各方面考量,摇快船项目事实上处于极度濒危的状态。

究其原因,生存基础的基本失去是其最核心的问题。摇快船习俗的形成,基于水网地带独特的地理环境。"各个区域独特的地理环境是生活于区域内的各民族民俗传统文化产生的基础,给民众提供了稳定的生存空间,提供了创造文化的资源和创造物质财富的基础。"①各地迥异的生态环境孕育出不同的社会文化与相适应的社会结构。可以说,地理环境与自然条件是各种民俗形成的先决条件。一定的空间内,其特殊的地理环境催生出相应的生计模式,而这种特定的生计模式则形成特定的社会组织与民俗文化。因此,特定的民俗文化往往与一地特殊的水文条件、气候环境或地理位置相伴相生,成为特定生态环境人文景观。摇快船活动就是苏南、浙北、青西(青浦西部)"环淀山湖地区"特有的民俗景观。

以江苏省苏州市吴江区北厍镇为例。北厍距吴江区所在地松陵镇25公里,东靠芦墟,南与浙江省嘉兴市嘉善县汾玉乡隔湖相望,西接黎里镇,北联金家坝镇。据2003年出版的《北厍镇志》记载:以亩为单位计算,全镇的总面积是74 158亩,分布情况如下:耕地46 729.3亩(其中围垦田4 944.9亩,田埂、圩堤1 625.1亩);旱地940亩(其中围垦地446.2亩);园地472.2亩(其中围垦园341.4亩);林地22.4亩;宅基地4 076.6亩;交通用地2 301.3亩(其中沟渠2 212亩);水域19 616.2亩(其中湖荡17 173.7亩,河流1 285.9亩,坑塘44.2亩,鱼池100.2亩,堤坝858.6亩,难利用水域154亩)。从以上的数字中可以发现,仅仅是目前的水域面积,就已占到全镇总面积的26.45%。如果考虑到很多围垦田、围垦地都是1949年后开发利用的,那么在1949年前,水域面积有可能要占到总面积的40%。北厍镇夹在太浦河、八荡河中间,中间密布着大大小小的"圩"和"荡"。荡指湖荡水域,北厍镇共有大小湖荡46个,面积最大的东长荡有1 572亩。圩是指旱地,在水网地区高出湖

---

① 邢莉:《民俗学概论新编》,北京师范大学出版社,2016,第85页。

荡、河港的地方,四周筑成土堤,成为陆地,人们在其中生活、生产。各种形状、面积不等的圩,四周全都被湖荡水域包围。北厍镇共由 127 个圩组成,其中最大的是汾湖村的大富圩,面积 1 430 亩。这样的地理条件,使人们的出行极为困难,1949 年之前至 1966 年期间,北厍的交通运输完全依赖于水运。村与村之间均有河道阻隔,少数河港用竹木材料搭架小桥供行人过往,大部分河港用船只摆渡。境内设有固定渡口 13 处,称官摆渡,其余地方靠呼唤过路船只帮助渡河,称私摆渡。另外许多农家都备有自家的小木船,探亲访友都离不开船。村与村之间尚且如此艰难,出远门或到集镇去,就更不方便了。旧时就靠木质船充当运输工具,称为"三塔子""朱洪船""无边嘴""蠡墅船"等,载重量在 1 吨至 6 吨之间。有的用于运送肥料粮食,有的用于载人,载客 10 人至 30 人之间,船上有遮棚可避风雨,推进的工具为橹和风帆,速度极慢,航班也很少。直到民国十二年(1923 年)吴江轮船公司才开辟了吴江至章练塘航线,北厍设停靠站,北厍境内才有靠机械动力的轮船客运,但不久就停航了。以后又陆续有几条轮船航线在北厍设停靠站,可以到达吴江、苏州等市镇。但当时北厍甚至没有固定的轮船停靠码头,依靠镇西元鹤荡畔乾泰木行的木排,解决旅客的上岸登船问题。周边集镇之间的交通主要还是靠小型的木制航船,一般是清晨开航,下午返回;路途远的,则隔日来回。还有一种摇客船,又叫帐船,载重量在 1 吨至 2 吨之间,专业载客,多为赶不上班船的旅客雇用。这种情况一直延续到 20 世纪 70 年代末。1979 年修筑了厍星公路,北厍从此结束了"非船难行"的历史。从以上介绍中,我们可以看出旧时北厍镇的闭塞程度,很难想象这是一个距吴江只有 25 公里、距繁华的苏州只有不到 50 公里的地方的情况。这当然是比较典型的例子,但也不是特例,在太湖流域、淀山湖周边地区,这种情况是相当普遍的。

一方面是水网地带对舟船的需要。旧时人们出行、到田间劳作都需要划船,"户户有船"是常态,因此驾船是生活在该区域每个人必须掌握的技能,而每个人、每家人都会遇到"急事",如家人生病、亲人朋友需要帮忙、生产活动中急需农药化肥之类,因此对于行船的速度也有要求。这为"摇快船"习俗的形成奠定了基础。摇快船习俗的形成,民间有各种不同的说法,有"练兵说"(训练水兵)、"抗击侵略者说"、"庙会娱乐说"(庙会期间娱神娱人)等,但估计都是后来的说法,其最初是因为人们每天都离不开船,出于对驾船技艺的需要、生活和生产中对驾船速度的需求,才逐渐形成的。

另一方面,水网密布也同时带来了环境闭塞的特点。在没有汽车、火车以及机械动力的情况下,靠手摇船,出行极为不便,导致村民与外界交流极少,大多数农村处在与世隔绝的状态之中。但由于自然条件较为优越,物产丰富,若不遇上特大的水涝之灾(水乡地区不怕旱灾),即使一般百姓,只要不是好吃懒做,生活还是可以的,能解决温饱问题,因此总体来说生活比较悠闲。这种生活状态,对精神生活的要求相对就比较高,因此民间信仰较为盛行,大大小小的民间神庙极多,庙会活动频繁。例如青浦金泽镇素有"一桥一庙"的说法。如前所述,摇快船主要是娱神的,尔后增加了娱人的成分。庙会不仅是摇快船形成的动力,也为摇快船提供了时间和空间(在庙宇前面的河道开展比赛)。

然而,1949 年后,随着青浦地区经济发展,围湖造田、围荡造田盛行,原先密布的水网被填埋,以前重要的水道变成了公路,汽车取代船只成为当地人最重要的交通工具,"户户有船"的情况不复存在,很多年轻人不会撑船、划船;其次,由于"破四旧"、破封建迷信运动的影响,民间庙宇大部分被拆除,庙会活动不再举行。因此,失去了生存基础支撑的摇快船活动渐渐走向了衰落,退出了人们的生活。

上述对摇快船情况的分析中,值得我们深思的问题是:像摇快船这类已经基本失去了生存基础、远离当下生活的非遗项目该不该保护?值不值得保护?如果要保护,现行的保护原则和方式是否适用?该采用怎样的方式保护?

二、企业是否能保护好非遗项目

青浦区摇快船项目的保护单位和传承基地是朱家角旅游公司。从结果来看,基本上是失败的。失败的原因可能是多方面的,但以下几点是主要的。其一,摇快船属于基本失去生存基础的项目,保护难度非常大,这是客观原因。其二,朱家角旅游公司属于企业,企业的首要目的是维持公司的正常运转,需要赚钱,而摇快船项目的投入较多(维修费、人员费),产出少(游客少),从公司运营考虑,逐年萎缩也属正常。其三,公司接手摇快船项目,当时考虑的是古镇旅游的开发利用价值。为此,的确也花费了巨资投入,如购置2大2小共4条表演快船。大船可容纳20多人,腾出中舱的位置专供游客们体验,小船是普通的游客船,并组建了2支摇快船队伍。但对摇快船的生存环境、文化价值、历史价值缺乏足够的了解,对摇快船保护的难度缺乏必要的准备,只是简单地模仿周庄、西塘等古镇游船上唱山歌的做法,把摇快船作为一个旅游表演项目,没有花力气挖掘其中独特的内涵,没有与信仰等民俗活动相结合,形式单调缺少独特性。其四,由于旅游公司的管理层经常变动,缺乏有长久执行力的保护传承计划,在游客减少的情况下,入不敷出,只有不断牺牲摇快船项目,从4条船减到2条船,最后几乎是停止了游船项目,摇快船项目参与古镇旅游开发名存实亡。

企业参与非遗保护工作是充分发挥社会各方力量的重要体现,是联合国教科文组织《保护非物质文化遗产公约》和我国《非物质文化遗产法》中所倡导的。但从目前我国非遗保护的实践来看,企业参与非遗保护的结果有好有坏,这与非遗项目种类的繁多和企业性质多样有密切的关系。

联合国教科文组织《保护非物质文化遗产公约》中将非遗分为5类:口头传统和表现形式,包括作为非物质文化遗产媒介的语言;表演艺术;社会实践、礼仪、节庆活动;有关自然界和宇宙的知识和实践;传统手工艺。根据已有的学科分类体系,中国的非遗申报和保护分为10大类:民间文学,传统音乐,传统舞蹈,传统戏剧,曲艺,传统体育、游艺与杂技(杂技与竞技),传统美术,传统技艺,传统医药和民俗。可以说,非遗所包括的内容非常庞杂。就其生存状态而言,大致可分为三种情况:有的尚未失去生存基础,与当下民众的生活关系紧密,凭借自身的力量能够很好地传承下去,如大部分技艺类非遗,像凉茶制作技艺、茅台制酒技艺等,甚至冠以"非遗"的荣誉后能带来更加可观的经济收入;有的基本失去生存基础,但仍有一定的民众基础,给予适当的保护,就能传承下去,如大部分传统节日、表演艺术等;有的已经失去了生存基础,自身已经没有传承能力,如果不下大力气保护的话,很快就会消亡,如山歌等民间文学类项目。

目前,我们国家企业的情况也比较复杂,类型众多,有各级国资委所属的国有企业,有集体企业,还有大量改革开放以后兴起的股份制企业和私营企业。性质不同,所承担的责任也有所不同。但所有企业有一点是相同的:国家没有拨款,需要通过生产经营来维持运营,获取利润是其最主要的目标。

因此,非遗项目交由企业负责保护传承,需要作全面的调查研究,总结经验教训,以便更好地做好传承工作。从摇快船项目以及其他项目的保护实践来看,我觉得需要做好以下几方面的工作:

第一,企业的日常工作必须与非遗相关。企业所从事的行业五花八门、包罗万象,有的与非遗相关,有的与非遗毫无关系。主动申报为保护单位和传承基地的企业通常都与非遗项目有关联,但也存在"拉郎配"的情况,有些项目由政府主管的非遗中心申报,但申报成功后找不到保护单位和传承基地,只好由政府指定某个企业为保护单位,而该单位与项目本身关联很少,因此往往缺乏保护的积极性和有效措施,最后以失败告终。这种情况在非遗保护传承的复查中时有发现。

第二,企业必须要建立一套切实可行的保护制度。应该说朱家角旅游公司与摇快船项目契合度很高:一方面该地区是旧时摇快船活动的核心区域,有广泛的民众基础,且地域特色明显;另一方面摇快船可以在朱家角漕港河展示,带动朱家角古镇的旅游业,也能丰富旅游公司的项目,为旅游公司增加收入。但由于朱家角旅游公司在承接之初没有制定一套有效的保护制度,遇到情况变化时便束手无策,导致保护工作的失败。因此,作为保护单位的企业要做好非遗项目的保护传承工作,首先要制定较为完善的中长期保护规划,不受个别领导层变化的影响,始终将非遗项目保护作为一项工作来做;其次是要有专人负责,做好该非遗项目的调查和研究工作,在遵守非遗保护基本原则的基础上,根据现实情况及时调整保护方略,既有效保护该非遗项目,又为企业创造效益(社会效益、经济效益)。

第三,非遗中心要负起监督之职能,给予一定的经费支持。已失去或基本失去生存基础的非遗项目,有时靠企业单方面的力量保护往往有一定难度,因此各级非遗中心也要负起责任。一方面是起监督作用,督促企业做好保护工作;另一方面给予学术、政策、财力等各方面的支持。例如,摇快船项目2007年入选上海市非遗代表作后,朱家角旅游公司作为保护单位做了大量保护工作,但遇到了极大的困难,青浦区非遗分中心及时参与了相关的工作,如划拨经费、维修快船、积极与各级部门沟通等。

第四,地方政府要协助企业做好保护的工作。非遗保护是一个系统工程,尤其是基本失去了生存基础的非遗项目,需要多个部门协同、形成一定的新传承环境才可能传承下去。例如各地传统庙会正在逐渐恢复,尽管赶庙会的人现在大多是乘公交车或自驾,不再走水路(驾船),但目前淀山湖周边区域的民间庙宇大都在水(河)边,如金泽的杨老爷庙、商榻的石人庙、嘉兴的刘王庙、湖州的太均庙、芦墟的刘王庙等,能否在庙会期间恢复摇快船活动? 这就需要文化、旅游、宗教、交通、体育等相关部门的协调配合,营造一个非遗传承的新环境。

三、对待像摇快船这类项目该怎么办

对基本失去了生存基础,但又极具地方特色、能够代表该区域地方文化的非遗项目该怎么办? 是任其自生自灭,还是创造条件极力保护,使其传承下去? 这是摆在我们面前、需要被认真探讨的问题。

自20世纪80年代以来,青浦区对摇快船项目做了许多有益的尝试:

一是由朱家角旅游公司作为保护单位,将摇快船作为朱家角古镇的旅游体验项目,开始阶段因为游客的新奇感而取得了较好的效果,但随着时间的推移,加上经费原因,朱家角旅游公司将摇快船民俗表演缩

减为每年一次,日期定在七月二十七日,即传统三官庙会的日子。这一尝试基本以失败告终。

二是在传统民俗节日和重大活动中举行摇快船表演。1984 年全县灯会上恢复摇快船表演,1988 年组织全县的摇快船比赛,每逢端午节、体育节、旅游节等组织摇快船的表演和比赛。[①] 如 1988 年端午节的摇快船表演于上午 10—11 点在朱家角漕港河举行,河中安排两条快船,每条船上设有五名锣鼓乐器手,另有七人分别掌舵、摇船,船员皆着传统服装。

三是作为全民健身运动项目进入县运动会。青浦运动会由青浦区政府主办,以"全民健身节"的形式,每两年举办一次。如 1999 年 11 月 11 日举行的"全民健身节之'一镇一品'民俗摇快船比赛",分 7 个组,共有 28 支参赛队伍(即 28 条船),运动员 56 人。比赛举办方虽然选用了传统的毛竹快船,但是比赛方式却是现代赛艇比赛所用的赛道比赛的方式,前 8 名获奖。

上述二、三,基本上是以表演项目呈现的,能起到宣传、扩大非遗项目影响的作用。不过这种表演,既缺乏摇快船的精神内涵,又没有民众的自发参与,与非遗的性质和非遗保护的目的差距较远。

从青浦摇快船项目保护传承这一不太成功的案例中发现,那些已经基本失去生存基础的非遗项目该如何保护,是值得我们深思的问题。我觉得可以从以下三方面入手:

一是做好存档记录工作,这应是工作的核心和重点。2003 年颁布的《保护非物质文化遗产公约》中指出:"(三)'保护'指确保非物质文化遗产生命力的各种措施,包括这种遗产各个方面的确认、立档、研究、保存、保护、宣传、弘扬、传承(特别是通过正规和非正规教育)和振兴。"保护是由多个层次组成的,"立档""研究""保存"都是保护方式。因为有些已基本失去生存基础的项目,即使做再多的努力,也难以保证它的活态传承,随时都有消亡的威胁。所以,要趁参加该非遗活动的老人尚健

---

① 刘畅:《朱家角摇快船在城镇化进程中的保护与传承》,载《体育科研》2015 年第 2 期。

在和生态环境还没有完全消失前,运用各种手段(录音、摄像、笔录等)做好立体性的调查工作:首先是做好尚健在的熟悉该非遗项目老人的口述工作,让该非遗项目有一个比较完整的记录。例如摇快船项目,摇快船手并不存在师徒传授,船手当时都是年轻壮汉,平时在家务农,等到需要的时候再临时集合。我们在调查中发现,参加过摇快船活动的老人正在急剧减少,"飞钢叉"等武术项绝迹已久,无人能表演。八十岁、九十岁以上亲历者不仅人数少,而且大多表述不清。七十岁以上老人直接参加的次数不多,但年少时观看多,是主要的访谈对象。通过对他们的访谈,可以复原当年摇快船的盛况和基本程式。其次是对该非遗项目生存环境的调查。非遗项目都是在当地特定的地理环境中逐渐形成的,体现独特的地方文化特色,因此需要对该区域的传统生活方式、生产方式进行调查。例如,摇快船项目旧时常常与庙会活动联系在一起,是庙会活动中不可缺失的一环,因此庙会调查也就不可或缺。又如快船的制作技艺,涉及项目能否存续的问题,需要详细了解相关艺人的情况。总之,通过笔录、录音、摄像等手段,能够把该项目完整地记录下来。

二是探索在新形势下的保护传承工作,探索该非遗项目能否融入当下人们的生活。例如旧时摇快船的功能主要有三项:庙会期间举行比赛,娱神娱人;民俗活动(主要是节日)时表演娱人;结婚时接新娘。前面两项难以传承,后面一项是否可行? 在环淀山湖地区走访的过程中,我们了解到已经有县率先将摇快船提供给附近镇市的群众作婚庆所用。周庄旅游公司负责人怀大成先生告诉我们,近几年,随着人们生活水平的提高,结婚嫁女反而更喜欢用传统的婚礼,不再一味追求西式的婚庆典礼。许多人家在结婚时会向旅游公司租用快船与船手,使用传统的方式,将接新娘子的轿子与嫁妆放在船头,通过水路摇一圈快船,最后到达新郎家。这种接亲方式在当今以西式为主流的婚庆流程中较为新颖少见,所以一经推出,便受到民众的喜爱。近两三年,每年都有大约八户人家向旅游公司预定快船,一次接亲的费用也不高。每次快船接亲,岸边都有大批围观的群众拍照,其中还有不少外国友人。快船作为接亲船能够被年轻人接受传承,自然是因为快船接亲是本地的传统、符合当地的审美观念,更重要的是,结婚依然是现代人生活中的一项重大事件。在现代社会,传统的农业劳作方式与祭祀活动已经逐渐退出了人们的生活舞台,唯独婚礼依然是每个家庭每个个人生活中的一件大事,快船接亲符合当地人对婚庆"热闹""喜庆"的审美需求,两者相互结合使摇快船活动在当代得以延续。我想非遗项目只有融入现代人的生活才能活态传承下去。

三是探索传统与现代的对接工作。例如青浦的龙舟赛能否与摇快船相结合。据媒体报道,青浦区作为"中国龙舟之乡"多年来致力于推动龙舟运动的普及与发展。上海世界华人龙舟邀请赛是青浦"一区一品"的国际性重要赛事,已连续成功举办九届,在全国乃至国际上已有一定的知名度。2018 年赛事规模进一步扩大,比赛项目也更加丰富,除了往届的 12 人小龙舟外,新增相对更专业的 22 人大龙舟竞速赛。此外,还邀请了嘉兴、昆山、吴江、嘉善队伍参赛,旨在进一步促进长三角地区体育文化交流互动,助推长三角一体化发展。本次比赛由国家体育总局社会体育指导中心、中国龙舟协会、上海市人民政府侨务办公室、上海市体育局、上海市体育总会、青浦区人民政府主办,上海市龙舟协会、青浦区人民政府侨务办公室、青浦区体育局、朱家角镇人民政府承办。应该说政府部门对"上海世界华人龙舟邀请赛"极为重视。但把龙舟赛作为青浦区"一品一区"项目是否合适,是值得商榷的。龙舟赛在中国有悠久的历史,广东、湖南、湖北等省都已形成品牌,青浦区有龙舟赛的传统和群众基础吗? 为什么不把人力、物力和经费投入到岌岌可危的摇快船活动,反而投向了毫无地方特色的龙舟赛? 应该说,在青浦尤其是环淀山湖地区摇快船既有久远历史、深厚的群众基础,更具地方特色。现在既然龙舟赛已经举办了九届,有了一定的影响,能否在此基础上将摇快船作为比赛项目之一? 这是需要青浦区各级政府认真考虑的问题! 应该说这是完全切实可行的。如果能做到,那么摇快船也可以在形式上得到传承。或者若干年后,摇快船比赛替代龙舟赛成为青浦区的品牌,也未尝不可。

总之,我个人认为基本失去了生存基础的非遗项目,前途有两种可能:一是经过努力,获得了自生的能力,能够在政府及各方力量的扶持下,得以活态传承;二是经过各方努力,仍然无法活态传承,最后只能采取博物馆式保护。而且第二种可能性更大,因此对于这类项目做好立体性记录是首要而且迫切的工作,万一哪天不再传承了,可以有完整的资料供后人学习、研究。

（本文原刊于《非遗传承研究》集刊 2019 年第 3 期）

"自鄙""自珍"与"自毁"

——关于古村落文化遗产保护的思考

　　有这样一则民间传说：从前有户人家，主人姓王名阿六，种了三亩田，全家借此为生。有一年，别人家的水稻长势喜人，唯独他们家的田里只长了几棵稀稀拉拉不像样的稻禾，怎么施肥也没有用。到了秋天，别人家收成都很好，只有他们家颗粒无收。眼看一家老小要挨饿了，阿六不禁掉下辛酸的眼泪。谁知过了几天，竟有一个识宝人上门，愿出三十万两银子买他田里的稻草。阿六问他缘由，识宝人告诉他，用这稻草可以把青山中的一只金牛引出来。阿六心想，一头金牛何止三十万两银子啊。于是找借口让识宝人明天来成交。当天晚上，他把稻草拔起，拿到青山东首去引捕金牛。那金牛果然出来吃草了，可是王阿六被金牛发出的一道火光吓懵了。草被金牛吃光了，金牛却没有抓到。王阿六从对着田中不争气稻草哀叹到被识宝人指点后发现稻草的价值，最后又亲手将即将到手的财富毁了。短短的一则传说，极富生活哲理。读了这则传说，我联想到我国的古村落文化遗产保护工作。古村落文化遗产在我国的快速消失，经济发展固然是一个很重要的因素，但文化的拥有者——乡民对自身文化的"自鄙"，使许多珍贵的文化遗产如同弊屣一样被抛弃了、毁坏了，恐怕是更重要的原因。因此我们通过各种手段让文化拥有者认识到自身文化的价值，树立文化的"自珍"意识，在目前的情况下是非常必要的。但"自珍"意识一旦建立，又必须防止另一种倾向——像王阿六一样亲手将宝物毁掉。克服"自鄙"心理，树立"自珍"意识，防止"自毁"现象的发生，恐怕是古村落文化遗产保护过程中一项长期而复杂的任务。

一、文化"自鄙"：古村落文化遗产消亡的根本原因

列宁曾经说过："堡垒最容易从内部攻破。"综观改革开放以来，许多有着数千年历史的古村落不断在人们的视野中消失，即使没有完全消失，也已经被破坏得"七零八落"，传统民居的雕花门窗换上了玻璃窗，原先的厅堂成了堆放杂物的仓库，村落中的公共设施如水碓、祠堂被拆毁了，五花八门的窗花被千篇一律的印刷画取代了，丰富热闹的民间文艺活动不再演出了……当我们为古村落传统文化的消失扼腕痛惜的时候，村民们的反应却让我们大吃一惊，他们给我们的回答是：这些东西有什么好的，破破烂烂的，都是老古董，既不好看也不实用。由此想到，村落文化遗产消失的最根本原因恐怕还是文化拥有者——乡民对自身传统文化的"鄙视"、不珍惜。正因为他们觉得没什么用，所以轻易就抛弃了。因此，要想真正做好古村落文化遗产的保护工作，首要任务就是要帮助乡民克服这种致命的文化"自鄙"心理。

乡民中为什么会有如此强烈的文化"自鄙"心理？其形成的原因恐怕是极为复杂的。

首先是思想认识、价值观念的问题。自五四新文化运动以来，我们对流传了数千年的传统文化一直采取批判的态度。虽然说，五四新文化运动的"反传统"，在当时的条件下具有积极意义，如批评与现代生活格格不入的旧风俗，提倡新生活；新式知识分子以各种方式向民众进行移风易俗的宣传，促使五四之后社会风俗的改变等。也不能认为五四的"反传统"造成中国文化的"断裂"，但是，也必须承认，五四以后传统文化在整个文化体系中的主导地位被动摇，人们对传统文化的认同感无形之中削弱了。1949年以后，又经历了破"四旧"、移风易俗、"文化大革命"等一系列的政治运动和意识形态的"革命"，传统文化被认为是封建时代的产物，成为了落后的代名词，理所当然地成了破除的对象。在对传统文化的价值没有很好挖掘、分析研究的情况下，就笼统地将其当作封建迷信加以批判。长期以来，在这种意识形态的统领下，对传统文化的片面认识影响到了每位中国人，而长期生活于农村的乡民是最

容易受影响的群体。乡民对自身所拥有的传统文化的"自鄙"心理的形成，应该说与这种意识形态有着十分密切的关系。

其次，农民阶层在中国社会中长期以来地位不高，受教育的机会少，生活较艰难。因此乡民是较为缺乏自信的群体。从他们的视角看，别人都比他们生活得好，其他人所拥有的文化也都比他们的要优秀，从物质生活到各种精神生活都比他们的要高级。因此，从人的自卑发展到文化的"自鄙"，在所难免。

第三，古村落传统文化的种种局限与乡民改善生活的强烈需求之间的矛盾，也是产生文化"自鄙"心理的客观原因。随着时代的发展、社会的进步和经济的发展，乡民对物质生活、精神生活的要求也日渐提高。虽然说，古村落传统文化中包含着千百年来逐渐累积的文化精华和中国人的智慧，但在许多方面由于受当时条件的限制，多有不如现代建筑的地方，如房内没有卫生设施、采光不足、隔音效果不理想等；各种各样的民间文艺，也不如电影、电视作品精致。此外，现代社会，人员往来频繁，信息交流快捷，城市居民生活的示范作用和比较效应，均会对乡民的心理产生巨大的影响。像江南古镇西塘，联合国教科文组织有关专家之所以给予了很高的评价，就因为它较好地保存了居民的生活场景，原居民没有搬迁，而是继续像往常一样生活在古镇的空间中。但是保护的原则严格要求居民不能随意改动原有房子的布局、结构和用途，而居民则有强烈改变生活质量的要求，因此有时在管理方面会遇到一些难题，从某种程度上来说也是这种矛盾的反应。

我们在浙江省台州市仙居县皤滩古镇调查时发现，虽然大多数古建筑仍保留着，蜿蜒的"龙"型街道及街道两边的店铺也保存良好，但已经成为一座"化石"般的古镇，很少有居民居住其中。询问当地的居民，他们几乎异口同声地说，这种破房子没有办法居住，整天见不到阳光，老鼠成群；雕花门窗虽然好看，但光线差又积灰……所以年轻人都在古镇周围造了新洋房，留守老房子的仅仅是那些对房子有很深感情的老年人或没有经济实力造新房的人。

因此，从产生的根源入手，帮助乡民克服根深蒂固的文化"自鄙"心理,是摆在我们面前的艰巨任务。

二、培养文化"自珍"意识:保护的最有效途径

克服乡民文化"自鄙"心理,实际上也就是树立乡民的文化自珍意识。只有当文化的拥有者真正认识到了文化的价值,才有可能对古村落文化遗产做到切实有效的保护,否则外在的推力是难以发挥作用的。而要树立乡民的文化自珍意识,是需要有关各方共同努力的。

首先是各级政府部门要转变观念,不能牺牲文化来为经济建设服务,也不能借文化之名片面追求经济利益;加强对古村落文化遗产的保护工作,根据实际情况制定严格的保护制度和保护规划,营造一个良好的保护氛围,"上行下效",逐渐改变乡民对自身文化的认识。

其次是要加强对古村落文化遗产的研究工作。长期以来,我们对历史悠久、在中国整个文化体系中占据极为重要地位的村落文化缺乏深入的研究。哪些是精华,哪些是糟粕;哪些是适合现代人生活方式的,哪些是不适合现代人生活方式的;哪些是必须抛弃的,哪些是通过改进后可以利用的……所有这些,都缺乏理论上的梳理。如古村落的选址、村落布局往往讲究风水,而风水术注重人与自然和谐相处的科学内涵往往被一层神秘的外衣所包裹,因此被不分青红皂白地归入"迷信"的行列,冠上了这顶吓人的帽子后,学人们也就避之唯恐不及了。又如各种大型的民俗活动,旧时都是由村落中的民间组织来承办的,它们与地方行政组织没有任何关系,反而大多与民间信仰有密切的关系,如观音会、土地会、龙牌会等。像上述皤滩古镇中,民间组织称为"扇",全镇共分为十扇,"扇长"一般由老人或有威望的人担任,但不是终身制。一般每扇有十多户人家,但凡庙会活动、舞龙、演戏等,均由各扇长出面共商,明确分工。所有费用由全体成员平均分摊。平时"扇"不发挥作用。类似这种情况,在各古村落中都有不同形式的存在。但对这种自发的民间组织的性质、功能,对维系村落乡民关系的作用等等,至今没有学者进行过研究。因此只有通过深入的研究以后,我们才有可能辨别优劣,发掘出古村落文化中的精华。"不识庐山真面目,只缘身在此山中"。长期以来,

乡民生活在一个比较封闭的生活环境中,再加上文化程度相对不高,他们不可能自觉地认识到自身所拥有的文化的可贵之处。只有通过学人的研究,明确清晰地指明古村落文化所包含的科学精神和价值,才有可能让乡民转变观念——原来自己觉得一无是处的东西,居然有这么大的好处、这么大的价值;才有可能实现从"自鄙"到"自珍"的转变。

第三是通过各种途径强化宣传教育,提高乡民的思想认识,形成保护古村落文化的良好氛围。

第四,解决好保护与发展的关系问题,通过科学合理的手段,使生活在古村落中的乡民改善生活条件,提高生活质量。这既是时代发展的需要,也是以人为本保护理念的体现,更是改变乡民观念的物质保障。

三、文化"自毁":更为致命的破坏

当乡民意识到自身文化的价值以后,又要防止出现另一种现象——文化"自毁"。即把它作为谋取利益的"工具",过度开发利用,全村皆"商",全民皆"导游",把祖先留下的文化遗产破坏得支离破碎。这种现象在江南古镇的保护开发中已经出现了,"现在只是清晨和傍晚,古镇还有点像古镇,其余时间,不过是个热闹的大市场","要是古镇里没有老人晒太阳、妇女洗衣服的那种生活味,这古镇就是死的,再'修旧如旧'都没有用"。[①] 因此,在古村落的保护过程中千万不可重蹈覆辙。

古村落文化遗产是一个完整的整体,既包括村落布局、衣食居行等物质文化层面的内容,也包括乡民的生活方式、村风民约、民俗、民间文艺等非物质文化层面的内容。它是在我国传统农耕社会制度下形成的、具有鲜明农耕文化特色的文化空间。其精髓表现为人与自然、人与人甚至人与动物之间和谐相处,其状貌表现为一种自足自给的生活形态。从理论上说,它同市场经济是格格不入的,理想的情况应该是让其能够自然地延续这种世外桃源式的生活样式。

但是在当前的情况下,原生态的古村落文化自身的"造血功能"已

---

① 李晔:《古镇怎成了热闹的大市场》,《新民晚报》,2006 年 4 月 14 日,第 12 版。

极为有限,事实上靠其自身的能力已经难以延续。因此通过外力进行保护是必须的。然而如何保护才是科学和有效的？这是一个值得深入探讨的课题。

"博物馆式"的保护,并不适合古村落文化遗产的保护。一方面,古村落文化遗产保护涉及的面极广,就目前中国的经济实力而言,政府财政不可能投入如此巨大的保护资金;另一方面,也不符合古村落文化的特性,它是一种"活态"的文化,只有在人们的生活场景中才能展现出它的无穷魅力和价值。正如清人吉荼农在《只可自怡》中所记叙述的"玉马"故事①一样,活的玉马才是无价之宝,而要想让玉马活下去,必须不断地给它喂草。因此,对遗产的合理开发,既能改善乡民的生活水平,又可解决保护的资金问题,同时又可在开发的过程中得到一种"动态"的保护,可能是一种比较行之有效的方法。

需要解决的问题是对开发利用的"度"的掌握。目前,中国各地的自然遗产、自然与文化遗产以及江南古镇都或多或少存在"过度"开发的问题,严重地妨碍了遗产地的可持续利用。"过度"开发的发生,除了当地政府主管部门的原因外,更主要的问题恐怕还是出在文化拥有者本身,因为物质利益对于每个人都是有诱惑力的。当人们意识到可以利用祖宗留下的遗产赚取大把大把金钱的时候,通常都会突破某些界限,如置严格的保护规划于不顾,把原本是作为生活场所的住所,破墙开店或出租给人做生意等。而古村落文化本真特色在于它宁静和谐的生活氛围,如果掺杂进过多的商业气息,无疑是对这种文化的"扼杀"。也就是说,如果仅仅保护了古村落的物质文化,但精神文化遭到毁灭性的破坏,这种保护也是失败的,或者说,是一种更为严重的破坏。

四、建设社会主义新农村:保护古村落文化的良好契机

"建设社会主义新农村",是党和政府在"十一五"规划中的重中之

---

① 故事内容是:予尝闻一打草鞋者,有大方石一块,用之年久,有一胡人增价至百千买定,约日来取。此人意石必可宝,不敢复用。后十余日,胡人来视之,掉首欲去。此人牵而问故,胡曰:"此石中有一玉马,今已死矣,盖十余日无草以养之故。"

重。这对于切实提高农民生活、改善和缩小城乡与贫富差别、实现共同富裕无疑是一个重大的战略决策，也是保护古村落文化遗产的一个良好契机。如果能把两项工作很好地结合起来，势必能起到事半功倍的作用。

但如何在建设新农村的过程中保护好数千年来形成的文化传统，如何避免重蹈我国 20 世纪八九十年代城市现代化过程中对城市文化造成巨大破坏的覆辙，也是需要认真研究的重要课题。冯骥才先生在"两会"期间就发表了《建设新农村要重视文化遗产保护》一文，全面分析了在新农村建设中保护文化遗产的重要性和意义，提出了七方面的建议，同时也表示了他的担心："由于历史形成的惯性，每次大规模的社会变革，都容易一哄而起。当人们对什么是新农村的'新'还没有具体标准时，很容易把'破旧'视为'立新'，把当今城市形态当作现代形态，把'洋'的当作'新'的。我们的 600 多个城市在某种程度上来说已经基本失去个性，如果广大农村也变得千篇一律，同时内在的个性化的精神文化传统涣散一空，我们的损失将永难补偿。新农村先进文化的建设也就无所凭藉（借）了。"因此，他呼吁"希望在新农村建设启动之时，要切实地重视在农村的文化建设和文化保护，重视文化的多样性，重视非物质文化遗产，牢牢抓住它，不要叫它从我们手里失掉。否则，数千年的历史文化将从我们的脚下失去，厚重与丰富的文化大地便会变得贫瘠和单一。"冯骥才先生的文章确实非常及时地向我们提出了一个严峻的问题。

事实上，从各地反映的情况来看，已经出现了一些冯先生所担心的"把'新农村'变为'洋农村'"的问题，把新农村建设变成了简单的"拆除老房子、集中规划建新房子"的现象。令人担忧的是，有些地方政府推出的"样板村"就是这样的新农村。如果让这种情况蔓延下去，不仅不能起到保护作用，反而会成为一次史无前例的对古村落文化遗产的大毁灭运动。因此，必须要引起我们的高度重视。

（本文原刊《云南社会科学》2007 年第 2 期）

"局内"与"局外"

——古村落保护中的认知差异与破解

村落是中国传统文化生长的土壤和生存的空间,传统文化源于此、生长壮大于此。要保护和传承中国传统文化,首先必须从保护村落文化开始。自改革开放以来,随着中国社会的转型、经济的高速发展,农村人口大量向城市转移,农村出现了空壳化的趋势,村落文化急剧衰微;尤其是在经济利益驱动下,房地产商和部分追求政绩的官员借"建设新农村""农村城镇化"等口号,大肆征集农村土地,把农民"赶上楼",使大批传承了几百年、上千年的古村落夷为平地、快速消失。

这种现象的蔓延,早已引起了有识之士的担忧,早在2006年,冯骥才先生就发表了《建设新农村要重视文化遗产保护》(2006年3月6日《文汇报》)一文,全面分析了在新农村建设中保护文化遗产的重要性和意义,提出了七方面的建议,同时也表示了他的担心:"由于历史形成的惯性,每次大规模的社会变革,都容易一哄而起。当人们对什么是新农村的'新'还没有具体标准时,很容易把'破旧'视为'立新',把当今城市形态当作现代形态,把'洋'的当作'新'的。我们的600多个城市在某种程度上来说已经基本失去个性,如果广大农村也变得千篇一律,同时内在的个性化的精神文化传统涣散一空,我们的损失将永难补偿。新农村先进文化的建设也就无所凭藉(借)了。"因此,他呼吁"希望在新农村建设启动之时,要切实地重视在农村的文化建设和文化保护,重视文化的多样性,重视非物质文化遗产,牢牢抓住它,不要叫它从我们手里失掉。否则,数千年的历史文化将从我们的脚下失去,厚重与丰富的文化大地便会变得贫瘠和单一。"

最近几年,该现象已引起了中央政府的高度重视,古村落保护已列入了政府工作的议事日程。尤其是2013年12月12日至13日在北京举行的中央城镇化工作会议上提出了六大任务,其中第五项任务就是"提高城镇建设水平",明确提出:"城市建设水平,是城市生命力所在。城镇建设,要实事求是确定城市定位,科学规划和务实行动,避免走弯路;要体现尊重自然、顺应自然、天人合一的理念,依托现有山水脉络等独特风光,让城市融入大自然,让居民望得见山、看得见水、记得住乡愁;要融入现代元素,更要保护和弘扬传统优秀文化,延续城市历史文脉;要融入让群众生活更舒适的理念,体现在每一个细节中。建筑质量事关人民生命财产安全,事关城市未来和传承,要加强建筑质量管理制度建设,对导致建筑质量事故的不法行为,必须坚决依法打击和追究。在促进城乡一体化发展中,要注意保留村庄原始风貌,慎砍树、不填湖、少拆房,尽可能在原有村庄形态上改善居民生活条件。"明确了新型城镇化的理念。在这一决策的指引下,古村落的保护工作正在全国各地有序地进行。

古村落保护的重要意义不言自明,但如何保护古村落却是一个相对棘手的问题。怎样的保护才是有效的,需要在实施的过程中不断探索。例如,在保护问题的认知方面,"局内人"与"局外人"往往存在着较大的差异:本质上说,古村落的保护是由"局外"力量发起和推动的。"局外"主要是指各级政府、知识阶层、热心传统文化保护的有识之士等,文化自觉和文化责任使他们认识到了古村落保护的重要性和迫切性,极力推进了保护工作的开展。而作为"局内"的村落、村民则大多处于被动接受的状态。由于"立场"不同,两者在保护目的、保护理念、审美取向等认知方面都存在较大的差距,这种差异不仅会造成矛盾冲突,而且往往影响到保护工作的开展和实际效果。

一、矛盾的主要体现

第一,保护"规制"与"随性"生活的矛盾。

政府主管部门和学界是站在民族传统文化传承的立场开展古村落保护工作的,因此强调整体性、原真性的保护原则。而对于世世代代生于斯、长于斯的村民来说,着眼点是眼下的生活,大概只有老祖宗留下来的东西(宗祠、祖屋)才是需要保护的,其他的都无关紧要,破了就修,坏了就重建,祖祖辈辈都是这样的。

中国传统农村,千百年来农民都过着"诗意"的生活,自由自在,无拘无束,一切都从生活便利出发。为了保护而规定这座老屋不能随便拆,那座老房不能随便翻建,这条道路不能改建,那棵树木不能砍伐……对于村民来说一时是很难接受的。严格的保护,打破了他们世代相袭的生活秩序和生活态度,需要有一个适应的过程。

第二,保护"传统"与"过好日子"的矛盾。

古村落都有丰厚的历史积淀,按照惯常的保护原则,村落中的一屋一瓦、一树一路都是值得也应该列入保护范围的。但这种"局外人"认为理所当然的事,却并不符合"局内人"的生活诉求。老房子需要保护,但老房子光线不足且潮湿;老式木阑珊窗户要保护,但没有铝合金窗亮堂;石板路需要保护,但没有水泥路平坦;用马桶是传统,但没有抽水马桶方便卫生……当"局外人"强调原汁原味保护的时候,并没有考虑到居住其中的村民的感受。每个人都有生活得更好的愿望,这也是每个人享有的权利。尤其是在一部分村民的意识中存在"向城里人看齐"的审美取向,认为城里人所享有的生活是最好的。事实上,"局外人"也经历过这个过程,只有尝到了"现代化"带来的恶果后才幡然醒悟,原来原始质朴的"田园风光"才是人类真正需要的;只有当城市里的老房子、老街拆光之后,才体会到所谓的高楼大厦原来并不是人类生活的最佳场所。因此,村民希望居住的房屋里装上空调、使用煤气、安装明亮的铝合金窗、睡上席梦思床,都是合情合理的。这往往与保护的措施产生矛盾和冲突。在一些列入保护名单的古村落中我们还经常发现这种情况:古建筑残破不堪,面临倒塌的危险,询问村民为什么不修复,被告知村民不可以自己修复,修复必须得到上级主管部门的批准,而修复的资金又迟迟不到位。

第三,旅游开发与"正常过日子"的冲突。

目前,各地政府的古村落保护往往与旅游开发结合起来进行,一个古村落整治、修复完成就成了一个旅游景点,开始收取门票。这样的做法当然无可厚非,是保护古村落的有效手段之一。但同时又会给"局内人"的正常生活造成许多麻烦。由于大量游客的进入,古村落静谧、宁静的生活被打破,环境污染日益严重,更重要的是村民生活空间的私密性完全遭到了破坏。而门票的收入归村里所有,村民所能得到的利益寥寥无几,于是村民怨声载道,产生消极对抗的情绪。

二、以人为本:破解矛盾的对策

综上所述,由于"局外""局内"所持的立场不同,认知上也有差异,在古村落保护的过程中会产生种种的矛盾和冲突,不利于古村落保护工作的开展。而在古村落的保护中,"局内人"才是真正的主体,只有激发了他们的保护积极性,保护工作才能行之有效地进行。因此,面对这些矛盾,我们需要做好以下几方面的工作:

一是加强对古村落保护重要性的宣传教育工作。客观地说,古村落中的村民对古村落保护的意义往往是认识不足的,甚至认为"这些破玩意有什么用"。因此需要培育他们的保护意识,只有村民的保护意识增强,保护工作才是有效的。

二是在制定保护规划的时候,要坚持以人为本的原则,站在"局内人"的立场,多为他们设身处地考虑,尽量考虑"局内人"的合理诉求。在不破坏整体性的原则下,让村民享受到现代文明带来的成果,过上更加幸福的生活。如可以允许村民在古建筑内装空调、改建卫生间、使用煤气液化气等。

三是要让村民享受到保护带来的利益。允许并鼓励发展相关产业,如开发生产旅游纪念品,开设农家乐、家庭旅馆等,让村民在保护的过程中得到实惠,村民的收入与保护的好坏相联系。只有这样,村民才会成为保护工作的主人,也才有保护的积极性。事实上现在已有许多成功的案例,需要大力推广。

总之,以村民为本,从他们的实际诉求出发,多考虑"局内人"的想法和利益,古村落的保护工作才能真正有效地开展,这种保护才是可持续的。

(本文原刊福建省文联、福建省民协编《记住乡愁——中国(福建)古村落文化遗产保护高峰论坛论文集》,福建人民出版社2016年版)

"变"与"不变"

——传统村落保护开发的"阀限"

近些年来,随着国家对传统文化的重视,作为中国传统文化重要生存空间和载体的传统村落,越来越受到社会各界的关注,保护有着久远文化传承的传统村落已成为各级政府、企业乃至有识之士的共识。自2012 年 4 月 16 日国家住房和城乡建设部、文化部、文物局、财政部发出《关于开展传统村落调查的通知》以来,经过摸底调查、层层评审,至今已评选颁布了 4 批共 4157 个传统村落名录;同时,相关部门又相继出台了《关于切实加强中国传统村落保护的指导意见》《传统村落评价认定指标体系(试行)》等政策,对传统村落的保护提出了具体的原则和意见,各地在保护传统村落的实践过程中,也探索出了许多成功的模式和经验。可以说,传统村落保护已经进入了"2.0"时代,保护的重要性、资源的价值,这些在"1.0"时代争论不休的问题,已经基本解决。但如何保护才是有效、可持续的,是该阶段迫切需要解决的问题。本文尝试引用生态学中"阀限"的概念,认为传统村落保护开发的最终目的应是"阀限"的修复,外在力量推动的保护和开发利用都应"内化"为传统村落的自动调节能力,只有做到这点,传统村落的保护才是可持续的。

一、传统村落的窘境:"阀限"的失守

"生态阀限"是生态学的一个重要概念,即在一个生态系统中,各种对立因素通过互相制约的转化、补偿、交换等作用,达到一个相对稳定和平衡的状态,形成生态平衡,也即生态系统具有自动调节能力,但这一能力是有一定的限度的,称为生态阀限,超过了生态阀限,自动调节能力就会降低甚至丧失,生态系统就会遭到破坏。因此在对生态系统

的利用和改造过程中要严格按规律办事,才能在改造大自然的过程中建立起完善的生态系统。这一理论在传统村落保护中同样适用。

传统村落往往有几百年甚至上千年的历史。它们之所以能够生存延续下来,就在于其长期的发展过程中已经形成了一个自在的系统,具有很强的自动调节能力。这个系统主要包括以下几方面内容:

一是人与自然关系的协调。村落是村民生活的聚落,需经得起千百年来风风雨雨的考验。中国古人在村落选址方面非常讲究,风水学说的形成即与此相关,风水学说的核心是强调人与自然的和谐关系。传统村落通常都坐落于风景优美之处,经过岁月的洗礼,已经形成了一个独特的宜居的小环境,其中涉及地形气候、山脉及植被、土地与庄稼种类、水系与水质等等,生活其中的人与环境已融为一体,达到天人合一的至善境界。如浙江省金华市澧浦镇琐园村,是汉代严子陵后裔聚居地之一。自明朝万历年间,严子陵第六十一世孙严守仁迁居至琐园村,至今已经有 430 多年的历史。琐园村周围有七口池塘,构成一个"汤勺式"的七星北斗模样,村外有水系环村围绕,营造出一个阴阳协调、人与自然和谐相处的居住空间。① 尽管洪涝水患、地震灾害、山体滑坡等自然灾害人类是无法掌控的,但可以选择躲避,在不断"纠错"中最终选择最适宜的理想居住地,世代在此繁衍生息。在一些传统村落的发展史中,我们会发现村落曾有因为自然灾害而迁址或村寨主体发生转移的现象;同时,也会发现村民对村落周围自然环境进行适当改造的行为,如改变水道防止发生洪涝灾害、种植树林防止风灾等。这些都是村民在生存过程中适应环境的自我调控行为。

二是人与生存条件的协调。水和食物是人类生存的最基本需求,传统村落通常会选在水源充足、有足够的土地种植庄稼的地方。但是,水、食物与村落人口都是动态变数,三者之间需要不断调整,以满足生存的需要。例如在古代社会中,人口的不断增加是传统村落的常态,需

---

① 李帅超:《金华琐园村政府主导型民俗旅游模式研究》,硕士学位论文,浙江师范大学民俗学专业,2017,第 8 页。

要消耗更多的水、食物,于是就会开垦土地种植更多的庄稼;水资源短缺时通过挖井开发利用地下水,合理分配水资源等。当村落周边的水源、土地已难以养活过快增长的人口时,就会"开支散花",年轻人另选址新建村落。正如费孝通先生所说:"因为人口在增加,一块地上只要几代的繁殖,人口就到了饱和点,过剩的人口只得宣泄除外,负起锄头去另辟新地。"①这种情况在江南地区很常见,一个大家族往往会散居附近几个村落。通过这种协调,一个个传统村落代代相袭。

三是村落设施的协调。村落是一个地缘公共空间,需要满足生活的各种需求。私人居住空间与公共空间的布局是长期生活实践中逐渐完善的,诸如磨坊、水碓、庙宇、戏台等的数量;民居的建筑样式也是在适应自然环境的过程中逐渐定型的,如北方干旱少雨地区的窑洞、南方潮湿多雨地区的干栏式建筑等。

四是村民之间人际关系的协调。村落是一个村民生活的共同体,其类型多种多样,有的是聚族而居,全村只有一个姓氏;有的是杂姓共居,其祖先来自不同的区域。每个家庭的社会地位、经济条件不同,每个人的性格脾气、知识层次千差万别。为使大家能够和谐共处,传统村落都会形成一套约定俗成的"规矩"(如乡规民约等),生活其中的每个村民都需遵守这些规矩,大家和睦相处;遇到矛盾纠纷时,也有一套解决问题的办法,协调各方关系。

正是由于这种自动调节能力的存在,一个个传统村落千百年来长期存在并且不断发展。但是自 20 世纪 80 年代以来,情况发生了巨大的变化:

社会转型(由农耕社会向工业化、信息化社会转变)和城镇化浪潮席卷中华大地,在这过程中农村受到的冲击是最为巨大的,世界上许多发达国家都曾经历这个过程。一方面,随着农业机械的广泛使用、农业科技的进步(如除草剂、高效农药、化肥),农业生产所需劳动力锐减,农村出现大量富余劳动力,与此同时,农业生产成本剧增,农民收入减少;

---

① 费孝通:《乡土中国》,人民出版社,2010,第 4 页。

另一方面,改革开放使得城市经济飞速发展,赚钱效应导致大量农村剩余劳动力向城市转移,青壮年进城务工,农村中只剩下老人和小孩,村落空心化现象严重。缺乏年轻人生活的村落,凋敝是不可避免的。

传统村落衰败的另一原因是源自村民的"自鄙"心理。农民阶层在中国社会中长期以来地位不高,受教育的机会少,生活较艰难。因此乡民是相对缺乏自信的群体。从他们的视角看,别人都比他们过得好,其他人所拥有的文化也都比他们的要优秀,从物质生活到精神生活都比他们的要高级。由此,人的自卑发展为文化的"自鄙"。① 随着电视网络的普及、交通的便利,人员往来频繁,信息交流快捷,城市人的生活呈现在村民面前。在"自鄙"心理的驱使下,村民一切向城里人看齐,认为城市里的钢筋水泥建筑、高楼大厦才是最好的,于是稍微富裕的家庭就拆旧房建新房,雕花门窗换上了铝合金玻璃窗,青砖地换成水泥地……使得经过几百年上千年发展的传统村落,在短时间内变得面目全非。

正是由于内因和外因的相互作用,传统村落自动调节能力迅速下降,已经超越了"阈限",如果任其发展,必将导致绝大多数传统村落的衰败和消失。因此需要借助外力进行保护,修复"阈限"。

二、"不变·变"与"阈限"修复

在当今社会,传统村落"阈限"的修复必须正视上述客观现实,避免一些不切实际的做法,其中也涉及保护理念问题。

传统村落的保护,通常借鉴文物、文化遗产、非物质文化遗产的保护理念,强调整体性保护、原真性保护,强调"修旧如旧",也即"不变"是保护的基本原则。这个原则从保护的角度而言有其合理性,尤其是在防止过度开发利用方面起到了积极的作用。但传统村落最主要的特征与非物质文化遗产一样,是它的"活态性",应该充分认识到"不变"是相对的,"变"是必然的,系统的自动调节本身就是"变"的结果。因此,在

---

① 参见郑土有《"自鄙""自珍"与"自毁"——关于古村落文化遗产保护的思考》,《云南社会科学》2007 年第 2 期。

处理"变"与"不变"的问题上,尺度的把握至关重要。

总体而言,村落整体环境、村落空间布局、建筑样式、村落文化是不能变也不应变的,如果随意改动,势必会造成传统村落的"变味",在某种程度上是一种更严重的破坏。应该说,随着人们对传统村落保护意识的增强,从政府主管部门到村民都已经具备了这种意识,但在实际操作过程中,有时会经常出现这样那样的问题。例如,有些已经倒塌的老建筑,仅存残墙碎瓦,人们认为有碍观瞻,通常都会将其拆除或者重建,事实上保留部分这种遗址,反而能呈现村落的历史感和沧桑感,因为这些遗址具有历史记忆的功能。有些传统村落为了吸引游客,民俗表演往往成为不可或缺的内容,虽然这种抽离具体时间、语境(如没有人真正结婚的婚俗表演,不在春节期间的社火表演等)的做法被批评为"伪民俗",但将村落中代代相传的独特民俗活动集中呈现给游客观看或让游客参与体验,也不失为村落文化的新型传承方式之一。例如浙江省金华市寺平村的迎板凳龙,原本在每年的农历正月十六才会举行,是正月里最盛大的活动之一,每家每户出壮劳力一人,随带板凳(实为一块板凳板,两头各有一孔,便于连接)一节,灯笼一个,将各家的板凳连接起来,安上灯笼,加上龙头龙尾,就成了一条长长的板凳龙。人们通过迎龙灯,驱邪除瘟、祛灾祈福。① 现在迎板凳龙几乎每天都要表演,并让游客参与,起到了很好的效果。

但在这过程中有些超越限度、严重违背习俗惯制的做法则是需要禁止的,例如在民俗生活中,祭祖仪式是很神圣的,有的村落居然一天几次表演祭祖仪式;有的村落为了增强表演观赏性,满足游客的猎奇心理,随意从其他地方"挪用"与本村毫无关联的民俗活动,如将少数民族地区的抛绣球习俗在江南地区汉族传统村落中展示。村落叙事是村落文化的重要组成部分,因为村落属于社会最基层单位,其历史和文化大多缺乏文字记载,故口耳相传的口头村落叙事成为了重要的资料,但有

---

① 谢周宏:《民俗主义视角下民俗主体的自我认知与表达——以"海外学子走进金华古村落·寺平"为例》,硕士学位论文,浙江师范大学民俗学专业,2017,第18页。

些村落在编写宣传材料和村史时为了某种需要，采用了"选择性"记录的方式，甚至随意改动。这种"变"都是不可取的。

传统村落保护的目的是延续传统文化、保护中国传统文化的基因，但同时也是为了提高村民的生活质量；如果不能有效地提升村民的生活质量、不能让村民享受到社会发展带来的福祉，村民的自觉保护意识就难以提高，任何的保护都是一句空话。因此，一味强调"不变"是不现实的，也是不可能做到的。

目前，在传统村落保护中，开发利用的主要途径是发展乡村旅游，以旅游带动其他产业发展，增加村民的经济收入。因此，为了满足旅游开发和提高村民生活质量的需要，有些变是必须的，主要涉及以下方面：

一是环境整治。在保护村落整体风貌的前提下，拆除一些村民乱搭建、不符合村落整体风格的违章建筑。农民的生活习惯比较随意，通常每家每户都饲养家禽家畜，环境脏、乱、差是较普遍的现象。有些村落道路年久失修，没有符合卫生条件的公共厕所。这些都需要整治，使得村落更加整洁、卫生、宜居。为了发展旅游的需要，在传统村落的入口处修建停车场、旅游中心也是必须的。

二是房屋内部结构可以变。传统民居的内部设施大部分已不适应现代人生活的需求，在不改变房屋建筑式样、外貌的情况下，对房屋的内部结构进行适当改造是必须的，如安装电扇、空调，修建卫生间、浴室，改建厨房间，使用煤气、液化气，自来水入户，使居住其中的村民生活便利、舒适。

三是房屋的功能可以变。允许并鼓励农家利用自有房子开设农家乐、民宿，以及销售农家自产的土特产；允许农户将房子租借给商家开设服务游客的饭店、商店。一方面满足游客吃、住、玩、购物的需求，另一方面也可以提高村民的经济收入。

四是政府或社会出资，利用公共空间（如祠堂）或民居，开设展示村落文化的场馆，如村史馆、非遗馆等，为传统村落的旅游业服务。

每个传统村落都是独一无二的，"不变"在于保护村落的特色，使其成为一种不可复制的资源;"变"在于适应新时代的需要,使这种资源成为人们能够接受、享受的产品,发挥其独特的作用,从而赋予传统村落自动调节能力。

三、由"外"向"内":提升自动调节能力

从目前的情况看,传统村落"阈限"的修复,仅靠村落自身的力量已经无能为力,开始阶段必须依靠"外力"的推动。

当下通行的做法是政府部门、学界、社会力量共同推进传统村落保护开发工作。政府起主导作用,制定保护政策,组织专家学者、地方文化学者等相关人员对传统村落进行调查摸底,总结提炼该村落环境布局、建筑样式、民俗文化的特点,通过专业团队制定保护计划,实施保护工程。保护资金主要是各级政府的投入,例如浙江省慈溪市龙山镇具有千年历史的传统村落方家河头村,自 2011 年到 2015 年,市、镇两级政府累计投入 3 000 多万元,用于村口环境提升以及停车场建设、老街路面改造及两侧民居立面改造、古屋修缮,村旅游服务中心、旅游设施路线指示牌和景点介绍牌、古村线路改造等。① 各地也往往通过制定优惠政策,吸引各种社会资金参与传统村落的保护和开发工作。

这种"局外"力量推动的保护开发模式,其优势是可以使传统村落的保护和开发利用能够快速地进行,在短时间内就可以取得较好的效果。但其弊端也显而易见。一是可持续能力存在较大变数:政府部门的工作重点有阶段性特点,目前传统村落保护是其工作重点之一,可以投入大量的人力、物力,但工作重点转移后,后续的保护开发就可能出现问题;社会资金的投入,从本质上说是以追求回报为目的的,但传统村落的保护开发相对来说周期长、回报率低,有的甚至长期亏损,而这部分投资人与村落之间基本是没有感情纽带的,这会导致社会资金的撤出。二是村民自觉保护意识的培育需要较长时间,一时难以跟上。村落保护对生活其中的村民来说,或多或少都会造成一定的影响,例如

---

① 见《龙山镇方家河头村申报第五批浙江省历史文化名镇名村的申请报告》(内部资料)。

自家的老房子不能随意拆除、修缮,需要严格按照规划进行;为了村落的整洁卫生,不能随便倒垃圾,甚至不许喂养鸡鸭等家禽家畜;游客多了,会打乱村民的日常生活。这些对于千百年来过惯随意生活的村民来说,都是一种约束。而有些传统村落保护开发以后,旅游带来的收入基本上归属村委会、旅游开发公司等,一般村民并没有获得多少经济收入。这也是传统村落保护利用过程中,村民与村委会经常发生矛盾冲突的根源所在。三是在传统村落特色方面缺少保障:乡镇领导、社会力量投资人绝大多数都不是本村人,缺乏在该村落的生活体验,往往贪图方便简单"移用"其他地区的做法,使得不同的传统村落在保护方式、开发利用手段、开发项目方面都趋于同质化和雷同化。

因此很可能会出现热潮过后迅速转入低潮的现象,因为传统村落的自我调整能力并没有真正提高,"阀限"并没有真正修复。因此,在当下如何将"局外"力量推动的传统村落保护转化为"局内"的自觉行为,如何使这些保护措施、开发利用行为"内化"为村落自身的调节能力,是需要认真思考的问题。

首先,传统村落的保护要坚持"以村民为本"的原则。一是树立村民才是真正保护主体的意识,尊重他们的选择,有关村落保护和开发的举措需经村民的充分酝酿,形成统一的认识,保护工作才能行之有效地进行。如上述慈溪市方家河头村的保护经验就是:村领导班子充分运用"五议两公开"的决策制度,充分发扬民主,反复召开党员、村民代表会议,提高党员、村民对村落保护工作重要性的认识;在此基础上,在商讨古村保护、修缮和建设事宜时,广泛听取村民意见,尊重村民的合理化建议,实现从"要我保护"到"我要保护"的转变。如镇风岭原先乱搭乱建现象非常严重,经过动员后违法搭建全部拆除,恢复了原有的清秀面貌;在藕池周边,拆除了原来的公共厕所,对路面和立面进行了修复,使得整个环境整洁、协调。在方家路古街进行修缮时,一开始居住其中的老人觉得修缮改造要影响他们的生活,意见很大,行动上不配合,村领导班子成员分片包干,挨家挨户做工作,最终使得修缮改造顺利完成。随着游客人数的增多,交通压力、停车压力不断上升,环境污染和古树被破坏现象时有发生。因为村民已经有了强烈的保护意识,在村委的号召下很快就建立了8支志愿者队伍,设置8个类别的志愿岗,这些志愿者成了保护传统村落建设成果的重要力量。如村内的藕池,有村民用洗衣粉洗衣服,对水质和环境污染较大,志愿者就进行劝说解释,引导他们用污染性小一些的肥皂等洗衣服,保护藕池水质。方家河头村的保护因为充分尊重、听取并考虑村民的意见,发挥并调动村民参与古村保护和建设的积极性,收到了良好的效果。① 二是要让村民享受到保护带来的利益。允许并鼓励发展相关产业,如开发生产旅游纪念品,开设农家乐、家庭旅馆等,让村民在保护的过程中得到实惠,村民的收入与保护的好坏相联系。只有这样,才能真正激发村民的保护积极性。村民提高保护的意识,认可保护、开发的行为,才能将保护、开发转化为他们的自觉行为。

其次,保护和开发的项目要源自该村落。以前存在但现在已经消亡的或者濒危的,可以通过深入的调查研究进行恢复,可以请专家学者、专业团队进行包装设计,但这些项目决不能是"舶来品",有"根"的文化才能开花结果,才能持续。比如该村原来是舞板凳龙的,不能因为板凳龙太古朴不具观赏性,而改为观赏性更强的布龙,因为板凳龙在当地村民中是有特殊寓意的,而外来的布龙仅仅是好看而已。所有的项目要由村民参与表演、传承,逐渐融入到村民生活之中,成为他们生活的一个组成部分,只有这样才能传承下去。

第三,传统村落保护开发最终的效果是要留得住村民,尽量吸引外出务工人员回归。有人居住的房子才有生气,同样,有人居住的村落才是鲜活的。"要是古镇里没有老人晒太阳、妇女洗衣服的那种生活味,这古镇就是死的,再'修旧如旧'都没有用"② 。传统村落也是如此。但要留住村民尤其是年轻人,除了优美的环境、惬意的生活条件外,还需要有良好的经济收入。方家河头村因为是一个较为偏僻的山村,原本

① 参见《龙山镇方家河头村申报第五批浙江省历史文化名镇名村的申请报告》(内部资料)。
② 李晔:《古镇怎成了热闹的大市场》,《新民晚报》,2006年4月14日12版。

经济收入来源极为有限,前些年年轻村民主要靠外出打工挣钱。村落修缮建设完成后,随着游客的增多,村民们在自家销售土特产、摆个小吃摊,收入也很可观。这样就无意之中引导村民返乡创业。如村民方磊,原是一位建筑小包工头,听闻方家村要修缮保护,回村开了村里第一家农家乐,在家就可以轻轻松松赚比当小包工头时更多的钱。在他的示范作用下,该村许多在外务工的村民也纷纷回家创业,达到了良性的循环。① 如果没有一定数量的年轻人,"空心化"的村落是不可能真正得到保护的。

综上所述,在目前情况下,传统村落的保护需要政府部门、社会力量的推动;但外部的力量需要内化为内部的力量,才能使传统村落恢复活力,重新凝聚人气。修复"阈限",重新赋予传统村落自动调节能力,这样的保护开发,才是可持续的。

（本文原刊于《赣南师范大学学报》2018 年第 1 期）

---

① 参见《龙山镇方家河头村申报第五批浙江省历史文化名镇名村的申请报告》(内部资料)。

孝：中华传统文化的核心范畴

"百善孝为先"，是中国人共同的认知，"孝"是中国人最基本的为人处世准则。几千年来，遵之者被赞，违之者被唾。它对中国社会的稳定、公序良俗的建构、个体人格的塑造都起到了巨大的作用。"孝"虽然产生于中国古代社会，但时至今日仍有积极的社会意义。

一、中国"孝"观念产生的两大动因

孝，金文中写作 🦎 （ 🦎 老，长发长者＋ ♀ 子，后代），或 🦎 （ 🦎 老，长发长者＋ ♀ 子，后代），造字本义是儿孙搀扶老人，表示奉养和服从父母、长辈。《说文解字》中说："孝，善事父母者。从老省，从子。子承老也。"自先秦以来，"孝"的含义一以贯之。

"孝"观念的产生和体系化源于中国古代社会的两大文化背景：农耕文明和宗法家族制度。考古发现证明，新石器中晚期，我国的许多地区已经出现了较为成熟的原始农业，如浙江余姚河姆渡遗址第四文化层中就出土了大量交相叠压的稻谷、稻秆、稻叶、谷壳，厚度一般在20厘米～50厘米之间，最厚处堆积1米以上。从堆积的面积和厚度折算，稻谷总量在百吨以上。[1] 据专家鉴定，主要是人工栽培的稻谷，其中混杂着少量采集来的野生稻谷，人工栽培的稻谷有籼稻和粳稻之分。有学者研究后认为河姆渡人的水稻种植，已经脱离初期的零星播种，进入原始农业规模种植阶段，稻谷已经成为河姆渡人的主食，早期人类一直赖以生存的采集和渔猎已降到辅助的地位。学界一般认为至迟到殷

---

[1]　参见浙江省文物管理委员会《河姆渡遗址第一期发掘报告》，《考古学报》1978年第1期；《河姆渡遗址第二期发掘的主要收获》，《文物》1980年第5期。

商后期,我国的主要经济生产方式已经转向农耕生产,进入农耕社会。农耕与渔猎采集的最大差异在于:在渔猎采集生产中,身强力壮的青壮年人起着主要的作用,他们可以获取更多的食物,有一种对"力量"的崇拜,故当时有"食老""弃老"的习俗;而到了农耕时期,不再需要整天在野外奔波,不需要同猛兽搏斗,在保证农作物丰收过程中起决定作用的是"经验",正如《孟子·梁惠王上》中所说的"不违农时,谷不可胜食也",只要按时耕种收割,经过辛勤劳动后的成果能满足生活所需。而"经验"来自于长期的积累、世代相传,在无文字或文字不普及的时代,一个群体中经验最丰富的是老年人,因此逐渐出现了"尊老"的习俗。这是"孝"观念产生的最根本原因。

　　但在世界范围内,以农耕文明为主体的民族众多,为何唯独中国的"孝"文化最为系统丰富? 主要是得益于中国两千多年的宗法家族制度。由于农业是以土地为对象的,定居成为可能,在聚族而居的情况下,中国的宗法家族制度大约在周朝确立了。在西方封建时代,也曾形成以家族为中心的社会制度,如日耳曼人入侵罗马,便把罗马帝国拥有的广大土地分封给扈从侍卫;查理曼做法兰克王时,也大封功臣,形成了庄园式家族制度。但是,欧洲到十八世纪末叶,随着蒸汽机和纺织机的发明,资本主义的生产关系取代了封建制度,家族社会也随之解体,而我国的封建社会自周朝开始一直延续到清末,形成了一套健全的宗法家族制度。在长期的发展过程中逐渐形成和完善了一套适宜于该制度的文化,即高达观所说的宗法精神:"此种精神规定于制度,见之于诗书,深入人心,积成习惯。举凡中国人民,自孩提以至老死,耳有所闻,目有所见,居家、行事,无一不受宗法精神之支配,其影响于一般人之日常生活,应可想见。此种宗法精神,为万世不易之国是,顺之者生,逆之者死,融合凝固,以铸成中国家族社会之特性。所以中国家族社会之形式,虽时代更替不无变迁,独宗法精神自周初以迄近代,独一贯相传。"[①]宗法家族以男性血缘关系为中心,同居共财,形成一个个大小不

---

① 　高达观:《中国家族社会之演变》,正中书局,1946,第 6 页。

一的家族群体,有的十几人,有的数千人。为了维系家族内部的和谐关系和确保家族的发展,逐渐就形成一套人人遵守的行为准则:孝—悌—贞—顺。"孝"指晚辈对长辈的孝顺、服从,"悌"指同辈之间的友爱、和睦相处,"贞"指妻子对丈夫的忠贞、守节,"顺"指媳妇对公婆的顺从。其中"孝"是最基本、最重要的准则。从某种意义上说,其他三个准则都是"孝"在不同人员身份间的呈现:"悌"包括弟妹对兄姐的"恭"(恭敬、听话)和后者对前者的"友"(友爱、爱护),"恭"也是一种"孝"的表现;"贞"的最终目的是防止妻子"红杏出墙",确保男性血缘的纯正,这对一个宗法家族来说,是最大的"孝";而"顺"更是媳妇对公婆的"孝",如《礼记·昏义》所言:"舅姑入室,妇以特豚馈,明妇顺也……妇顺者,顺于舅姑,和于室人,而后当于夫,以成丝麻布帛之事,以审守委积盖藏。"孔颖达疏:"'明妇顺也'者,言所以特豚馈者,显明其为妇之孝顺也。"

由于"孝"在宗法家族制度中具有举足轻重的作用,得到了上自统治者下至普通民众的高度认同。《孝经·感应章第十六》中说:"昔者明王事父孝,故事天明;事母孝,故事地察;长幼顺,故上下治。天地明察,神明彰矣。故虽天子,必有尊也,言有父也;必有先也,言有兄也。宗庙致敬,不忘亲也;修身慎行,恐辱先也。宗庙致敬,鬼神著矣。孝悌之至,通于神明,光于四海,无所不通。《诗》云:'自西自东,自南自北,无思不服。'"民众认同孝俗,利于人与人之间的和谐关系,统治者提倡孝道,利于统治。就连宗教也倡导孝道,中国土生土长的道教自不必说,道教早期经典《太平经》中就明确提出:"天下之事,孝为上第一。"在《云笈七签》中,将孝顺父母列为道教"十善"的第一善:"万善之要者,道德孝慈功能也"。而在"十戒"中,"第一戒者,不得违戾父母师长,反逆不孝"。《净明忠孝全书》中云:"万物之中,惟人最贵,不忠不孝,不如豺狼蝼蚁乎。"《抱朴子·对俗》中说:"欲求仙者,要当以忠、孝、和、顺、仁、信为本,若德行不修,而但务方术,皆不得长生也。"不孝敬父母者不仅无法达到养生健身、延寿成仙的目的,还会受到惩罚。源自印度的佛教,主张出家修行,与"不孝有三,无后为大"的孝道相悖,为了适应中国的文化,在"中国化"的过程中不得不高举"孝"的旗帜,认为孝道分为世间及出世间两种："世间之孝，一者承欢侍彩，而甘旨以养其亲。二者登科入仕，而爵禄以荣其亲。三者修德励行，而成圣成贤以显其亲。是三则世间之所谓孝也。出世间之孝，则劝其亲斋戒奉道，一心念佛求愿往生，永别四生，长辞六趣，莲胎托质，亲觐弥陀，得不退转，人子报亲，于是为大。"（［明］莲池大师《竹窗随笔》）也就是说，佛教徒虽然出家，不能侍奉父母，不能承继香火，但他们要把父母度出三界，让他们脱离苦海，这才是世上极至的孝，它比世俗的孝更加伟大。

正是在这样一种氛围之中，"孝"的观念深入到了每个中国人的内心深处，制约着每个人的行为，遵守孝道成为了人们的自觉行为，孝也成为了中国传统文化的核心组成部分。

二、由"孝"生成的观念体系

"孝"的最初含义是子女对父母的尊奉、顺从，但随着其影响的深入，逐渐构成了一套从家庭内部扩张到社区、国家的观念体系。大致可以分为四个层面：

一是家族层面的观念。如前所述，在宗法家族制度中，"孝—悌—贞—顺"是四大准则，指向父子、兄弟、夫妻、婆媳四种关系，讲究子孝、弟悌、妻贞、妇顺。但这四种关系并不是单向度的，如果是绝对的单向度，势必会引起另一方的不满和反抗，和谐的关系就难以维系，所以中国古代在确立这四大准则的时候，采取的是有限度的双向度，即在保证四大准则的前提下，确定了"子孝（妇顺）——父（母）慈，弟恭——兄友，妻贞——夫义（忠诚）"的双向维度。如《礼记·礼运》中所说："何为人义？父慈、子孝、兄良、弟弟、夫义、妇听、长惠、幼顺……"唯有如此，才能做到有限度的平等、维系家族内部的团结。

二是社区（社会）层面的观念。每个人都是社会网络中的个体，家庭是每个个体活动的第一空间，在家庭生活中形成的观念、行为必然会延伸到更大的社区空间。虽然在家庭和社区，人与人之间的关系性质不同（前者有血缘或亲戚关系），但从社会结构看，本质是相同的。"父—子"关系即"长—幼"（上下辈）关系，在家庭生活中形成的"父慈子孝",延伸到社区就自然而然形成了"尊老爱幼"的观念和行为。同样，"兄友弟恭"强调平辈人之间的相互友爱、关心,延伸到社区体现为邻里和睦、朋友有信的观念和行为。

三是国家层面的观念。"孝"原本是一种道德原则,是处理家族中长辈和儿女间关系的准则。随着历史的发展和社会的演变,"孝"被统治者利用来为治理国家服务,由道德范畴扩展到了政治范畴,即君仁臣忠、忠君爱国。正如《左传·文公二年》中所说:"孝,礼之始也。""孝"成为了国家礼制的立足点。《论语·学而》中记载:"有子曰:'其为人也孝弟,而好犯上者,鲜矣;不好犯上,而好作乱者,未之有也。君子务本,本立而道生。孝弟也者,其为仁之本与!'"即认为能够孝顺父母、尊重兄长,而冒犯上级长辈,这样的人是很少见的。不会冒犯上级长辈、而喜欢造反的人更是没有。君子专心致力于推广仁孝这些根本,根本建立了,做人治国的原则也就有了。孝顺父母、尊重兄长,这就是仁的根本。

四是修身层面的观念。中国古人的人生理想是"修身、齐家、治国、平天下"。《孝经》中说"夫孝,始于事亲、中于事君、终于立身",也即事亲、忠君最终归结到个人的修身养性和人格塑造。故《礼记·大学》中说:"古之欲明明德于天下者,先治其国;欲治其国者,先齐其家;欲齐其家者,先修其身;欲修其身者,先正其心;欲正其心者,先诚其意;欲诚其意者,先致其知,致知在格物。物格而后知至,知至而后意诚,意诚而后心正,心正而后身修,身修而后家齐,家齐而后国治,国治而后天下平。"修身是根本,而修身的根基在于"孝",即人最基本的道德修养。假若一个人连自己的父母都不孝敬,他对其他人大概就很难有良善、仁慈之心。一个讲德行的人,必然会孝敬自己的父母。"孝"不仅是一种应尽的义务,而且是衡量一个人的良心、品德的重要标准。《文昌帝君元旦劝孝文》中认为,一个人如果没有孝道的基础,不论做怎样的事业,都不会成就真正的功业;一个人如果没有孝道为基础,他所说的话所讲的道理都不会有根基,也不会被人信服。一个人如果没有了孝道,即使功盖天下,终究其所谓的成就并非从性德中流出,所以必定会做虚伪之事,欺诈国家和人民,最终辜负违背人伦之根本而身败名裂。一个人要有"宽容"之心,首先必须是从对家人的宽容开始;一个人要懂得感恩,所谓"滴水之恩当涌泉相报",首先始于对父母的感恩。这些都离不开"孝"的根基。

三、"孝"发挥作用的机制

两千多年来,从统治者到普通百姓,以不同的方式、不同的目的构建着"孝"的道德网络。

统治者为了统治的需要倡导忠孝,动用国家机器从制度上、思想上强化"孝"的宣传。以儒家的忠孝思想作为治国理政的方针,将《孝经》列为十三经之一,以此来规范人们"孝"的行为准则。强调孝是诸德之本,"人之行,莫大于孝",国君可以用孝治理国家,臣民能够用孝立身理家、保持爵禄。主张把"孝"贯穿于人的一切行为之中,"身体发肤,受之父母,不敢毁伤",是孝之始;"立身行道,扬名于后世,孝经鼎以显父母",是孝之终。并按照人的生老病死等生命过程,提出"孝"的具体要求:"居则致其敬,养则致其乐,病则致其忧,丧则致其哀,祭则致其严。"《孝经》还根据不同人的等级差别规定了行"孝"的不同内容:天子之"孝"要求"爱敬尽于其事亲,而德教加于百姓,刑于四海";诸侯之"孝"要求"在上不骄,高而不危,制节谨度,满而不溢";卿大夫之"孝"则一切按先王之道而行,"非法不言,非道不行,口无择言,身无择行";士阶层的"孝"是忠顺事上,保禄位,守祭祀;庶人之"孝"应"用天之道,分地之利,谨身节用,以养父母"。《孝经》还把属于道德规范的"孝"与法律(刑律)联系起来,认为"五刑之属三千,而罪莫大于不孝",从而惩戒"不孝"的行为。在汉代,汉武帝采纳董仲舒的建议于元光元年(前134)下诏郡国每年察举孝者、廉者各一人。不久,"举孝廉"就成为了汉代察举制中最为重要的岁举科目,"名公巨卿多出之","孝"成为普通人进入仕途的一条捷径,无疑起到了示范的作用。历代统治者还通过对"孝子"的表彰,为孝子立传、立牌坊来激励"孝"的行为。在民间,人们通过各种口头叙事(传说、故事、歌谣、说书、宣卷、戏曲等)来歌颂"孝子",鞭挞不孝的行为。例如民间故事《抬筐》中讲述:从前有一个不孝之子叫张三,有一天让儿子和他一起把体弱多病的老母丢弃到荒郊野外。儿子说:

"爹,抬筐不能扔,得拿回去留着。"张三答:"这个破筐没用了,扔了吧!"儿子说:"咋没用呢,等你老的时候好用它抬你呀!"张三满脸羞愧,将老母背回家里,再也不敢虐待了。这则故事虽然只有短短数语,但富含哲理,起到很好的教化作用。而由元代郭居敬(一说是其弟郭守正,一说是郭居业)选取历代二十四个著名孝子故事编录而成的《二十四孝》(全名《全相二十四孝诗选》),经人配图为《二十四孝图》,由于是通俗易懂的读物,在民间影响巨大,几乎家喻户晓。民间普遍流传"不孝子孙,天打雷劈""雷打不孝子"的俗信,认为雷神掌管天地刑罚,不孝之人会遭雷神的惩罚。如《湖海新闻夷坚续志·雷击不孝》就是一则雷神惩罚不孝之子的故事:

> 温之吴公口有二恶少,谋欲生事,尚各有母,欲假手于同谋者互杀其母,而后举事。其主谋者陈五四者,正在练店内烹饪,尚未得食,立于灶后。有牧童王正,忽见有丈身之人携锦皮薄书入门,恍惚间,先携小童出门外,霹雳一声,五四头巾穿破,头顶上一窍穿透,靠壁而死。①

故事中两个恶少在谋事之前策划要杀害自己的母亲,最终得到了应有的惩罚,被雷击而死。

所有这些都从不同的层面强化了"孝"的观念,并在价值观上赋予"孝"至高无上的道德。而这种观念又落实到具体的日常生活实践之中,从而起到和谐人际关系以及稳定家族、国家的作用,具体呈现为两个具有超稳定结构的"三角形"形态(图1)。

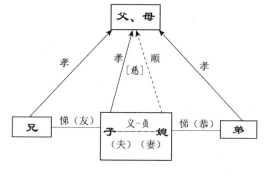

图1 "孝"发挥作用的"三角形"形态

---

① 无名氏撰:《湖海新闻夷坚续志》,常振国、金心校,中华书局,1986,第19-20页。

在家族内部关系中,以孝、慈为准则构成纵向的父子关系,以悌为准则构成横向的兄弟姐妹关系,形成一个超稳定的三角形结构。同样,在国家的层面,以君仁臣(民)忠为准则构成君—臣(民)之间的三角形超稳定社会结构(图2)。

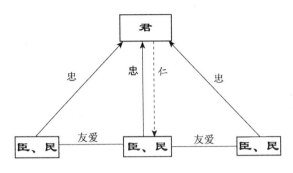

图2　君—臣(民)之间的"三角形"结构

中华民族虽然历经磨难、遭受过无数次外敌入侵、经历过多次朝代更替,但中华文化没有中断,从某种意义上说就是因为这两个超稳定结构的存在。

四、结语:"孝"在今天的价值

产生于农耕文明的传统宗法家族文化有许多已不适应当今社会,需要扬弃,如族长家长的权威意志,对女性权利的漠视与剥夺,共同体利益绝对凌驾于个人利益之上等。"贞节""妇顺"准则的单向度要求,当然也应该扬弃。但宗法家族文化遗产中有许多是值得借鉴甚至发扬的,其中的孝文化尤其如此。

自"五四"以来的反传统思潮,将传统文化一律视为封建迷信加以扫除,数千年来建构的中国传统道德体系瓦解,西方的道德体系和价值观又不完全适合中国社会,导致中国社会道德观念、价值观念的混乱。尤其是这些年来,随着社会的急剧转型,人们信仰缺失,物质至上,道德水准下降,成为了一个迫切需要解决的社会问题。例如在家庭成员内部关系方面,普遍存在"慈有余而孝不足"的情况,对长辈不尊敬,对老人不履行赡养义务，兄弟间为了一点小利益而反目成仇等；在社会关系方面，人与人之间情感冷漠，缺乏互助友爱、包容的精神，缺乏基本的诚信等等。而中国传统的孝道，强调长幼有序、上下有别，朋友有信，人人各司其职，每个人都承担起各自的责任，以修身养性为最高追求。所有这些，对于纠正不良的社会风气、提升社会整体道德水准，无疑具有积极的意义。党中央提出用中国数千年来形成的、民众乐于接受的传统形式进行社会主义核心价值观的建设，是符合中国实际情况的有益举措。

（本文原刊于《民俗研究》，2015 年第 2 期）

非物质文化遗产保护与道教文化建设

2003 年 10 月 17 日联合国教科文组织在巴黎举行的第三十二届会议上通过了《保护非物质文化遗产国际公约》(以下简称《非遗公约》),认为"承认全球化和社会转型进程在为各群体之间开展新的对话创造条件的同时,也与不容忍现象一样使非物质文化遗产面临损坏、消失和破坏的严重威胁,在缺乏保护资源的情况下,这种威胁尤为严重",而非物质文化"是文化多样化的熔炉,又是可持续发展的保证","是密切人与人之间的关系以及他们之间进行交流和了解的要素,它的作用是不可估量的。"正是因为这个原因,"必须提高人们,尤其是年轻一代对非物质文化遗产及其保护的重要意义的认识"。因此,可以说非物质文化遗产保护是由联合国教科文组织发起,旨在保护文化多样性、促进人类文化可持续发展的一场世界范围内的文化运动。我国因为自改革开放以来,步入社会急剧转型期,大量产生于农耕文明时期的非物质文化快速衰微乃至消亡。联合国教科文组织所推行的非物质文化遗产保护工作,正是我国所迫切需要的,于是很快得到政府的积极响应,2004 年 8 月第十届全国人大常委会表决通过了关于批准中国政府加入《非遗公约》的决定,中国成为首批缔约国之一。从此一场自上而下、声势浩大的非物质文化遗产保护工作在全国全面展开。从国家文化部到各省市文化厅、区县文广局都设立了专门的非遗保护机构,由专职人员、专项经费作保障,成为国际上保护非物质文化遗产最为成功的国家之一。截至 2018 年,我国入选联合国教科文组织人类非物质文化遗产名录 40 项(包括"代表作名录"32 项,"急需保护名录"7 项,"优秀实践名册"1 项),国家级非物质文化遗产代表作1 372项,还有数量庞大的省市级、区县级非物质文化遗产名录。2011 年 2 月 25 日,第十一届全国人民代表大会常务委员会第十九次会议通过了《中华人民共和国非物质文化遗产法》(以下简称《非遗法》),以国家法律的形式规定了非物质文化遗产保护工作的合法性。

《非遗公约》中对"非物质文化遗产"的定义是:"指被各社区、群体,有时是个人,视为其文化遗产组成部分的各种社会实践、观念表述、表现形式、知识、技能以及有关的工具、实物、手工艺品和文化场所。各个群体和团体随着其所处环境、与自然界的相互关系和历史条件的变化不断使这种代代相传的非物质文化遗产得到创新,同时使他们自己具有一种认同感和历史感,从而促进了文化多样性和人类的创造力。"《遗产法》中对"非物质文化遗产"的定义是:"指各族人民世代相传并视为其文化遗产组成部分的各种传统文化表现形式,以及与传统文化表现形式相关的实物和场所。"

道教是我国土生土长的宗教,是我们的先民在生存实践中为满足人们的精神需求而形成的,在长期的发展过程中不断改进完善,表现了中国人对自然、对社会以及对人类自身独特的见解,是我国传统文化的重要组成部分,也是非物质文化不可或缺的部分。在非物质文化遗产保护的工作中,重视道教中的非物质文化遗产,不仅可以丰富我国的非物质文化遗产的内涵,也可以凸显道教文化的价值,扩大道教文化的影响,有利于道教文化的传承和弘扬。

一、原生性和包容性:道教非物质文化的生成

道教创建于东汉,其来源:一是老庄哲学思想,二是仙人信仰,三是巫术法术。其中又以仙人信仰为基干部分。仙人信仰产生于春秋时期,经过数百年的酝酿和发展,至汉代已形成自己的体系,具备了形成一种宗教的各方面的条件。而恰在东汉末年,佛教传入中国,再加上东汉末年政治腐败、民不聊生的社会因素,一部分思想敏锐的方士便秘密建立了早期的民间道教,西有张陵创建的正一盟威道,东有张角创建的太平道,南有于吉领导的道教活动。卿希泰在《中国道教思想史纲》中具体分析了道教产生的契机和过程:"东汉后期……神仙方士在创立道

教时,除了利用老子书中的一些神秘思想,把神术、仙术与五行阴阳和
谶纬之学结合起来而外,在它的发展过程中,还模仿佛教,采用佛教神
话来装饰老子,采用某些佛教教义来编造道教教义。于是,神仙方术改
称为道教,方士改称为道士,哲学家的老子也被改装成为道教的教
主。"①可以说,道教是在传统文化内部生长出的一种具有鲜明中国特
色的原生型宗教。

　　正因为道教的原生性,植根于中国的文化土壤,故无论是哲学层面
的宇宙观、自然观、生命观,还是神学层面的它界观念、神灵体系,乃至
实践层面的法术、法事,都是中国传统文化的有机组成部分。虽然有些
非物质文化是由道教、道士所创造的,但其底色是中国传统文化,而且
始终与世俗生活密切关联。如道教的核心信仰——对长生不死的追
求,日本著名道教学家窪德忠先生曾指出:"神仙说的观点就是在地球
上无限延长自己的生命。似乎可以认为现实的人使具有天生肉体的生
命无限延长,并永享快乐的欲望导致了产生了神仙说这一特异思想。
这种思想在其他国家是没有的。"②《中国科学技术史》作者、英国著名
学者李约瑟博士也认为:"希腊的传统(欧洲所有其他传统都源于此)和
中国的传统巨大和根本的区别,在于希腊或西方的传统仅有赝金和药
金的概念,而长寿或长生不老的概念,或青春或永生的概念则只源于中
国。"③而这种追求长生不死的理想早在道教产生之前的周朝就已经出
现,是中国独特的生存环境中孕育的独特信仰现象。

　　在周代的彝器铭文中,希望长寿已成了当时人们的普遍愿望,"祈
眉寿""万寿无疆"等语,成了很多铭文中不可缺少的内容,如周孝王时
的"曶壶"铭文"曶用匀万年眉寿,永命多福"④;西周中期"伯太师鼎"内
壁铸铭文 15 字:"白(伯)大(太)师乍(作)馈鼎,我用田(畋)用兽(狩),

①　卿希泰:《中国道教思想史纲》(第一卷),四川人民出版社,1980,第 53 页。
②　[日]窪德忠著,萧坤华译:《道教史》,上海译文出版社,1987,第 55-56 页。
③　[英]李约瑟:《中国古代金丹术的医药化学特征及其方术的西传》,《中华文史论丛》1979
　　年第 3 辑,第 101 页。
④　郭沫若:《两周金文辞大系》,东京株式会社开明堂,1932,第 84 页。

用祈眉寿。"①《诗经》308 篇中有 16 篇涉及"寿"（"眉寿""万寿无疆""寿考"）；《尚书·洪范》中说："五福：一曰寿，二曰富，三曰康宁，四曰攸好德，五曰考终命。"把"寿"列为首位，可见当时周人对生命价值的看法和对长寿的追求。长寿当然越长越好，于是便有了"万寿无疆"的祝语。寿的极致是不死，《山海经》中就有了不死民、不死山、不死国的记载。如《海外南经》中记载："不死民在其东，其为人黑色，寿不死。"郭璞注云："有员丘山，上有不死树，食之乃寿。亦有赤泉，饮之不老。"《海内经》中记载："流沙之东，黑水之间，有山名不死之山。"《大荒南经》中记载："有不死之国，阿姓，甘木是食。"郭璞注："甘木即不死树，食之不老。"随后，不死民又有了不同的专名，如《庄子》中的真人、神人、至人。翦伯赞先生曾说："神仙之说……在战国时，就已经发生了。庄子所谓'真人'就是仙人。因为他所说的真人'乘云气，御飞龙，而游于四海之外'，不居在中国本土，并是餐风饮露，不必吃饭就可以活，入水不湿，入火不热，任何刑罚也不得死。"②至战国时期，由长生不死理想而具象化的群体——"仙"最后固定了下来。此后，追求长生不死成仙的信仰就在中国大地上不断蔓延。由此可见，仙人的出现，经历了"祈寿——长生不老——仙人"的演变过程。其主要的原因恐怕与中国古人的生存环境与生产方式、社会结构有关。自殷商后期始，我国的主要经济生产方式转向农业，一般来说农业民族比较重实际、重视人的作用。《孟子·梁惠王上》中说："不违农时，谷不可胜食；数罟不入洿池，鱼鳖不可胜食也；斧斤不入山林，林木不可胜用也。"虽稍有理想化，但基本上反映了我国古人的生活：只要按时耕种收割，经过辛勤劳动后的成果能满足生活所需。在这种情况下，人的作用就能充分体现，人们的着眼点是现实而不是来生。由于农业是以土地为对象的，定居成为可能，随着生产力的发展，人类自身的繁殖也快速增长，到周朝，宗法家族制度基本确立。这种制度以同居共财为主要特点，夫妻子女、全家老少居住一

---

① 《考古》，1999 年第 4 期，第 18 页。
② 翦伯赞：《秦汉史》，北京大学出版社，1983，第 98 页。

堂,过着男耕女织的和谐生活。人们能充分享受到天伦之乐,容易满足现状、重视现世享受、重视人的寿命。于是就在这种背景下出现了对延长生命的追求,尔后把这种理想追求具象化为仙人形象。所以说,道教追求的长生不死,完全是在中国的土壤上滋生的,即使是那些不信仰道教的中国人,也同样把长寿当作理想人生的追求之一。

道教是一种包容性很强的宗教。其神灵谱系几乎罗列了所有自古以来在中华大地上形成的信仰神灵,从原始自然崇拜的雷神电母、风神雨师,到传说中修炼成仙的仙人,到各种各样的历史名人,而且不间断地将新产生的神灵罗列其中。当然道教对民间信仰神灵的"吸收",并不是简单的"拿来主义",而是进行符合道教原则的"改造",并将他们安排在系统坐标的合理位置上。最突出地表现在葛洪的《枕中书》和陶弘景的《真灵位业图》中。信众要求把民间供奉的地方神灵置放于道教宫观中,宫观一般都能欣然接受,并且腾出场地;而民间造个小庙,供奉道教的大神,道教也不会干涉。这种情况在其他宗教中是很罕见的。

同时道教的神灵也走出宫观,进入了民间信仰的视野。最典型是八仙。八仙(汉钟离、铁拐李、张果老、吕洞宾、蓝采和、韩湘子、何仙姑、曹国舅)最初可能产生于民间,但在中国民间产生广泛的影响,无疑得力于道教全真教,汉钟离被其奉为"正阳祖师",为"北五祖"之一。吕洞宾奉为"纯阳演正警化孚佑帝君",全真道"北五祖"之一,通称"吕祖"。八仙在成仙之前,虽然社会地位不同,身份不一,有的出身于官宦之家,有的是无家可归的乞丐。但成仙之后,都具有法力无边的仙术,有一颗助弱扶贫的善良之心,惩恶除邪的正义之气。所以民间百姓除了羡慕他们的长生不死和仙术外,更是希望他们能够伸张正义,帮助解决生活中遇到的困难,如疾病、冤屈等。王母娘娘三月三日蟠桃会,八仙为王母祝寿的仙话在民间广为流传,所以八仙也成了人们做寿活动中不可缺少的仙人,人们在寿宴上张挂八仙祝寿图,演八仙祝寿戏,唱八仙祝寿的歌谣等等。

道教的包容性,使得它除了具有宗教的神圣性外,兼具世俗性,与中国老百姓的日常生活密切相关,如为信众驱鬼除妖、治病招魂、求雨祈晴等等。

道教不仅有完整的理论体系、信仰体系,而且有一整套操作体系。这套操作体系继承和发展了自古以来流传于民间的巫术法术和民间知识,并进行了系统化整理和丰富发展,如本草医药的知识。

二、道教创造了丰富的非物质文化遗产

《非遗公约》中非物质文化遗产包括以下方面:(a)口头传统和表现形式,包括作为非物质文化遗产媒介的语言;(b)表演艺术;(c)社会实践、仪式、节庆活动;(d)有关自然界和宇宙的知识和实践;(e)传统手工艺。在《遗产法》中,根据我国的实际情况以及对非物质文化的理解,作了一定的调整,包括:(1)传统口头文学以及作为其载体的语言;(2)传统美术、书法、音乐、舞蹈、戏剧、曲艺和杂技;(3)传统技艺、医药和历法;(4)传统礼仪、节庆等民俗;(5)传统体育和游艺;(6)其他非物质文化遗产。而在我国非物质文化遗产代表作名录评审中,为了便于操作,再次作了改动,按照中国已有的学科分类体系共分为十类:1.民间文学;2.传统音乐;3.传统舞蹈;4.传统戏剧;5.曲艺;6.传统体育、游艺与杂技;7.传统美术;8.传统技艺;9.传统医药;10.民俗。按照这个分类法,道教的非物质文化几乎涵盖所有的类别。

在民间文学类中有仙话。仙话是以记叙神仙活动为主要内容,以追求长生不死和人的自由为中心主题,反映人类渴求生命永恒和幸福美满生活愿望的一种口头叙事文学作品。它大量出现在秦汉时期,历朝历代都有大量的作品流传。历史上有不少的仙话集子,如西汉刘向的《列仙传》,东晋葛洪的《神仙传》,唐代杜光庭的《墉城集仙录》,南唐沈汾的《续仙传》,宋代曾慥《集仙传》,宋代陈葆光的《三洞群仙录》,元代赵道一的《历代真仙体道通鉴》,明代王世贞辑、汪云鹏辑补的《列仙全传》。仙话作品大多根据历代高道、仙人的事迹编创而来,歌颂他们惩恶助善、消灾除妖、治病济贫的事迹,符合民众的心愿,故在民间广为流传。典型的如八仙仙话,遍及大江南北,深入民心,影响极大。

在传统音乐类中有道教音乐。道教音乐又称法事音乐、道场音乐,

据《魏书·释老志》记载,北魏明帝神瑞二年(415),寇谦之称于嵩山遇太上老君,授其天师之位,并赐《云中音诵新科经戒》,制定了《乐章诵戒新法》,遂产生了《华夏颂》《步虚辞》等最初的道乐音韵。南宋时,道教音乐在中国民间广泛流传。明代道教音乐既承袭唐、宋、元三代之旧乐,又吸收南北曲音乐的新制道曲,吸收中国民间音乐如清江行、遍地花、采茶歌等曲调,更加规范统一,进入了定型时期。近代道教音乐,基本上承袭明代的传统。道教音乐是道教仪式中不可缺少的内容,它能够烘托、渲染宗教气氛,增强信仰者对神仙世界的向往和对神仙的崇敬。道教音乐吸取了中国古代宫廷音乐和传统民间音乐的精华,结合道教信仰的特点,形成了道教音乐的独特艺术风格,是中国传统音乐的重要组成部分。2008 年道教音乐入选第二批国家级非物质文化遗产名录。

在传统舞蹈类中,道教仪式活动有丰富的肢体动作,属于舞蹈范畴,清初叶梦珠辑《阅世编》卷九中谓道教法事"引商刻羽,合乐笙歌,竟同优戏"。比如法事活动中的禹步,《洞神八帝元变经·禹步致灵》中说:"禹步者,盖是夏禹所为术,召役神灵之行步,以为万术之根源,玄机之要旨。""推演百端,触类长之,便成九十余条种,举足不同,咒颂各异。"葛洪《抱朴子·登涉》引《遁甲中经》记载:"又禹步法:正立,右足在前,左足在后,次复前右足,以左足从右足并,是一步也。次复前右足,次前左足,以右足从左足并,是二步也。次复前右足,以左足从右足并,是三步也。如此,禹步之道毕矣。"很显然,从步态来看,禹步是标准的舞蹈步伐。

在传统戏剧类中,有以道教神仙信仰为内容的"神仙道化剧"。明代朱权在《太和正音谱》中将元杂剧分为十二类:神仙道化、隐居乐道、披袍秉笏、忠臣烈士、孝义廉节、叱奸骂谗、逐臣孤子、钹刀赶棒、风花雪月、悲欢离合、烟花粉黛、神头鬼面,神仙道化剧居首位。马致远作杂剧十五种,现存七种,其中有四部均采用神仙题材,分别是《西华山陈抟高卧》(又名《泰华山陈抟高卧》)、《马丹阳三度任风子》、《吕洞宾三醉岳阳楼》、《邯郸道醒悟黄粱梦》(又名《开坛阐教黄粱梦》)。元杂剧后,"神仙道化"一直是各剧种的主要演出剧目,至今如此。如《天官赐福》戏源自道教的三官信仰，是一种"吉祥小戏"，即在正式演出开始前的一段小戏，戏中天官降临、赐福人间的场面迎合了民众在节庆期间对喜庆、热闹等氛围的需求，因此颇受观众的喜爱。关公是道教中的重要神灵，根据他的事迹而演义的剧目很多，如《桃园结义》《单刀赴会》《三战吕布》《千里走单骑》《斩华雄》《过五关》等。而且还因为关公的信仰，产生了一种独特的地方剧种"关索戏"，流传于云南省玉溪市澄江县阳宗镇小屯村。当地民间传说，关索戏的产生，是因诸葛亮出征南中时，以关羽之子关索为先锋，曾驻兵于今小屯村。它在演出形式上保留着较原始的面貌，演出时一般头戴面具，边唱边舞，有娱神歌舞的遗风。开演时要举行祭祀，朝拜乐王庙，专演三国故事，流传至今。2011年入选第三批国家级非物质文化遗产名录。

在曲艺类中有道情。道情源于唐代在道观内所唱的经韵，为诗赞体。宋代后吸收词牌、曲牌，衍变为在民间布道时演唱的新经韵，又称道歌。用渔鼓、简板伴奏。之后，道情中的诗赞体一支主要流行于南方，为曲白相间的说唱道情；曲牌体的一支流行于北方，并在陕西、山西、河南、山东等地发展为戏曲道情，以[耍孩儿][皂罗袍][清江引]为主要唱腔，采用了秦腔及梆子的锣鼓、唱腔，逐步形成了各地的道情戏。至清代，道情同各地民间音乐结合，形成了同源异流的多种形式，如太康道情、洪洞道情、陕北道情、江西道情、湖北渔鼓、四川竹琴等。道情多以唱为主，以说为辅，有坐唱、站唱、单口、对口等表演形式。

在传统体育、游艺与杂技类中，有道教武术和气功，源自于道士的修炼。著名的如武当武术，为内家之宗，起于宋而兴于明，相传为张三丰所创。其功法特点是强筋骨、运气功。强调内功修炼，讲究以静制动，以柔克刚，以短胜长，以慢击快、以意运气，以气运身。又如太极拳，已传播到150多个国家和地区，海外练习者达1.5亿人。

在传统美术类，有道教壁画。秦汉间神仙思想盛行，在藻饰宫殿、陵墓的美术作品以及帛画中，常有神仙、祥瑞等内容。辽宁金县营城子汉墓壁画，其左上端云气缭绕，中有一人，身披羽毛；右上端有一龙，昂头相向。画中央有戴三山冠的佩剑人和白发老翁，作神仙与墓主言谈状。壁画中仙人佩剑、羽衣、须发、云气等形象朴茂高古，线条古朴随意，为道教壁画的先声。唐宋时，道教壁画已相当普遍。现存泰山岱庙天贶殿的巨幅壁画《泰山神启跸回銮图》，以皇家宫廷生活为模式，描绘泰山神东岳大帝出巡和回銮的情景，场面浩大，人物众多，生动逼真，山水人物相互衬托，艺术的世俗化倾向浓厚，虽经明、清画工重加彩绘，工匠制作痕迹较重，但仍能体现宋代道画的特色。元代永乐宫壁画画面长 90.68 米，高 4.26 米，实绘大小神像共 286 尊。三清殿壁画沿用《朝元仙仗图》的样式，以"三清"为中心，组成层次井然的仪仗。全画分成多组，有雷公雨师、南斗六阙、北斗七星、八卦神君、十二生肖神君、二十八星宿、三十二天帝君等群像。每位帝君和圣母左右均有十余名玉女侍奉。云气缭绕，壮丽浩荡，金碧辉煌。纯阳殿有《纯阳帝君神游显化之图》壁画共 52 幅，七真殿有叙述全真教创始人王重阳诞生、得道、成仙和历次度化马丹阳、孙不二、丘处机等北七真事迹的故事画共 42 幅。这些壁画把山水、花鸟、鞍马、界画和人物糅合在一起，以表现人物情节为主。永乐宫壁画堪称是中国绘画史上的杰作。各道观建筑中也普遍采用民间广泛流传的八仙、麒麟、万年青等吉祥辟邪的装饰图案。木版印制的门神、灶君、关帝、财神等神像，在民间流传尤盛。

在传统技艺类中，有道教神像制作技艺、纸扎等。《洞玄灵宝三洞奉道科戒营始》规定，造像必须"依经具其仪相"，"衣冠华座，并须如法"。天尊"帔以九色离罗或五色云霞、山水杂锦"等，"不得用纯紫、丹青、碧绿等"。真人"不得散发、长耳、独角，并须戴芙蓉、飞云、元始等冠"。左右二真"或持经执简，把诸香华，悉须恭肃，不得放诞手足，衣服偏斜"等，有一整套的技艺规范。现存道教石刻造像，如泉州北郊清源山老君像巨型石刻、晋祠彩塑以及元代的龙山石窟等，都是不朽的艺术经典。泉州石刻老君像，背松倚望，意态谦恭，两眼平视，慈祥和蔼，美须大耳，左手依膝，右手靠几，全身线条遒劲有力，洗练概括。石像高5.1 米，以整块天然巨石雕成，宏伟壮观，是道教造像艺术中的珍品。太原晋祠圣母殿创建于北宋天圣（1023—1032）年间，有圣母、宦官、女官及侍女像共 43 尊彩塑，以皇后、群臣、宫女的生活形象为范本，脸型、体态和感情流露都近于世俗生活的原型。龙山石窟,在太原西南约 20 公里处。始建于元贞六年(1295)以前,窟内雕有三清、虚皇、张天师、三皇、玄真子、披云子和北七真的石像。主要修建者为随邱处机西游的十八行者之一的宋披云。因为道教宫观的需要,历代都有不少以雕塑道教神像见长的民间艺人,现在仍有一些传承人。另外道教做法事时,会用到一些纸扎,如金童玉女等,也都是道士们代代相传、亲手制作的。

在传统医药类中有道教医药和养生功法。道教提倡修道成仙,追求长生不死,这种信仰和理论促使其信奉者孜孜追求长生不老之药,并伴随"内以养己"的炁功,通过养生、避世、清心寡欲以达到祛病延年、强健体魄的目的。在修炼过程中积累了大量有关医药养生、祛病延年、保健强身的知识与方术,如《抱朴子·仙药》中多为草木药服食方,陶弘景《本草经注》汇集药物达 700 余种,孙思邈在《千金翼方》中分类载药 800 余种。道教医学包括服食、外丹、内丹、导引等,源远流长,肇端于秦汉,形成于魏晋南北朝,在唐宋发展至鼎盛,是我国医学中的瑰宝。历史上许多道士都是名医,如葛洪在《抱朴子》中说:"古之初为道者,莫不兼修医术,以救近祸焉。""为道者以救人危使免祸,护人疾病,令不枉死为上功也。"唐代孙思邈,一生不慕荣利,始终隐居学道,以行医为事。中医中的许多丹方由道士所创。在内科、外科、妇科、儿科以及传染病、急症诸多方面,留下许多至今仍有实用价值和可供进一步研究提高的资料。

在民俗类中,道教创建的非物质文化异常丰富。大致可包括以下内容:

一是道教仪式。经过两千多年的发展,道教形成了丰富的斋醮科仪,所有的道教宫观里每逢朔月、望日,重要的宗教节日,以及各派的祖师圣诞时,都要举行祝寿、庆贺等典礼。道教的斋醮科仪,过程复杂,往往要通过建坛、设置用品、诵经拜忏、踏斗、掐诀念咒等来完成。一般有阳事与阴事之分,也就是有清醮与幽醮之分。清醮有祈福谢恩,却病延寿,祝国迎祥,祈晴祷雨,解厄禳灾,祝寿庆贺等,属于太平醮之类的法事。幽醮有摄召亡魂,沐浴度桥,破狱破湖,炼度施食等,属于济幽度亡斋醮之类的法事。

二是庙会。道教宫观中，每逢供奉主神的神诞日、升仙日均要举行科仪活动，久而久之就形成了各种庙会。如东岳庙会、城隍庙会、吕祖庙会等。目前，一些主要的庙会均已列入各级非遗名录。

三是信仰活动。如除夕晚上的烧头香，正月里拜太岁，四月初四的接财神、七月半的烧路头香等。

此外，还有一些与道教相关的非物质文化较难归入上述十类，如风水堪舆，可归入《非遗公约》中的"有关自然界和宇宙的知识和实践"。风水堪舆虽然表面上笼罩着许多玄学的迷障，但其核心是以中国传统"气"的学说为哲学基础，以道教的天人合一思想为根本，探讨人与自然的关系，非常符合现代的生态学理念。

三、道教可以借助非遗扩大影响

如上所述，道教在长达两千多年的发展过程中，创造了丰富的非物质文化，为社会和谐、民生福祉发挥了自身独特的作用。但这些文化，以前由于种种原因没有得到应有的重视，正是由于非物质文化遗产保护工作的开展，人们才逐渐了解、认识了这些博大精深的道教非遗文化，认识到道教作为唯一本土宗教的重要价值。

当然，从目前的情况看，与蕴藏丰富的道教非物质文化相比，进入各级非遗代表作名录的还不多，主要问题是"封建迷信"观念的影响还是根深蒂固，因为道教非物质文化很多涉及信仰的问题，比如庙会、法事活动等。因此，还需要进一步解放思想、从学理上作些分析。道教界对非物质文化遗产保护工作重要性的认识也有待提高，典型的表现是目前已入选的道教非遗项目，由道教协会或道教宫观作为申报主体、保护主体的，少之又少。这一方面说明道教界对非遗保护工作仍然不够重视，另一方面对道教非遗的保护也是极为不利的，因为很多项目源自道教，是以道教的教理教义为基础、以道教信仰作为核心内容的，没有道教信仰的人是很难保护、传承的。

非物质文化遗产保护是一项重大的国策，道教界理应积极参与其中。需要在以下方面做工作：

一是对道教非物质文化进行普查。总体来说,目前除了一些比较重要的外,道教到底有多少非物质文化遗产项目,总体不太清楚,需要组织教内、教外力量进行全面的摸底调查,然后根据情况进行归类,哪些是急需保护的,哪些是属于濒危的,哪些是传承情况较好的。尤其是在道教仪式方面特别需要关注,有些仪式可能已经失传,有的可能只有极少数道士会做。失传的需要进行整理存档,濒危的需要及时进行抢救性保护。

二是提高各道教协会、道教宫观参与道教非遗申报和保护的积极性。积极挖掘、整理道教非物质文化,符合非遗申报条件的,积极向各级部门进行申报,以获得政府和社会的认可。克服"圈内"观念的束缚,不要以为道教活动只是道教内部的事务,道士只要服务好信众、做好法事就行,"关起门来办教"只能走向萎缩的道路。道教非遗是整个非遗体系中的一个重要组成部分,保护道教非遗也是道教界义不容辞的责任。更重要的是,非遗保护是国家行为,道教非遗保护可以直接跟政府对接,纳入到整个非遗保护体系之中,可以提升政府和民众对道教的认知度。

三是做好道教非遗的保护工作。已经列入非遗项目的,宫观应该跟当地非遗主管部门、当地政府密切合作,做好保护传承的工作,为非遗保护作贡献。近些年,上海浦东崇福道观积极参与"三林三月三庙会"的做法,值得借鉴。

四是做好道教非物质文化遗产的宣传推广工作。应该走出宫观,面向社区、面向社会,让普通民众知晓。这既是承担《非遗法》规定的责任,也是对道教知识的宣传。

做好道教非遗保护工作,对于当下道教文化建设具有重要的意义:一是通过调查、梳理,可以认识道教在中国传统文化中的地位和作用,提高道教信众的文化自信心;二是可以更好地融入社会,参与到文化建设中,比如"一带一路"建设、和谐社区建设、乡村振兴建设;三是完善道教的自身建设,争取国家的支持,提升道教的地位。

(本文原刊于丁常云主编《道教转型中的机遇与应对》,上海三联书店 2020 年 5 月版)

第二编

民间文学类非遗的保护问题

民俗场:民间文学类非遗活态
保护的核心问题

在非物质文化遗产保护中,民间文学类遗产无疑是保护难度最大的,因为它以口耳相传的形式传承,随着人们娱乐方式的多样化以及生活方式的改变,绝大多数民间文学作品的生存状况堪忧,处于濒危的状态(当然,其中的情况也比较复杂,呈现出异常多样化的状态:不同门类的作品生存境遇各不相同,同一门类的作品在各地、各民族中也具有不同命运)。在民间文学类非遗保护中,强调传承人的保护,是完全必要的。与此同时,必须思考的问题是:传承人不是天生的,而是后天养成的。因此,分析研究传承人是怎样养成的、是在怎样的环境中养成的,是保证有效进行传承人保护和培养的前提。如果不能解决这个问题,那么对传承人的保护就只能是暂时的,甚至会成为徒劳无功的无效保护。[1]

一、民俗场:民间文学"文本"演述的文化空间

民间文学的讲唱活动是在约定俗成的场合进行的。这种场合有的有固定的时间和空间,如庙会、歌会等;有的没有固定的时间和空间,如劳动场合、婚礼、丧礼中的讲唱。我们可以将这种场合称之为民俗场。任何活态的民间文学作品传承都离不开民俗场,传承人的养成也离不开民俗场。

首先,这与民间文学的特性与功能密切相关。民间文学是一种口头叙事文学,其载体是口头语言和肢体语言。它不像书面文学可以在

---

[1]　此处所谈是指活态性保护与传承问题,记录、存档性保护是另一层面的问题。

书房里由个人独立创作完成,可以在私密空间里独自阅读欣赏,民间文学必须在至少"二人在场"的公共空间里完成,既要有"创作者"(讲唱人),又要有听(观)众,否则,就不能完成民间文学"文本"的演述过程。

民间文学不仅具有一般文学的特性,同时它又有自身的独特性,其中之一就是直接或间接的实用功能。例如劳动号子,不仅具有协调劳动节奏的目的,还可以起到直接提高劳动效率的作用。许多地区男女青年唱情歌是为了谈恋爱找对象,仪式歌是为了配合民俗仪式的正常进行(如哭丧歌中的经歌)等,所有这些功能的实现,都需要在公共的空间来完成。

其次,民间文学的传承人(故事家、歌手、说书艺人等)都是在民俗场的长期讲唱过程中逐渐成长、成熟的。传承人的成长是一个自然而然、循序渐进的过程,没有一套固定、规范的教与学的模式,是在实践中成长的,通常都是在"听"的过程中慢慢学会,在"练"的过程中逐渐成熟,在"争(竞争)"的过程中脱颖而出的。如在上海郊区奉贤农村,每到夏天的夜晚,男女老少围坐晒场乘凉,唱山歌,听山歌。著名歌手朱炳良就经常带着徒弟到乘凉的场上唱叙事山歌。有许多山歌爱好者就这样听着、学着、记着,后来自己也成了山歌手。

最后,民俗场的存在与否,决定了民间文学作品的命运,也决定了是否能够不断出现新的传承人。即便是在同一文化圈内,处于相同的文化背景和外在环境,由于民俗场的原因,同一门类的民间文学作品都会出现截然不同的情况。例如,在江南吴语地区存在着悠久的演唱山歌传统。但是,自 20 世纪 70 年代以来,自然状态下的唱山歌习俗,在该地区就已经基本消歇了。至 20 世纪 80 年代进行搜集整理时,许多老歌手已经多年不演唱,记录下来的是存在于歌手记忆中的歌,而不是存活于田野中的歌。而同属山歌体系的"赞神歌"在吴语地区民间的演唱活动仍然传承着。因为前者演唱的民俗场消失了,而后者是庙会期间在庙宇中演唱的,演唱的民俗场仍然存在。

如果我们对吴语地区三类民间文学作品的生存状态进行比较,就可以明显地看出演述民俗场的重要性。

吴语地区三类民间文学作品的生存状态比较

名称	演述场所(民俗场)	演述动力	传承人情况	目前状态
山歌	劳作场所,休闲场所,歌会(夏墓荡赛歌会、白茆歌会、南通石港歌会等)	自然状态下演唱的动力消失,目前主要是政府组织的演出、比赛	自发的学习者几乎没有,后继乏人	极度濒危
赞神歌	各种庙会、民俗活动(如因家中有人生病、连遭不测等举行禳灾仪式)	信仰。每年需要付出一个月左右的时间和支出相当数量的金钱(路费和购买祭祀用品)	有少数年轻人自觉学唱	良好
宣卷	庙会,民俗仪式(赕佛,还愿,生日,结婚,丧事,开业,乔迁等)场所	经济利益的驱动,每年有十多万的收入,也有一定的信仰因素	年轻学艺者甚多	繁荣

山歌的演述民俗场已完全消失,其生存状况堪忧,处于消亡的边缘;赞神歌的演述民俗场仍存在,但比较单一,基本局限于民间庙宇和庙会,时空限制较大,但因有信仰因素的支撑,生存状况尚可;而宣卷的演述民俗场较为多样化,同时宣卷艺人有可观的收入,激发了年轻人学习的积极性,故传承情况最好,目前处于繁荣状态。

二、民俗场的缺失:民间文学面临的窘境

如上所述,目前民间文学传承面临濒危的局面,最主要的原因就在于民俗场的消失。

首先,民间文学作品失去了演述的语境。民间文学是口耳相传的口述文学,讲唱者没有了讲唱的机会,慢慢就遗忘了;民众没有了听、学的机会,新的传承人也就不可能出现。因此,民间文学作品慢慢走向消亡也就不可避免。例如,《梁山伯与祝英台》是我国著名的四大传说之一,产生于东晋时期,已经流传了一千六百多年。但就是这样一则曾经家喻户晓的经典作品,在口头传承领域已处濒危状态。在浙江宁波梁祝庙、墓的所在地高桥镇,原先大多数村民都会讲述梁祝传说,但现在

绝大多数年轻人已经不能讲述完整的梁祝传说。高桥镇旧时民间文学作品主要的讲唱场合有四个：一是编草席、草帽时。高桥盛产蔺草（当地称席草），用蔺草编织草席、草帽是当地最主要的一项副业。人们三五成群聚集在一起，边编席草边讲笑话、故事，梁祝传说也就在这编织过程中代代相传了下来；二是田间劳动时，尤其在集体化生产时，一个生产队的几十位男性，边劳动边聊天讲故事，讲各种各样的奇闻趣事；三是串门闲坐聊天时；四是乘凉、聚会时，特别是在桥头，有些人特别能讲形形色色的传说故事，当地人称他们是"桥头阿三"。据梁祝文化公园原总经理虞善来（土生土长的高桥镇人）介绍，目前高桥镇村民只有乘凉时还偶尔会讲些新闻和故事，其他三个讲唱场所均已消失。大部分善于讲述梁祝传说的"桥头阿三"，现在均已去世。原先一些能够讲述梁祝传说、现在尚健在的中老年人，因为长期没有讲述的机会，再加上记忆力下降，讲述能力正在快速衰退。高桥镇楼规法老人，最早记录的《梁山伯指点缸鸭狗》就是由他讲述的，但是我们再次请他讲述时，他已全忘记了，只得看已出版的整理本，帮助恢复记忆。这种情况在被调查者中普遍存在。[①] 相反，如果有民俗场的存在，民间文学作品的传承情况就比较好。如在湖北的长阳、秭归、远安、宣恩、郧西、郧阳等地区，因为至今延续着在丧葬仪式中请歌手"打丧鼓"的习俗，民歌的传承情况就比较理想。

其次，民俗场的消失，必然导致传承动力的减弱乃至消失。像任何人类的创造活动一样，民间文学作品的传承也需要内在或外在的动力，或是因情感的抒发获得精神的愉悦，或是能带来精神上或物质上的某种好处，如名声和荣誉，甚至获得直接的经济利益。如旧时在吴语地区农村，会唱山歌的人在农忙时可以得到更多的雇工机会，获得比别人多的工钱。而这种传承的动力往往形成于民俗场的演述过程之中。通过演述，讲唱者的能力得以体现，获得群体的认同，随之给他（她）带来种

[①] 郑土有:《河水渐渐干枯的鱼：传统口传文学作品保护面临的挑战———以梁祝传说保护为个案》，载陶立璠、樱井龙彦主编《非物质文化遗产学论集》，学苑出版社，2006，第201-214页。

种"好处"，然后产生示范效应，逐渐转变为一种传承的动力。例如，目前吴语地区的宣卷活动盛行，年轻人不断加入学艺队伍，主要是因为宣卷艺人能够赚钱，有可观的收入，经济因素是其主要的传承动力。又如，在甘肃西和县，七夕乞巧歌能够传承，除了信仰的动力之外，还有更为现实的动力——解决婚嫁问题。在西和地区，七夕是少女们的狂欢节。在这难得的时光里，少女们可以自由自在、尽情欢乐，而歌舞理所当然成为了她们展示魅力和才艺的最佳载体。才艺展示的目的除了情感宣泄外，还导向了婚嫁。因为这些少女平时或是忙于活计，或是藏于深闺，缺少被人了解的机会。此时，打扮一新的少女们，汇集在巧人家中，唱巧、赛巧、卜巧，成为了大人们关注的对象，他们对少女们的性格、才艺一目了然，被相中的对象，很快就会有人上门提亲。如杨克栋先生所说，"笔者记得，建国前西和县城的祈神迎水仪式十分热闹。在各支迎水队伍出发前，所经过的街道两旁，早就熙熙攘攘、摩肩接踵地站满了观众。其中，多数人是为了看热闹，但也有不少的人专为婚姻大事而来。如已到婚龄而未提亲的青少年男子和他们的父母，此时站在人群里，专心一意地在队伍中物色提亲对象。已经提亲而没有仔细看过女方长相的，在媒人的指点下，也目不转睛地专注着对象的模样。每当有迎水队伍经过时，街道两旁的观众就互相询问、纷纷议论、指指点点、评头品足，饶有兴趣地观赏着队伍中的每个姑娘。在封建礼教禁锢的过去，有些少男少女的美满婚姻，或许是在这一天首先提起或最终定下来的。"①少女们展示才艺的过程也是完美展现自身的过程，她们以嘹亮的歌声和曼妙的身姿尽情抒发情感，对自身而言，是一种欲望的释放；对旁观者而言，是一个共鸣和欣赏的过程。因为在乞巧中展演的是一个特殊的少女群体，所以欣赏会在有意无意间指向求偶。因此，这种派生于乞巧习俗的功能，对于当地社会来说，反而是最具实用价值的，各个年龄段、各种身份的人怀着不同的目的来到现场。少女的父母亲临现场观察女儿的表现，未婚男性到现场挑选自己的意中人，未婚男性的

---

① 雷海峰主编《西和乞巧风俗志》(内部资料)，2007，第59页。

父母要为儿子物色未来的儿媳妇。

最后，失去了养育民间文学传承人的池塘。如前所述，传承人是在民俗场的演述中不断磨炼成长的。民俗场就像一个大池塘，传承人就是其中的鱼，池塘干涸了，鱼就活不了。为什么同一池塘中，水质相同，食物相同，有的鱼长得快，有的鱼长得慢？这主要取决于鱼自身的基因和特性。传承人也是如此。生活中的每个人都是民间文学的传承者，但优秀的传承人是少数，因为他（她）们具备一般人所没有的特性，如开朗外向的性格、超强的表现欲、良好的表达能力、优美的嗓音等，这些优点都是在民俗场的演述中慢慢显现出来的，经历了一个自然的筛选过程。

自非物质文化遗产保护工作开展以来，各级政府部门都高度重视对传承人的保护。目前，传承人的保护和培养的途径主要有三种：一是进中小学课堂，通过学校教育来培养传承人；二是文化主管部门如群众艺术馆、文化馆、非物质文化遗产保护中心举办传承人培训班；三是非遗传承人招收徒弟。这些培养措施对于普及宣传当地的非物质文化遗产项目能起到一定的作用，但事实证明，这种脱离民俗场的培养模式，从传承人培养的角度而言，效果都不太理想。因为这种方式是"鱼缸里养鱼"，违背了民间文学传承人自然天成的养成规律。

三、民俗场是否可以"恢复""再生"

不可否认，绝大多数传统民间文学演述民俗场的消失是不可逆转的事实，也是社会发展的必然结果。但是，民间文学作品的活态传承、传承人的养成，又离不开民俗场，那么，我们是否可以在民俗场的"恢复""再生"方面作些努力呢？从这些年的实践来看，在某些领域是可以有所作为的。

首先，最为理想的方法是，在条件允许的情况下，尽量恢复民俗场。在非物质文化遗产保护的大背景下，一些庙会、传统仪式、歌会陆续得以恢复，在一定程度上为民间文学作品提供了演述的场所，起到了良好的效果。如上文所述的赞神歌，在吴语地区具有悠久的历史，但因为与民间信仰活动关系密切,1949 年后列入封建迷信被禁止。虽然民间仍然有少数人悄悄进行,如渔民们届时会将渔船停靠在偏僻的水域,在船上举行祭祀演唱活动,但毕竟规模小、参与人数少,更重要的是,在主流意识形态的教育下,信众群体自身也认为这是迷信活动,长此以往,赞神歌的消亡是不可避免的。20 世纪 80 年代以来,随着改革开放和思想解放,伴随着民间信仰的恢复,赞神歌的演唱才逐渐从"地下"走向"地上",在庙会活动中公开演唱。直到被认定为非物质文化遗产项目,赞神歌的演唱才步入了正常的轨道。这些年来,许多地方的赞神歌演唱活动相当活跃,如笔者在莲泗荡刘王庙庙会调查时发现,每年参与的赞神歌歌班达十几班。由此可见,只要民间文学演述的民俗场能够恢复,具有顽强生命力的民间文学作品就可以传承。

其次,有些民俗场不可能再恢复,但可以采用"移植"的方法,逐渐形成一个新的民间文学演述民俗场。如旧时在江苏省苏州市吴江县的垂虹桥上每年都有赛歌会,著名歌手赵永明在《山歌勿唱忘记多》中唱道:"山歌勿唱忘记多/搜搜索索还有十万八千九淘箩/吭嗨吭嗨扛到吴江东门格座垂虹桥浪去唱/压坍仔格桥墩塞满东太湖。"在当地老年歌手中相传有这样的说法:如果要想唱山歌成名,必须到垂虹桥上唱歌。可见垂虹桥当年影响之大。又如,位于浙江省嘉兴市嘉善县陶庄乡的夏墓荡,水域面积 3 500 多亩,水面开阔,每年夏天的夜晚,四面八方的乡民都会划着船来到这里乘凉,然后开始唱山歌,以对歌的形式为主。歌声此起彼伏,蔚为壮观。时至今日,这些民俗场已不可能再恢复,但这种赛歌、对歌的形式,可以引入民众生活以及新的民俗活动中。目前,各地都十分重视恢复传统的民俗节日、庙会等,但总体内容不够丰富。充分运用当地的民间文学资源,哪怕是采用"借用""组合"的形式,都可以充实民俗活动的内涵,同时也可以促进民间文学的传承。如上海市杨浦区南码头街道将旧时的码头号子编排成节目,在社区组织的夏季纳凉等活动中表演,取得了较好的效果。

再次,利用文化场所"再生"民间文学演述民俗场。目前,各地都在大力加强群众文化场所的建设,如在街道社区设立文体中心,在乡村建设文化礼堂等。讲故事、唱山歌、说书等民间文学演述活动可以进驻这些场所，在丰富群众文化生活的同时，也能促进民间文学的活态传承。例如2012年上海民间文艺家协会和上海市群众艺术馆共同策划创办了"上海故事汇"，每月两次在上海群艺馆三楼报告厅举行讲故事活动。截至2017年1月1日，已举办了128期。当"上海故事汇"举办至第100场时，《解放日报》有如下的报道："'上海故事汇'近日在市群艺馆迎来第100场。3年半时间，众多名家来到故事汇，讲演300多个生动有趣的故事，观众累计达2万多人次……一开张就大受欢迎，几乎场场爆满。"①"上海故事汇"已坚持了近5年，每个场次听众有增无减。可见，即使是在像上海这样的大城市，讲故事仍然有听众，仍然受民众的喜爱。因此，在社区文体中心、乡村文化礼堂中引入民间文学演述内容，应该说是具有广阔前景的。

最后，客观地评价民俗表演。目前，一些旅游景点为了吸引游客，往往安排各种各样的民俗表演，包括民间文学作品的演述。如在绍兴、周庄的游船上，船工会唱民歌，并收取一些费用。事实上，这种民俗"表演"客观上也能起到一定的传承作用，也可以培养新的传承人，不失为一种新的民俗场类型。目前的问题是缺乏引导和指导，表演者的水平参差不齐，如果能对他们进行适当的培训，使之真正了解当地的民歌，掌握民歌的演唱技巧，并鼓励他们与游客互动，其效果会更好。

以上是对民间文学类非遗保护中民俗场问题的初步探讨。民间文学类非遗的活态传承，离不开其演述的民俗场。这种民俗场在历史上是自发形成的，今天也有可能自发形成，但从保护传承的迫切性角度考虑，各级文化部门应该着力培育新的民俗场，让民间文学在民俗场的演述中获得生命力。

（本文原刊于《长江大学学报》2017年第3期）

---

① 诸葛漪：《还有人面对面听讲故事吗？"上海故事汇"迎来100场》，《解放日报》，2015年11月4日。

民间文学的遗产化保护问题探索

民间文学作为文学形式之一,将伴随着人类发展的始终,是人类精神文化的重要组成部分。但同任何一种文化现象一样,有萌芽、发展、兴盛、衰微的生命史,旧的不断消亡,新的不断产生。民间文学大部分产生于农耕文明时期、在宗法家族制度背景下,如两兄弟故事、天鹅处女型故事等等,与今天的生活已有很大距离,随着传承环境的改变和传承人的不断减少,民间文学的传承出现了危机。因此,在 20 世纪初设定中国非物质文化遗产名录时民间文学被列为第一类,也就是说很多民间文学作品已经或即将成为遗产,需要进行保护。

由于民间文学作品是民众自发的、自娱自乐的精神生活的结晶,基本不产生直接的经济效益,因此在非物质文化遗产保护中,民间文学类非遗的保护是难度最大的,这十多年来的非遗保护实践也证明了这一点。

就民间文学类非遗保护来说,可能要设定三个层次:一是文字化、信息化,二是活态化,三是活化利用。

所谓文字化、电子化,也就是联合国教科文组织《保护非物质文化遗产公约》中所说的"立档""保存",这对于非遗保护来说是最基础的保护方法,而对民间文学类非遗保护可能是最重要的保护方法。

在中国,随着社会的急剧转型和新型城镇化的快速推进,民间文学作品的"消亡"速度超出人们的想象,2002 年笔者到宁波鄞县高桥镇梁山伯庙调查"梁山伯与祝英台传说"时,许多人已经不能完整地讲述"梁祝传说",而且讲述的传说其情节大多来自越剧和电影;2019 年暑假笔者与学生到上海青浦区进行"淀山湖民间传说"调查,按理说在青浦淀山湖周边这类传说流传是很广泛的,旧时可以说是人人皆知,但时至今日,在调查中能够较为完整地讲述一个或几个淀山湖传说的人,已经非常少见了,而且讲述者的年龄均在 60 岁以上。因此,抢救性地搜集整理仍然是保护民间文学类非遗的当务之急。由于之前对民间文学类非遗作品搜集整理虽然已经花了大力气,但仍存在一些不足:一是主要关注一些著名的作品,而对普通的作品较为忽视,因此搜集整理不够全面,遗漏较多;二是只关注把口述作品文字化,而忽略了其他方面,如讲述时的录音、录像因条件所限很少进行,讲述人、演唱者的情况也很少介绍,因此,在当下应该抓紧弥补作品立体记录的缺陷。只有立体地记录了某首民间文学作品讲、唱的全貌,把它文字化、电子化,才能得到长久的保存。即使这一作品最后消失在我们的生活中,但后人仍然能够在博物馆、档案馆找到它。既可以了解它的整体情况,提供完整的研究资料,也可以在需要的时候复原它。对很多民间文学类非遗作品,可能要做好面对其"消亡"的准备,因此,将非遗文字化、电子化是我们在保护过程中的重中之重。

所谓活态化,就是让民间文学类非遗作品能够回到生活中去,活态传承,这是最理想的保护方式。要做到这一点,涉及一个重要问题就是重塑"传承场"。民间文学作品的载体是口头语言,它们是在一定的场合中讲、唱的。经过了几千年的传承,各地都形成了基本固定的"传承场",如庙会广场,歌场(如花儿会),婚丧现场,劳作时的田间地头、广袤的水域,休闲时的桥头、晒场、弄堂等。这些"传承场"不仅是民间文学作品讲、唱的场所,也是故事家、歌手锻炼演述能力的地方,新的传承人也在不断地听唱的过程中逐渐长成。但是,随着人们生活方式的改变,这些传统的"传承场"逐渐萎缩乃至消失。任何活态的民间文学作品传承都离不开"传承场",传承人的养育也离不开"传承场"。如果想让民间文学类非遗作品能够活态传承,重塑"传承场"是关键的一环,否则就谈不上活态传承。从现实的情况看,传统"传承场"的萎缩是不能逆转的事实,这是社会发展的必然结果。要实现民间文学类非遗的活态传承,只有重塑新的"传承场"。

传统的"传承场"是在生活的实践中民众自发创造的,其特点是往往与民众的生产生活(尤其是民俗生活)紧密联系在一起,具有民间性、自发性的特点。自非物质文化遗产保护工作开展以来,各级政府部门都高度重视对非遗的活态传承,主要是采用培训的方式:一是非物质文化遗产进中小学课堂,希望通过学校教育来培养传承人;二是文化主管部门如群众艺术馆、文化馆、非物质文化遗产保护中心举办培训班;三是非遗传承人招收徒弟。这些培养措施对于普及、宣传当地的非物质文化遗产项目能起到一定的作用,但事实证明这种脱离"传承场"的培养模式,从传承人培养的角度而言效果都不太理想。因为这种方式是"鱼缸里养鱼",违背了民间文学传承人自然天成养成的规律。那么,该怎样重塑有效的"传承场"呢?这确实是在民间文学类非遗活态传承过程中需要不断探索的问题。我们是否可以在"传承场"的"再生"方面作些努力呢?从这些年来的实践看,在某些领域是可以有所作为的。例如:

在非物质文化遗产保护的大背景下,一些庙会、传统仪式、歌会陆续得以恢复,在一定程度上为民间文学作品提供了演述的场所,起到了良好的效果。如笔者在浙江省嘉善莲泗荡刘王庙庙会调查时发现,每年自发参与的赞神歌歌班达十几班,分别在庙宇的东西厢房、庙外水面的船上以及租借的庙外农家演唱。由此可见,只要政府不再干预禁止,有些带有信仰色彩的民间文学"传承场"可以自发恢复,民间文学作品得以活态传承。有些"传承场"不可能再恢复,但可以采用"移植"的方法,逐渐形成一个新的民间文学"传承场"。如旧时位于浙江嘉善县陶庄乡的夏墓荡,水面开阔,每年夏天的夜晚,四面八方的乡民都会划着船来到这里乘凉,然后开始唱山歌,以对歌的形式为主,谁接唱越多谁赢。歌声此起彼伏,场面蔚为壮观。时至今日,已不可能再恢复,但这种赛歌、对歌的形式可以引入民众生活以及新的民俗活动中,如广场舞。目前,各地都十分重视恢复传统的民俗节日、庙会等,但总体内容不够丰富。充分运用当地的民间文学资源,哪怕是采用"借用""组合"的形式,都可以充实活动的内涵,同时也可以促进民间文学类非遗的活态传承。如在街道社区的文体中心、农村的文化礼堂等,引入讲故事、唱山歌、说书等民间文学类非遗项目,一方面可以丰富群众文化的内涵,另一方面也能促进民间文学的活态传承。

所谓活化利用,就是运用民间文学类非遗作品的形式或某些元素为今天的社会服务,发挥其应有的作用。关于此问题,在理论上尚有争议,有人认为它已不属于非遗保护的范畴,而是运用,因为其中包含着很多创新的成分。但如果一种非遗不能为今天的生活所用,不能体现其价值,要活态地保护是很困难的。

近些年来,各地都努力在尝试活化保护的方法,取得了一些经验,也有不少成功的案例。

1. 用讲故事的形式进行亲子活动、丰富老年人的精神生活。例如,2012 年,上海民间文艺家协会和上海市群众艺术馆共同策划创办了"上海故事汇",群艺馆为"故事汇"提供资金和场地支持,民间文艺家协会提供故事作品和故事员。创办初时,每双周日下午 1:30 在上海群艺馆三楼报告厅举行,场地能容纳 150 人左右,听众几乎场场爆满。因为深受听众喜爱,自 2013 年起,又分别开设了"虹桥故事汇""枫林故事汇""川沙故事汇""山阳故事汇""曹路故事汇"五个分会场。"上海故事汇"经典的开场方式是主持人结合时事进行脱口秀,引入开场白及中间串词,三到四位故事员上台讲演历史传奇、传统故事、都市传说或新故事,全场讲演使用沪语。除了台上故事员讲故事,同时也鼓励台下的听众上台演讲。当"上海故事汇"举办至第 100 场时,《解放日报》有如下的报道:"上海故事汇"近日在市群艺馆迎来第 100 场。3 年半时间,众多名家来到故事汇,讲演 300 多个生动有趣的故事,观众累计达 2 万多人次……一开张就大受欢迎,几乎场场爆满。① 目前,"上海故事汇"已坚持了七年,每个场次听众有增无减。可见,即使像上海这样的大城市,故事仍然有听众,仍然受民众的喜爱。因此在社区文体中心、乡村文化礼堂中引入民间文学演述内容,应该说是具有广阔前景的。

---

① 诸葛漪:《还有人面对面听讲故事吗?"上海故事汇"迎来 100 场》,《解放日报》2015 年 11 月 4 日。

2. 与旅游的结合。在旅游开发的过程中,民间文学类非遗作品应该是一种非常好的旅游资源,因为民间文学作品往往具有鲜明的地域特色,不仅能为旅游增加文化内涵,而且有些风物传说能赋予实物以意义,增添旅游的趣味性。一些旅游景点为了吸引游客,往往组织各种各样的民俗"表演",包括民间文学作品的演述。如在绍兴、周庄的游船上,船工会唱当地的民歌,收取一些费用。以前学界对此往往持批评的态度,称之为"伪民俗"。事实上,这种"表演"客观上也能起到一定的传承作用,不失为是一种新的"传承场"。目前的问题是缺乏引导和指导,如果能对传承者们进行适当的培训,让他们真正了解当地的民歌,掌握民歌的演出技巧,并鼓励他们与游客互动,其效果会更好。

3. 创新产品开发。创新是当今社会的一大主题,利用民间文学类非遗作为创新的资源或源泉应是途径之一。20 世纪五六十年代动画界"中国学派"的代表作,就是当时上海美术制片厂的一批导演运用民间文学的资源而创作的,如《葫芦娃》《宝莲灯》等;风靡全世界的《花木兰》《功夫熊猫》也是根据中国民间故事而创作的。将民间文学类非遗作品的元素与现代生活结合、运用高科技的手段进行重新开发,无疑具有广阔的前景。

(本文原刊于《光明日报·文学遗产》2020 年 4 月 13 日,刊出时有删减)

河水渐渐干枯的鱼：传统口传文学作品保护面临的挑战

——以梁祝传说保护为个案

口传文学(民间文学)对于一个国家、一个民族身份认同的价值与意义,在经济日益全球化的当下已逐渐为人们所重视。在联合国教科文组织的组织下,"人类口头与非物质遗产代表作"的评选已在全球范围内开展。我国的口头与非物质遗产保护工作也已全面展开,第一批国家级口头与非物质遗产代表作已经公布。在口头与非物质遗产中,口传文学无疑是其重要组成部分,本次公布的第一批代表作中列入民间文学类下的就有 32 项(其实在其他类目下有许多作品也都与口传文学有密切的关系),可见对口传文学的保护已经列入政府部门的议事日程。但是,以口头编创、传播、传承为主要手段的口传文学,在当今的形势下如何才能做到有效的保护,是一个世界性的难题。在实际的操作过程中面临的困难甚多,如果不能探索出一系列卓有成效的保护办法、形成一套有力的保护机制,那么就很难真正达到保护的目的。本文试以梁祝传说保护为个案,对口传文学的保护问题提出笔者的一些想法。

一

"民间文学消亡论"无疑是危言耸听,因为只要有人类口头语言的存在,就会有口传文学的不断产生、传播和传承。但就单个作品而言,确实存在消亡的问题。有"生"就有"死",这是宇宙间万物发展的不变律则。口传文学也是如此,每天有新的作品"问世",每天也有作品"消亡",就像人的生老病死一样。这种现象本不足为奇。令人担忧的是,

20 世纪 80 年代以来,我国进入了社会的急剧转型期,由农业社会快速地向工业社会甚至后工业社会转型,随着人们观念的转变和生活方式的改变,一些以口头传讲作为主要传播途径的传统口传文学作品,一时难以适应这种变化,出现了非常态的"消亡",一些经典的传统口传文学作品,甚至一些流传了数千年的优秀作品,也因生存环境的变化而失去了流传的基础和条件,逐渐退出了口传的领域。正因为出现了这种非常态的情况,所以才有必要进行"保护"。

以梁祝传说为例:一般研究者都认为,其产生大约在东晋时期。据明朝徐树丕《识小录》中记述,东晋梁元帝萧绎《金楼子》中首先记载此事。现存最早的梁祝两人因游学生情而殉情的传说文字材料,见于宋代张津《四明图经》所引初唐梁载言的《十道四蕃志》。到了晚唐张读的《宣室志》中,就记载了传说的基本情节:

> 英台,上虞祝氏女,伪为男装游学,与会稽梁山伯者,同肄业。山伯,字处仁。祝先归。二年,山伯访之,方知其为女子,怅然如有所失。告其父母为聘,而祝已字马氏子矣。山伯后为鄞令,病死,葬鄮城西。祝适马氏,舟过墓所,风涛不能进。问知有山伯墓,祝登号恸,地忽自裂陷,祝氏遂并埋焉。晋丞相谢安奏表其墓曰"义妇冢"。

北宋大观元年(1107 年)明州(今宁波)知府李茂诚的《义忠王庙记》(又称《梁山伯庙记》)中的记载已相当完整:

> 神讳处仁,字山伯,姓梁氏,会稽人也。神母梦日贯怀,孕十二月,时东晋,穆帝永和壬子三月一日,分瑞而生。幼聪慧有奇,长就学,笃好坟典。尝从名师过钱塘,道逢一子,容止端伟,负笈提簦。渡航相与坐而问曰:"子为谁?"曰:"姓祝,名贞,字信斋。"曰:"奚自?"曰:"上虞之乡。"曰:"奚适?"曰:"师氏在迩。"从容与之讨论旨奥,怡然自得。神乃曰:"家山相连,予不敏,攀鱼附翼,望不为异。"于是乐然同往。肄业三年,祝思亲而先返。后二年,山伯亦归省,之上虞,访信斋,举无知者。一叟笑曰:"我知之矣,善属文,其祝氏

九娘英台乎。"踵门引见，诗酒而别，山伯怅然，始知其为女子也。退而慕其清白，告父母求姻，奈何已许鄞城廊头马氏，弗克。神唷然叹曰："生当封侯，死当庙食，区区何足论也。"后简文帝举贤，郡以神应召，诏为鄞令。婴疾弗瘳。嘱侍人曰：'鄞西清道源九陇墟为葬之地也。'瞑目而殂。宁康癸酉八月十六日辰时也。郡人不日为之茔焉。又明年乙亥，暮春丙子，祝适马氏，乘流西来，波涛勃兴，舟航萦回莫进。骇问篙师。指曰："无他，乃山伯梁令之新冢，得非怪欤？"英台遂临冢奠，哀恸地裂而并埋焉。从者惊引其裙，风裂若云飞，至董溪西屿而坠之。马氏言官开椁，巨蛇护冢，不果。郡以事异闻于朝，丞相谢安奏请封义妇冢，勒石江左。至安帝丁酉秋，孙恩寇会稽，及鄞，妖党弃碑于江。太尉刘裕讨之，神乃梦裕以助，夜果烽燧荧煌，兵甲隐见，贼遁入海。裕嘉奏闻，帝以神功显雄，褒封"义忠神圣王"，令有司立庙焉。

最近中韩学者在韩国高丽时代的《夹注明贤十抄诗》中又发现了梁祝传说的新材料。《夹注明贤十抄诗》收录了唐代诗人罗邺的十首诗作，其中有一首《蛱蝶》：

> 草色花光小院明，短墙飞过势便轻。
> 红枝袅袅如无力，粉翅高高别有情。
> 俗说义妻衣化状，书称傲吏梦彰名。
> 四时羡尔寻芳去，长傍佳人襟袖行。

在"俗说义妻衣化状"句下有释子山注引《梁山伯祝英台传》一诗：

> 大唐异事多祚瑞，有一贤才自姓梁。常闻博学身荣贵，每见书生赴选场。在家散祖终无益，正好寻师入学堂。云云。
> 一自独行无伴侣，孤村荒野意徘惶。又遇未来时稍暖，婆娑树下雨风凉。忽见一人随后至，唇红齿白好儿郎。云云。
> 便导英台身姓祝，山伯称名什姓梁。各言抛舍离乡井，寻师愿到孔丘堂。二人结义为兄弟，死生终始不相忘。不经旬日参夫

子，一览诗书数百张。山伯有才过二陆，英台明德胜三张。山伯
不知他是女，英台不怕丈夫郎。一夜英台魂梦散，分明梦里见爷
娘。惊觉起来情悄悄，欲从先返见父娘。英台说向梁兄道，儿家
住处有林塘，兄若后归回王步，莫嫌情旧到儿庄。云云。

返舍未逾三五日，其时山伯也思乡。拜辞夫子登歧路，渡水
穿山到祝庄。云云。

英台缓步徐行出，一对罗襦绣凤凰。兰麝满身香馥郁，千娇
万态世无双。山伯见之情似(迷)，(始)辨英台是女郎。带病偶题
诗一绝，黄泉共汝作夫妻。云云。

因兹(生得)相思病，当时身死五魂扬。葬在越州东大路，托
梦英台到寝堂。英台跪拜哀哀哭，殷勤酹酒向坟堂。祭曰：君既
为奴身已死，妾今相忆到坟旁。君若无灵教妾退，有灵须遣冢开
张。言讫冢堂面破裂，英台透入也身亡。乡人惊动纷又散，亲情
随后援衣裳。片片化为蝴蝶子，身变尘灰事可伤。云云。

本诗形成的确切时间已难以考明，据研究《夹注明贤十抄诗》形成
的时间大约在公元 1200 年左右。夹注本于题下言："《十道志》：明州有
梁山伯冢，注：义妇祝英台同冢。"很显然诗中的"义妇"及"化衣"即指梁
祝之事。罗邺为浙江余杭人，离梁祝传说的发源地之一浙江鄞(鄞)县
不远，罗邺完全有可能将当时广为流传的传说运用于诗中。本诗首言
"大唐"，似是唐人语气，据此以亦可备一说，只是尚须作进一步考验。①

日本学者冈田认为："从目前流传下来的材料来看，明代以前还见
不到像本文这样生动的梁祝故事，而这篇《梁山伯祝英台传》却已经是
地道的文学作品了，叙述生动，描写细腻，在梁祝故事的发展史上具
有十分重要的意义，值得重视。"并推测它可能是宋代说书人在讲唱梁
祝故事时的底本。②

① 查屏球《新补〈全唐诗〉102 首》，载《唐代文学研究》(第十辑)，广西师范大学出版社，
2004，第 761-762 页。
② 转引自金程宇《韩国本〈十抄诗〉中的唐人佚诗辑考》，《沈阳师范学院学报(社会科学版)》
2002 年第 5 期。

可以说至南宋时期,梁祝传说经过七八百年在民间的口头编创、传播,和文人记载有意无意的增饰附会,已经基本定型。

由于梁祝传说具有很强的"内在张力",明代以来,梁祝传说就逐渐从江浙地区向全国各地传播扩散,甚至在许多少数民族如壮族、傣族、白族等都发现了梁祝传说。梁祝传说还流传到了朝鲜、越南、缅甸、日本、新加坡、印度尼西亚等亚洲地区,并影响到欧美。为了增加传说的可信性,不少地方还附会了与梁祝传说有关的梁祝合葬墓、梁祝读书处、梁祝庙等。

但就是这样一则在中国曾经家喻户晓的著名口传文学作品,我们在调查中发现,其在口传的领域已面临着濒危的局面。

在宁波梁祝庙、墓的所在地高桥镇,原先大多数村民都会讲述梁祝传说,但现在绝大多数年轻人已经不能讲述完整的梁祝传说。据高桥镇章新华(男,68 岁,农民)介绍,他自小时就喜欢听梁祝传说、听梁祝戏,而且善讲梁祝传说,在当地有一定名气。但是他的两个儿子就不会讲、不会唱,只有女儿还会唱一些。

浙江省绍兴市上虞县祝家庄,相传是祝英台的家乡,一些上了年纪的老人尚能指出祝家祠堂、祝家祖堂、花园、玉水河的方位。被问及梁祝传说,年纪大的也只能讲出大概,而且很明显是根据越剧《梁祝》来的;年纪轻的,已基本上不能讲述梁祝传说。

2002 年 11 月,笔者在宁波梁祝文化公园曾作了一次问卷调查,共调查 83 人,其中男性 60 人,女性 23 人。年龄层次:1949 年以前出生的 10 人;1949—1966 年出生的 18 人;1966—1976 年出生的 8 人;1977—1989 年出生的 47 人。文化程度:小学 2 人,初中 22 人,高中(含中专)41 人,大学(含专科)18 人。

什么时间听的梁祝传说? 回答儿时的 68 人,占 81.9%,70 年代 1人,80 年代 2 人,90 年代 3 人,读书时 4 人,有 5 人未回答(可能从未听过),也就是说绝大部分人是在 90 年代以前听的梁祝传说。

听什么人讲的梁祝传说? 回答父母 31 人,奶奶辈 24 人,老百姓 7人,朋友同学 3 人,电视 4 人,看戏 2 人,老师 2 人,导游 1 人,比我大的人1人,8人未回答。可见从父母、奶奶辈听到梁祝传说的人占了绝大多数,约68%。

是否讲过梁祝传说,什么时候讲的? 回答儿时23人,读书时15人,90年代3人,80年代1人,70年代2人,50年代2人,40年代1人,前几年1人,放假时1人,知道后2人,从小到大1人。其余31人从未讲过梁祝传说,占37.3%。

能讲几个梁祝传说? 回答能讲很多的11人,能讲5个1人,4个3人,2～3个12人,1个5人,其余51人未回答或回答没有,占61.4%。

梁祝传说、梁祝戏、梁祝电影哪个对自己影响大? 回答梁祝戏35人,梁祝传说21人,梁祝电影20人,一样大3人。4人未回答。

去梁祝文化公园的目的? 旅游57人,祭拜39人,求财6人,求学6人,求病愈3人。(有的同时填2项。)

应该说凡是到梁祝文化公园来的人,无论是旅游还是祭拜,都对梁山伯与祝英台传说多少有所了解,或者说他们对梁祝传说是怀有一定感情的。但即便是如此,从以上统计数字来看,情况也是不容乐观的:

第一,被调查者所听的传说来源绝大部分是父母辈和爷爷奶奶辈,听说的时间大多是20世纪80年代以前,处于改革开放之前或初期。90年代以后听到的已非常少。也就是说,20世纪90年代以后在民间讲述梁祝传说的情况已很少见。

第二,被调查者讲述梁祝传说也基本上是20世纪90年代以前,而且约60%的调查者已不会讲梁祝传说。而那些回答能讲梁祝传说的人,从他们应要求简单讲述的故事梗概来看,其内容大部分是来源于越剧和电影《梁山伯与祝英台》,有的是从梁祝文化公园的介绍中抄来的。也就是说在年轻人中间口头传承的梁祝传说的影响力,已不及戏剧和电影。

第三,老一辈的宁波人是把梁山伯、祝英台当作神来敬奉的,在那些坐庙的老年妇女身上表现的最明显。而被调查的年轻人到梁山伯庙来,则以旅游为主,占68.6%,至多是旅游与祭拜兼而有之,在情感方面已与老一辈人相差甚远。这也不利于梁祝传说的传承。

总之，从问卷调查的情况来看，来梁祝庙的人中间，虽然都知道梁山伯与祝英台之事，但能够完整讲述梁祝传说的人已不多，尤其是年轻人对梁祝传说的情感已很淡漠。这也从一个方面说明了梁祝传说目前面临濒危的情况。

因此，从梁祝传说的个案中，我们可以看出，某些传统的口传文学作品的濒危是不争的事实。梁祝传说在我国曾经是一则家喻户晓的口传文学作品，其命运尚且如此，更不用说其他流传不广的传统口传文学作品了。

二

传统口传文学作品濒危的原因，从表面来看，主要是传承环境的改变和传承者后继乏人。

随着中国现代化的发展和农村城镇化的加快，口传文学的传承环境正在快速地发生改变。

首先是农村生活、生产方式的变化。旧时农村中经济收入来源少，各地根据本地的出产，会形成一两种副业，这种副业是以家庭妇女手工为主的，一两个人在自己家里干，时间长了会感到寂寞，常常三五成群集中到某家房子较宽敞的人家一起干，这种时候她们经常会讲各种各样的传说。而现在机械化生产代替了原先的手工劳动，工作场所也从家里搬到了工厂。野外"集体"劳作，是讲故事最多的场所，因为故事可以减轻疲劳。自实行联产生产责任制后，这种"集体"劳动已不复存在。在没有广播、电视的情况下，原先农村中"信息"传播的主要途径就是村民的"闲聊"，生产之余或休息之际，村民们自发地聚集在一起，在村落中会形成几个主要的信息传播场所，如祠堂门前、桥头、晒场等，这些场所也往往是口传文学的"传播场"。随着广播、电视的普及，这些"场"就逐渐萎缩了。

其次是年轻人大量进城谋生和进工厂企业从事非农业生产，大部分农村中的常住人口大幅度减少，出现了"空壳"现象，剩下的多是年老体迈的老人，他们要料理家务，照顾孙子辈，还要田间劳作，再加上身体方面的原因,很少有时间和精力走出家门,跟大伙聊天谈"山海经"。

第三是文化娱乐形式的多样化,尤其是广播、电视、录像的普及。农村中原先除了节日期间的民俗活动及演戏外,平时没有什么娱乐,讲故事是主要的娱乐形式,尤其是对小孩子来说,听老一辈讲故事是很高兴的事。但是现在电视、录像、电子游戏更能吸引孩子,他们对听故事已经没有兴趣。

以梁祝传说的发源地之一宁波高桥镇为例,旧时主要的讲唱场合有四个:一是编草帽时。高桥盛产蔺草(当地称蓆草),用蔺草编织草席、草帽是当地最主要的一项副业,以家庭为单位,老老少少都会编织。农闲时、晚上,女性三五成群聚集在一起,边编蓆草,边讲笑话、故事,其乐融融。梁祝传说也就在这编织过程中代代相传了下来。二是田间劳动时,尤其在集体化生产时,一个生产队的几十位男性,边劳动边聊天讲故事,讲各种各样的奇闻趣事。三是串门闲坐聊天时。四是村中乘凉、聚会时,特别是在桥头,有些人特别能讲各种形形色色的传说故事,当地人给了他们一个特殊的称谓:"桥头阿三"。这些人就是民间封的民间故事家、歌手。据梁祝文化公园原总经理虞善来(土生土长的高桥镇人)介绍,目前高桥镇农村的村民只有乘凉时还偶尔会讲些新闻和故事,其他三项均已消失。大部分善于讲述梁祝传说的"桥头阿三",现在均已去世,如高桥镇的阮孔才、阮能才、金新楚(原先在当地很活跃)、闻忠来、王定华、陈秀英等。现在,除了在梁祝文化公园工作以及热心喜爱梁祝传说的部分年轻人外,高桥镇上的年轻人大部分都已不能完整讲述梁祝传说。原先一些熟悉梁祝传说、能够讲述梁祝传说、现在尚健在的中老年人,因为长期没有讲述的机会,再加上逐渐年老体衰,记忆力下降,讲述的能力正在快速地衰退,甚至一些原来滚瓜烂熟的梁祝传说都已经讲不全,甚至完全忘记。高桥镇81岁的老人楼规法,最早记录的《梁山伯指点缸鸭狗》传说就是由他讲述的,但是我们再次请他讲述时,他已全忘记了,只得看已出版的整理本,帮助恢复记忆。这种情况,在被调查者中,是普遍存在的现象。

传承环境的改变和传承者的后继乏人,固然是梁祝传说在口传领域面临濒危的主要原因,但隐藏在其背后的更深层次的原因则是社会的发展,导致人们生活方式的改变和人们思想观念的转变。传统的口传文学作品固然反映了中华民族的传统思想观念、伦理道德、审美理想等,但与今天人们特别是年轻人的观念有了很大的隔阂,年轻人不能理解和接受。笔者在田野调查时,年轻人对梁祝传说的几乎一致的看法是,传说很优美,但故事情节不可信,认为"三载同窗不识祝英台为女性"是不可能的事,甚至连老年人也认为,这种事如果发生在今天,梁祝两人老早就私奔了。正是由于观念的改变导致了传承链的断裂,传承者后继乏人。然而,观念的改变是历史发展的必然,是任何力量都无法逆转的。

于是口传文学的保护就面临这样的窘境:

一方面,从口传文学的特性来说,它是一种活态的文学,只有存在于人们的口耳之间才是有生命力的,才能显示其原本的全部面目,才能发挥其多种功能。口传文学,不仅仅是一种文学样式,它所传达的信息是多方面的,是一种千百年来形成的民间传统,比如民间的婚姻观念、生命观念、道德观念等等,对民众具有一种法约性,是一种无形的规范,规范着人们的行事方式。而这种种功能是伴随着传承的过程而产生的,没有了口头传承,这些功能也就不可能发生作用。因此口传文学的保护应该让它以一种自然的形态生存,存活于人们的日常生活之中,活跃于人们的口耳之间。而要做到这一点,就必须保证它生存的环境,保证它有传承人。

但另一方面,由于社会的发展和人们思想观念及生活方式的改变,在当今现实的条件下,不可能再恢复传统意义上的传承环境,也不可能强迫人们去讲唱他们觉得已经过时的传统口传文学作品。

三

面对口传文学作品保护的这种窘境,探索一套切实可行的保护方法是摆在我们面前迫切需要解决的问题。事实上,在非物质文化遗产保护中,任何企图恢复原生态的形态都是无法做到、也是不现实的,只能是在现有的条件下作尽可能完善的保护。就像面对河水逐渐干枯的鱼,既然河水断流已经是无法改变的事实,我们也可以有多种策略,如:对即将死亡的鱼进行研究,记录下它的形状、颜色、生理特征、生活习性等等,以免一旦死亡后对它的基本情况有个大概的了解;设法把它放到另一条河中,让其成活;寻找水源,引水入河,使干枯的河重新流动起来;往干枯的河里注入自来水,人工造河;在实在无法挽救的情况下,将鱼制作成标本,在博物馆中陈列,让后人知道在这条河中曾经有过这种形状的鱼。我想对口传文学作品的保护也可以采取保护河水干枯的鱼一样的方式:研究是第一步,活态保护是上策,博物馆式保护是迫不得已之举。当然,在当前许多作品正在迅速消亡的情况下,采取三管齐下的方法是必需的。

我们在制定宁波梁祝传说的保护规划时,主要采取了以下措施:

(1)资料的调查、收集、保存。成立资料征集办公室,全面征集与此有关的资料,包括:梁祝传说、歌谣、戏曲、音乐、舞蹈、祭祀仪式、信仰、习俗、民间艺术品等。资料的形式包括:文字资料、实物资料、音像图片资料等。组织由专家学者组成的调查研究队伍,对该地区进行实地调查和研究,运用文字记录、数码录音、数码摄像等现代化手段,全方位进行记录。

(2)整修和扩建现有的梁祝文化公园,将其恢复为宁波梁祝文化空间展演的场所。拆除一些与文化空间布局不相称的建筑;将梁山伯庙、梁祝墓作为核心区作重点保护,严禁任何形式的开发性破坏;新建梁祝文化博物馆,展示和保管梁祝文化的文字资料、图像资料,同时具有宣传和传承梁祝传说的功能。

(3)建立传承人认定体系和传承人培训机制。根据传承人的具体情况和能力,进行评级,颁发荣誉证书,并给予定期的经济补贴,以确保传承人有足够的时间、精力参与到梁祝传说的抢救和保护工作。鼓励传承人进行传授活动,成绩突出者予以奖励。鼓励和提倡家庭传承,选择几户具有家庭传承条件的家庭进行专项保护,给予适当的经济补偿。有组织地举办各种类型的梁祝传说培训班,培养年轻的传承者。编写

《宁波梁山伯庙婚俗信仰文化空间》和《梁祝文化——东方的罗密欧和朱丽叶》乡土教材,在宁波市中小学校开设相关课程。每年定期举办中小学生梁祝传说、梁祝戏曲的讲述、演唱比赛活动。

(4)恢复和丰富梁山伯庙梁祝婚俗信仰文化空间的民俗展示活动。主要包括庙会期间的大型集体祭祀仪式、神像出会、民间艺术表演、民间戏曲演唱等;进一步完善和丰富每两年一届的梁祝婚俗节,扩大婚俗节的影响,吸引更多的年轻人参与。

(5)设立宁波梁祝文化保护网站。将梁祝资料数字化,在网站上向全世界公开,供世界各国研究者共享。

在制定上述保护措施时,主要考虑到了以下几方面的要素:

一是动态保护与静态保护的结合。口传文学作品毕竟是一种以口头传播形式为生命的文学形态,尽管在当前的形势下,在完全自然的状态下传承环境正在消失,造成一定的传承困境,但可以采取在政府干预下"人工培养"方式,"人造"传承环境和传承人,就像对待濒危的动物大熊猫、中华鲟一样。划定一块特定的区域,"创造"一个传承的环境,让口传作品在其中能够相对自然地传承、相对自发地培养传承人;同时,通过学校的途径,培育年轻的传承人。但是,说实在的,这种"人工培养"到底能在多大程度上发挥作用,在没有实践之前,谁也无法预料,也许只能延缓其消亡的时间而已。同时必须做好静态保护工作,即按照口传文学的特点对这一作品作全方位的资料调查,除了文本的"层积"记录外,还必须特别注意它展演时的语境,讲述者的风貌。为了做到这一点,就必须充分运用现代科技手段(如摄影、摄像、录音等)进行立体的记录,尽可能完整地展现它的生存面貌。以便它一旦消失后,后人能在博物馆中清晰地了解它曾经有过的"活态"状态。

二是本体保护与延伸保护相结合。一些著名的传统口传文学作品,在长期的口头传承过程中,由于其受到群体成员的广泛喜爱,影响巨大,其内容与故事情节已逐渐为其他文学样式所吸收、借用,成为多种艺术样式所共同"享用"的资源。从某种意义上说,这也是口传文学作品的一种自发保护。梁祝传说在这方面表现就非常突出,目前已搜集到的梁祝长篇歌谣有近二十首；梁祝小说有张恨水著《梁山伯与祝英台》、赵清阁著《梁山伯与祝英台》等数部；元代以来的梁祝剧本及全国各地方剧种上演过的梁祝戏剧目不下 50 种；全国各地方曲艺上演过的《梁祝》曲目有 30 余种。其中尤以越剧《梁山伯与祝英台》、电影《梁山伯与祝英台》和小提琴协奏曲——《梁祝》影响最大。我们在调查中发现，许多年轻人知道的梁祝传说情节都是从越剧、电影《梁祝》中来的。因此，我们在保护口传文学作品的本体的同时，也应该充分认识到其延伸作品保护的重要性，由于这些延伸作品往往借助了其他更为有效的传播手段，特别是电影电视，更容易被年轻人接受。同时还要鼓励更多的人对传统的口头文学作品进行改编再创作，广泛利用网络等现代传媒工具，以鲜活多样的形式呈现出来，从而消弭其与年轻一代的距离和隔阂。

　　三是遗产保护与为现实服务相结合。对传统口传文学作品的保护，固然有保护文化多样性的意义。但保护是手段不是目的，遗产保护最终目的是为现实生活服务，也只有这样的保护才是有生命力的。特别是像口传文学这类本身具有动态性、变异性、生活性的非物质文化遗产，只有在生活中才能得到真正的保护，一旦进入博物馆，实际上就标志着"寿终正寝"。所以在保护的过程中，要加强研究，挖掘其精神内涵，发挥其在现代社会中的功用。在宁波梁祝传说的保护规划中，我们考虑到梁祝传说最突出的精神内涵是男女青年忠贞不渝的生死恋情。这种婚恋观念对今天的社会是有积极意义的。在现代化过程中，受各种思潮和观念的影响，年轻人的爱情观、婚姻观容易产生偏差，梁祝传说中所反映的不惜以身殉情、"真情至上"的观念，无疑对于修正部分年轻人草率的爱情观、婚姻观具有积极的意义。况且梁祝传说所表现的这种婚恋观在宁波地区至今仍有一定的影响，如宁波民间流传着"若要夫妻同到老，梁山伯庙到一到"的俗语，认为年轻夫妻到梁山伯庙祭拜后就能白头偕老、婚姻美满。所以，我们设置了在梁山伯庙每两年举行一届的婚俗节，借助这种民俗活动，让梁祝传说的内在精神在构建和谐社会的过程中发挥作用，也通过这样的载体,传播、传承梁祝传说。

　　总之,与其他非物质文化遗产相比,纯口头传承的口传文学作品的保护难度相对较大。我们在对宁波地区梁祝传说所作的保护规划也只是一种尝试,总体原则是力争在动态中、生活流中进行保护,是否可行,有待实践的检验。

　　(本文原刊于陶立璠、樱井龙彦主编《非物质文化遗产学论集》,学苑出版社 2006 年 10 月版)

吴语地区"赞神歌"的现状及保护问题

在吴语地区,尤其是江浙沪交界的汾湖周边地区,长期以来有庙会期间演唱"赞神歌"的习俗,它既是民间信仰活动的内容之一,又是口传文学的一种形式,具有双重的属性。因为它的这种特殊属性,所以长期以来没有引起学界的重视,当然也因此得以在民间顽强地生存了下来,成为了一宗宝贵的口头文化遗产。

一、赞神歌的现状

(一)赞神歌的地域分布

赞神歌,民间亦称"神歌""烧纸歌",是人们在举行民俗活动时演唱的民间叙事歌,主要在庙会期间演唱,也有在驱邪消灾的活动,甚至在乔迁新居、祝寿等场合,请歌班演唱的。其内容主要是叙述信仰对象(神灵)的生平事迹,大凡信仰活动中涉及的神灵都有或长或短的叙事歌,相传有108部,影响较大的有《刘王传》《观音传》《杨老爷传》《七老爷传》等。其中也有少量生活叙事歌,在民俗活动中起到调节气氛和娱乐的作用。

目前,在吴语地区,"赞神歌"的分布区域主要是江浙沪交界的汾湖周围,其中又以江苏省的吴江市,浙江省的湖州、嘉善市,上海的青浦区最为典型。演唱的场所多为该区域内的民间神庙,如江苏省苏州市上方山的五圣公庙、吴江市芦墟(现为汾湖镇)泗洲禅寺内的刘王庙,浙江湖州市石淙乡的太君庙、嘉兴市秀州区莲泗荡的刘王庙,上海市青浦区金泽镇的杨伯庙等,每年的春秋两季庙会上均有赞神歌的演唱活动。

(二)赞神歌的组织及传承

赞神歌的演唱并非个体行为,而是一种有组织的集体行为。在该区域存在着许多以"××社"命名的民间信仰组织,如旗伞社、朱家社、七牲社等等。每遇庙会,社内成员集体行动,歌手也均属社内成员,而歌头往往也是该社的实际"领袖",负责整个活动的安排。在我们调查的庙会(如芦墟刘王庙、嘉兴莲泗荡刘王庙等)中,每次均有五六支队伍参加赞神歌的演唱。如芦墟刘王庙,场所较狭小,在庙内至多只能在大殿、左右厢房安排三支演唱队伍,所以有些队伍(主要是外地来的)就将船停在庙外的河面上,在船上演唱(当然也有节省每位十元门票开支的考虑),或者借一户庙宇附近的农舍进行。

这些民间组织的规模有大有小,历史有长有短。其中,像芦墟的"旗伞社"就是一个具有悠久历史、在当地有较高声望的组织。

旗伞社的成员原均属沈氏家族(现在有所扩充),可以说一个以血缘关系为纽带的民间信仰组织。据沈氏家族成员自己介绍,他们世代以渔业为生,赞神歌演唱已经传承九代(现在只能推到八代)。因为他们是以大纛旗和伞(华盖)为标识的,每次外出演唱均要在庙门口插上高大的大纛旗和伞(华盖),所以称为旗伞社。每年的农历正月初四、三月初一、三月廿五、清明节、七月半、八月十二、八月廿一、重阳节等日子,社内人员或自己开船或租车赶赴各庙会演唱赞神歌;有时也受村民之邀参加一些民俗活动。演唱的作品有《刘王老爷》《七老爷》等。所有作品完全靠口头传授,没有抄本。目前的歌头是沈天生(1933年生)、沈毛头(1936年生)兄弟俩,两人各率一个歌队。每个歌队都有基本固定的歌手五至六人,还有几位候补歌手(主要是学唱的)。

据沈毛头等人回忆,他们家族赞神歌演唱的传承情况如下:

第一代:沈伟昌

第二代:沈刘高(曾认刘王为寄父)

第三代:沈玉堂

第四代:沈万正、沈万叶(两兄弟)

第五代:沈进高(沈万正之子)

第六代:沈老虎、沈小弟(两兄弟)

第七代:沈天生(沈老虎之子)、沈毛头(名瑞生,沈小弟之子,兄弟五

人:沈天生、沈瑞生、沈根生、沈金生、沈福生,大姐沈金姑、姐夫张寿生)

第八代:沈伟忠(沈天生之子,现已能唱)、沈天林(沈毛头之子,现在基本不会唱)

关于旗伞社的规模,沈毛头说,据他父亲说,当年在莲泗荡(位于浙江省嘉兴市秀州区)刘王庙有 72 班口(72 个演唱《刘王传》神歌的班子),莲泗荡的班子第一,沈家居第二。当年旗伞社的成员有 300 多户。

据沈金生介绍,现在旗伞社的成员已发展到 2 000 多户,分布的区域很广。江苏吴江范围内以芦墟镇为中心,包括金家坝、北库、莘塔等。还有浙江嘉善的陶庄、大舜、俞汇、姚庄、洪溪、西塘,嘉兴的新巷里等地。由于地域分布太广,组织不太方便,所以有些成员就另外成立新的"社",成为旗伞社的分社。如 2006 年 2 月 1 日(正月初四)下午,芦墟刘王庙左厢房来了另一支唱赞神歌的队伍——来自浙江嘉善丁栅镇渔业村的"朱家社",主唱为朱金福(81 岁)、朱福兴(58 岁)。据介绍他们原先也是旗伞社的成员,朱金福曾拜沈老虎为师,后独立。这种情况据沈毛头、沈金生介绍较为普遍。他们的唱法与旗伞社的唱法基本相同,但调子略有区别。

(三) 赞神歌的演唱时间

就旗伞社成员的情况来看,每年参加的活动主要有以下三种类型。

一是固定的庙会活动,主要有——

庄家圩刘王庙(江苏吴江芦墟镇):正月初五(按传统的做法为初四晚启动,唱通宵;最近三年均为初四、初五白天进行),八月廿二(廿一晚上启动,廿二白天演唱)。

上海金泽杨震(老爷)庙:三月廿八、九月初九,均为早晨去,晚上回。或自己摇船去,或雇车前往。

浙江嘉兴莲泗荡刘王庙:三月清明(若二月清明则在清明前一天,三月清明则在清明后一天),八月十一至十三(十三为正日)。

浙江湖州石宗太君庙:正月十一,九月十六。

江苏苏州上方山庙会:三月廿八,八月十五。

二是做常规,又称跑台。为社内成员服务。若旗伞社成员家中造房子、有人生病或举行还愿活动等,只要提出需求,其他成员必然答应。时间一般从农历二月半开始,不超过四月。参加人员不收任何费用,东家招待吃饭,布置供桌及供品。

三是赴堂会。形式同做常规,但不限于成员内部。需收一定的误工费。这种情况很少见。

(四) 赞神歌的表演程式

赞神歌演唱活动的程式大致可分为如下三个步骤:祭神、赞神、送神。

1. 祭神

包括准备、摆供、祭祀三方面内容。社内成员陆续到场后,分别摆上自家带来的供品(鱼、肉、糕点、水果等),然后上香、向神灵跪拜叩首。集体的供品一般由歌头置办,社旗也存放在他家中,每次均由他负责带到庙里来。

2. 赞神

祭拜之后,开始赞神歌演唱。包括请神、安神、赞神、送神四个程序。请神通常要请 108 位上、中、下界的神灵;安神即请神灵按固定的位置入座,体现了神界的等级观念;赞神是神歌的主体,也即有关某神身世及事迹的叙事歌,视时间情况可长可短;送神是将各位神灵送回原处。从芦墟刘王庙、莲泗荡刘王庙的情况看,所有"社"演唱赞神歌都是分段(套)进行的,每一段由一位歌手演唱,一般大约一小时。中间休息10 分钟左右,第二位歌手接着唱。

如 2006 年 2 月 1 日(正月初四)旗伞社在芦墟刘王庙的演唱情况是这样的:

第一唱沈毛头(请神,约 45 分钟,每请一位神伴随着请的肢体动作);

第二唱沈金生(安神,1 小时 15 分);

(上午 9 点 45 分开始,唱了两个小时,约 11 点 50 分吃饭。下午约1 点继续。)

第三唱沈六宝(女,60 岁,原姓张,曾拜沈老虎为干爹,改姓沈,出嫁至嘉善西塘大舜乡,每次旗伞社的活动均参加,她今天同丈夫王金财一起来。赞神,唱刘王从出生及青年时期的生活,约 1 小时);

第四唱张寿生(沈毛头的姐夫。赞神,唱刘王从结婚及成神的过程,约 1 小时);

第五唱沈毛头(送神,约 0.5 小时)。

据沈六宝介绍,《刘王传》正文共有七段,另加请神、安神、送神共十段。沈毛头说《刘王传》唱全至少需要 48 小时。所以今天唱的也是节缩本。除了请神、安神、送神这些每次必唱的内容外,中间部分只唱了两段。

3. 送神

送神的程序是与神歌中的"送神"同步进行的。当歌手唱"送神"至一半左右的时候,其他成员也开始了相关的行动,在庙外广场放炮仗,烧化纸钱及金银元宝等,同时一样样撤下供桌上的供品。至演唱结束,供品也基本上撤完。然后,排队轮流再一次向神灵跪拜。整个活动全部结束。

在演唱神歌时,大多数情况下是有乐器伴奏的。共有四人组成歌队,主唱边唱边敲小锣,其余三人为伴奏,一人击鼓,一人敲大锣,一人敲钹。歌词基本为七字句,每句节奏为"咚锵咚锵咚咚锵"。但在某些特殊的情况下,如在狭小的场地同时有几个班子敲击乐器,互相影响很大,或者演奏人员不够,可以不用乐器,参加的全体人员附声"罗来罗来"以代替乐器。

每次赞神歌的演唱程式大致相同。参加活动的人数则有多有少。如芦墟旗伞社,正月里一般社内家庭成员只要有时间都参加,往往是全家老少齐出动,其余时间一般是每户一人或夫妻两人。分布在芦墟以外的旗伞社成员,也往往会从外地赶来,如 2004 年 2 月 1 日到会的沈根荣、王妹妹夫妇来自西塘,李四妹和李林大母子则来自嘉善姚庄。中饭解决的办法有两种:一是他们自己烧制,从家中带来炊具和米、菜,在庙内或庙外搭灶现场烹饪;二是请泗州寺的食堂烧制,因属佛寺,食堂没有荤菜,所以荤菜则由他们自己从家里带来(因长期如此,跟寺院关系很好,食堂同意他们这样做)。无论是哪种方法,均为集体聚餐,男女老少围桌而食,其乐融融。

二、赞神歌的属性

通过以上对赞神歌的描述,我们大致可以对赞神歌的属性作基本的定性。

(一) 赞神歌是一种与民间信仰活动紧密结合的口传文学

首先,它是民间信仰活动的"槲寄生"。其内容是有关神灵的生平事迹以及成神后的种种灵验的叙事,其形式是民间神灵信仰活动诸程式之一。从现在调查的情况看,离开了民俗活动(庙会、做常规、堂会),神歌是不可轻易唱的,演唱赞神歌是一件很严肃的事。正像人类社会早期人们讲述神话和演唱史诗一样。这很明显有别于吴语地区一般的民间叙事山歌。

黑格尔在《美学》中曾指出,宗教"往往需要艺术来使我们更好地感到宗教的真理,或是用图像说明宗教真理以便于想象"。任何宗教信仰都需要利用文学艺术来宣传宗教教义,普及宗教理论,用文学艺术强烈的情感吸引芸芸众生,使民众受感动,产生一种崇拜的感情。基督教、伊斯兰教、佛教、道教莫不如此。但赞神歌的情况有别于此。因为民间信仰不同于宗教,它并没有固定的教理、教义,也没有专门的神职人员,其信仰往往出于民众的自发行为。人们在信仰的过程中,为了得到神灵的护佑或表达对神灵的感激之情,除了提供丰盛的供品和虔诚跪拜外,通常还会借用民间文艺的形式来娱神,让神灵高兴,如表演歌舞、演戏等,演唱赞神歌恐怕即出于此目的。而吴语地区悠久的山歌演唱传统,正为此提供了有利条件。于是,在庙会上演唱赞神歌也就成了一种惯例。

这种习俗既为赞神歌的演唱和传承创造了条件,同时也使它蒙上了一层"迷信"的外衣。人们看到的只是伴随着香烟缭绕的祭祀活动,而忽略了它的文学性,以致于长期以来很少有人对它进行搜集整理和研究,目前可见的正式出版的赞神歌文本只有张舫澜先生整理的、由其

父亲回忆的《刘王传》(载于《中国・芦墟山歌集》,上海文艺出版社
2004 年版)。

当然也是由于此原因,赞神歌得以保存,并至今仍在民间口头传
唱。吴语山歌由于表演"空间"的消失、人们生活习惯和审美观念的改
变以及受现代强势文化的冲击等问题,基本上处于消亡的状态。但赞
神歌则因与民间信仰结合在一起,有了一个不同于一般吴语山歌的独
特生存空间。在这个空间里,赞神歌仍然顽强地"活"着。尽管在 1949
年至"文革"这段时期,因为主流意识形态的因素,绝大多数的民间信仰
活动都被禁止了,但在人们的精神层面并未消歇。在民间,信仰活动仍
然在悄悄进行着。从对旗伞社成员的调查中得知,他们的活动始终没
有停止过,也就是说赞神歌演唱也一直在暗中进行。改革开放以来,随
着思想解放,民间信仰也得到复兴,因此赞神歌又从暗处回到了明处,
可以大张旗鼓地在庙会活动中演唱了。可以说,信仰不仅为赞神歌提
供了演唱的契机,而且是一种内在的驱动力。

其次,它是一种口传文学。到目前为止,尚未发现歌手根据赞神歌
文本演唱的情况,也未发现歌本的流传。歌手完全凭记忆演唱,每次的
演唱"文本"均不相同,即兴编创和增删的情况极为普遍。人们也是通
过"听"的途径来学歌和传承的。这些都符合口传文学的特征。

(二) 赞神歌属于吴语叙事山歌的一支

首先,赞神歌的发展与吴语地区叙事山歌的繁荣有密切的关系。
诚然,吴语叙事山歌在吴语地区流传的范围甚广,如在江苏的无锡、南
通、苏州,上海市的各个郊县,浙江北部的嘉兴、湖州、余杭等地都发现
了中长篇叙事山歌作品。但相对而言,在汾湖周边地区发现的叙事山
歌作品最多,如《五姑娘》《赵圣关》《鲍六姐》《打窗棂》等;著名的歌手也
最多,如陆阿妹、陆巧英、蒋连生、张阿木等。民俗是一个地区民众的生
活方式,它往往体现出整体性的特征,各个民俗之间有着千丝万缕的联
系和"互通互借",因此,歌手将原本是劳作之时或休闲时所唱的叙事
歌,用于民间信仰活动中也并不奇怪。

其次,与该区域的传统有关,即在民间信仰活动中通过口头文艺的

形式表达对神灵的崇拜。除了赞神歌外,这一带在庙会上演唱宣卷也很常见,此类活动至今仍非常活跃。

第三,与信仰者本身的素养恐怕也有一定的关联。如果信仰者不会唱山歌,那么在庙会也就根本不可能演唱赞神歌。而正是由于这一带的歌手较多,而他们又往往在当地具有一定威望,成了民间信仰组织的"群众领袖",所以就将叙事歌的形式引入信仰活动中。如沈氏家族,赞神歌演唱传承了至少八代人,是一个名副其实的山歌家族。久而久之,赞神歌就成为沈氏家族的一份荣耀、一个响当当的品牌。

从内容上看,它同其他吴语叙事山歌一脉相承,有完整的故事情节,形式以七字句为主,可以随意增添衬字,以四句为一段。

在音乐方面,赞神歌是一种"神歌调",据音乐学者研究,它属于江南小调的前身,也就是说江南小调是在它的基础上发展而来。

当然,赞神歌既具备吴语叙事山歌的一般特性,同时又是一种具有自身个性特征的吴语叙事山歌:

一是演唱场合不同。传统吴语山歌基本在野外演唱,而赞神歌则在民间庙宇中演唱,至少是在室内演唱。

二是演唱时间的不同。其他山歌演唱的时间没有固定,随性而唱,歌手甚至民众随时随地都可以演唱,当然也有一些演唱是有基本固定时间的,如歌会。这种演唱的"无时间性",既有其长处,也有其致命的弱点。当整个环境处于"良性"的情况下,边干活边唱,边走路边唱,在人们看来是一种"常态"的行为;而当整个环境处于"恶性"的情况下,此举动就成了一种"非常态"的行为,成了"异类",无形之中就会被异样的眼光所"扼杀"。而赞神歌有固定的演唱时间,即在庙会期间演唱。

三是演唱形式的不同。其他山歌一般均为清唱,没有乐器伴奏。而赞神歌有简单的乐器伴奏,而且有基本固定的仪式:演唱之前有祭神活动,演唱遵循请神、安神、赞神、送神的顺序。

四是受众对象不同。其他吴语山歌的受众是普通民众,当然也有歌手自娱自乐、自唱自听的情况,但一般来说只有在有听众的情况下,歌手才会演唱。但赞神歌的主要听众是神不是人,在歌手中间普遍有这种明确的意识：神歌是唱给神听的，所以他们在演唱的时候可以不顾及是否有人听。我们在调查的时候也非常强烈地感受到这一点，尽管有时周围声音嘈杂，根本听不清楚歌手所唱的内容，或者有时现场已经没有一位听众，但四位歌手还是非常认真地演唱着。

三、赞神歌的保护问题

(一) 目前的生存现状

应该说，目前赞神歌的生存状况比其他吴语叙事山歌的情况要好得多，但也不容乐观：

首先是认识方面的问题。时至今日，部分主管部门对民间信仰的认识仍然存在一些偏差，不能科学地区分民间信仰与迷信，往往将两者混同。由此造成决策上的某些失误，或者是强行制止（如拆庙），或者是放任自流，而疏于引导和研究。赞神歌目前就属于无人过问的情况。在全国正在开展非物质文化遗产保护工作的地方中，至今没有一地提出对它的保护。

其次是受众的问题。由于赞神歌的演唱采用一种较为原始的"神歌调"，曲调平缓，缺少变化，难以吸引听众。我们在几次调查中发现，赞神歌听众越来越少，尤其是年轻的听众更少。虽然年轻人也来参加庙会，但他们对赞神歌已无兴趣，或者聊天，或者干脆在一旁打牌赌钱。如果同时有宣卷表演（表演者有说有唱，曲调变化多样，表演形式富于变化），很显然在场的人员，包括社内成员都会转向听宣卷。虽说，赞神歌是唱给神听的，没有受众对于歌手来说影响并不大，但长此以往，对赞神歌的传承就构成了很大的威胁，不"听"就产生不了新的歌手。

第三是传承的问题。目前赞神歌的传承者已经出现了问题：由于信仰逐渐淡化，部分传承者从内心开始放弃继承这种传统。就拿旗伞社来说，当询问现任歌手是否要将赞神歌传承给下一代时，一些赞神歌的传承人已出现了矛盾的心理。一方面他们觉得下一代有更重要的事业可做，相比而言赞神歌是无用的；另一方面，他们亦觉得这种赞颂神灵的技能是祖辈传下来的，不能停在自己这一辈的手中，所以也有将其往下传的愿望。但事实是明显的,愈是下一辈的演唱者,所能演唱的段落数量或技艺愈是不如上一代。询问旗伞社最年轻的第八代歌手沈伟忠、沈天林兄弟时,他们显得有些无奈。他们认为赞神歌是靠一代代人传承的,这很大程度上不是一个选择的问题,而是一种习以为常的生活方式,他们也有不想学的想法,也有可能不传给下一代。这在某种程度上可以代表大多数年轻人的想法。这对赞神歌的传承是很不利的。

(二) 保护的价值

之所以提出对赞神歌的保护问题,是因为无论是从学术研究还是从现实意义的角度考虑,赞神歌都具有其独特的价值。

首先,它是一种"活态"的吴语叙事山歌。如前所述,目前吴语山歌特别是叙事山歌在吴语地区基本上处于消亡的状态,现今除非专门组织,再也听不到"自然"状态下的山歌演唱,能够演唱的著名歌手已经是凤毛麟角。由于 20 世纪八九十年代的搜集整理工作大多属于抢救的性质,同时在方法论方面也存在一定的缺陷,尤其是缺乏跟踪调查和立体记录的资料,故使吴语叙事山歌的研究留下了许多悬而未决的问题。

例如,长篇吴语叙事山歌的"真实性"问题,学界一直争论不休,由于缺乏强有力的资料,讨论难以深化。又如探寻口传文学的编创规律,一直是民间文学理论研究中的一个重大课题。西方的口头诗学理论学者已经在这方面做了大量的研究工作,"传统的史诗歌手,包括曾经演唱《伊利亚特》和《奥德赛》的荷马,都是使用口头程式的词语,以便支持其回忆、表演长篇细腻的叙事的"[1],也就是说,所有的口头诗歌在编创过程中,事实上都采用了将传统的"程式"调入、以解决编创的压力的手法,"程式"的运用已成为区分书面创作与口头创作的一个重要标识。在吴语地区的歌手中,流行"调山歌"的说法,被称为"山歌老虎"的江苏吴江县歌手蒋连生说,山歌五千零四十八只,唱长山歌就看你会不会"调(吇)山歌",把它们"吇"(缝)上去。[2] 那么这种"调山歌"的理论是

---

[1]　罗斯玛丽・列维・朱姆沃尔特:《口头传承研究方法纵谈》,载《民族文学研究》总第 79 期。

[2]　王仿、郑硕人:《民间叙事诗的创作》,上海文艺出版社,1993,第 18 页。

否与西方的"程式"理论相同、是否具有自身的特色,都是需要认真研究的。但以往我们采用的是"一次性记录"的方式,给研究工作带来了很多不便。因为,"歌是动态的存在,它的演唱——它从一个地方到另一个地方的流动,有些是可以预测的,有些则难以预言","通过对某次演出进行记录,也能够制造出一个文本条目,一个可持久存在下去的物品,一个符合托勒密王朝的图书馆馆员们的要求、适合收集与保存的'卷子'。然而,次日,或对在不同的观念面前、抑或同一游吟诗人带着另一种心情的演出所进行的第二或第三次记录,将不可避免地出现某些与原先的记录不一致的地方,而此种不一致足以使任何一个本子的权威性受到质疑。作为一种具有无穷变化的可能性的系列,一个同时与无数未表达出来的假设及隐含的参照相连接而能为人们提供无数选择的道路网络,诗歌也活跃于任何一次单独的演出之外,而从不在意外界如何按某一记录或译本对它加以传播。即使我们有耐心坐下来观看一百次演出,我们也不过一百倍地更熟悉这同一个命题;实际上,没有任何一种记录是'该诗歌'本身,但所有的记录都以不同的方式包含了'该诗歌'的意思"。① 因此,作为研究的资料,对一首作品的一次记录是远远不够的,需要有更多的跟踪调查资料,如一位歌手对一首作品在不同时间、不同场合的多次演唱的记录,一位歌手对不同作品的多次演唱记录,不同歌手对同一首作品的演唱记录等等。只有拥有了一首作品的多种演唱"文本"以及一位歌手所能演唱的不同作品的"文本",我们才有可能进行充分的比较,才能观察到歌手对"套式"运用的规律,才能研究歌手演唱与语境的各种复杂关系等等。然而,很遗憾的是,由于各种各样的原因,目前吴语叙事山歌缺乏这种跟踪调查的资料,而且随着大部分优秀歌手的去世,这方面的资料已经无法弥补。而仍然"活着"的赞神歌,可以弥补这方面的不足。

因此,对赞神歌这一活态的吴语口传叙事山歌的深入调查和研究,在学术上将有助于探寻汉族民间口传叙事诗形成发展的规律。

①　[美]约翰·迈尔斯·弗里:《典律之结构》,《民间文学研究》总第79期,第37页。

其次,有裨于文学与信仰的关系的研究。在文学发展史上,有许多因信仰而产生的文学类型或作品,也有许多寄生于信仰的文学作品。赞神歌可以说是这些文学类型之一。它与民间信仰的结合是如何发生的,其内在的机制何在?信仰的力量是如何在赞神歌的演唱和传承中发生作用的?对这些问题的研究,无疑对文学发生规律的探寻是有益的。

此外,通过对赞神歌演唱活动的研究,探讨民间信仰与民众生活的关系,了解民众的真实"生活相",挖掘它在维持民间秩序方面所起到的独特作用,可以为建立和谐社会(尤其是在农村和小城镇地区)提供一种新的思路。

(三)保护的措施

吴语地区长篇民间叙事山歌的大量发现,曾在海内外产生重大反响,美国、德国、荷兰、日本等许多国家的学者都曾到吴语地区进行过考察。1994年2月,以联合国教科文组织驻东南亚首席代表武井士魂为首的"文化部中国传统民话保存情况考察团"专程到苏州考察吴语山歌的保存情况。这些都说明吴语叙事山歌是中国传统民间文化、也是世界文化宝库中的一部分珍贵遗产。正如朝戈金先生在论述口头史诗研究的意义时所说:"维护人类文化的多样性,是维护人类文化生态平衡的基本保证,这就如同我们维护生物多样性以保持生态平衡一样,它是保证人类长期可持续发展的基本前提。少数民族文化,民间口头文化,都为人类文化多样性贡献了独特的文化基因,因而当之无愧地属于人类共同精神遗产的重要部分。口头史诗,是口头传统中的重要文类,因而,史诗学的建设,诚然是看上去无关国计民生,但其长远的文化史意义却一点也不渺小。"吴语叙事山歌的价值也是如此!作为吴语叙事山歌的一脉,赞神歌虽然现在仍在民间流传,但已出现了衰微的征兆,正是需要进行保护的恰当时机,如果此时能立项保护,可以达到比较好的效果。

首先,需要进行全面的、科学的调查。因为到目前为止,赞神歌一直处于自生自灭的状态,学界也很少关注,大量的作品只有口头传唱没有搜集记录。只有通过深入的田野调查,充分掌握第一手资料,了解其真相,才有可能制定有效的保护措施和保护规划。

其次,要组织专家学者对它进行深入的研究,客观地评价其价值,制定详细的保护计划。并进行适当的宣传,引起社会各界的关注,尤其是政府主管部门的重视,才有可能确保它的传承。

第三,要保护好赞神歌的生存空间(庙会),有关部门再也不能将它混同于封建迷信,动辄强行禁止。要因势利导,使合理的、积极的因素得以充分发挥影响。

第四,要肯定赞神歌歌手的积极作用,在精神和物质层面给予一定的鼓励,使年轻人有继承的动力。

(本文原刊于王恬主编《守卫与弘扬——第二届江南民间文化保护与发展(嘉兴海盐)论坛论文集》,大众文艺出版社 2008 年 8 月版)

流传于浙江民间的盘古神话解读

——徐整所记盘古神话源于越地考

  盘古神话是我国著名的创世神话,在汉族及多个少数民族中均有广泛流传。由于该神话在汉文献中的记载比较晚,始见于三国时(公元3世纪)吴国徐整所作《三五历纪》《五运历年记》,其来源及其族属问题在学界一直存在争议。20世纪80年代以来,随着田野调查的广泛展开,各地又相继发现了许多尚流传于民间的盘古神话和与盘古开天辟地神话有关的遗迹,出现了盘古神话的中原说、南方说(华南、中南、西南)、西北说等等不同的观点。各持己说者充分运用古籍文献、人类学、考古学、口头传承文本及民俗传承等材料进行多重论证,使盘古神话的研究呈现了空前的繁荣景象,同时也使争论更趋激烈。本文拟通过对流传于浙江民间的盘古神话文本类型及分布的探讨,结合徐整的生平经历,提出徐整所记盘古神话源于越地(今浙江地区)的观点。

  徐整所著《三五历纪》《五运历年记》原书已佚,我们今天所见内容均为后人所转引。《艺文类聚》卷一《天部上》、《太平御览》卷二《天部二》引《三五历纪》记载:

  天地浑沌如鸡子,盘古生其中。万八千岁,天地开辟,阳清为天,阴浊为地。盘古在其中,一日九变,神于天,圣于地,天日高一丈,地日厚一丈,盘古日长一丈,如此万八千岁。天数极高,地数极深,盘古极长。后乃有三皇。数起于一,立于三,成于五,盛于七,处于九,故天去地九万里。

清代马骕《绎史》卷一引徐整《五运历年记》:

  元气濛鸿,萌芽兹始,遂分天地,肇立乾坤,启阴感阳,分布元气，乃孕中和，是为人也。首生盘古，垂死化身，气成风云，声为雷霆，左眼为日，右眼为月，四肢五体为四极五岳，血液为江河，筋脉为地里，肌肉为田土，发髭为星辰，皮毛为草木，齿骨为金石，精髓为珠玉，汗流为雨泽，身之诸虫，因风所感，化为黎甿。①

明代董斯张《广博物志》卷九引《五运历年记》：

盘古之君，龙首蛇身，嘘为风雨，吹为雷电，开目为昼，闭目为夜。死后骨节为山林，体为江海，血为淮渎，毛发为草木。②

从现存古籍所记的盘古神话资料来看，虽有一些异文，但主体结构大多与徐整所记相仿。按照神话类型学的观点，把徐整所作《三五历纪》及《五运历年记》中记载的神话，看作盘古神话的构拟原型（Hypothetical Prototype）③应不为过。通过对尚在口头传承的神话文本的类型分析，在一定程度上划分神话的基本型（Basic Type）和地区变体（Redaction），与构拟原型进行对比，或许是探寻徐整所记盘古神话来源的一个可能路径。

徐整《三五历纪》和《五运历年记》中的盘古神话有两种类型：一是"鸡子创世型"，二是"垂死化身型"。两者结合起来看，主要包含以下 4 个神话母题：①天地浑沌如鸡子，盘古生其中；②盘古开天辟地，阳清为天，阴浊为地；③盘古日长，天地日渐分离；④盘古垂死化身。这 4 个母题可以认为是徐整所记盘古神话的核心母题。

---

① ［清］马骕《二十五别史·绎史》，齐鲁书社，2000。
② 转引自覃乃昌《追问盘古——盘古神话来源问题研究之一》，《广西民族研究》2006 年第 4 期。
③ "所谓构拟原型（Hypothetical prototype），指人们对一个故事类型详加研究后，推测或假设出的一个接近于原型的故事。"因为"要找到一个故事类型的原始形态几乎是不可能的事情"，"一个民间故事类型的形成，往往要经历极漫长的时间，而民间故事被记录在文献上，则常常具有相当的偶然性"。参见陈建宪《神话解读：母题分析方法探索》，湖北教育出版社 1997 版，第 54 页。后文"基本型"和"地区变体"的概念亦出自该书。"基本型"（Basic type）：一个故事类型中与原型比较接近的、处于主导地位的讲述形式。"地区变体"（Redaction）：同一类型的神话流传到不同地区后，由于具体母题变异而形成的不同讲法。

浙江民间文艺工作者多年搜集整理的盘古神话及相关开天辟地神话①,笔者共查阅到 32 篇,其中 19 篇程度不一地涉及以上 4 个神话母题,具体如下表所示:

盘古神话及开天辟地神话

分类代码	神话名称	采录地点	主人公		开天辟地之前		盘古开天辟地,阳清为天,阴浊为地	天地分离方式		结果	
			盘古	其他神祇	宇宙之卵	天地叠压在一起		盘古日长,天地日渐分离	其他	垂死化身	其他
A	盘古开天地	金华市浦江县	√		√		√	√		√	
A	盘古开天	金华市婺城区	√		√		√	√		√	
A	盘古王开天	金华市东阳县	√		√		√			√	蛋清里两块碎壳,一块变作日头,一块变作月亮。盘古魂灵变成雷公
A	盘古开天地	绍兴市上虞县	√		√		上半个蛋壳成天,下半个蛋壳成地			√	
A	盘古分天地	杭州市下城区	√		√		√	√		√	
A	盘古开天地	湖州市安吉县	√		√		√	√		√	
A	盘古开天地	温州市永嘉县	√		√		√	√		√	
A	盘古开天辟地	绍兴市绍兴县	√		√	大鸟在天地合缝处下蛋		√		√	灵魂飞到天上,成了雷公

① 这些神话文本均来源于浙江省民间文学集成县(市——注:县级市,区——注:地级市中的区)卷本。笔者查阅了全部浙江省各县(市、区)卷(含故事)、故事卷资料本(1987 年至 1991 年间内部出版)共计 83 本,从中找到这些盘古神话及相关开天辟地神话。

（续表）

分类代码	神话名称	采录地点	主人公		开天辟地之前		盘古开天辟地，阳清为天，阴浊为地	天地分离方式		结果	
			盘古	其他神祇	宇宙之卵	天地叠压在一起		盘古日长，天地日渐分离	其他	垂死化身	其他
B	盘古顶天	宁波市象山县	√					√		√	
B	盘古开天地	舟山市普陀区	√		√		盘古头上半爿变天，脚下半爿变地				
B	开天辟地	温州市乐清县	√		√					√	
B	盘古开天	衢州市江山县	√			√		√			
B	盘古造化天地	丽水市丽水县	√						头上一对长角支撑天	√	
C	盘古开天地	金华市兰溪县	√		石头鼓		半爿石鼓变天公		脚下半爿石鼓都是水		盘古三头六臂，撞落两头变日月，撞落两角成山头，四只手臂脱落成河江
C	天地分开出盘古	杭州市淳安县	√		圆图滚圆的东西				脑壳把天撞得高高升了上去		生了"先"和"末"；盘古死后葬回土里
C	盘古开天地	衢州市衢县	√			天地粘一起，像蛋黄	把"蛋黄"中间砍出一条缝		孩子在天上拉屎，天慢慢升高		
C	盘古开天辟地	宁波市宁海县	√阳族首领	阴族首领邪魔氏	混沌		混沌里清气上升成天，浊气下降成地				

（续表）

分类代码	神话名称	采录地点	主人公		开天辟地之前		盘古开天辟地,阳清为天,阴浊为地	天地分离方式		结果	
			盘古	其他神祇	宇宙之卵	天地叠压在一起		盘古日长,天地日渐分离	其他	垂死化身	其他
C	兄妹分天地	临海市玉环县	√	天帝、三兄妹	天和地合在一起,像鸡蛋白和鸡蛋仁一样				把天和地分得很开,中间有了很大的空缝		
C	天地和人的来历	衢州市开化县	√盘古师		混混沌沌				天地被破开		绯红石头变成日头孔,雪白石头半块变月亮,碎开的成星星

对比分析表中所列各项,可大致区分出浙江民间流传盘古神话的样态：

A. 这一类盘古神话包含徐整《三五历纪》和《五运历年记》中盘古神话的 4 个神话母题,共计 8 篇。以金华市浦江县《盘古开天地》①为例：

> 老早老早以前,整个世界是混混沌沌的一团,吪②天吪地,吪日头吪月亮,好象一个铁硬的卵壳,里面是鸡卵清,鸡卵清里面是卵黄,过了勿知多少万年,大鸡卵慢慢孵成了个人。

> 他在大鸡卵里慢慢地成长着,呼噜噜睡着大觉,这样又过了勿知多少万年。一日,他突然醒了,睁开眼睛一看,黑洞洞的什么也

---

① 《金华市浦江县故事歌谣谚语卷》,中国民间文艺出版社,1993,第 1 页。讲述者:洪国柱,堂头乡六转村。记录者:洪国荣,男,浦江文化馆干部。附记:洪国柱,男,54 岁,堂头乡六转村人。农民,也能匠作,1987 年全县民间文学普查中,讲了 150 则故事。

② 金华方言,没有的意思。

看不见,翻翻身翻勿转,直直脚直勿得。他火了起来,便拼命用头顶,使劲用脚蹬,尽力用手劈。这样顶着蹬着劈着,"轰隆隆"一声响,鸡卵壳被他弄破了,卵清和卵黄流了出来。清的东西轻,上浮,变成了天;黄的东西重,下沉变成了地。他站起来了,头顶象只盘的天,脚踏象只鼓的地。所以,人们叫他做"盘鼓"(后叫"盘古")。

盘古见风就长,他每天长高一丈,天也每日升高一丈,地跟着也一日增大一丈。

这样过了十万八千年,天升得老高了,地变得极厚了,盘古长长舒了口气,便昏昏沉沉睡着了,再也没有爬起来。

临死时,盘古的全身突然发生了变化:他的口气变成风和云,他的呼噜变成了天雷;他的左眼变成了太阳,右眼变成了月亮,头发和胡须变成了星星;他的鼻子变成了高山,肚子变成了大海;他的血脉变成了江河,筋络变成了道路。整个地形变得山高海大地少。所以,便有了"三山六水一分地"的说法。

这一类型的神话属于盘古神话的基本型,与盘古神话的构拟原型惊人地相似。其中有几篇在个别母题上与徐整所记存在些微差异,如:绍兴上虞的《盘古开天地》神话中,"阳清为天,阴浊为地"的母题变成了"上半个蛋壳成天,下半个蛋壳成地";金华东阳《盘古王开天》神话里,垂死化身的母题与《五运历年纪》里稍有不同,原本是盘古"左眼为日,右眼为月",变成"蛋清里两块碎壳,一块变作日头,一块变作月亮",而盘古的魂灵变成了雷公。神话母题因其在传统中延续的能力,而有着稳定的内容和形态,但在漫长的传承过程中也可能因为某种原因而发生或多或少的变化,由此形成的神话异文在保持不变母题的前提下,并不会对其类型的归属产生根本性影响。

基本型与构拟原型之间往往表现出少数次要母题的增减、改变或替换。与徐整所记相比较,这8篇异文对盘古名字的由来及形象作了交代。金华浦江县的异文中说"(他)头顶象只盘的天,脚踏象只鼓的地,所以,人们叫他做'盘古(鼓)'",金华婺城区的异文与此相似;而金华东阳的异文说"盘古长着鸡的头，人的身，整个身架便象只盘笼鸡①在里头盘着，双脚踞②着，所以叫做盘古"；绍兴上虞的《盘古开天地》里盘古是个"龙头蛇尾的怪物"，"头与尾盘在一起，所以叫伊'盘古'"；绍兴县《盘古开辟天地》对盘古的形象刻画得更详细："驼峰似的头顶，大鸟样的嘴鼻，肩背还有一对翅膀，双手双脚都老长。"神话中神祇的形象演变，大致都遵循一个由兽而半人半兽最后变成人形的过程，因此，这一类盘古神话似乎比徐整所记更具有神话的原始形态③，当然也有可能是神话在口头流传时所发生的母题细节的添加和修补。对于盘古名字由来，学界说法不一而足，有认为是由上古土地神（社神）"亳"音变而成④，有认为盘古即盘瓠，二者古音相同⑤，等等；而这些神话异文却从盘古蜷曲的形象中引出其名，不能不见出民间思维中"想象性的类概念"所发挥的作用。

　　B. 这一类盘古神话，其文本至少有 1 个母题与徐整所记相符，共 5 篇。如舟山市普陀区《盘古开天地》："早先，天地勿分，圆骨囵囵，黑咕隆咚，里面有只蛋——是鸡蛋，鸭蛋，还是石蛋，勿晓得。蛋里有个人，是啥人，也勿晓得。只听讲这个人盘手盘脚在蛋里面盘着。人慢慢大起来，蛋也慢慢大起来，等到十月怀胎足了，人在蛋里蹬蹬脚，伸伸手，腰一直，头一顶，'喳——'站了起来，蛋壳'嚓——'裂开了。头上半爿壳变成天，脚下半爿壳变成地。从此，天地分开了！这个人就是盘古。"⑥在这篇神话里，宇宙之卵母题清晰可见，而开辟天地的母题却被简化了。又如乐清《开天辟地》省略了盘古开辟天地和天地随盘古日长的母题，却加上了这么一段解释南北方衣着风俗差异的内容："盘古王刚变好时，好比小鸡，头在北，脚在南，肚在中央。所以北方人，对头特

---

① 盘笼鸡：指蜷曲在卵壳内不能孵出的小鸡。
② 踞：东阳方言中读 gu，蹲的意思。
③ 陈勤建：《越地鸡形盘古神话与太阳鸟信仰》，《民俗研究》1994 年第 1 期。
④ 王晖：《盘古考源》，《历史研究》2002 年第 2 期。
⑤ 夏曾佑：《中国古代史》，团结出版社，2006，第 9—10 页。
⑥ 《舟山市普陀区故事歌谣谚语卷》，中国民间文艺出版社，1989，第 1 页。讲述者：张才德，57 岁，初中，普陀区人大干部；采录整理者：管文祖，58 岁，高中，普陀区人大干部。

别要紧,缠了一圈又一圈,缠巾一解下来就受不了;南方人脚特别要紧,早早就穿鞋,有各种各样的鞋;而我们在中央的人,特别注重肚,大热天都要盖被毯,肚皮一冻,就生病。"①

如果借用法国结构主义大师列维-斯特劳斯的方式,将这一类神话异文并列起来,从中抽取盘古神话的母题序列,依然可以组合出完整的盘古神话构拟原型。这类神话是在一代代的反复转述和传承过程中情节和母题被添加或遗漏的结果。

C. 与前两种盘古神话样态相比,这一类神话所关涉到的盘古神话母题已经模糊不清,甚或可以说只是一些母题的碎片而已。以淳安《天地分开出盘古》②为例:早先天地"浑浑浊浊,是个哈啦大囫囵滚圆的东西",并没有确切指出宇宙之卵母题;主人公不叫盘古,却是"自称'彭呼'",他"脑壳'彭'地一下顶撞着天,把个天撞得高高升了上去",其开天辟地和天地分离的方式都与前述不同;彭呼"见什么吃什么","吃得肚子大了起来","生下一个胖乎乎的团",叫"先",又生下一个细皮白肉的囡,叫"末",彭呼活了"千把年,真老了,就把'先'和'末'叫到身边说:'我是土里来的,我死后,把我葬回土里去'",丝毫没有涉及垂死化身母题。像这一类的盘古神话共查阅到 6 篇异文。

除以上三种样态的盘古神话之外,尚能区分出另外两类盘古神话或开天辟地神话的异文,分别以代码 D 和 E 表示:

D. 这一类神话共计 8 篇,其中已难以识别出上文所述盘古神话的 4 个核心母题。这些神话包括:磐安《盘古开天造地》、武义《造天地的传说》《盘古王分天地》、嘉善《盘古开天地》、泰顺《盘古王分天地》、青田《盘古开天》、苍南《盘古和地母》和缙云《扁鼓王劈地》。在这些异文里,盘古开天地另有一种方式:"盘古开天,天太小了;造地,地太大了",于是就要"拉天""缩地",天被拉破,地面被"促出许许多多的皱褶",于是有了山峰、山谷和江河海洋③。造天地也不是盘古一个人的功劳,有盘古带领

---

① 《温州市乐清县故事卷》,中国民间文艺出版社,1989,第 1 页。

② 《杭州市淳安县故事卷》,中国民间文艺出版社,1988,第 1 页。

③ 《丽水地区青田县故事歌谣谚语卷》,中国民间文艺出版社,1988,第 1 页。

男人造天、女人造地的情节母题①，亦有盘古开天、地母辟地的母题②。

对于天地分离方式的母题，嘉善《盘古开天地》③是这样说的："天地原本是一体，不分彼此。天上的神仙可以来到人间。凡人也可以自由自在地往返于天地之间。"后因人间荒凉，凡人纷纷到天上安家落户，天庭无法养活众多人口。玉帝便叫大将军盘古把凡人送回到地上，取出宝斧拦腰一斩，从此就有了天地之分。天地分离这一常见母题见于许多不同类型的神话，它们因形式和内容上的差异大致可分为四类：①天地混沌神话，原始洪水神话，巨蛋神话；②天堂神话；③天被放逐的神话；④世界父母神话。④ 嘉善《盘古开天地》神话的母题应该属于天堂神话一类，而徐整所作《三五历纪》中的盘古神话则属于天地混沌神话或巨蛋神话一类。母题的差异使这一类型的神话与盘古神话的构拟原型迥然有别。

E. 以上27篇神话及其异文尽管与盘古神话构拟原型的关涉程度有较大的差异，但主人公都是盘古，讲述的是盘古开天辟地的事迹，故可称之为盘古神话。另有5篇虽涉开天辟地，但主人公却不是盘古。具体而言：遂昌《造天地》里是两个神人，一个造天，一个造地；文成《天父地母》是男人造天、女人造地；松阳《俩哥弟造天造地》是天皇氏和地皇氏造天地；德清《天地出世》的主人公是大鹏金翅鸟；景宁《造天造地》是海龙王的儿子捏出来的女人和男人造了天地。这一类神话已基本上与盘古神话无关，但属于开天辟地神话，故以代号 E 来表示。

参照以上 5 个类型的盘古神话及相关开天辟地神话的流传地区，大致可标示出盘古神话在浙江省的类型分布图：

---

① 《金华市武义县故事卷》，中国民间文艺出版社，1989，第 1 页。

② 《温州市苍南县故事歌谣谚语卷》，中国民间文艺出版社，1988，第 1 页。

③ 《嘉兴市嘉善县故事卷》，中国民间文艺出版社，1989，第 3 页。

④ 参见［日］沼泽喜市：《天地分离神话的文化历史背景》，载［美］阿兰·邓迪斯编，朝戈金等译，刘魁立主编《西方神话学读本》，广西师范大学出版社，2006，第 223-235 页。

A—盘古神话基本型　B—包含至少1个核心母题的盘古神话
C—包含核心母题碎片的盘古神话　D—难以识别核心母题的盘古神话（主人公是盘古）
E—其他开天辟地神话（主人公不是盘古）

　　如图所示，盘古神话在浙江省境内广泛流传，从北端的嘉善到南端的苍南，从东部海域的舟山到西部的开化、江山等，都有不同类型的盘古神话在民间口头传承。而且各类型的分布呈现一定的规律性：

　　A型（基本型）集中在浙江中部的金华、绍兴和杭州等地，呈南北纵向分布；

　　B型主要分布在东部沿海一带以及南部山区一线，因为其异文的多样性，呈现出较开放分布的状态；

　　C型分布于西部的衢州地区和与之相邻的淳安、兰溪；

　　D型分布于浙南的中部山区，磐安、武义、缙云、青田、泰顺、苍南各县；

　　E型集中于西南的丽水地区和与之相邻的温州文成县。

　　这种现象是如何产生的，有待今后的进一步研究。

值得注意的是,位于浙江中部的绍兴县和金华东阳县的盘古神话里提到一个情节母题:盘古死后,"魂灵变成雷公"。东阳《盘古王开天》里甚至在神话末尾加上一句"所以后来的雷公像,都是人的身子鸡的头呢"。雷公亦即雷神、雷师。《易·系辞上》云:"鼓之以雷霆,洞之以风雨。"上古时代,人们对雷公的称呼大概是从声音而取名表意的,所以"雷"字在甲骨文里是回纹形。后来雷公的形象从抽象变得具体,性格也由简单变得复杂。如《山海经·海内东经》云:"雷泽中有雷神,龙身而人头,鼓其腹。"又云:"东海中有流波山,其上有兽,声如雷,其名曰夔。黄帝得之以其皮鼓,橛以雷兽之骨,声闻五百里,以威天下。"到了东汉,雷公的形象基本定型了,《论衡·雷虚》中说:"画工图雷之象,累累如连鼓形。又图一人,若力士之容,谓之雷公,使之左手引连鼓,右手推椎,若击之状。其意以为雷隆隆者,连鼓相扣击之意也。"[1]然而,这个雷公到明人谢在杭的《五杂俎》里却变了样:"雷之形,人常见之者,大约似雌鸡,肉翅,其响乃两翅奋扑声也。"正是绍兴和东阳这两则神话里的雷公形象。如神话所述,浙江民间的一些庙宇雷公的塑像,鸡头、人身,背上一对大翅膀。同时浙江民间也有俗说,说它是盘古变的[2]。

东汉到明代之间雷公形象不断演变,但生活于其间的徐整却没有在其所记录的盘古神话中添上雷公这一笔,无论是"左手引连鼓,右手推椎",有"力士之容"的人形,还是"雌鸡,肉翅"的鸡头人身形。由此是否可以推断这两则神话关于盘古形象及死后变雷公的母题,是在后来的流传中逐渐增附的? 或者相反,如陈勤建先生所言,"盘古形象以鸡为原型","丰富了原生态盘古神话系统的内容",并由此认为这类神话是太阳鸟信仰原型——鸡(日)信仰的生动展现,比徐整《三五历纪》及《五运历年记》中记录的盘古神话更接近其原始形态。徐整记录的盘古神话已经在长期的民间口头传承过程中,丢失了部分越地原始盘古神话的信息。如果陈先生此论能够成立,可以说是为盘古神话找到了其

① 韩伯泉:《论黎族神话里的雷公》,《学术论坛》1985年第8期。
② 陈勤建:《越地鸡形盘古神话与太阳鸟信仰》,《民俗研究》1994年第1期。

最初的发生地——自河姆渡文化以来,盛行"太阳鸟"信仰的越地。

尽管这一论断尚待考证,但从上文对浙江民间流传盘古神话基本型与徐整所记盘古神话之间的核心母题的考察,不难看出两者之间的相似程度极大。其相似度可以说超越了目前所发现的其他区域的所有盘古神话文本,而且保留了较为原始的状态。因此,从神话文本的分析角度而言,我们认为徐整《三五历纪》所记的盘古神话应该就是越地(浙江地区)当时流传的盘古神话。

另外,徐平的生平经历也可以在一定程度上佐证这一点。有关徐整的生平事迹,现存的文献资料非常有限。清马国翰《玉函山房辑佚书・史编杂史》提及徐整:"三五历纪一卷,吴徐整撰。整有毛诗谱注,已著录经编历称三五,盖纪三皇五帝事也,亦名长历。隋志梁有三五历说图一卷,亡不知著撰人姓氏,当即是书也。"①《隋书・经籍志》有"《毛诗谱》三卷,吴太常卿徐整撰""《孝经默注》一卷,徐整撰"等条目,却未对徐整生平加以叙述。

同治《南昌府志》卷四十四《人物・历朝文苑》云:"徐整,豫章人,博学好著述,吴时官太常卿,吴亡仕晋。著述详书目(采旧志儒林移入)。县志跋云:整耆旧志云,吴亡仕晋,通志遂以为晋人,考《隋书经籍志・毛诗谱》三卷,《孝经默注》一卷,皆吴太常徐整撰,不言晋官。邢昺《孝经疏》云:今文吴有韦昭、谢万、徐整。亦不云晋也。兹乃入吴。整字文操,见《困学纪闻》。(注:旧志亦不载。)"光绪《南昌县志》卷五十三《艺文志》也有记载:"《毛诗谱》三卷,《孝经默注》一卷,《三五历纪》二卷,《通历》二卷,《杂历》五卷,《豫章列士传》三卷,徐整撰","整《孝经注》,宗今见邢昺疏其《三五历纪》见于他书,引用者多论天地开辟及三皇以来事,荒诞无稽。整书多亡无考,其《毛诗谱》说亦见于他书。"

综合上述资料,徐整生卒年以目前文献所见不可考。豫章,即今南昌。建安四年(199)十一月,孙策攻豫章,太守华歆以郡降吴,豫章郡从此并入吴境。晋于279年灭东吴,据"吴亡仕晋"的记载,推知徐整卒年

---

① ［清］马国翰:《玉函山房辑佚书・第四卷》,广陵书社,2005,第 2461 页。

当晚于 279 年。三国时东吴所辖的区域较广,大致包括今江苏、浙江、上海、福建、江西、湖南、湖北、广东以及安徽南部等,因建都建业(今南京),江南地区无疑是其腹地。

徐整官至吴太常卿。太常卿为九卿之一,《汉书·百官公卿表》云:"太常,工者旌旗也。……王有大事则建以行,礼官主奉持之,故曰奉常也。后改曰太常,尊大之义也。"《后汉书·百官志》云:"掌礼仪祭祀,每祭祀,先奏其礼仪,及行事,常赞天子。"因此,徐整是一位在东吴朝廷掌管祭祀礼仪的官员。

徐整长期生活于江南地区,应该熟悉该地区的文化(包括民间文化);同时他的职责是负责朝廷的祭祀礼仪,因此必然通晓自古以来的祭祀礼仪制度以及宗教信仰,神话与古人的祭祀活动密切相关。通过上文对浙江民间流传的盘古神话的文本考察,已知浙江中部金华、绍兴及杭州一带流传的盘古神话与徐整所记内容之间有莫大的关联。这些区域大致为吴时会稽郡所辖范围。会稽为当时吴国重要郡市,与都城建业相隔不远,作为九卿之首的徐整完全有条件亲闻或者由他人转述这些此前典籍中从未见过、令人耳目一新的盘古开天辟地神话,整理并录入其著作中,想必也是顺理成章之事。早在 20 世纪 30 年代,茅盾先生就依据"盘古神话之记载者徐整是吴人"提出过这样的假设:"徐整是吴人,大概这盘古开辟天地的神话当时就流行在南方(假定是两粤),到三国时始传播到东南的吴。如果这是北部和中部本有的神话,则秦汉之书不应毫无说及;又假定是南方两粤地方的神话,则汉文以后始通南粤,到三国时有神话流传到吴越,似乎也在情理之中。"①我们赞同茅盾先生认为徐整所记录的是流传在吴越地区的盘古神话的观点,但不赞同其从南粤流传而来的说法,而基本认为盘古神话是在古越地产生并长期在该地区民间流传的。

以上是我们的粗浅看法,敬请专家学者批评指正。

(本文与赛瑞琪合作,原文刊于台湾《兴大中文学报》第 27 期增刊)

---

① 茅盾:《中国神话研究 ABC》,见马昌仪编《中国神话学文论选萃(上)》,中国广播电视出版社,1994,第 123-142 页。

创世神话"盘古开天地"的现代启示

"自从盘古开天地,三皇五帝到如今",短短两句话,概括了中华民族的历史,也道出了中华文化的根脉。盘古是中国古代的大神,《盘古开天地》是中国最典型的创世神话,在汉族及多个少数民族中均有广泛流传。《盘古开天地》虽然只是中华民族先民对自然万物起源的想象性解释,但其中蕴含的敢于开创、乐于奉献、不屈不挠的民族精神,正是中华民族几千年来屹立于世界民族之林、中华民族文化绵延不断的源泉,也是今天实现中国梦所需要继承和发扬光大的。

《盘古开天地》最早的文字记载见于三国时徐整所作的《三五历纪》《五运历年记》,南朝梁任昉《述异记》等文献中也有零星记载。这则神话的文字记录虽然较晚,但从其包含"宇宙卵母题"和"垂死化生母题"的内涵看,无疑是早期的神话。而且该神话至今仍在民间广为流传,演绎出了许多不同的异文,如在 20 世纪八九十年代的民间文学三大集成搜集整理活动中,仅浙江省境内就搜集到盘古开天辟地神话三十多篇,如东阳县的《盘古王开天》、浦江县的《盘古开天地》、普陀区的《盘古开天地》等等,说明它具有强大的生命力和影响力。

每个民族都有自己的创世神话,因为人类先祖最为好奇也最需要得到解释的是:天地万物是怎么回事,人又是如何来的? 每个民族的先民都会对天地万物及人的起源问题做出解释,但基于生存环境的不同和在此基础上产生的认知差异,解释的路径可谓千差万别。正如以格林兄弟为代表的神话学派所强调的,神话是民族文化的源头,所以这种差异事实上已经蕴含了各民族文化的独特个性和民族精神。

《盘古开天地》从表面上看,仅仅是一个解释天地万物来历的神话,其中的"宇宙卵母题""垂死化身母题"也是世界各地普遍存在的神话母题，但透过表象，我们可以发现其内涵和实质与中国先民的生存环境以及文化有着极为密切的关系。"宇宙卵"与相传伏羲所创的"先天太极图"有着共生的关系，宋代哲学家邵雍曾说："先天者伏羲所画之易也，后天者文王所演之易也。伏羲之易，初无文字，只有一画以寓其象数，而天地万物之理，阴阳始终之变具焉。"①在湖北出土的新石器时期的陶纺轮上就有太极图。太极图以圆圈代表天象和宇宙，与"宇宙卵"的思维方式完全一致。"太极生阴阳，阴阳生四时，四时生八卦"，自然万物的诞生均源于阴阳两种力量的运动与变化，而阴阳则包含于太极这个"宇宙卵"之中。因此中国文化中最重要的阴阳观念或许就源于《盘古开天地》，而阴阳观念是中国人认识世间万事万物所遵循的基本原则，"垂死化身"源自先民"物我混同"的思维方式。在他们眼中，宇宙间万物都像人一样，有生有死：太阳每天晚上死去，早上复活；花草树木冬天死去，春天复活。万物也和人一样，富于变化：种子下地变成幼苗，蛋变为小鸟，蛹变为蛾……其中孕育了中国的天人合一观念。由此可见，《盘古开天地》神话，既与其他民族的"宇宙卵"神话有着共同的原始思维特征，又有着鲜明的民族文化特色，其中孕育和包含的阴阳观念、天人合一观念对中国文化影响巨大，也成为了中国人认知世界、探索发展规律、处理各种关系的核心理念，也是实现中国梦的观念前提。

　　天地是如何来的？神话中说是盘古用他巨大的身躯支撑的："天地浑沌如鸡子，盘古生在其中。万八千岁，天地开辟，阳清为天，阴浊为地。盘古在其中，一日九变，神于天，圣于地。天日高一丈，地日厚一丈，盘古日长一丈。如此万八千岁。天数极高，地数极深，盘古极长。后乃有三皇。"（《艺文类聚》卷一引《三五历纪》）经历了漫长的一万八千年后，盘古终于完成了开天辟地的创举。今天流传在民间的神话，也有说天地是盘古用巨斧劈出来的，他担心天地会重新合拢，于是用自己的身躯撑在天地之间，不让两者合拢来，久而久之，他的身躯就变成了一根擎天大柱——不周山。这是何等的开创精神和气势！这种精神延续

---

① 转引自付光宇、张鼎三《盘古"垂死化身"神话探析》，《云南社会科学》1983 年第 6 期。

到中国另一创世神话《女娲补天》："昔者共工与颛顼争为帝,怒而触不周之山,天柱折、地维绝,天倾西北,故日月星辰移焉;地不满东南,故水潦尘埃归焉。"(《淮南子·天文训》)于是,女娲"炼五色石以补苍天,断鳌足以立四极,杀黑龙以济冀州,积芦灰以止淫水,苍天补,四极正,淫水涸,冀州平,狡虫死。"(《淮南子·览冥训》)女娲的不懈努力,终于使倾斜的天空得到纠正,止住了滔滔洪水,消灭了危害人类的各种祸害,天下恢复了太平。中国梦是强国梦,需要有改革的勇气、不断进取开拓的精神。我们国家虽然经过三十多年的改革开放,已经取得了令世人瞩目的成就,但仍然面临着贫富差距拉大、城乡差距悬殊、环境污染严重、官员腐败、人们道德水准下降等诸多社会问题,要解决这些问题都需要加大改革的力度,要有盘古开天辟地的勇气和担当。

　　盘古是一位奉献之神。为了创造宇宙万物,不惜将自己的身体转化为万物,《五运历年纪》中记载:"天气濛鸿,萌芽兹始,遂分天地,肇立乾坤,启阴感阳,分布元气,乃孕中和,是为人也。首生盘古,垂死化身:气成风云,声为雷霆,左眼为日,右眼为月,四肢五体为四极五岳,血液为江河,筋脉为地里,肌肉为田土,发为星辰,皮肤为草木,齿骨为金石,精髓为珠玉,汗流为雨泽,身之诸虫,因风所感,化为黎甿。"(《绎史》卷一引)也即宇宙间的日月星辰、风雨雷电、名山大川、矿产、草木、黎民百姓都是盘古的身体所化,盘古为一个美好世界的诞生,奉献了自己的一切。这种精神在中国古代其他神话中也有反映,如《夸父追日》:"夸父与日逐走。入日,渴,欲得饮。饮于河、渭,河、渭不足,北饮大泽。未至,道渴而死。"(《山海经·海外北经》)为了探索太阳的奥秘,巨人夸父最终渴死途中。这种"鞠躬尽瘁,死而后已"的献身精神和勇敢无畏的行动态度,正是今天我们在实现中华民族伟大复兴的中国梦旅程中所需要的。中国梦的基本内涵是实现国家富强、民族振兴、人民幸福。国家富强是最高追求,民族振兴是伟大梦想,人民幸福是终极目标,要让人民享受到更好的教育、更满意的收入、更可靠的社会保障、更高水平的医疗卫生服务、更舒适的居住条件、更优美的环境……但所有的这一切,不会从天而降,需要付出艰辛的努力,需要无数人的奉献。

国家富强、民族振兴、人民幸福是千百年来中华民族有志之士的不懈追求。盘古开天辟地,用自己的身体变化为世间万物,实践了他的梦想。他的精神为千秋万代的后人景仰,也一直激励着中华儿女,无数先烈为了实现这个梦想而贡献了自己的一切。在世界形势风云变幻的今天,党中央再次提出实现中华民族伟大复兴的中国梦,是为全中国人谋福祉,为全人类作贡献。"中国梦"不仅属于中国,也属于世界。强大的中国,可以以更加积极的姿态参与国际事务,共同应对全球性挑战,共同破解人类发展难题。

（本文原刊《解放日报》2015 年 10 月 19 日"朝花时文"）

方言与口承文学的互为性问题研究

——以吴方言与吴语山歌为例

　　方言属语言学研究的对象,口承文学属文学研究的范畴,表面上看两者似乎并无多大关联,但事实上由于口承文学是由民众口头编创、传播、传承的文学,方言是其主要的语言载体,口承文学是用方言讲唱的文学,因此两者关系极为密切。本文旨在探讨两者之间的关系,围绕互为性问题而展开。互为性主要是指两者在同一地理环境、文化环境中共生,相互依存,彼此影响,交互作用,形成一种良性的共荣关系。为了增强分析的针对性,本文主要以流传于中国江南地区的吴方言与吴语山歌为分析个案。

一、共生:江南水乡孕育了吴方言和吴语山歌

　　关于吴方言的形成历史,由于缺乏早期文献的记载,目前有各种说法。但无论是中原华夏语的演变也好、楚语的演变也好,都是在江南地区这一特定的区域中逐渐形成,在此文化的熏陶下逐渐形成自己独特特色的。

　　考古发掘数据显示,在远古时代,江南地区就已经有了人类生活的遗迹,如 1963 年在浙江省建德县(原寿昌县)李家公社新桥大队后山坡的乌龟洞发现了一枚古人类牙齿和十余种古动物化石。[①] 1974 年又在此洞发现了一颗人类犬齿和哺乳动物化石。经鉴定古人身体结构和现代人区别不大,属于新人阶段,生活年代距今 10 万年左右。[②]

---

① 黄正维、孟子江:《浙江哺乳动物化石新产地》,《古脊椎动物与古人类》,1964 年第 8 卷第 1 期。
② 陈铁梅:《我国旧石器时代考古年代学的进展与评述》,《考古学报》,1988 年第 3 期。

在江南地区,大量新石器时期遗址的考古成果证明,其原始族群与生活在中国大地的其他原始族群相比,文明程度已处于较高的水平,如在浙江省浦江县黄宅镇渠南村发现的浦江上山遗址(距今 9 000～11 000 年),在出土的夹炭陶片表面,发现较多的稻壳印痕,胎土中夹杂大量的稻壳,通过对陶片取样进行植物硅酸体分析,显示是经过人类选择的早期栽培稻。在距今 7 000～8 000 年的浙江萧山跨湖桥遗址,发现了先民使用的独木舟。尤其是位于浙江杭州湾以南宁(波)绍(兴)平原上的余姚县河姆渡文化遗址(距今 5 000～8 000 年),经 1973 年 11月和 1977 年 10 月的两次发掘,出土了大量的石、陶、骨和木制作的生产和生活用具,证明河姆渡人已经在从事相当发达的农业生产。在第四文化层居住区发现的米粒、稻谷、稻杆、稻壳、稻叶的堆积,其厚度为20～50 厘米,最厚的达 1 米多,其数量之巨、保存之完好,在新石器考古史上非常罕见。主要分布在太湖地区的良渚文化(距今 4 000～5 200 年)[①],先民们主要从事农业生产劳动,已过着稳定的定居生活。手工业也已非常发达,形成了分工细致的专业队伍,玉器、陶器、纺织品的制作都已专门化,达到了当时的最高水平。大型墓葬中不仅随葬有大量的玉器,还有奴隶殉葬。学者们推测,在良渚文化晚期已经出现了国家的雏形。

上述考古发现向我们展示了江南地区从旧石器时代到新石器时代的史前社会发展序列,充分说明在史前时期江南地区生活着一支有别于中原地区、单独发展的原始族群,他们创造了一个源远流长、自成体系的文化样态。这些先民们,在长期的生产和生活过程中创造了种种独具特色的文化,包括语言、习俗、社会制度等。

从史籍记载来看,先秦时期江南人所使用的语言是古越语,完全不同于中原地区。《孟子·滕文公上》中记载:"今也南蛮鴃舌之人,非先王之道,子倍之师学之,亦异于曾子矣。""鴃"是伯劳鸟,意思是说南蛮

---

① 牟永抗、魏正瑾:《马家浜文化和良渚文化——太湖流域原始文化的分期问题》,《文物》1978 年第 4 期。

人说话像鸟鸣一样。林惠祥先生指出："越语在古时确是大异于北方诸族语言,而且其性质也确实不像一字一音的孤立语,而像是多音拼合的胶着语,因此以北方语言译它每须二三字译一字,且译得很不妥切。"①这种多音的胶着语,在讲单音的中原人听来,像鸟鸣一样,所以被称为"鸟语"。

语言学界之所以认为后来的吴语并非源自古越语,主要是历史上该地区曾因战争发生数次大规模的人员迁徙和被占领、统治的缘故。

最早的是"太伯奔吴"事件。司马迁在《史记》卷三十一《吴太伯世家》中记载:"吴太伯,太伯弟仲雍,皆周太王之子,而王季历之兄也。季历贤,而有圣子昌,太王欲立季历以及昌,于是太伯、仲雍二人乃奔荆蛮,文身断发,示不可用,以避季历。季历果立,是为王季,而昌为文王。太伯之奔荆蛮,自号句吴。荆蛮义之,从而归之千余家,立为吴太伯。"②"颜师古注《汉书·地理志》云:'句,音钩。夷俗语之发声也,亦犹越为于越也。'所以'句吴'就是'吴','于越'就是'越'。其他冠首词的发语词性质也都可以一一考见。"③由此可见,周太王之子泰伯、仲雍南奔,到达今常熟、无锡一带,他们基本遵从了当地土著的生活习惯和语言,也许对古越语有所"改造",但当时民间通行的应该是古越语。

其次是"楚灭越"。楚灭越的时间有多种说法,一般认为是楚威王七年(前333),至秦王政二十四年(前223)秦灭楚,楚国统治吴越地区差不多一百年时间,治理是比较严格的,特别是《史记》卷四十《楚世家》记载考烈王元年(前262)封令尹黄歇于吴,号春申君,据《越绝书》卷二《越绝外传记吴地传》记载春申君治理无锡湖,造龙尾陵道,作吴两仓、吴市、诸里大闸、狱廷、楚门等,说明当时楚国积极加强对江南地区的统治,官吏、兵将、食客众多。后来春申君被奉为苏州府城隍,上海简称为"申"及流经上海的河称为黄浦江(又称春申江),均说明楚国统治对该地区的深刻影响。上古南方汉语只有楚语,原本不说汉语的吴越各地

① 林惠祥:《南洋马来族与华南古民族的关系》,《厦门大学学报》1958 年第 1 期。
② [汉]司马迁:《史记》,中华书局,1982,第五册,第1445 页。
③ 周振鹤、游汝杰:《方言与中国文化》,上海人民出版社,1988,第 154 页。

被楚国收服后,楚语对当地语言完成了第二次"改造",因此有学者认为吴语是在楚语的基础上发展而来的,今日老湘语与吴语有许多共同处,似可证明。

第三次"改造"发生于秦汉至东晋时期。秦始皇统一全国后,分全国为三十六郡,于吴越地东置会稽郡、西置郭郡。汉初曾一度合并,后又改会稽为吴郡,汉武帝时改郭郡为丹阳郡,至东汉又分置会稽、吴郡。秦汉置郡设官驻兵,中原移民主要聚居点应在郡治的吴(今苏州)、会稽(今绍兴)、宛陵(今宣城)及一些重镇如秣陵(金陵,今南京)等处,吴语应是以此等地方为中心发展起来的,故后来吴语还是分别以苏州为苏南吴语中心、绍兴为浙江吴语中心、宣城为皖南吴语中心。

西晋末,永嘉之乱(307—313)后,大批北方达官贵人南迁,对江南地区的语言产生了极大的影响,出现了"吴语"的说法。如《世说新语·排调》中记载:"刘真长始见王丞相……刘既出,人问见王公云何。刘曰:'未见他异,惟闻作吴语耳。'"至此吴语基本成型。

可以说,吴语是在江南地区以古越语为根基,结合楚语与中原话逐渐融合而成的汉语方言之一。

同样,口承文学在江南大地上也应该很早就已出现。新石器时期因无文字记载无法知晓其情形。至迟至春秋战国时代,已有"吴歈"("歈"又作"愉")之说。屈原《楚辞·招魂》中说:"吴歈蔡讴,奏大吕些。"汉代王逸注:"吴、蔡,国名也。歈,讴,皆歌也。大吕,六律之名。"左思《吴都赋》云:"荆艳、楚舞、吴愉、越吟,此皆南方之乐歌,为《诗三百篇》所未收者也。"由此可见,吴歈、越吟在当时已有一定的影响,西汉刘向《说苑·善说》中记载的《越人歌》当属越吟之一。到三国时期,江南人所唱的歌谣,已引起上层人士的仿作。《世说新语·排调》记载:"晋武帝问孙皓,闻南人好作《尔汝歌》,颇能为不? 皓正饮酒,因举觞劝帝而言曰:'昔与汝为邻,今与汝为臣。上汝一杯酒,令汝寿万春!'帝悔之。"这《尔汝歌》从形式上看,与南朝的吴声歌曲差不多,当是当时江南民间颇为流行的歌曲。至东晋以后,吴歌声名鹊起。郭茂倩《乐府诗集》卷四十四引《晋书·乐志》曰:"吴歌杂曲,并出江南。东晋已来,稍有增广。其始皆徒歌,既而被之管弦。盖自永嘉渡江之后,下及梁、陈,咸都建业,吴声歌曲起于此也。"①此记载明确说明吴歌杂曲原是江南地区民间早已流传的歌谣,东晋以后被统治者采录配乐,成为了正式场合演奏的音乐歌曲。其数量是相当庞大的,《乐府诗集》中仅《吴声歌曲》所收就有四百多首。

明代是吴语山歌发展的又一个高峰。从冯梦龙搜集记录的《挂枝儿》《山歌》中,我们能基本了解当时的盛况。

总之,无论是吴方言还是吴语山歌,都是在江南这块古老的、具有悠久历史文化积淀的土壤上生长起来的区域文化,它们都构成了江南文化的基因,又都呈现江南文化的显著特点。

二、吴语山歌:吴方言天然的"语料库"

口承文学产生、流传于人们的口耳之间,兼具文学性和生活性的双重属性。因为它是普通民众在劳动、休闲、民俗仪式等日常生活中以自娱自乐为目的而讲述、演唱的文学,所以自然而然地采用方言作为叙事、抒情的语言。因此,口承文学的搜集记录可以为方言的研究提供丰富的资料。

首先,历代的民间口承文学作品中保存了许多历史上的方言土语、词汇,可以为方言史的研究提供佐证。方言作为一种日常交流的工具,会随着时代的发展而不断变化发展,例如现代吴语中的混"腔司"(Chance)、戆徒(Gander)、退"招势"(Juice)、麦克风(Microphone)、盎三(On-sale)、派对(Party)、"老虎"窗(Roof Window)、席梦思(Simons)、时髦(Smart)、沙发(Sofa)、史的克(拐杖 Stick)等等,都是20世纪30年代在上海这一特殊的环境中形成的。口承文学虽然不太为文人士大夫所重视,但在中国历史上也有少数官方组织、或个别特别钟爱民间口承文学的文人记录下了不少作品。通常又分为两种情况:一是将原本用方言讲唱的口承文学作品用当时通行的官话记录下来,如《诗经》;一是原汁原味地记录下口承文学作品,如明代冯梦龙的《山

---

① ［宋］郭茂倩:《乐府诗集》,中华书局,1989,第 2 册,第 639-640 页。

歌》。后者对于方言研究来说是不可多得的历史资料。

就吴语山歌的记录来看，最早出现吴方言词汇记载的是宋代郭茂倩的《乐府诗集》卷四十四《吴声歌曲》中所收录的南朝民歌。虽然"被之管弦"后经过了文人的一定加工，但不少作品仍保留着民间歌谣的本色，语言方面以官话记录为主，但字里行间仍交杂了少量的吴语词汇，如人称代词"侬"：

> 夏口樊城岸，曹公却月楼。观见流水还，识是侬泪流。（《吴歌三首》之一）

> 君既为侬死，独生为谁施。欢若见怜时，棺木为侬开。（《华山畿》之一）

可见"侬"在当时江南地区是普遍使用的人称代词，直到唐末吴越王钱镠(852—932)时期仍然如此。宋吴僧文莹《湘山野录》记载了这样一件事：

> 开平元年(907)，梁太祖即位，封钱武肃(镠)为吴越王。时有讽钱拒命者。钱笑曰："吾岂失为一孙仲谋邪?"拜受之。改其乡临安县临安锦军。是年延故老，旌钺鼓吹，振耀山谷……以饮乡人……镠起执爵于席，自唱还乡歌以娱宾。曰："三节还乡兮挂锦衣，吴越一王驷马归，临安道上列旌旗。碧天明明兮爱日辉，父老远近来相随。家人乡眷兮会时稀。斗牛光起兮天无欺!"时父老虽闻歌进酒，都不之晓。武亦觉其欢意不甚浃洽。再酌酒，高揭吴音，唱山歌以见意。词曰：
> 你辈见侬底欢喜，（原注：吴人谓侬为我）
> 别是一般滋味子。（原注：呼味为寐）
> 永在我侬心子里!
> 歌阕，合声赓赞，叫笑振席，欢感闾里。今山民尚有能歌者。[①]

---

① 转引自容肇祖《一千年前的一首吴音山歌》，刊北大歌谣研究会《歌谣》第二卷第七期(1936 年 5 月 26 日)。

　　这段记载非常生动地描绘了一千多年前,吴越王钱镠衣锦还乡到临安的情景,他仿照汉高祖刘邦的《大风歌》,高兴地唱起来,但乡亲们都听不懂,不能尽兴,于是他"高揭歌喉,唱山歌以见意",山歌虽然只有三句歌词,但却是乡音土语,立即引起共鸣,"叫笑振席,欢感闾里"。从这三句歌词来看,是全部用吴语记录下来的山歌,比六朝吴声歌曲记录的吴歌,更加朴实、通俗,乡土气息特别浓厚。研究吴语山歌的学者认为它是历史上用吴语演唱并完全用吴语记录下来的第一首吴语山歌。

　　明代文坛奇才冯梦龙搜集整理的《挂枝儿》《山歌》则完全是用吴语记录的作品。《挂枝儿》写刻残本存九卷(现藏上海图书馆),无序、跋及署名。卷一至卷八完整,卷九残存一部分。从姚梅伯的《今乐府选》(浙江图书馆藏)中可补一卷半,恰为十卷。卷一"私部"、卷二"欢部"、卷三"想部"、卷四"别部"、卷五"隙部"、卷六"怨部"、卷七"感部"、卷八"咏部"、卷九"谑部"、卷十"杂部",全部统计作品达 435 首(包括除正文外评注、附录中引用的作品),是明代民间时调小曲之集大成。这部专集所采录的作品,绝大部分来自民间、市镇。冯氏自己创作或他人创作、拟作的都有说明,占比并不太多。《山歌》全书也是十卷:卷一到卷四"私情四句"、卷五"杂歌四句"、卷六"咏物四句"、卷七"私情杂体"、卷八"私情长歌"、卷九"杂咏长歌"、卷十"桐城时兴歌",共计歌词 383 首(包括评注引用的异文和桐城时兴歌在内),其中前九卷全篇使用吴语记录。冯梦龙的记录,堪称吴语忠实记录的典范,对研究吴语山歌和吴方言均有很高的资料价值。

　　"五四"以后,随着中国现代民俗学运动的开展,吴语山歌的搜集整理也取得了很大的成绩,而且大多是以吴音记录的。如刘复(1891—1934),1919 年 8 月,利用暑假在家乡江阴收集歌谣 20 首,并在《歌谣周刊》第 24 号以《江阴船歌》之名发表。他所收集的民歌,不仅以当地吴音记录,并在每首歌谣后作了音、义注释或加以考订。周作人称"半农这一卷《江阴船歌》,分量虽少,却是中国民歌的学术的采集上第一次的成绩"。[①]

---

① 　周作人《中国民歌的价值》,北大歌谣研究会《歌谣》第六号(1923 年 1 月 21 日)。

又如顾颉刚（1893—1980），1919 年利用在家乡苏州养病的机会，搜集了 200 多首吴歌作品，1920 年 10 月至 12 月在《晨报》上连续刊载了三个月，后又在《歌谣周刊》第 64～95 期连续刊登了近一年。1926 年《吴歌甲集》出版了单行本，分上、下两卷，上卷儿歌 50 首，下卷民歌 50 首。《吴歌甲集》受到了学术界的高度评价。胡适在序言中说："我们很热诚地欢迎这第一部吴语文学的专集出世。颉刚收集之功，校注之勤，我们都很敬服。……这部书的出世真可说是给中国文学史开一新纪元了。"

解放以后，有两次对吴语山歌的搜集整理活动，一是 20 世纪五六十年代，如 1952 年 8 月，苏南文学艺术界联合会号召全区文艺工作者搜集和整理民间音乐，其他各类文艺团体也纷纷下乡搜集民间歌谣，以丰富创作素材；1959 年中国民间文艺研究会研究部和江苏省文联、文化局联合对常熟白茆新民歌的调查；1960 年 5 月至 8 月，中国作家协会上海分会、上海群众艺术馆、上海文艺出版社等单位组织有关人员在郊区奉贤进行山歌的搜集工作，内部出版了长篇叙事山歌《白杨村山歌》和《哭嫁歌》。二是 20 世纪 80 年代中期至 90 年代中期的歌谣集成工作。这次搜集整理的成果是空前的，各区县、各乡镇都汇编了资料本。据《中国歌谣集成·上海卷》介绍："根据 1987 年 12 月统计，全市 350 多个街道、乡、镇编纂的民间文学集成资料本，共选收歌谣 23 529 首，22 个区县编纂出版的歌谣分卷中，共收歌谣 5 418 首。"其数量极为可观，同时还保留了不少录音带、录像带，最终编辑出版了《中国歌谣集成·江苏卷/上海卷/浙江卷》和《中国民间歌曲集成·江苏卷/上海卷/浙江卷》。根据忠实记录、保持原貌的原则，每首歌都附有原始数据，如采录地点、时间、演唱人、搜集者等。对歌中方言，都作了诠注，对歌中涉及的民俗事象都作了必要的解释。

上述各个时期的吴语山歌作品，保存了丰富的吴方言资料，成为了吴方言研究不可多得的语料库。

其次，口承文学作品一旦形成之后，虽然会随着口头传播而不断发生变异，但核心母题和某些主要词汇具有超稳定的特点，在一些韵文类的作品中表现得尤为突出。如《山歌》中的方言词汇有的在今天吴方言中已不再使用，但在民间演唱的山歌中仍然保留着。在常熟市发现的手抄本叙事山歌《白六姐》①中就有许多歌词和冯梦龙《山歌》中的短篇山歌相似，有的甚至完全一样，如：

冯梦龙《山歌》		常熟《白六姐》	
卷四《被席》	红绫子被出松江， 细心白席在山塘。 被盖子郎来郎盖子我， 席衬子奴来奴衬子郎。	一、《呒怨私情》	郎似细花被面出松江， 姐似虎丘白席在山塘。 前世必然来相会， 两处相逢共一床。
卷二《研光》	姐儿见子有情郎， 好似云游僧投饭入斋堂。 咦像染坊店里画石贪色鬼， （画石，即：划石） 研子多多少少光。	四、《小姐游春》	姐儿肚里熬情郎， 好象游方僧和尚入斋堂。 染店里划石贪钯棍， 不知划仔多少光。
卷一《瞒娘》	阿娘管我虎一般， 我把娘来鼓里瞒。 正是巡检司前失子贼， 枉子弓兵晓夜看。	十四、《娘女盘答》	娘拿囡像虎样看， 囡拿娘来鼓样瞒。 娘道杀人场上偷刀贼， 纵有官兵难守看。
卷一《孕》又三	眼泪汪汪哭向郎， 我吃腹中有孕耍人当。 婆婆树底下乘凉奴踏月， 水涨船高难隐藏。	十六、《杭城赎药》	眼泪汪汪哭叫郎， 腹中有孕啥人当？ 婆婆树底下奴踏影， 水涨船高难隐藏。

　　口头诗学学派学者在研究史诗的过程中，发现口传史诗中经常存在一种"特殊语言"，这种语言完全不符合作品搜集时当时当地的语言规范，而是保留了古老的形态，这些词汇可能连演唱歌手也已不知道它的含义，但仍在口传中保留着。上述《白六姐》中的诗句可能就属于这种语言。类似的情况，在其他吴语山歌中也同样存在。这种语言现象的存在，可以起到"以今证古"的作用，为方言史的研究提供宝贵的

① 手抄本由曹浩亮保存至今，由其父龚桂福等人手抄，流传于常熟地区。根据手抄本及曹云亭、龚桂福演唱内容整理而成《白六姐》，由王建东、叶黎侬、曹浩亮采录注释，刊《中国·白茆山歌集》，上海文艺出版社，2002，第 162—220 页。长歌共 18 节（套），连闹头和尾声，共 2 500 余行。

资料。

第三,口承文学丰富了方言词汇,促进方言词汇的传播。文学具有想象性,其词汇一方面来自生活,来自民众的日常生活;同时,民间优秀的故事家、歌手往往又是语言的"天才",不断丰富方言词汇。如《山歌勿唱忘记多》中唱道:

> 山歌勿唱忘记多,搜搜索索肚皮里还有三千九百箩,吭嗨吭嗨扛到吴江垂虹桥上去唱嘞,压坍仔长桥再要塞满东太湖。
>
> 山歌余仔一太湖,唱勿尽五姑娘苦情要比鲫鱼肚皮里格鱼子还要多,砻糠搓绳难起一个头,百丈长格绳索只好一寸一寸慢慢搓。①

歌手肚子里的山歌能装满三千九百箩筐,多到能压垮垂虹桥(吴江县城著名的石拱桥)、塞满太湖、痛苦像鱼子一样多,用砻糠(碾米时脱下的稻谷外壳)搓绳,多么夸张的想象。这些词汇进入生活领域后,无疑丰富了人们的生活语言。

三、吴方言与吴语山歌的文学性建构

文学作品的文学性主要体现在故事情节和人物形象方面,曲折、出人意外的故事情节,和丰满、独特的人物形象,通常是由想象、比喻、象征等一系列修辞手法来完成的,因为方言往往有独特的词汇、语音,所以口承文学文学性的建构离不开方言,如果用官话讲唱或记录,许多修辞手法就不复存在,例如谐音、韵脚等。就吴语山歌而言,主要体现在以下几方面:

第一,独特的方言词汇构成比喻、象征的手法。

如《五姑娘》中描写五姑娘的嫂子"辣椒心"的奸刁和刻薄:"东家娘娘是鲫鱼背上格一个长骨头"②。鲫鱼背上原本只有鱼鳍没有骨头,这

---

① 口述者:张云龙;记录者:张舫澜;记录时间:1964 年 1 月 2 日。刊高福民、金煦主编《吴歌遗产集粹》,上海文艺出版社,2003,第 197 页。
② 陆阿妹等口述《五姑娘》,江苏人民出版社,1984,第 17 页。

是吴方言中的一句俗语,如果说一个人像鲫鱼背上长骨头,意思是非常难以交往的人。而杨金大受妻子的挑拨,恶待两个妹妹:"鹅眼乌珠看人要数到杨金大"①。"鹅眼乌珠看人"也是吴方言中的俗谚,眼乌珠即眼睛,鹅因为头颈很长,形容把人看低,引申为不把人当人看。通过这两个形象的方言俗语就把杨金大及妻子的恶行表现得淋漓尽致了。又如徐阿天的外貌是通过"辣椒心"的视角描写的:

　　东家娘娘面孔浪胭脂榻得红堂堂,觉得眼面前格个长年赛过武大郎格兄弟武二郎,身胚结棍就像城墙头浪一扇大闸门,相貌堂堂阿是罗汉转世进仔杨家大门墙。②

　　形容身材魁梧的人为武松或者是罗汉比较常见,但以"城门"来比喻,则别具特色。

　　除了人物形象的塑造外,在情节描写方面,丰富多层次的方言俗语往往也能起到画龙点睛的作用,如《五姑娘》中杨金大千方百计阻止妹妹与长工徐阿天的恋情:

　　杨金大劝化五姑娘倷要想想开,勿要做苏州寒山寺格只大钟懊恼来③。五小姑娘咬紧牙关答复一句话:"阿天是梁山伯,阿妹就是祝英台。"

　　杨金大听仔面孔气得就像树叶青,一跳三尺骂倷一声小贱人。倷若要与阿天来相会,篙子梢上叶放青。若是倷与阿天来相会,扁担头浪出冬笋。若是倷与阿天来相会,冬菜鬊里打菜心。若是倷与阿天来相会,铁树开花梢梢嫩;若是倷与阿天来相会,鸡蛋生脚到南京;若是倷与阿天来相会,红脚桶里大翻身;若是倷与阿天来相会,西山老虎勿吃人;若是倷与阿天来相会,黄狗出角变麒麟;若是倷与阿天来相会,东洋大海起蓬尘。④

---

① 陆阿妹等口述《五姑娘》,江苏人民出版社,1984,第11页。
② 同上,第19页。
③ 苏州谚语,因钟声发出近似"懊恼来"的声音,"懊恼"作后悔的意思解。
④ 高福民、金煦主编《吴歌遗产集粹》,上海文艺出版社,2003,第265页。

这一连串极具生活化的比喻,大都是吴语中所特有的俗语,如篙子梢上叶放青(撑船的竹篙上长出竹叶)、扁担头浪出冬笋(毛竹扁担上长竹笋)、冬菜甏里打菜心(腌菜坛里的青菜长出菜心),通过这一系列不可能发生的事,来表现杨金大的不近人情和拆散妹妹恋情的决心。

吴语叙事山歌以私情山歌为主,其中男女主人公约会、交欢是绕不开的情节,而直白描写男女交欢又是传统道德所不允许的,因此,在长期的编创、演唱过程中,歌手们通常会采用比喻的手法来体现,将男女的性行为描写得非常隐晦、优美。如流传于江苏省吴江的《鲍六姐》中的"桑园相会"是这样叙事的:

> 上采桑来下采桑,桑园地上自有俚位俏情郎,桑园地里呒不凉席困,伊拉两个只得豆麦落沉当凉床。
>
> ……
>
> 郎要来勒姐要来,两人末双双眠倒来,郎是好一比格只白马上桥头要来得嘘,姐是像煞格只小雌鸡吃水口口面朝天。
>
> 郎要来勒姐要来,两人末双双眠倒来,郎是好一比清水江里格条蚂蟥过江团团十八曲,姐是像煞塘上造桥凸起来。
>
> 桑园地上凉悠悠,姐搭倷丹情郎阿哥困勒一横头,姑娘头上丈二青丝头发捏勒倷郎手里,像煞丹阳人出外卖丝绸。
>
> 桑园地上凉悠悠,姐搭倷丹情郎阿哥困勒一横头,两只煞白臂膊环勒情郎肩上嘘,像煞斜塘捎仔三双头白藕上苏州。
>
> 桑园地上凉悠悠,倷搭倷丹小弟两个困勒一横头,倷头上两只耳朵捏勒郎手里嘘,像煞江西人出外挑担卖馄饨。①

这些比喻都来自于日常生活,既形象生动又隐晦,既描述了性行为的过程又避免了过于露骨,而成年听众一听就能明白。

第二,通过谐音双关手法来表情,起到含蓄的艺术效果。

吴语山歌最大的修辞特点之一是采用谐音双关的手法,表达内心

---

① 蒋连生演唱,张舫澜、马汉民记录。搜集时间:1982年2月28日;地点:莘塔公社新村。江苏省民间文学工作者协会苏州分会1983年5月油印本。

的感情。而谐音双关的实现与方言的读音有密切的关系。这种修辞手法，在南朝吴声歌曲中就已出现，如《子夜歌四十二首》之六：

> 见娘喜容媚，愿得结金兰。空织无经纬，求匹理自难！

其中的"匹"字，有"布匹"和"匹偶"的双关意义。说的是"布匹"，而实际是指男女匹配的意思。运用双关语时，往往是两句为一组，如"空织无经纬，求匹理自难"，上句说的是织布如果没有经纬，等于空织；下句便把上句的意思申明"这是难以织成布匹的"，意思是我想和你匹配是很难的！

在冯梦龙搜集的《山歌》中，比喻、双关语，也是比比皆是。如卷一《睃》：

> 思量同你好得场馶，弗用媒人弗用财。丝网里捉鱼尽在眼上起，千丈绫罗梭里来。

冯梦龙在《睃》这首山歌后注："笑不许，睃不许，只此便是周南内则了。眼上来，梭里来，影语最妙，俗所谓双关二意体也。"眼，同时指"网眼"和"人眼"。"梭"和"睃"同音。其他如：

> 挟绢做裙郎无幅，屋檐头种菜姐无园。（卷三《送郎·又》）

幅与"福"、园与"缘"谐音。

> 便是牢里罪人也只是个样苦，生炭上薰金熬坏子银。（原注：吴歌"人银"同音。）（卷一《熬》）

熬既指金属在火上烤又指人受煎熬，语义双关；银与"人"谐音。

> 好似新出小鸡娘看得介紧，仓场前后两边傲。（卷一《走》）

傲即"厫"，粮仓，与"熬"谐音。指男女双方可望不可及，内心受到煎熬。

> 寿器上剥灰材露布，老阴阳到处说新坟。（卷一《赠物》）

为活人准备的棺材称为寿材，制作时先粘上麻布再用生漆涂刷，以保护其木材。露布即布露出来，双关指暴露。阴阳指风水先生，殡葬时为人相墓、择日。新坟与"新闻"同音。这里指消息传播开来。

在情歌中运用隐喻双关的手法，有的含蓄优美，有的坦露粗俗。冯梦龙为求"真"而忠实记录，保持了原貌。直到现在吴语山歌在口传中还保存这种谐音、隐喻双关的修辞格式。如《五姑娘》中："徐阿天脚步慢一慢，相思毛病上身三分三，五姑娘无心，伊当二月里杨柳发芽有青又有意，伊认清爽仔村窠好来寻找格位姣娘拿私情攀。"其中的"青"与"情"谐音。《鲍六姐》中："陈三白好酒越陈越好吃噱，私情路越走越恩情。好一比格个长脚苍蝇飞勒拉饴（音晴，情）糖上噱，着身容易脱身难。"其中"饴"吴语发音"晴"，与"情"谐音。

在吴方言的基础上，运用谐音、双关等修辞手法，无疑增强了吴语山歌的艺术性。

结语：非遗保护中的方言与口承文学

如上所述，方言和口承文学都是在一定的区域中逐渐形成的。方言不仅是人们日常生活交流的工具，其本身也是地域文化的体现，地域文化的元素不断沉积于方言之中。口承文学有的始生于此地，有的则是从外地流传到此地，但也已溶于当地文化之中。两者都成为了区域文化的有机组成部分，共存于同一自然环境、人文环境之中。方言和民间口承文学的存在，使得各地的地域文化丰富多彩，呈现出文化的多样性。方言是口承文学表达的语言载体，方言词汇、语音是编创口承文学作品的重要部件，也是各种修辞手法得以实现的基础；同时，口承文学的编创又不断丰富方言的词汇和内涵，口承文学中保留了丰富的方言词汇，为方言学的研究提供了丰富的语料。两者相辅相成，关系密切。这从吴方言和吴语山歌的关系中可见一斑。

在当下的中国，随着城镇化的推进和人们生活方式的改变，方言和民间口承文学都面临着消亡的危险。以江南地区为例，自20世纪六七十年代以来，在田野唱山歌的习俗在民间就已经基本消歇了。至20世纪80年代进行搜集整理时，许多老歌手已经二十多年没有演唱过了，记录下来的是存在于歌手记忆中的歌,而不是存活于田野的歌。时至今天,吴语地区能够演唱山歌的著名歌手绝大多数已经去世,仅存少数在特殊场合演唱山歌的情况,如庙会期间唱的"赞神歌",但情况也不乐观,能够演唱赞神歌的歌手也大都在六十岁以上了,后继乏人。吴歌已于 2006 年列入中国第一批非物质文化遗产代表作名录。吴方言的情况稍好,但由于在幼儿园、中小学中强行推广普通话,有的学校不允许学生在校期间讲吴语,因此目前很多小孩不会说吴语,或者说不好吴语,保护吴方言也成了当务之急。

保护方言和以方言为载体的口承文学,首先要提高人们的认识和保护的自觉性,真正认识到其对国家和民族文化的重要性;其次,政府主管部门需要制定一套完整的制度和行之有效的措施,特别是要重视从儿童抓起,如编写适合幼儿教学的方言童谣及游戏,在中小学开设乡土课程,用方言讲故事、唱民歌等。由于口承文学具有趣味性、娱乐性,更能引起儿童的兴趣,所以在一定程度上能够起到方言和口承文学联动保护的功效。

(本文原刊于《澳门理工学报》2012 年第 3 期)

信仰：支撑口传文学传承的一种内在力量

——以江苏省芦墟镇刘王庙"赞神歌"活动为个案

在江苏、浙江、上海交界的吴语地区，民间具有悠久的演唱山歌传统，从春秋战国时期的"吴歈""越吟"到南朝的"吴声歌曲"，再到明清时期的"山歌"，一直盛传不衰。尤其是 20 世纪八九十年代，在该地区相继发掘了《五姑娘》《赵圣关》《鲍六姐》《林氏女望郎》等三十多部中长篇吴语民间叙事诗，引起了中外学术界的极大关注，这些作品无疑是长期积淀的结果。

但是由于人们生活方式的改变，现代娱乐手段的多样化，自 20 世纪 70 年代以来，自然状态下的唱山歌习俗在该地区就已经基本消歇了。至 20 世纪 80 年代进行搜集整理时，许多老歌手已经多年不演唱，记录下来的是存在于歌手记忆中的歌，而不是存活于田野的歌。时至今天，吴语地区能够演唱山歌的著名歌手绝大多数已经去世。这份珍贵的文化遗产正面临着即将消亡的处境，2006 年已列入中国第一批非物质文化遗产代表作名录。但在田野调查中发现，吴语山歌的一脉"赞神歌"仍然顽强地"活"在民间，其分布区域主要为江浙沪交界的汾湖周围，其中又以江苏省苏州市吴江区，浙江省的湖州、嘉善市，上海市的青浦区最为典型，成了一道独特的风景线。笔者自 2004 年 1 月始对江苏省苏州市吴江区芦墟镇刘王庙旗伞社（当地信仰组织）的"赞神歌"演唱活动进行跟踪调查，本文试图以此为个案，从"赞神歌"这一独特的现象出发探讨口传文学的生存和传承问题，尤其是它与信仰之间的关系，以及如何从该现象中获取理论资源来为口传文学的保护问题提供一些切实可行的措施。

一、赞神歌的演唱形式及品格

赞神歌,民间亦称"神歌""烧纸歌",是当地人在举行民俗活动时演唱的民间叙事歌,主要在庙会期间演唱,也有在驱邪消灾的活动中,甚至在乔迁新居、祝寿等场合,请歌班演唱的。其内容主要是叙述信仰对象(神灵)的生平事迹,大凡信仰活动中涉及的神灵都有或长或短的叙事歌,相传有 108 部,影响较大的有《刘王传》《观音传》《杨老爷传》《七老爷传》等;其中也有少量生活叙事歌,在民俗活动中起到调节气氛和娱乐的作用。

演唱形式通常为四人组合:一人主唱,手敲小锣;其余三人为伴奏,一人击鼓,一人敲大锣,一人敲钹。歌词基本为七字句,每句节奏为"咚锵咚锵咚咚锵"。音乐为江南小调,以《孟姜女》调为主。

我所调查的刘王庙位于芦墟镇草里村南室圩东南角,三白荡西岸,泗洲禅寺(创建于唐景龙二年。原位于兵字圩,后迁移于此)内。刘王庙供奉刘猛将,俗称庄家圩大老爷。据《芦墟镇志》记载:传说古代有位刘猛将军,曾在江淮间率兵,于农田灭蝗有功。后人在江南各地建祠庙纪念他。芦墟草里村也建有庄家圩庙,供其神像,俗称庄家圩大老爷。民众遇病痛灾难,往往前去祈求庄家圩"刘王老爷"保佑,平时香火不断。刘猛将军已演变为神灵,庄家圩庙由原来的纪念祠堂变成了烧香祈祷的"神庙"。解放前每年的年初五要出庙会,形成惯例。庙会的筹备者都是草里村比较有名望的人,每年一轮,轮到谁,谁就是会首,就要担负起庙会的筹备和有关经济开支,其经济来源于庙产收入,即庙田的租金等。……20 世纪 50 年代,在农村合作化后芦墟的猛将会逐渐消失,然而仍有些人每逢农历初一、十五去庄家圩求神拜佛,祈求吉祥。自 20 世纪 90 年代以来更多。①

现在刘王庙会的时间是春秋两次,春季为正月初五,秋季为八月十三。其中秋季的庙会规模较大,参加人数众多。传统的庙会有老爷出

---

① 《芦墟镇志》,上海社会科学院出版社,2004,第 585-586 页。

会、摇快船等活动,现在的庙会基本局限在庙内进行,除了上香祭供外,还有各种各样的民间艺术表演,如舞龙舞狮、担花篮、宣卷等,其中"赞神歌"演唱也是其中必不可少的内容。与其他表演团体不同的是,唱"赞神歌"的均有组织的名号,一般以"××社"命名。每次庙会期间,来芦墟刘王庙演唱赞神歌的均有五六支队伍,演唱的场所有庙内的大殿、左右厢房,有些队伍(主要是浙江来的)为了节省开支(门票每人10元),就在船上(停在庙外的河面上)演唱,或者借一户附近的农舍进行。其中,"旗伞社"就是最具名声的组织之一,因为他们是芦墟本地的,占有天时地利之优,所以基本上每次都在庙内的大殿演唱(偶尔在厢房)。

旗伞社的核心成员均属沈氏家族及其亲属,是一个以亲属关系(包括师徒关系)为纽带的民间信仰组织。据沈氏家族成员介绍,他们世代以渔业为生,演唱赞神歌已经传承九代(但现在只能推到八代)。因为他们是以大纛旗和伞(华盖)为标识的,每次外出演唱均要在庙门口插上高大的大纛旗和伞(华盖),所以称为旗伞社。每年的农历正月初四、三月初一、三月廿五、清明节、七月半、八月十二、八月廿一、重阳节等日子,社内人员或自己开船或租车赶赴各庙会演唱赞神歌,有时也受村民之邀参加一些民俗活动。演唱的作品有《刘王老爷》《七老爷》等。所有作品完全靠口头传授,没有抄本。目前的歌头是沈天生(1933 年生)、沈毛头(1936 年生)兄弟俩,两人各率一个歌队。每个歌队有基本固定的歌手五人至六人,还有几位候补歌手(主要是学唱的)。这是一个非常典型的赞神歌传唱世家,在当地知名度颇高。

据沈毛头等人回忆,他们家族赞神歌演唱的传承情况如下:

第一代:沈伟昌

第二代:沈刘高(曾认刘王为寄父)

第三代:沈玉堂

第四代:沈万正、沈万叶(两兄弟)

第五代:沈进高(沈万正之子)

第六代:沈老虎、沈小弟(两兄弟)

第七代:沈天生(沈老虎之子)、沈毛头(名瑞生,沈小弟之子,兄弟五人:沈天生、沈瑞生、沈根生、沈金生、沈福生,大姐沈金姑、姐夫张寿生)

第八代:沈伟忠(沈天生之子,现已能唱)、沈天林(沈毛头之子,现在基本不会唱)

关于旗伞社的规模,沈毛头说,据他父亲说,当年在莲泗荡(位于浙江省嘉兴市秀州区)刘王庙有 72 班口(72 个演唱《刘王传》神歌的班子),莲泗荡的班子第一,沈家居第二。当年旗伞社的成员有 300 多户。

据沈金生介绍,现在旗伞社的成员已发展到 2 000 多户,分布的区域很广。江苏吴江范围内以芦墟镇为中心,包括金家坝、北库、莘塔等。还有浙江嘉善的陶庄、大舜、俞汇、姚庄、洪溪、西塘,嘉兴的新巷里等地。如 2006 年 2 月 1 日(正月初四)下午,在刘王庙左厢房演唱赞神歌的是来自浙江嘉善丁栅镇渔业村的"朱家社",主唱为朱金福(81 岁)、朱福兴(58 岁)。据介绍他们原先也是旗伞社的成员,朱金福曾拜沈老虎为师,后独立。这种情况据沈毛头、沈金生介绍较为普遍,他们的唱法与旗伞社的唱法基本相同。

演唱赞神歌活动的程序大致可分为如下步骤:祭神、赞神、送神。

A. 祭神

包括准备、摆供、祭祀三方面内容。社内成员陆陆续续到场后,分别摆上自家带来的供品(鱼、肉、糕点、水果等),然后上香、向神灵跪拜叩首。集体的供品一般由歌头(沈毛头)置办,旗和伞也存放在他家中,每次均由他负责带到庙里来。

B. 赞神

祭拜之后,开始赞神歌演唱。包括请神、安神、赞神、送神四个程序。请神通常要请 108 位上、中、下界的神灵;安神即请神灵按固定的位置入座,体现了神界的等级观念;赞神是神歌的主体,也即有关某神身世及事迹的叙事歌,视时间情况可长可短;送神是将各位神灵送回原处。从芦墟刘王庙的情况看,所有社(团体)演唱赞神歌都是分段(套)进行的,每一段由一位歌手演唱,一般大约唱一小时。中间休息 10 分钟左右,第二位歌手接着唱。

2006年2月1日(正月初四)旗伞社在芦墟刘王庙的演唱情况是这样的:

第一唱沈毛头(请神,约45分钟,每请一位神伴随着请的肢体动作);

第二唱沈金生(安神,约1小时15分);

(上午9点45分开始,唱了两个小时,约11点50分吃饭。下午约1点继续。)

第三唱沈六宝(赞神,唱刘王从出生到青年时期的生活,约1小时);

第四唱张寿生(赞神,唱刘王从结婚到成神的过程,约1小时);

第五唱沈毛头(送神,约0.5小时)。

据沈六宝(女,60岁,认沈老虎为干爹,出嫁至嘉善西塘大舜村,每次旗伞社的活动均参加)介绍,《刘王传》正文共有7段,另加请神、安神、送神共10段。沈毛头说《刘王传》唱全至少要48小时。这天因为天气寒冷,提早结束,中间部分只唱了两段。

C. 送神

送神的程序几乎跟神歌中的"送神"同步进行。当歌手唱"送神"至一半左右的时候,其他成员开始相关的行动,至庙外放鞭炮、烧纸钱及金银元宝等,同时一样样撤下供桌上的供品。至演唱结束,供品也基本上撤完。然后,排队轮流再一次向神灵跪拜。整个活动全部结束。

以上是有关赞神歌的一些基本情况。赞神歌之所以一直未引起广泛的重视,最主要的障碍是大部分人对它属性的认识存在着一定的误区。

长期以来在"左"的主流意识形态支配下,人们往往把民间信仰当作封建迷信来看待,而赞神歌与民间信仰紧密结合在一起,可以说是民间信仰中不可分割的一个组成部分。因此,赞神歌往往被笼统地归入到"迷信"的范畴,几乎没有人认真地对它进行研究。事实上,无论是从语言、文学,还是从音乐的角度看,它都属于吴语叙事山歌的一支,只不过它具有自身的特点：内容多为有关神灵的叙事，演唱形式与信仰相结合，音乐构架以江南小调（主要是孟姜女调）为主，呈现出一种有别于其他吴语叙事山歌的独特品格：一种生存于信仰空间的口传文学。正是这种品格，为赞神歌的生存提供了条件，让它能够至今流传不衰。

二、信仰为"赞神歌"的生存提供了空间和时间

从目前可知的情况看，吴语山歌传承的危机，主要源于以下几方面的因素。

其一，由技术进步导致的生产方式的改变。根据史料记载及田野调查的资料，旧时吴语地区演唱山歌的主要场合是日间劳作之时，或在田间，或在水上。明代叶盛在《水东日记》中记载："吴人耕作或舟行之劳，多作讴歌以自遣，名'唱山歌'。"虽然旧时土地归个人所有，农业活动皆为个体劳动，但由于生产技术落后，没有任何机械化生产工具，完全依靠手工劳作，所以，一到农忙（渔汛）季节，田间（水域）就到处是忙碌者的身影，为唱山歌提供了一个良好的空间，独歌、对歌，此起彼伏。而每个村落里都会有几户财主，拥有村里的绝大部分土地，需要请长工、短工帮助干活，形成了集体劳动的情况。例如吴语地区旧时的山歌班成员，通常都是农忙季节的短工。解放以后，土地归集体所有，形成了集体化生产，1949 年至"文革"之前这段时间，在田间劳动时唱山歌仍然是盛行的。像浙江嘉善在 20 世纪五六十年代还有山歌班组织，如蒋晓康歌班、江有来歌班，特别是沈少泉歌班，是 20 世纪 50 年代由县文化部门帮助组织的，顾秀珍、顾文珍姐妹俩即是这一歌班的成员。据顾秀珍、顾文珍介绍，她们主要在田间劳动至下午三四点钟时唱，每天唱一个小时左右。[①]

"文革"时期由于政治原因，山歌演唱被迫停止。但仍有人悄悄地唱，如 1982 年在苏州郊区的调查中，就有歌手说了这样的话："大忙辰光，倷连日连夜，闷头闷脑地做活，实在吃力得要命，大家就要我唱山

---

① 参见拙著《吴语叙事山歌演唱传统研究》，上海辞书出版社，2005，第 141-142 页。

歌,我就唱:'睏懒眯眯眼勿开,隔河阿姐端茶来。一杯香茶放到手当中,呼呼喝喝免睏懒'。我一唱大家真像喝到了香茶一样,眼目清凉,劲也上来了,我又唱'倷唱山歌勿比我赞(好),我四海里团团唱转来。唱得棺材里死人眯眯笑,唱得甏里格鱼干勒笃跳出来!'就这样,我不拔秧,只顾唱,有人会送秧把给我(以拔秧把多少而记多少工分)。还有人给我望风,看准田头上阿有大队干部勒过来,拨俚笃听到可吃不消……"①

　　1978年以后,农村实行"联产责任制",形式上回到了解放前的劳作方式,以家庭为单位的个体劳作为主,但由于机械化的推广和高效的农药、化肥的使用,人们的劳动强度大大降低,田间再也看不到密密麻麻的身影,再加上中青年大量入城务工,因此即使在农忙季节,在田间劳动的人数也极少,再也无法形成唱山歌的环境。

　　其二,生活水平提高导致生活习惯的改变。夏天夜晚乘凉、冬天晡(吴方言,晒的意思)太阳也是旧时唱山歌的主要场合。在没有空调、电风扇的时代,每到炎热的夏天,辛苦了一天的农民渔民,吃完晚饭便会自发地汇聚到村落的某个场所,乘凉避暑,人们为了消磨时光,就把唱山歌当成一种娱乐。如无锡歌手唐建琴回忆她小时候学唱山歌时,就谈到了夏天全村喜欢唱山歌的人都会睡在晒场上,要唱到十一二点才睡觉;又如浙江嘉善的"夏墓荡",水域面积3 500多亩,水面开阔,每年夏天的夜晚,四面八方的乡民都会划着船来到这里乘凉。成百上千根船篙立在那里,巍巍壮观。然后就是歌声此起彼伏,以对歌的形式为主,看谁唱的时间长,看谁唱得最好。② 在上海郊区奉贤农村,每到夏天的夜晚,男女老少围坐场上,唱山歌,听山歌。著名歌手朱炳良就经常带着徒弟到乘凉的场上去唱叙事山歌。有许多山歌爱好者就这样听着、学着、记着,后来自己也成了山歌手。有人这样形容:"乘风凉唱山歌劲道粗,歌声好摆三里路","唱唱山歌乘风凉,歌声好拉三里长"。③

---

① 　钱杏珍:《苏州郊区〈赵圣关〉搜集调查报告》,载高福民、金煦主编《吴歌遗产集粹》,上海文艺出版社,2003,第339页。

② 　参见拙著《吴语叙事山歌演唱传统研究》,上海辞书出版社,2005,第139-140页。

③ 　同上,第140页。

冬天晒太阳取暖是吴语地区普遍的一种生活习惯,在这种场合,唱山歌也非常常见。但是,现在的农村再也见不到这种场景了,虽说还不像城市中那样几乎家家户户有空调,但每家每户都有电风扇。更主要的是由于电视的普及,无论男女老幼都围着电视转,于是乘凉、晒太阳的习惯就逐渐消失了。

其三,随着时代发展,人们娱乐方式的多样化。尤其是电影、电视、录像在农村的普及,使人们的娱乐方式有了更多的选择,丰富了村民的业余生活。与此同时,由于这种强势文化具有现代性和技术性,受到年轻人的偏爱,原生态的口头文学(山歌)因其"粗糙"和不精致,受众越来越少。即便是那些深受传统文化熏陶、原本喜好甚至痴迷山歌的中老人,也由于"文化自鄙"的心态,逐渐成了"电视一族"。

其四,政府主体意识形态干预的后果。因为山歌的主要内容是表现男女私情,在"文革"时期被定性为"封资修"而加以禁止,不少歌手甚至搜集整理者都遭到了批斗。虽然"文革"以后拨乱反正,但这种思想影响深远,一直到 20 世纪 80 年代中后期开展大规模搜集整理活动时,许多歌手还是心有余悸,他们自己都认为"山歌是'四旧'、'有毒的'、'唱了以后要吃官司'"。"我们用耐心的说理,要老人们明白民歌的价值,使她们懂得这是在办好事,是在做贡献。我们一次又一次地登门,一遍又一遍地说理,真心与诚意感动了老人"①,然后老人们才敢开口唱。更为严重的是,由于长期的停唱,原来的歌手大部分早已声嘶词忘。而原本传承模式就是"以听代学"的吴语山歌,没有了演唱的环境,年轻人不可能学会,导致了传承者后继乏人的局面。

因此,吴语山歌的消歇固然是多种因素合力作用的结果,但主要原因可以归结为:一是表演"空间"的消失,二是生活习惯的改变,三是现代强势文化的冲击,四是主流意识形态的影响。

应该说,赞神歌与其他吴语山歌所处的地理环境和文化环境是完

---

① 钱杏珍:《苏州郊区〈赵圣关〉搜集调查报告》,载高福民、金煦主编:《吴歌遗产集粹》,上海文艺出版社,2003,第 340 页。

全相同的,但是为什么它能够保存下来,至今仍在民间传唱? 从芦墟沈氏家族的传唱情况来看,二者主要有以下的差异:

第一是演唱场合不同。传统吴语山歌基本在野外演唱,而赞神歌则在民间庙宇中演唱,至少是在室内演唱。

第二是演唱时间的不同。其他山歌演唱的时间不固定,歌手甚至民众随时随地都可以演唱,当然也有一些演唱是有基本固定时间的,如歌会。这种演唱的"无时间性",既有其长处,也有其致命的弱点。当整个环境处于"良性"的情况下,边干活边唱,边走路边唱,在人们看来是一种"常态"的行为;而当整个环境处于"恶性"的情况下,此举动就成了一种"非常态"的行为,成了"异类",无形之中就会被异样的眼光所"扼杀"。而赞神歌有固定的演唱时间,即在庙会期间演唱。

第三是演唱形式的不同。其他山歌一般均为清唱,没有乐器伴奏。而赞神歌有简单的乐器伴奏,而且有基本固定的仪式:演唱之前有祭神活动,演唱遵循请神、安神、赞神、送神的顺序。

第四是受众不同。其他吴语山歌的受众是普通民众,当然也有歌手自娱自乐、自唱自听的情况,但一般来说只有在有听众的情况下,歌手才会演唱。但赞神歌的主要听众是神不是人。在歌手中间普遍有这种明确的意识:神歌是唱给神听的,所以他们在演唱的时候可以不顾及是否有人听。我们在调查的时候也非常强烈地感受到这一点,尽管有时周围声音嘈杂,根本听不清楚所唱的内容,或者有时周围已经没有一位听众,但四位歌手还是非常认真地演唱着。

这四方面的差异,事实上可以归结为一个问题——信仰。即其他山歌演唱基本不涉及民间信仰,而赞神歌演唱则紧紧与民间信仰结合在一起,信仰给赞神歌提供了生存的条件和支撑的力量,使它有了一个不同于一般吴语山歌的独特生存空间。在这个空间中,赞神歌有滋有味地"活"着。

三、信仰支撑着"赞神歌"的传承

传统口传文学的逐渐消亡,从本质上说是其功能消失所致。这种功能是多层次的，既有精神层面的如教育功能、娱乐功能、协调各种关系的功能等，也有物质层面的如获得直接的经济利益等。如果所有的功能全部丧失，那么它的消亡是不可避免的。时至今日，可以说吴语山歌的功能已经基本丧失，原来激发人们学唱山歌的各种动力（如获得较高的知名度，可以获得更多的劳动报酬，甚至男人容易娶到老婆等）已经不复存在，所以它的濒危并不奇怪。

问题是吴语山歌之一的赞神歌，为什么还在演唱、还在传承？我们可以说是民间信仰活动为赞神歌的生存提供了空间（庙宇）和时间（庙会）条件，但是仅仅如此还不能解释传承的问题。因为赞神歌之所以能够流传至今，关键是传承。而且从实际情况来看，唱赞神歌不仅不能给歌手带来哪怕是微小的经济利益，反而要让他们比别人付出更多的时间和金钱。

就旗伞社成员的情况来看，每年参加的活动主要有以下三种类型：

一是固定的庙会活动，主要有——

庄家圩刘王庙（江苏省苏州市吴江区芦墟镇）：正月初五（按传统的做法为初四晚启动，唱通宵；最近几年均为初四、初五白天进行）；八月廿二（廿一晚上启动，廿二白天演唱）。

上海金泽杨震（老爷）庙：三月廿八、九月初九，均为早晨去，晚上回。或自己摇船去，或雇车前往。

浙江嘉兴莲泗荡刘王庙：清明节（若二月清明则在清明前一天，三月清明则在清明后一天），八月十一至十三（十三为正日）。

浙江湖州石淙太均庙：正月十一，九月十六。

江苏苏州上方山庙会：三月廿八，八月十五。

二是做常规，又称跑台，为社内成员服务。若旗伞社成员家中造房子、有人生病或举行还愿活动等，只要提出需求，其他成员必然答应。时间一般从二月半开始，不超过四月。参加人员不收任何费用，东家招待吃饭，布置供桌及供品。

三是赴堂会。形式同做常规，但不限于成员内部，需收一定的误工费。这种情况很少见。

据沈金生介绍,他们每年用于上述活动的时间至少在一个半月以上。也就是说每年至少有八分之一的时间花费在没有任何经济收入的活动上面,而他们均是家庭中的主要劳动力。不仅要花费时间,而且每次参加庙会活动时还需要一笔对他们来说不小的费用:公共供品、车船等交通费用由参加人员摊派,私人的祭品由每位成员自己购买。一般来说每次至少需要花费 100 元。

从旗伞社的活动情况来看,每次参加的人员变化并不大,以下是随意抽取的四次供献人员名单:

2004 年 10 月 4 日(农历八月廿一,庄家圩刘王庙):

  沈毛头 沈天生 沈根生 沈金生 张寿生 沈根荣 沈长林
  王金才 朱仁富 杨小弟 张小弟 项弟弟 季小四 蒋金才
  姚福安 施正辉 王根寿 朱小弟

2005 年 9 月 25 日(农历八月廿二,庄家圩刘王庙):

  沈毛头 沈天生 张寿生 沈根荣 沈长林 王金才 朱仁福
  杨小弟 张小弟 项弟弟 季小四 蒋金才 姚福安 王根寿
  朱小弟 沈福生 褚正祥

2006 年 2 月 1 日(正月初五,庄家圩刘王庙):

  沈毛头 沈天生 张寿生 沈根荣 沈长林 王金才 朱仁福
  杨小弟 张小弟 项弟弟 季小四 蒋金才 姚福安 王根寿
  朱小弟 沈福生 褚正祥 陈金龙 李大双 朱根荣

2007 年 4 月 15 日(二月廿八,嘉兴莲泗荡刘王庙):

  沈毛头 沈天生 张寿生 沈根荣 沈长林 王金才 朱仁福
  杨小弟 张小弟 项弟弟 季小四 蒋金才 姚福安 王根寿
  朱小弟 沈福生 褚正祥 陈金龙 李大双 朱根荣 杨九弟
  杨金弟

从上述四次供献的人员名单中,我们可以发现每次参加的家庭数均为 20 户左右,其中有 15 户每次均参加,还有 2 户参加了 3 次。

到底是什么力量支撑着他们? 从"旗伞社"成员的行为来看,力量主要来自于一种传统的信仰，一种发自内心的虔诚信仰。它已成为一种内在的驱动，促使社区成员将这一传统延续下去。因此，无论生产多忙，也无论家中有多么重要的事情，每逢庙会活动，他们都会自觉自发地参加。而且每次庙会期间，均要演唱赞神歌。

虽然，在市场化的情境之下，目前赞神歌歌手在传承的问题上也出现了一些担忧和矛盾心理。一方面他们觉得下一代有更重要的事业可做，相对而言赞神歌是无用的（即不可能带来经济效益）；另一方面，他们又觉得这种赞颂神灵的技能是祖辈传下来的，不能消失在自己这一辈的手中，所以有将赞神歌往下传的愿望和要求。总体而言，只要信仰还在延续，赞神歌的传承就不会出现大的问题。我们采访了年轻一代的沈伟忠、沈天林兄弟，他们认为赞神歌是自己祖辈传承下来的，对他们来说在很大程度上不是选择的问题，而是一种习以为常的生活方式，也就是说他们没有选择，在这种环境的熏陶下，耳濡目染，自然而然也就听会了。这也许能代表大多数青年人的想法，就是信仰和传统的力量无形之中会促使他们将赞神歌的传统一代代传承下去！

四、信仰活动中为什么要唱"赞神歌"？

如上所述，是信仰赋予了赞神歌生命力，但是，民间信仰活动可以有多种多样的形式，民众表达对神灵的虔诚也可以有多种多样的形式，如丰盛的供品、三跪九拜、歌舞戏剧娱神等等，为什么唯独在汾湖周边地区这一较为狭小的范围内流行在庙会期间唱赞神歌的习俗，而在吴语地区的其他区域没有这种现象（如上海的浦东、崇明地区就没有）？其原因何在？

首先是与该区域叙事山歌的繁荣有密切关系。诚然，吴语叙事山歌在吴语地区流传的范围甚广，如江苏的无锡、南通、苏州，上海的各个郊县，浙江北部的嘉兴、湖州、余杭等地都发现了中长篇叙事山歌作品。但相对而言，在汾湖周边地区发现的叙事山歌作品最多，如《五姑娘》《赵圣关》《鲍六姐》《打窗棂》等；著名的歌手也最多，如陆阿妹、陆巧英、蒋连生、张阿木等。民俗是一个地区民众的生活方式，它往往体现出整体性的特征,各个民俗事项之间有着千丝万缕的联系和"互通互借",因此,歌手将原本是劳作时或休闲时所唱的叙事歌,用于民间信仰活动中也并不奇怪。

其次,与该区域的传统有关,即在民间信仰活动中通过口头文艺的形式表达对神灵的崇拜。除了赞神歌外,这一带庙会上的宣卷演唱也很常见,至今仍非常活跃。

第三,与信仰者本身的素养恐怕也有一定的关联。如果不会唱山歌,那么也就不可能在庙会期间演唱赞神歌。而正是由于这一带的歌手较多,而他们又往往是在当地具有一定威望的人,成为民间信仰组织的"群众领袖",所以就将叙事歌的形式引入了信仰。如沈氏家族,赞神歌演唱传承了至少八代人,是一个名副其实的山歌家族。久而久之,唱赞神歌就成为了沈氏家族的一份荣耀、一个令人羡慕的品牌。

五、"赞神歌"的启示

从"赞神歌"现象中,我们发现口传文学的生存方式是可以多样化的,寄身于信仰空间无疑是赞神歌的一种生存方式。这种生存方式在过去的几十年时间中遭人误解,但它却奇迹般生存了下来。而探寻它得以"存活"的原因,无疑会给我们今天的口传文学保护工作许多有益的启迪。

第一,口传文学的展演需要一定的"语境空间"。这个"空间"首先是"物理空间",同时也是一种"精神需求空间"。在吴语地区,传统山歌演唱的"物理空间"——田间地头、广阔的水域、晒场桥头仍然同过去一样,但是它们的"精神需求空间"随着历史的变迁消失了,于是山歌演唱也就不复进行。而赞神歌演唱的"庙场"则不同,由于民间信仰的盛行,它的"精神需求空间"仍然存在,也就是说唱赞神歌依然是一种必不可少的需求。所以,赞神歌就传唱到如今。

第二,"复述时间"对于口传文学的传承是一个重要的因素。"复述"是口传文学的生命过程,而"复述"是需要时间来保证的。如果有固定的时间,这种复述就有了基本的保障。传统山歌演唱具备这种"时间"——劳作时、休闲时，特别是歌会时，但后来逐渐消逝了。而庙会活动则为赞神歌的传承提供了"复述"的机会。

第三，"受众"，是传唱与传承的最核心要素。如果没有了受众，口传文学作品就不可能得到传承。山歌的消歇最根本的问题是没有了听众，没有人欣赏，也没有人学唱。但赞神歌的演唱则有一位特殊的受众——神灵，一个默默无闻永远忠实的听众。歌手可以无视周边的受众，周围的人认真听也好，不听也好，完全随意，没有人会指责。我们在调查中数次发现，歌手在认真地唱，但边上的人却在打牌、赌钱，而交谈、吃瓜子等则是常态。甚至周围已经没有听众了，但歌手还会一丝不苟、按部就班地唱，丝毫不受影响。因为他是向神灵倾述，神灵是肯定在认真听的。

第四，上述语境空间、复述时间、受众三要素的确是口头文学生存的必要保证，但均是"外在"的。其实仅仅具备这些外在的条件还是不够的，还需要一种"内在"的需求——一种隐匿于心的力量。就赞神歌而言，这种力量就来自于信仰，因对神灵的虔诚信仰而激发的情感。处于同一生态环境、人文环境的吴语山歌与赞神歌，呈现出不同的命运，表明信仰是支撑口传文学传承的一种强大的内在力量。在保护口传文学传承的过程中，若能将其"引入"民俗、信仰的场域，无疑会成为口传文学保护的有效途径之一。当然，我们不可能要求每一种口传文学门类都与信仰相结合，这既不实际也没有必要。但是，在心理层面恢复一种"文化的自豪感"，克服"文化自鄙"心理，对口传文学的传承和保护是极为重要的。非物质文化遗产的延续需要外在仪式与内在心灵的共同支撑。

（本文原刊于《山东社会科学》2012 年第 9 期）

第三编

信仰类非遗的保护问题

"精华"与"糟粕"的迷思

——信仰类非遗保护亟待解决的问题

在中国非物质文化遗产代表性项目名录中，与信仰相关的项目基本归属于民俗类。在已公布的第一批至第四批国家级项目中，大致可分为以下几个类型：一是祭典类，如黄帝陵祭典、炎帝陵祭典、祭孔大典、妈祖祭典、太昊伏羲祭典、女娲祭典、大禹祭典等；二是庙会类，如北山庙会、张山寨七七会、方岩庙会、九华山庙会、西山万寿宫庙会、汉阳归元庙会、当阳关陵庙会、蒲县朝山会、泰伯庙会、苏州轧神仙庙会、金村庙会、浚县正月古庙会、宝顶架香庙会、丰都庙会；三是民间信俗类，如闽台送王船、清水祖师信俗、波罗诞、悦城龙母诞、长洲太平清醮、潮神祭祀、三平祖师信俗、东镇沂山祭仪、贵屿双忠信俗、冼夫人信俗、钦州跳岭头、康定转山会、梅里神山祭祀、女子太阳山祭祀、屯堡抬亭子、迎城隍、岷县青苗会、同心莲花山青苗水会、黄大仙信俗、澳门哪吒信俗等；四是祭祖习俗，如沁水柳氏清明祭祖、太公祭、石壁客家祭祖习俗、灯杆彩凤习俗、下沙祭祖、徽州祠祭、诸葛后裔祭祖、凉山彝族尼木措毕祭祀、徐村司马迁祭祀等；五是少数民族的信仰节日和祭祀活动，如祭敖包、那达慕、瑶族盘王节、壮族蚂㧐节、苗族鼓藏节、白族绕三灵等。信仰类民俗活动，之前往往会被当成"封建迷信"加以批判，非物质文化遗产保护工作的开展，使得这些活动的价值获得比较公正的认识，得到"正名"。这些年来，这些项目得到了比较好的恢复和保护。但综观信仰类非物质文化遗产的保护传承工作，"精华"与"糟粕"的二元对立思维像紧箍咒一样束缚了我们的手脚，影响着申报与保护工作，亟待我们在认识上有所提高。

一、"精华""糟粕"二元对立思维给非遗申报带来的困惑

"取其精华,去其糟粕",是我们长期以来对待传统文化的态度,此话从理论上说是正确的,涉及对传统的继承与扬弃问题。时代在进步,产生于过去的传统文化,总有一些是不符合新时代要求的。但落实到实践操作层面,就会带来很大的困惑:什么是精华,什么是糟粕? 精华的标准是什么,糟粕的标准又是什么? 仁者见仁,智者见智,往往很难判断! 而且,就某一具体的文化事象来说,它是一个完整的整体,其中极有可能既包含精华又内含糟粕,难以切分。就信仰类非遗来说,这种区分尤为艰难。如上所述,信仰类非遗大多属于民俗信仰方面的内容,而 1949 年后这类民俗往往归入"四旧""封建迷信"的范畴,是被当作批判和破除对象的,当然属于糟粕的范畴。尽管,经过非遗的"正名"乃至于技术性地改名为"信俗",人们的认识已经有了很大的改观,但部分文化管理部门的领导、普通民众的观念中,把这类活动归入封建迷信的观点仍然根深蒂固。我们在田野调查的时候经常会遇到这样的"困惑",或是采访对象因观念上把这类非遗归入"封建迷信"而拒绝采访,或是"心有余悸"而不肯详述仪式过程。

就信仰类非遗的申报来说,因为顾忌"糟粕"的问题,许多项目被拒之门外,相比丰富的蕴藏量来说,入选非遗的项目偏少,许多有影响的项目未能列入。如上海市青浦区金泽镇的金泽庙会之前一直未被列为非遗项目,经过青浦区非遗分中心和复旦大学师生的不懈努力,组织人员进行实地调查,为当地撰写申请报告书,才在 2017 年列入青浦区非遗名录、进而成为上海市非遗项目。要知道,一直以来金泽庙会在江苏、浙江、上海交界区域影响巨大,而且是上海地区至今为止唯一由民众自发形成、传承最好、影响最大的民间庙会。金泽庙会所在的金泽镇位于青浦区西面,是江南著名的古镇之一。境内湖泊星罗棋布,河港纵横交错,不仅古桥分布密集,被誉为"江南第一桥乡",而且旧时寺庙众多,有颐浩寺、东林寺、东岳庙、杨震庙、城隍庙、周公庙等等。据 1897年版的《金溪志》记载:在金泽历史上有 42 庙,最早建于东晋,大多建于

宋、元、明、清。其规模之大，数量之多，为江南地区所罕见，素有"一桥一庙"之说。金泽庙会主要由每年农历三月二十八的"廿八汛"和九月初九的"重阳汛"两大香汛组成。

"廿八汛"源于东岳大帝的诞辰祭祀（东岳庙始建于元代，是金泽镇最大的道观），"重阳汛"源于杨震的诞辰祭祀（杨震庙建在东岳庙内，始建年代不详。杨震民间俗称杨老爷，是东汉时期的清官，陕西人，生前为官勤勉、清正廉明、反贪反贿）。两个香汛的开始年代，尚无法确定。但据一些方志等地方史料记载，明清时期两大香汛就已远近闻名。香汛期间，进香船只停满大小河道，各庙香火旺盛，除了信众的祭拜和神灵出游等信仰活动外，演戏、宣卷、唱神歌、打莲湘、舞龙、舞狮等各种民间娱乐活动汇集，各地来赶庙会的小商小贩，遍及大街小巷，形成了集信仰、娱乐、商贸于一体的盛大民俗庙会。每个"香汛"持续 10 天左右，进香的香客加上游客，每天达 3 万余人。香客来自方圆五百里内的江、浙、沪周边地区。庙会的影响以金泽镇为中心，辐射到南京、苏州（吴江、昆山）、嘉兴（平湖、乍浦、嘉善、海盐）、湖州，以及上海的奉贤、松江、浦东、嘉定等十多个地区。无论是从其悠久的历史，还是其对当地乃至周边地区影响力，抑或其价值来看，金泽庙会都够得上非遗的标准，但之前由于某些领导怕被扣上宣传"封建迷信"的帽子而未组织有效的申报，金泽庙会迟迟未能成为非遗项目。

也是因为这种"精华"与"糟粕"二元对立思维，出现了信仰类非遗项目的碎片化申报的情况，仅仅是截取项目中被认为是"精华"的部分进行申报。如 2016 年入选第五批浙江省非物质文化遗产代表性项目的"汤溪城隍庙摆胜"，其实只是庙会中的一个组成部分，只是祭祀时供奉供品的民俗。农历四月十六汤溪城隍庙庙会，由纪念明成化年间汤溪首任县令宋约的诞辰演变而来。宋约因为官清廉，造福一方，去世后被当地民众奉为城隍爷，四月十六举行盛大的庙会，一直延续至今（1949 年后一度改称为"交流会"）。为了体现对城隍爷的尊崇和虔诚，当地民众常常把自己家中最好的东西供奉给神灵，开始是菜肴，而后是珍宝，久而久之形成了"摆胜"的习俗（除了虔诚之心外，还略带有显摆争胜的意味）。凡是农家有的五谷、飞禽、牲畜、珍宝等供品,都要摆到城隍老爷面前展示,酬谢城隍爷保佑一方风调雨顺、五谷丰登、安居乐业。因为"摆胜"的排场盛大,每年庙会期间都举行有些力不从心,后来改为凡逢鼠年、龙年和猴年的四月十六举行。尽管"摆胜"很有特色,但它也只是庙会的有机组成部分之一。据清代乾隆《汤溪县志》卷四"典礼志·祀典三城隍庙"条记载:"每见汤地之民,谋以四月既望日为神诞辰,先罗珍异于庭,至期迎神周巡四关,主者纠群沿途设奠。昼则演戏欢呶,夜则峥嵘鳌彩,箫鼓之声腾于郊遂,逾旬不绝。至四方贸易之徒,亦且骈肩接踵,受廛取利。"民国《汤溪县志》卷三"民族·风俗"也记载:"（四月）十六日为城隍神诞,在城居民,分班联会,轮年值事。届期,庙中悬灯结彩,设供演剧,务极华美。又盛陈仪卫,舁神像出游街坊,谓之出巡。城外农民插秧甫毕,争先入城游览,骈肩错趾,填塞通衢,商肆利市三倍。此为邑中赛会之最。"由此可见,汤溪城隍庙会至少有摆胜列供、庄严祭祀、神灵出巡、演剧娱神、商贸交易等活动,"摆胜"只是一个环节而已,原本是祭祀时供奉供品的酬神活动,但在申报非遗的过程中,有意淡化了其与神灵的关联,仅仅作为一项民俗活动来申报。把信仰活动中一部分抽离出来单独申报,类似的情况相当普遍。如永康方岩胡公庙会是浙江中部地区最大的民间庙会,每年八月十三庙会期间,有大量的朝山进香队伍,表演"十八蝴蝶""十八狐狸"等娱神项目,而这些都被单独申报为传统舞蹈项目。又如上海道教音乐原本只是正一派道士做法事过程中所演奏的音乐,却被单独列为非遗项目。这种碎片化申报,导致的后果是原本一项完整的非遗项目被人为地割裂,最严重的问题是在现实生活中并不存在这种非遗项目的单独展现。

二、"精华""糟粕"二元对立思维给非遗传承带来的困难

由于"精华"与"糟粕"二元对立思维的影响,在信仰类非遗项目的传承、展示过程中也出现了这样那样的问题,典型表现为:

一是核心内容保护不力。信仰类非遗项目的特点是综合性。每个项目都有丰富的内容,大致包括信仰场所（神庙、宗祠、某一特定场地

等）、祭祀仪式、娱神娱人活动、相关的传说等。这些部分构成了完整的项目内容。其中，信仰是最核心部分，但由于受"糟粕"观念的影响，非遗项目往往会突出娱乐部分的内容，而忽视核心内容的保护。如上海市青浦区的"摇快船""船拳"都是上海市游艺竞技类非遗项目，而当我们追寻其产生的根源、追寻其原来展示的场景时，便会发现原来它们只是在民间庙会时举行的娱神活动。因为青浦地区水网密布，出行极为不便，旧时人们的生活、生产都离不开船，到神庙烧香参加庙会也要摇船，嘉兴王江泾刘王庙的庙会"网船会"就是由此而来，庙会期间往往有数千艘船只停靠在庙门口。青浦朱家角的三官堂庙会也是如此。"泥河滩三官堂在淀滨昆山县境。七月二十七日神诞，泖南一带乡民岁往烧香。先二日道经我邑小西门外停泊，舟楫相衔迤逦里许。待香市散回经珠街阁有彩船数十艘，金鼓阗沸、拨桨如飞，名曰：摇快船。有少年在船头演弄刀棒者谓之打船拳。"从《青浦县续志》的这段记载中可以看出，摇快船、打船拳应是人们参加庙会期间进行的。所谓"船拳"是指在船上表演拳术，开始可能只是表演各种武术动作，后来逐渐形成了较为固定的套路。青浦西部地区有习武的传统，据老人们回忆，以前的摇快船上有师傅打船拳，近放生桥终点时，向桥上飞出钢叉，当船穿过桥洞的时候，钢叉也飞过放生桥面，船拳师傅会腾起接住下落的钢叉。那时，几乎所有的人都会聚集在放生桥和漕港河两岸观看这场惊心动魄的表演。《朱家角镇志》中还记载了张家埭老拳师盛宏德的曾祖父曾经会"飞叉过桥"的绝技①。

　　据1996年上海地方志办公室编《上海体育志》记载：建国前，青浦摇快船的汛期有南旺四家港农历七月十二、石神庙七月十五、朱家角七月廿七和金泽的九月重阳节汛。其中以朱家角的七月廿七汛最盛，来自周边地区的四五十艘快船云集漕港河上大显身手。抗战前，连年举行，抗战期间及抗战胜利后，也曾举办数次。

　　由此可知，摇快船所依托的是庙会活动，主要目的是在庙会活动中

① 《朱家角镇志》，上海辞书出版社，2006，第188页。

争取赐福机会(江南民间有烧头香多得福的说法)与争夺集体荣誉。因此,可以说,没有庙会就不可能出现摇快船活动。这从摇快船的衰微过程中可见一斑。由于 1949 年后的"破四旧",庙宇相继拆除,庙会活动因被视为"封建迷信"而取缔了;因此原先较为普遍的摇快船活动随之就基本停止了。由于现在这些庙宇、庙会活动已不复存在,缺乏了民众"自发性"参与的积极性,也给保护工作带来了困难,虽然朱家角旅游公司、朱家角文体中心为摇快船、船拳项目的保护和传承做了大量的工作,但效果并不理想。原因就在于这些项目本身是依附于庙会活动的,其核心是民间信仰,皮之不存,毛将焉附。

即使是那些我们现在认为的娱乐性内容,如上述的摇快船、船拳等,又如传统戏剧中的许多地方戏剧,其实最初的目的往往是娱神的。如祭祖时在宗祠中演戏是给祖先看的,神诞时在庙宇中演戏是给神灵看的。把"信仰"视为"糟粕",抽离信仰的因素,这些项目的传承就会出现问题。如越剧原称小歌班、的笃班,是在社日、庙会以及传统节日演出的小戏,与民俗信仰活动紧密相连。后来进入上海后就逐渐成了舞台艺术。但由于脱离了民间信仰,尽管上海越剧团是全国最好的越剧团之一,但该剧团的演出维持仍需要上海市政府每年投入巨资,否则就难以为继。而在浙江台州、嵊州、温岭等地的民间越剧团却不需要国家一分钱的投入,好的剧团演出都来不及,请戏需要提前预约。原因在于这些民间剧团多为当地大大小小的"本保庙"所请,在神诞日演出神诞戏。当然,不可否认,在长期发展的娱神过程中,娱人的成分不断增加,起到了娱神娱人的双重作用。但无论如何,从最初的缘起而言,"信仰"的因素起到了关键性的作用,如果把信仰的因素去除,它就很难传承下去。

二是核心内容与仪式的"二层皮"现象。如前所述,信仰类非遗项目往往是一个整体,其中既包含精华的部分也含有糟粕的成分。对神灵的祭拜信仰是核心内容,但通常又被认为是典型的"糟粕",如果在非遗保护、传承过程中,把这部分排除在外,只留下仪式等民俗活动,这样的传承就是不完整的,也不利于传承,因为信仰是保证该项目能够代代相传的"内生动力",也是让人们知道该项目为什么要传承下去的原因。

由于"精华""糟粕"观念的束缚,在非遗的保护过程中,常常把前者放大呈现、把后者淡化甚至扬弃。例如大家都熟知的北方地区的社火活动,现在每年的元宵节前后一段时间,社火在大街小巷、社区广场展演,各类化妆演剧、踩高跷、舞蹈动作等等,精彩纷呈,琳琅满目,娱乐性极强。但细问一下,这些"演员"是自愿自发的吗?绝大部分是社区、乡镇政府部门组织的。社火原来是北方地区城镇乡村中春节期间极为平凡的民俗活动,自发性很强,人人都积极参与。为什么在今天需要组织了呢?原来,现在展演的只是社火的形式,而"核心"的信仰部分被遮蔽淡化了。原先"闹社火"并不仅仅是为了热闹和欢快,而是一种祈愿和祝福,通过这种"闹"的形式祈祷新年风调雨顺、五谷丰登。每次"闹社火"队伍出发之前,要在社首家中举行祭祀的仪式(通常在黎明天亮前),使得参加社火表演的人员产生一种神圣感,这也保证了参加"闹社火"人员发自内心的"驱动力",所有传统的"闹社火"完全是民众自发的行为。因为核心内容(信仰)的缺失,人们自觉传承的积极性自然就逐渐消减了。

事实上,大部分信仰类非遗项目并不适合表演。因为信仰活动是在特定的时空中进行的,不是任何时间、任何场所都可以进行的。例如至今流传于江西、安徽、贵州等地的驱傩民俗,在先秦著作中就有记载。在年底或年初时,头戴面具的傩公傩婆率领众挨家挨户举行驱邪赶鬼活动,平时并不进行;头戴面具的傩公傩婆,动作简单而缓慢,但每个动作都具有象征意义,在那种氛围下深受民众的喜爱。但现在有些地方为了宣传非遗,把驱傩活动搬到舞台上经常表演,抽离了信仰,脱离了特定的语境,可想而知,这样的傩舞也必然是没有受众的。又如宗族祭祖,通常每年只在春节或清明、冬至时祭祀一次或者二三次,如果天天表演就违背了常理。同理,"神灵出巡"只在庙会时举行,在对神灵具有虔诚之心的人心目中,相信通过出巡仪式,神灵就可以保佑境内民众身体健康、社区安宁、五谷丰登等。如果把"神灵出巡"当作表演的项目,每天演出,那么就丝毫没有了信仰的元素。参加演出者也不可能有敬畏之心,起不到传承的目的。

三是不敢大力宣传，有意遮蔽信仰的内容，甚至有的地方主管部门不愿或者不敢参加相关的活动。非遗项目的展现需要整体性，而其中不可避免地包涵着传统观念中所认为的"糟粕"部分。参加该项目就代表了参加者的立场和态度，生怕被扣上宣扬"封建迷信"的帽子。因此，许多当地政府明知这些信仰类非遗项目具有历史价值、文化价值乃至创新开发价值，但不敢把它作为保护、开发利用的重点，例如庙会。即使开发利用，也是丢弃西瓜（信仰部分）捡起芝麻（带有娱乐性质的活动）。主管部门花费很大的人力、物力、财力，但民众自发的参与度不高。如果不能改变这种"精华""糟粕"二元对立思维方式的话，势必会给信仰类非遗的保护和传承工作带来一定的负面影响。

三、助长了"保护主体"越俎代庖现象

在联合国教科文组织颁布的《保护非物质文化遗产公约》和《保护非物质文化遗产伦理原则》中都强调区分传承主体和保护主体的问题。所谓传承主体是指那些直接参与了非物质文化遗产的传承工作，并愿意将自己所知道的相关知识与技能传授给后人的某些自然人或群体；而保护主体则是指那些处于传承圈之外，虽与传承无关，但却对非物质文化遗产传承起着重要推动作用的外部力量。包括各级政府、学界、商界以及新闻媒体等。在非遗保护工作开展初期往往存在这样的情况：非遗的传承主体虽然是非遗的创造者和承载者，但往往缺乏保护的意识和对非遗项目重要性的认识。他们的保护意识和自觉需要通过保护主体来唤醒，需要通过一定的外力来推动、落实。但是保护主体毕竟是外围的，不能替代传承主体的所有工作。而在"精华""糟粕"对立思维的影响下，事实上，在我国信仰类非遗的保护传承过程中，往往会出现保护主体越俎代庖的现象，这实际上不利于信仰类非遗的传承。

首先是传承主体的缺席或者边缘化。例如元宵节的社火，按理应该由各村、街道负责社火的社首们自行组织、安排，但现在事实上都是由政府行政下文决定的，每村每街道出几支队伍、穿什么服装、表演什么节目、哪些项目不能搞都有严格规定。由保护主体包办一切，社首的

自主权基本消失殆尽。

其次是保护主体的过度干预,导致信仰类非遗项目的"格式化"。保护主体(主要是政府管理部门)出于对"美感"和"安全"的需要,往往会请一些文化人士对非遗项目进行规范乃至改造,使得本来各具特色的非遗项目千篇一律、整齐划一。如"神灵出巡"、社火、祭奠仪式、舞龙舞狮等,在某一区域内经常是一个模式的。非遗保护的目的是保护文化的多元性,非遗的最大特点是独特性、个性化,整齐划一、格式化都不符合非遗保护的原则。

第三是传承空间被限制。由于保护主体担心"糟粕"被传承主体传承,造成"负面"影响,所以对信仰类非遗项目往往不敢"弘扬",显得小心谨慎,甚至是"设防"。例如庙会活动,从实际情况看,大多数的民俗庙会是在民间庙宇的基础上发展起来的。而民间庙宇往往不属于制度化宗教,没有专业的神职人员经营管理,通常都是由当地民众自发修建的。限于物力、财力,这些庙宇往往占地面积比较狭小。尤其是很多庙宇在解放后被拆除,庙基移作它用,20世纪80年代后才匆匆复建。如江苏芦墟庄家圩的刘王庙,据调查,1979年刚恢复信仰活动时,渔民们是在船上悄悄进行的,他们请人塑了刘王老爷像,放在渔船上。后来由当地沈氏家族成员集资在现庙址搭起简易的草棚供奉神像,1986年才修建现在的庙宇正殿,尔后又修建了厢房和前殿。但正殿的面积只有三四十平方米,东西厢房分别只有十平方米左右,前殿实际上只有一个大门,外加中间一个天井。吴江市横扇镇轮牛村照家港刘王庙的占地面积更小,只有两间低矮的平房,每间十平方米左右,路东面的一间供奉老刘王及大小刘王等四位刘王的神像,西面一间专供村民烧香点烛。原庙在"文革"期间被拆除,直到1998年,才由村民自愿出资修建了现庙。民俗庙会往往围绕信仰而展演丰富多样的民俗文艺活动。这些展演既娱神又娱人,是庙会重要的组成部分,也是最具文化价值的部分。因此,除了烧香、祭拜等信仰仪式外,庙会期间民俗文艺的展演也是重要的组成部分。但民俗文艺展演往往需要较为宽敞的空间。从上述两个刘王庙的情况来看,每到庙会期间都是拥挤不堪。参与表演的团队或是见缝插针,匆匆表演;或是排队等候,你方唱罢我登场,无法充分地展演。如笔者 2004 年 10 月 4 日在芦墟庄家圩刘王庙调查时就遇到过这样的情形:在大殿的右侧是宣卷班子演唱,大殿正中一班神歌班,在天井里是另一神歌班演唱,左右厢房又分别是两个神歌班的演唱,还有几个宣卷班、神歌班在庙外湖面的船上演唱,舞龙、舞狮、挑花担、打莲湘则只能在庙外的广场上进行。在如此狭小的空间里,有这么多表演的队伍,势必会相互干扰。期间神歌班歌手就与宣卷班艺人产生了纠纷。因为宣卷演唱有扩音设备,声音很响,影响了神歌歌手的演唱。结果宣卷演唱只好匆匆结束。而两个神歌班因为演唱的内容、形式基本相似,也只能前一班子结束后,后一班子才开始演唱。因此,空间的狭小在一定程度上制约了民间庙会期间各种民俗文艺的充分展示,也不利于传承。而当地政府主管部门似乎对这种现状熟视无睹,没有改善条件的相关举措。

城镇化的浪潮正在席卷中华大地,也对信仰类非遗的保护和传承提出了挑战。如前所述,此类非遗的展示需要一定的空间,而城镇化的一大趋势是大量乡村的消失。例如,2010 年左右我们对江苏吴江县的宣卷传承持非常乐观的态度,因为那时各宣卷队的演出非常频繁,收入可观,不断有新人加入学习宣卷的队伍。但 2018 年我们再次去吴江(已改为苏州市吴江区)调查的时候,情况已发生了很大变化,即使是最有名的宣卷队,演出场次也比以前少了一半。因为收入减少,不少宣卷队的骨干(主要是男性)不得不转行,原本自然传承情况良好的吴江宣卷也出现了岌岌可危的情况。细究原因,是城镇化导致演出空间的萎缩。在吴江,宣卷与民间信仰活动联系紧密,大凡家里有人生病、做寿,工厂、公司开业,神诞庙会,都会邀请宣卷队来家里或庙宇演出,吴江宣卷按照请神、娱神、送神的仪式程序进行。演出时,除了在家中置放神龛外,还需要有一定的空间让家人、亲戚、邻居听宣卷。在城镇化实施前,吴江农村一般是独门独院的,往往有一个比较宽敞的院落,临时搭一个遮风挡雨的博倒厅(当地说法,是一个简易的遮雨棚),供宣卷艺人演唱和听众坐。大门一关,对周围的住户影响也不大。但实施城镇化后，目前吴江区基本上已没有农村聚落，农民都住进了新式楼房，这给宣卷演出带来了极大的问题：家中面积有限，地方狭小，宣卷无法演出；放在小区绿化带等公共空间演出，影响到其他居民，经常被投诉。有时实在没有办法，只好放在自家地下室演出。对于这种现状，宣卷艺人多次向当地文化主管部门反应，但因城镇化是大趋势，政府部门也无计可施。一般来说，保护主体（地方文化主管部门）不宜过多介入信仰类非遗项目的组织和内容安排等，具体事务可由民间组织承担。但在场地规划、安全保障等方面，民间的力量（传承主体）是无法解决的。这就需要各级政府主管部门承担责任，积极支持和合理规划。吴江宣卷目前传承中遇到的窘境，只能依靠当地政府相关部门才能得到有效的解决。

综上所述，信仰类非遗由于与民间信仰紧密相联，内核包涵了数千年中华民众的精神追求，也包含了一些与当下核心价值观不相符的东西，故与其他类非遗相比有其特殊性。"精华"与"糟粕"的二元对立思维是我们长期养成的思维方式，在培育优秀传统文化与核心价值方面曾经起到过重要的作用。但这种思维方式如果用于信仰类非遗的保护，则会带来一系列实际问题。因此在信仰类非遗的保护传承过程中，需要坚持整体保护的原则，破除这种二元对立的思维，不能以"精华""糟粕"为评判的标准，而要以该非遗本身的价值以及对当地民众的影响为评判标准。

（本文原刊于深圳南方科技大学《遗产》集刊第 2 期）

植入型神灵信仰的属地化问题

——以上海地区妈祖信仰的盛衰为例

一个区域的神灵信仰大致可分为两种情况：一是在本地的文化土壤上滋生、发展起来的；二是由异地移植而来的。前者是根据当地民众的信仰需要，经过文化的选择后而形成的，已经成为当地文化的有机组成部分，因此往往显示出顽强的生命力；后者是在异文化的土壤上滋生，因此传入之后如果属地化的程度不高，往往会因水土不服，特别是当外部环境发生变化时而衰微乃至消歇。本文以上海地区妈祖信仰的盛衰为例，尝试对此现象做初步的探讨。

一、上海地区的妈祖信仰

天后宫在上海最早出现的年代目前尚无定论。明正德七年《松江府志》卷十五《坛庙·上海县》记载："顺济庙，即圣妃宫。在县治东北黄浦上，宋咸淳中重建……《庙记》：莆有神，故号顺济。瓯粤舶贾，风涛之祷辄应。至元十八年，诏海外诸藩宣慰使、福建道市舶提举蒲师文册命为护国明著天妃。松江郡之上洋为祠，岁久且圮，宋咸淳中三山陈侯珩提举华亭市舶，议徙新之……始于辛未，毕于庚寅……"从这条记载来看，宋咸淳七年（1271）之前，上海已建有妈祖庙，但庙宇的名称和始建的年份不能断定。而陈珩提议重建的顺济庙，历时二十年，于元至元二十七年（1290）建成，应该没有疑问。陈珩是福建人，在华亭掌管市舶（航运和外贸），需要妈祖的护佑，因此才会提议重修妈祖庙。据元至元二十七年宋渤所作的《庙记》载："国家大一统，舟车通四海，蛮越之邦，南金、大贝、贡赋之漕，率由海道入京师，舶使计吏，舶舻附丽，鱼贯而至，皆恃以不恐，繄神之力也。"由于元代所有的军需民食"无不仰给于江南"，而当时的主要运输通道是海运，由于海道风涛险恶，船舶设备简陋，无法掌握气象变化规律，因此妈祖神的护佑，成为了漕粮海运官员和水手的精神依托。上海港在元初是漕粮北运的港口之一，朝廷在漕粮起运前会遣使到上海天妃宫致祭，元代文人成廷珪《题上海天妃宫》中写到："昔年漕运开洋日，御赐香来动杳冥。真籙九朝连昼夜，斋厨一月断荤腥。祠光赤现天妃火，云气黄占使者星。沉璧丽牲严祀典，至今神肃在宫庭。"御赐沉香，斋戒一个月，可见祭祀的隆重程度。

至明代，上述妈祖庙屡遭兵灾，多次重建。如嘉靖《上海县志》卷三《祠祀·土人私祠》记载："顺济庙，即圣妃宫，在县东北黄浦上……正德十年毁，今庙宇草创，碑扁犹存。"据嘉庆《上海县志》记载，嘉靖三十二年，为了抵御倭寇，上海筑城墙时，占用了张鹗翼的私地，官府将已废弃的顺济庙地基补给张，几年后张将地归还，由道士钱韫贞募捐钱款重建了天后宫。除此之外，据明代方志记载，在上海地区已经出现了多所天妃宫，如正德《金山卫志》下卷二《祠祀·庙貌》记载金山地区 5 座；嘉庆《松江府志》卷十八《建置志·坛庙·南汇县》记载南汇 1 座；光绪《宝山县志》卷二《营建志·坛庙》记嘉靖末总镇郭成把等人置田四十亩建天后宫；清乾隆年间许惟枚辑《瀛海掌录》记载崇明西关外津桥天后宫，由明代张令（世臣）始建。可见，明代时妈祖庙已在上海各县（特别是沿海地区）多有建造。

上海的妈祖信仰至清代发展到顶峰，一方面是庙宇大量建造，据统计妈祖庙达 23 座，另有 13 个会馆公所内供奉妈祖；另一方面是香火兴旺。其原因：

第一是漕运的缘故，清道光五年，清政府在上海设立海运总局。次年，试行漕粮海运，从上海黄浦江出发到达直沽港，由江苏巡抚陶澍负责。据清道光《天后圣母圣迹图志全集》记，陶澍在开洋前到天后宫用"刚鬣柔毛之礼"进行祭祀，祈求妈祖保佑风平浪静、海运顺利。当漕船顺利抵达天津后，陶澍又再次到天后宫致祭，既答谢"灵祇之佑"，又"伏祈：虬驾重临，鸡翘再涖"，希望船队返航时继续得到妈祖的庇佑。陶澍还呈上一道《为海运完竣请赐加天后封号匾额事奏折》，极陈妈祖默佑海运之功，请求皇帝敕加封号和匾额。道光帝从礼部议定的几个封号中朱批圈出"安澜利运"四字作为妈祖的封号,并且御赐大藏香十柱交由陶澍遣员到上海天后宫祀谢。[①] 陶澍将"安澜利运"四字缮入上海天后神牌,并着上海道署松江府知府李景峄赴上海天后宫致祭。[②] 随着清代首次漕粮海运的成功,海运方式逐渐常态化,上海天后宫位于漕船始发处,此后因为保佑海上漕运平安而迭受加封。朝廷的加封和赐匾,提高了妈祖的威信,也扩大了天后宫的影响。

第二是随着上海经济的繁荣,各地商人趋之若鹜。客居异地的商人,面对林立的行帮竞争和激烈的市场角逐以及各种强权势力的排挤,为了保护自身的利益,以地缘关系为纽带、联结乡谊、维护商家利益的同乡会馆应运而生。而在同乡会馆中,往往会将家乡信奉的神灵作为精神纽带,供奉于会馆中。从史料记载看,在会馆中供奉妈祖的主要是闽粤会馆,如泉漳会馆、兴安公所、建汀会馆、三山会馆、潮州会馆、潮惠会馆、揭普丰会馆等。在会馆公所中供奉妈祖的目的是祈求妈祖保护航运安全、生意兴隆。如道光《泉漳会馆兴修碑记》载:"会馆者,集邑人而立公所也。会馆而有庙,有庙而春秋祭祀,遵行典礼者,盖生逢国家升平之日,设关招商,遐迩毕至。吾邑人旅寄异地,而居市贸易,帆海生涯,皆仰赖天后遵神显庇,俾使时时往来利益,舟顺而人安也。"[③]此外,他们还"借祭余以联乡情",[④]增强同乡或同业人员间的凝聚力。

除了闽粤会馆公所外,商船会馆、木商会馆、靛业公所、山西汇业公所、敬业堂西于公所也供奉妈祖。商船会馆由沙船业者创建,这些人终日以海为家,"往来闽、广、鲁、直一带,载南货而北,又载北货而南,辗转之间获利倍蓰"[⑤],妈祖就是他们的行业保护神。据光绪《商船会馆各号商捐助祭器碑》载:"沪邑南郭,有商船会馆,崇祀天上圣母历有年矣。

---

① 中国第一历史档案馆等《清代妈祖档案史料汇编》,中国档案出版社,2003,第229-230页。

② 同上,第231-233页。

③ 《兴修泉漳会馆碑》,载上海博物馆图书资料室编《上海碑刻资料选辑》,上海人民出版社,1980,第235页。

④ 《创修建汀会馆始末碑》,载上海博物馆图书资料室编《上海碑刻资料选辑》,上海人民出版社,1980,第275-276页。

⑤ 陈伯熙:《上海轶事大观》,上海书店出版社,2000,第309页。

惟神灵应夙著,泽被海陬,昭昭在人耳目,无俟赘陈。而各号商之虔助冠袍、围幔、祭器等,靡不毕备。"①咸丰年间上海天后宫毁坏之后,商船会馆甚至成为官府春秋祭祀妈祖的场所。

上海天后宫曾经是沪上香火最旺的三大庙宇之一(另外两座庙分别为南京路的保安司徒庙、城内的城隍庙),"规模宏大,香火极盛,可称全沪之冠"②。"每逢朔望及圣母诞日,一班善男信女诚惶诚恐地前往拈香,肩摩毂击,户限为穿。"③余槐青《上海竹枝词·天后宫　司徒庙》中写到:"天后宫前人似鲫,司徒庙里气如虹。西装年少摩登女,也在香烟拜跪中。"④

但是到了民国以后,随着社会环境的剧烈变化,上海的妈祖信仰在几十年的时间里迅速崩塌,庙宇残破,香火凋零。20 世纪 80 年代后,随着思想解放,民间信仰纷纷呈现复兴的态势,妈祖信仰也在各地迅速恢复。但上海的妈祖信仰几乎没有恢复的迹象。目前,上海唯一的天妃宫(妈祖庙)坐落于松江区方塔公园内。1980 年因市政建设的需要,将位于苏州河河南路桥北堍的天后宫异地保护移建于此,很长时间里是一座空殿。2001 年后松江区政府拨款进行了整修,成立了上海天妃宫董事会,负责管理。虽然这些年来董事会做了大量工作,如用整棵香樟木雕刻高达 3.6 米的妈祖神像,2002 年 9 月从莆田湄洲祖庙分灵,举行开光仪式;与福建、台湾的著名妈祖庙建立联系,如大殿里就陈列有各地妈祖庙赠送的神像:一尊台湾大甲镇澜宫的妈祖,两尊北港朝天宫的黑面妈祖、一尊湄洲祖庙的红面妈祖、一尊湄洲金面妈祖等。但从实际情况看,香客寥寥。除了附近居民外,几乎很少有人知道。此外,在一些道教宫观如崇福道院、钦赐仰殿、上海城隍庙、白云观的偏殿中供奉妈祖,但很少有专门的信众。

为什么会出现这种现象,这是一个值得探讨的问题。

---

① 《商船会馆各号商捐助祭器碑》,载上海博物馆图书资料室编《上海碑刻资料选辑》,上海人民出版社,1980,第 201 页。
② 《上海社会局关于天后宫注册登记等文件》,上海档案馆,Q6-10-180。
③ 郁慕侠:《上海鳞爪》,上海沪报馆,1933,第 67 页。
④ 顾炳权:《上海洋场竹枝词》,上海书店出版社,1996,第 261 页。

二、培植信众:植入型神灵信仰能否持续的关键

信众是决定神灵信仰能否存在的主要元素,信众多则香火旺、庙宇兴,信众少则香火衰、庙宇败。

从历史的情况看,上海地区的妈祖信仰主要是由福建人传入的。据学者研究,"闽商在上海的踪迹,可追溯到宋代以前"①。直到上海开埠前后,福建人在上海都是一个较为庞大的移民群体,主要分为两类:一是社会身份较低的船工和水手,"大部分在运送食糖的民船或其他海船上服役"②;二是商人,主要聚集在旧时上海的商贸中心洋行街一带。"上海是闽商北洋和南洋航线上的重要据点,闽商是航商兼营的商帮。"③乾嘉年间《上洋竹枝词》里形容说"洋行街上持筹者,多学泉漳鸠舌声"④,反映了当时上海闽商的盛况。王韬也描述说:"黄浦之利,商贾主之。每岁番舶云集,闽、粤之人居多。"⑤妈祖信仰发端于福建湄洲岛,妈祖是福建影响最大的神灵之一,因此福建人所到之处,妈祖信仰均会被带到当地。上海第一座有确切史料记载的妈祖庙就是由宋末福州人陈珩倡建的,这座庙后来发展成为上海地区历史最悠久、香火最旺盛的妈祖庙。福建人在上海建立的会馆内供奉妈祖,这对上海妈祖信仰的兴盛也起了重要作用。泉漳会馆、三山会馆、建汀会馆、兴安公所(后改名为兴安会馆)都是由福建人所建。三山会馆又名天后宫,泉漳会馆和三山会馆内还设有戏台,每逢天后圣诞,演戏酬神,热闹非凡。顾翰《松江竹枝词》的注释里说:"天妃宫……海商奉之甚虔,张乐演剧,赛无虚日。"⑥在这个虔诚祀奉妈祖的海商群体中,闽商占有重要比重。此外,那些福建籍船工和水手,也都信奉航海保护神天后。可以说,福建人一直都是上海妈祖信仰的主体信众。而上海妈祖信仰的衰微,也

---

① 高红霞:《上海福建人研究(1843—1953)》,上海人民出版社,2008,第 46 页。
② 转引自高红霞《上海福建人研究(1843—1953)》,同上,第 59 页。
③ 高红霞:《上海福建人研究(1843—1953)》,同上,第 59 页。
④ 转引自高红霞《上海福建人研究(1843—1953)》,同上,第 46 页。
⑤ 王韬:《瀛壖杂志》卷一,上海古籍出版社,1985,第 8 页。
⑥ 顾炳权:《上海历代竹枝词》,上海书店出版社,2001,第 171 页。

与福建移民的撤离有密切的关系。

由于清代咸丰三年至五年(1853—1855)上海小刀会起义的成员主要为旅居上海的闽粤籍人,因此小刀会被镇压后,清政府"一度对上海闽粤人采取了相当严厉的杀戮和排斥措施……上海闽商整体开始了退却"①,使闽粤人在上海的发展受到致命打击,从而转向了东南亚地区。"晚清以降,福建向海外、尤其是东南亚的商业移民,其势头持续而又庞大,对整个福建商帮而言,海外东南亚一直是一个主要的目标市场,而不是上海"②。此外,"1935 年后,驻沪客帮生意逐渐衰弱,这也是上海闽商退却的重要因素"③。随着闽商的撤离,妈祖的信众减少,妈祖庙的香火也就日渐稀疏。作为维系闽商乡情的闽商会馆的功能逐渐丧失,资金匮乏,妈祖祭祀活动也不得不停滞:如曾经盛极一时的建汀会馆在进入民国以后就停止了活动;泉漳会馆于"九一八"事变后停止了妈祖诞辰日的聚宴演戏。甚至有的闽商会馆被挪作它用,如三山会馆成为上海工人第三次武装起义指挥部;兴安会馆被汪伪时期海员工会所占。因此,由于闽商的整体退却以及特殊时代背景的影响,上海地区妈祖信仰失去了重要的信众群体以及物质载体,其衰落之势不可逆转,至今难以恢复。

我们从中得到的启示是,植入型的神灵信仰若要在植入地扎根,需要培植信众。植入型的神灵信仰又可分为两种类型:一种是行政命令式的植入,在中国封建社会时期就是通过皇帝发诏令,各地必须建造某某庙、官员必须祭拜某某神,如文庙、关帝庙、东岳庙、城隍庙等。这些神灵通常职能明确,具有普适性,有基本固定的信仰群体,如文庙中供奉的孔子,信仰者是文人和学子;城隍神是城市保护神,信众是城镇市民等。同时,由于受官府的重视,财力有保障,有官方固定的祭祀活动,这类信仰一般不存在没有信众的问题。第二种是通过移民的个人或群体行为而植入的,是纯民间的行为,如遍布世界各地的妈祖庙、关帝庙,就是随着华人移居海外而传入当地的。这种类型的信仰就会出现如上

---

① 　高红霞:《上海福建人研究(1843—1953)》,上海人民出版社,2008,第 168 页。
② 　同上,第 130 页。
③ 　同上,第 142 页。

海地区妈祖信仰的情况,随着主体信众的离去,信仰在短时间内转入衰微,而且很难恢复。其根本原因在于信仰的封闭性,如闽粤会馆中的妈祖,一般市民是不能前去祭拜的。这样就失去了信仰的辐射能力,不能培养新的信众,尤其是不能培养植入地的信众。因此,就这种信仰类型来说,若想在植入地扎根,关键是要具有开放性的品性,容纳其他人参与信仰活动,从而不断培养新的信众。

三、信仰需求的调适:植入型神灵信仰能否发展的核心

植入型神灵信仰的传入,最初当然是为了满足移民的信仰需要,但随着时间的发展,移民的信仰需求会发生变化,更何况这种需求并不一定是当地民众所需要的。因此能否根据民众的信仰需求适时调整,对于植入型神灵信仰的属地化显得尤为重要。

妈祖是海上保护神,传入上海之初主要是保护海上漕运。但上海开埠之后,西方轮船运输对传统的沙船运输业造成严重冲击,胡祥翰在《上海小志》中描绘当时的情景是:"迨海禁大开,汽船云集,漕粮归招商局承运,沙船生涯日形寥落,以今视昔,不及十之一二矣。"[①]由于轮船的设备比沙船先进,风险相对较小,因此祈求妈祖护佑的需求淡化。正如丁宜福在《申江棹歌》所说:"海师百万达天津,巧制西洋有火轮。舶棹不须风万里,江南闲煞孟婆神。"他在注释中说:"孟婆,风神名。上海海舶交汇,桅竿如林,每五六月中,大风数日,谓之'舶棹风'云,是海商请于神而得之也。自西人通商后,多以轮船往还,不问风水,日行数千里。"[②]民国时期,沙船业者大大减少,加上反对封建迷信潮流的冲击,妈祖信仰也就逐渐失去了沙船商人这个群体的支持,衰微也就不可避免了。

虽然,妈祖信仰植入上海后,也有了一些属地化的变化,如刘梦音《上海竹枝词》中描述:"天后宫中玉步摇,瓣香密密叩琼霄。愿郎心似江头水,日日如期两度潮。天后宫极著灵验,士女多进香者。"[③]出现了

---

① 胡祥翰:《上海小志》,上海古籍出版社,1989,第 12 页。
② 顾炳权:《上海历代竹枝词》,上海书店出版社,2001,第 156 页。
③ 顾炳权:《上海洋场竹枝词》,上海书店出版社,1996,第 417 页。

士女到天后宫向妈祖祈求郎君对自己忠心不二的现象,也即妈祖的神职有了扩展。但总体而言,在上海妈祖信仰中,这种调适是不明显的,神格、职能都没有发生大的变化。

同是妈祖信仰,传入四川后,其调适就比较彻底。明末清初,四川遭受了旷日持久的战乱,先是李自成军从湖广入川,后是张献忠从湖广率军十万溯江入川,"三藩"之乱四川又是主战场之一,吴三桂军与清军的激战长达八年之久。持续近半个世纪的残酷战争给四川带来了毁灭性的打击,造成当地人口急剧下降。清政府颁布招垦令,以优惠待遇鼓励入川垦殖,因此移民蜂拥而至,史称"湖广填四川"。这其中来自广东、福建、江西的以客家人为主的移民亦是移民的主要群体。随着清初客家人进入四川繁衍生息,妈祖信仰也被带到四川,在当地落地生根。据学者考证,有清一代,四川的天后宫(亦称天上宫、妈祖庙等)分布于全省的 92 个州县厅内,总数在 200 所左右,大多数始建于清前期的康熙、雍正年间。其中,许多的天后宫建于闽、粤客家人的会馆之内。如光绪《井研志》载福建汀州府永定县人在四川井研县所建的"天后庙,在麟山下,为福建会馆,乾隆三十三年永定张瑞龙等建"。又如民国《新修武胜县志》卷六《礼俗》记载:"天后宫,福建人公祠,城乡皆有之。"甚至在一地,来自不同地域的客家移民兴建了各自的会馆供奉妈祖。如民国《中江县志》载:"天后宫,在小东街灵钣寺后,粤籍人公建,一曰广东会馆。……天上宫,在北门外,闽人公建,一曰福建会馆。"由于闽粤籍移民地理空间上的广泛散布,清代四川天后宫不仅坐落于各县城中,集镇与农村亦多有分布。据武胜、崇宁、璧山、南充等县的地方志记载,当地天后宫"城乡多有""场镇甚多""四乡亦多有之"。

妈祖本系航海的保佑神,可四川远离大海,来到四川的妈祖除了作为移民乡梓神的护佑功能外,其主神格海上保护神貌似已无用武之地。然而,经过了巧妙的神格转换之后,入川妈祖发挥起了新的庇佑功能,继续为人们所尊奉。在一些临近河川的地带,人们在河口岸边修建天后宫,祈求妈祖能够阻止河水泛滥决溢,保佑来往船只和岸上宅地免受水患。如民国《南溪县志》卷一《舆地》记载客家移民所言:"吾乡濒海,称大方焉。而后(天后)降生于莆,福庇天下……西蜀四面巨川,万流奔赴,湍波激荡之中,舳舻往来不绝,非后之功乎!"此时的妈祖承担起了保护内河航行安全的职责。而另一些天后宫,远离河川,在村中随宜而建,甚至坐落在高山之上,其神格则由主管河川航运之神变为保护农业生产之神,既可祈晴,也可祈雨。如光绪七年三月二十二日内阁奉上谕:"丁宝桢奏神灵显应、请颁匾额等语,四川南部县上年七月间雨水太多,致伤禾稼,经该地方官等虔诣天后宫设坛祈祷,遂即开霁,获庆有秋。着南书房翰林恭书匾额各一方,交丁宝桢祇领,颁发各庙敬谨悬挂,以答神庥,钦此。"(《着南书房恭书匾额发四川天后宫等庙悬挂事上谕》)这里的妈祖已经成为祈晴之神。正因为有了这种调适,妈祖才得以在四川的山区立足。

因此,可以说,根据植入地的自然、文化生态条件,植入型神灵的神职、神能也需适当的调整,以满足当地人们的信仰需求,只有这样才能生存下来。

四、融入当地民俗生活:植入型神灵信仰的生命力之所在

植入型神灵信仰最理想的属地化状态是融入当地人的生活,成为当地文化的有机组成部分。若能形成一种在当地非常有影响的信仰民俗活动,那么她就具有了强大的生命力。

妈祖信仰传入上海后,除了修建庙宇、常规的祭祀活动外,其神诞庙会也曾有一定的影响。如张春华的《沪城岁事衢歌》记载:"大开灯市六街妍,十日东门沸管弦。村妇新妆忙底事,趁晴齐说到宫前。"其在注释中说:"三月二十三日为天后诞,市人敬礼,彩灯特盛,虽乡村妇女必往观焉。"①清人毛祥麟《墨余录》卷十二"灯市"条中记载更为详细:"我邑岁于三月二十三日为天后诞辰,先期县官出示,沿街鸣锣,令居民悬灯结彩以祝。前后数日,城外街市,盛设灯彩。自大东门外之大街,直接南门,暨小东门外之内外洋行街,及大关南北,绵亘数里,高搭彩棚,灯悬不断。店铺争奇赌胜,陈设商彝、周鼎、秦镜、汉匜,内外通明,遥望

---

① 顾炳权:《上海历代竹枝词》,上海书店出版社,2001,第114页。

如银山火树,兰麝伽南,氤氲馥郁,金吾不禁,彻夜游行。百里外舟楫咸集,浦滩上下,泊舟万计。各班演剧,百技杂陈,笙歌之声,昼夜不歇。十九、二十日灯始齐,至二十四、五日止。二十八日,又为城隍护海公懿德夫人诞辰,城内街衢,陈设一如城外。二十五、六起,至四月初止,总计城厢内外,凡阅半月,而灯事始毕。自道光辛丑,海疆多故,驻兵设防,因罢灯市。通商后,华夷杂处,恐生事端,遂以为禁云。"①由此可见,三月二十三日妈祖诞的灯会由官府倡导,在清道光辛丑年前是比较热闹、有一定规模的民俗活动,但很可惜由于时局动荡未能延续下来。但即便是在这之前的庙会活动,也隐含着一个危机,即积极参与的仍然是闽粤籍移民,如葛元煦《沪游杂记》载:"三月二十三日,为天后诞,粤闽客商及海舶皆演剧伸敬。"王韬《瀛壖杂志》也记载:"三月二十三日为天后诞辰。灯彩辉煌,笙歌喧沸,大、小东门一带为尤盛。闽、粤富商,无不殚其财力以奉神。沿街店铺,赌胜争奇,陈设彝鼎字画,精雅绝伦。宝烛光腾,金炉篆绕……于时,航海帆樯,远近毕集浦滨,金铙聒耳,彻夜不绝。"大小东门是福建人群体的聚集区,具有上海特色的妈祖诞辰庆祝活动,仍然是以闽粤籍人群体为主,未能有效地扩张到上海本土的市民群体。这样,当闽粤人撤离之后,该习俗的恢复就没有了信仰的基础。

与上海三月灯会难以恢复不同,天津的皇会在 20 世纪 80 年代末后迅速恢复,恐怕就是与皇会已经完全融入了天津人的生活有关。天津的妈祖信仰也是随着元代的海上漕运传入的,时间上比上海要稍晚,元至元年间才建了第一座庙——天妃灵慈宫。传入之初的功能也是护佑漕运和商旅的航海平安。但妈祖的神职很快得以扩张,成为天津女性最主要的崇拜对象,赋予她越来越多的职能,"子孙娘娘""瘢疹娘娘""耳光娘娘""眼光娘娘""送生娘娘""千子娘娘""百子娘娘""乳母娘娘""引母娘娘"都是天后娘娘的分身,求财、求官、求吉、求顺……一切愿望都可向天后娘娘祈求。在长期的发展过程中,逐渐形成了一年数次的天后宫庙会,其中规模最大的是三月二十三天后诞庙会,腊月十五至正月初一的腊月庙会,前者发展为皇会,后者成为一个声势浩大的年货交易市场,天后宫周围,年节所需的杂货和儿童玩具,一应俱全。这种情形至今未改。皇会从农历三月十五开始到二十三日天后诞辰日为止,共九天,除十六日、十八日、二十日、二十二日四天游行会表演外,其余五天均为各地民众大规模地进香朝拜、贸易往来、会亲访友、看戏游观等。十六日为"送驾日",天后娘娘及为其伴驾的送生娘娘、子孙娘娘、癍疹娘娘、眼光娘娘被送到天后娘娘行宫(原为闽粤会馆,后改为如意庵和千福寺),接受香火,驻跸至十八日。十八日为"接驾日",将天后娘娘及其他娘娘接回天后宫。二十、二十二日为天后娘娘"出巡散福日",届时,天后娘娘乘华辇出天后宫,沿天津城出巡,接受沿途香客的叩拜,散福于民。出巡队伍浩浩荡荡,万人空巷,绵延数十里,呈现"逐对幢幡百戏催,笙箫锣鼓响春雷。盈街填巷人如堵,万盏明灯看驾来"(清诗人崔旭《津门百咏》)的盛况。据尚洁《天津皇会》记载,天津皇会一直延续到民国二十五年(1936),此后由于战事,被迫停止。五十年后,1988 年以"民间花会"的名称重新登上天津民俗文化博览周的舞台,这些年来规模一年比一年大,已得到很好的恢复。从中可以看出天津妈祖信仰已深入天津民间社会的土壤,扎根于天津人的心灵深处。因此,一旦时机成熟,恢复也就是自然而然的事了。

综上所述,从上海地区妈祖信仰的盛衰历史中可以发现,植入型神灵信仰的属地化是个关键问题,属地化程度高,则可持续发展;否则有可能兴盛一阵后即会销声匿迹。因此,植入型神灵信仰如果要想在植入地生存、发展,必须要以开放的姿态不断培植新的信众,打破信仰上的"隔",培养当地民众的"认同感";同时要适应当地民众的信仰需求,在保持神灵核心神格的原则下可以有所改变,当然这种改变往往是在当地民众参与后的自然行为和结果;更重要的是要融入当地文化,成为当地民俗文化的有机组成部分。只有这样,才能在植入地生根、开花、结果。

(本文原刊于吴焜和主编《慈心凤德:阿猴妈祖论文集》,阿猴妈祖文教基金会 2014 年版)

共生互荣：城隍信仰与中国古代
城市经济关系研究

　　一般而言，无论是宗教信仰还是民间信仰都属于意识形态范畴，其功能是"解决"人们在日常生活中遇到的种种精神困惑，与信仰社区的经济发展并没有直接关联。因此，在民俗研究中，信仰与经济的关系问题很少被论及。但事实上，信仰作为人们生活的一个组成部分，它不仅仅是精神的，也是物质的，不可避免地要同社区的经济生活发生或多或少的联系。本文拟以城隍信仰与中国古代城市经济发展关系为个案，就信仰与经济的关系问题作简单的探讨。

一、城市：城隍信仰的生成与存在空间

　　对于城市居民来说，城隍神是他们的守护神。而对于城隍神来说，城市是它赖以生存的空间，城市居民是它的"衣食父母"，城市经济发展了，居民生活富庶了，就有人出钱给他修建富丽堂皇的庙宇，就有源源不断的"香火"和供品。反之，则庙宇冷冷清清，人们任其破败。

　　从上海城隍庙曲折的发展历史进程中，我们能清楚地看出这种互生的关系。

　　上海城隍庙俗称邑庙，其源头可以追溯到宋代。据清同治《上海县志》记载，宋代时在今永嘉路 12 号（近瑞金二路）建有淡井庙（因庙内有井，水味淡，而名），是华亭县城隍庙的行宫。元代至元二十九年（1292），元朝政府将华亭县东北的五个乡分割出来成立上海县，建县之初，百业待兴，就暂时将设在淡井庙的华亭县城隍行宫作为上海县的城隍庙。一直到明永乐年间，才在今天的地方——城内方浜路（旧城庙前街），在原金山神庙的基础上正式扩建起名正言顺的上海县城隍庙。上

海最早的县志——弘治《上海县志》记载："城隍庙在县西北长生桥西，永乐间知县张守约建，岁久圮毁。天顺元年，李纹重修，诰文于石，筑亭殿前……"嘉庆《上海县志》对此记载更为详细："城隍庙初奉于淡井庙，明洪武二年，刻诰封显佑伯。永乐间知县张守约以霍光行祠改建为庙，在县西北。天顺间知县李纹修，诰文于石，筑亭殿前……"由此可见，城隍庙的修建依附在城市发展的基础之上，上海县建县时间较晚，又处于偏僻的海边，经济很不发达，所以建县之初并未建造城隍庙，当然在元朝并没有每个县城必须建造城隍庙的诏令。但即便到了明初，朱元璋下诏令后，上海限于地方财力也仍然没有按照朝廷的要求建造与衙门相同规格的城隍庙，而是在时隔五六十年以后的永乐年间才正式修建。

上海在历史上曾多次遭受战乱，每次战乱都对城隍庙造成了或多或少的影响。

第一次是明代的倭寇入侵。上海县建县之初没有修建城墙和护城河，又地处海边，在明代倭寇横行之时屡屡受到抢掠。明嘉靖三十二年（1553）三四月间，接连遭到五次洗劫，房屋半成焦土，居民损失惨重。尤其是四月十九日，倭寇入城杀人放火，几乎将市区洗劫一空。在居民的强烈要求下，地方政府决定修筑城墙，全城无论是绅士还是庶民百姓，踊跃参加，有钱出钱，有力出力，从九月动工，仅两个月就构筑成周长九里、高二丈四尺的城墙，护城河总长一千五百余丈，宽六丈，深一丈七尺。从此倭寇虽几次入侵，但终未攻入城内。这次倭寇入侵，不仅促使上海县修建了城墙和护城河，同时也在客观上"造就"了城隍神——秦裕伯。

宋代的淡井庙是松江县城隍庙的行宫，供奉的应是松江县的城隍神。但明朝洪武二年朱元璋下诏书令全国县级以上建制城市都必须建造城隍庙时，淡井庙供奉的城隍是原来的松江县城隍还是另有其人？明代永乐年间在金山神庙基础上修建的上海县城隍庙，供奉的主神又是谁？这两个问题的答案史籍上均没有记载。现在比较通行的一种说法是秦裕伯死后，朱元璋非常惋惜，封他为上海城隍神。秦裕伯的后裔秦荣光在《上海县城隍说》一文中说："上海县置自元至元中，至明嘉靖间始建城，而诰封为显佑伯制辞，在洪武二年正月，碑刻可考，第未著神威何人。吾家淮海宗谱景容公传曰:公卒于洪武六年,讣闻于朝,太祖震悼曰:生不为我臣,死当卫我土,著即赐封为本邑城隍神。似神之位号,前特虚设,至是始封公以实之者。"这是秦氏家谱记载的说法,并不一定可靠,"是替城隍秦裕伯辩护的一大篇理论而已"①。因为从秦裕伯的情况来看,其不太可能在明初就进入神的行列。

据史料记载,秦裕伯是宋代秦观的后代,祖籍扬州,其祖父避兵乱率全家迁居上海。他的父亲是一位蒙古学家,祖父、父亲都曾在元朝任职。秦裕伯年少时侍奉父亲宦游京师,元至正四年(1344)考取进士,曾任福建行省郎中。"会世乱,弃官寓扬州,久之复避地上海,居母丧尽礼"。他养母至孝,当时闻名天下。元末,张士诚占据苏州时,曾邀他做官,被他拒绝。朱元璋登基前命中书省招他入仕,也被他以不愿做不忠不孝之人为由而推辞。洪武元年,再次命中书省召他做官,还是被他以生病相推托。于是朱元璋下了一道手谕,说:"海滨之民好斗,裕伯智谋之士,而居此地,苟坚守不起,恐有后悔。"这道手谕事实上是逼迫秦裕伯出仕。在这种情况下,秦裕伯被迫做了侍读学士,洪武二年(1369)改翰林待制。后任治书侍御史、京畿主考官等职。于洪武六年(1373)年七月廿日病故,享年78岁。② 秦裕伯是朱元璋所欣赏的人才,这一点毫无疑问,但是否死后被朱元璋封为上海县城隍神,没有史料可以说明。更何况洪武三年改制后,朱元璋已经将城隍神"还原"为自然神,从理论上说,至明洪武六年再赐封秦裕伯为城隍神是说不通的。

从各地城隍神的来历来看,被皇帝赐封为城隍神的情况极为罕见。大多数实名实姓的城隍神都是在民间传说的基础上附会而来的。因此,秦裕伯充任上海县城隍恐怕也是建立在传说的基础上。而传说的缘起就在于明朝的倭寇侵犯上海,在此期间有人编创了秦裕伯护城爱民的传说,越传越神,就将城隍庙中的城隍神附会为秦裕伯。今天仍流传于上海市南市区的《上海城隍救百姓》等传说恐怕就是反映了这种历

----

① 参见《上海城隍庙》,上海市文献委员会编印,1948。
② 同上。

史记忆。

到了清代后期,城隍庙又数次遭到战乱的严重毁坏:

清道光二十二年(1842),英军攻陷吴淞口,占据上海城,英军将城隍庙作为临时营房,虽只有五天时间,但城隍庙内设施遭到了严重破坏;

清咸丰三年(1853)小刀会首领刘丽川、林阿福率众攻下上海,在城隍庙中设司令部,时间达一年半;

清咸丰十年(1860),太平天国大军压境,苏松太道吴煦请求英法军队入城共同防守,将城隍庙改为兵营,将假山推倒,池水填平,盖起新房,将庙内园景破坏殆尽;

民国二十六年(1937),上海老城沦陷,城隍庙遭到日军的蹂躏,伤痕累累。

战乱不仅使城隍庙的设施遭到严重的损坏,也使信仰活动受到了很大的影响。最典型的例子是抗战时期上海的老城厢外临时修建了一座新城隍庙。1940年初,上海沦陷已经两年多,因日军的烧杀,老城厢居民纷纷逃到租界避难,到城隍庙烧香极不方便。有人就利用原英法租界交界处的长浜路(今延安中路)附近的观音堂,进行简单的改造后,易名为城隍庙,即新城隍庙。一时香火兴旺。至抗战胜利后,城隍庙重新为市民开放,新城隍庙逐渐衰败,解放后在市政改造中拆除。在分析新城隍庙修建的原因时,以往常常把它归结于少数人利用市民对城隍的信仰心理而谋取利益。事实上这只是事物的一方面,另一方面确实也是基于市民在信仰方面的需求。因为城隍庙被日军占领,进出极不方便。而在战乱的时代人们无法掌握自己的命运,对城隍神的依赖性又特别强烈,这样就需要有一个可以替代城隍庙的场所,于是新城隍庙就应运而生了。从当年新城隍庙元宵灯会的热闹场面中可以清楚地看到这一点。[①]

到了"文革"时期,城隍庙也跟其他宗教庙宇一样在劫难逃,所有神像被摧毁,泥塑砸碎,木雕焚毁,殿宇移作他用。直到改革开放后,才逐渐得到恢复:1994年城隍庙的大殿、中殿及部分楼厅正式归还道教,重

---

① 桂国强主编《上海城隍庙大观》,复旦大学出版社,2002,第141-142页。

新修葺殿宇,重塑神像,恢复道教活动。近些年,归还工作仍在陆续进行中。

由上述事实我们发现,一个城市的社会、政治因素对城隍庙及城隍信仰的影响是非常巨大的。而经济因素对城隍庙及城隍信仰的制约作用更为显著。

上海城隍庙自明代永乐年间修建以后,经历了二十余次的扩建重修,有的是缘于火灾,有的是缘于兵劫。总的趋势是越修越富丽堂皇,每重修一次地盘就扩大一次。鼎盛时期的上海城隍庙,地域包括南至方浜路、北至福佑路、东傍安仁路、西至旧校场路的广大空间,由神庙、东园和西园三部分组成。这与上海地区自明代以来经济的繁荣是同步的。尤其是清代东园和西园归入城隍庙,为城隍庙的发展注入活力。

西园即今豫园,但面积比今日的豫园要大得多。始建于明代嘉靖三十八年初(1559),原为明代四川布政使潘允端的私家花园,前后修建历时二十余年,占地七十余亩。明末清初,潘氏家道衰落,豫园的房地产逐渐流入外姓之手,园林被分割,风光遭破坏。清乾隆二十五年(1760),由上海地方豪绅出面筹资购买其地,捐献给城隍庙。从乾隆二十五年破土动工,到乾隆四十九年竣工,重新修建用了二十余年的时间。初步恢复了潘家花园的原貌,成为一座著名的江南园林。

东园在环龙桥南堍,地处庙的东面,故名。系清康熙四十八年(1709)由当地人士醵资购建,也归入城隍庙。东园虽不及西园宽大,但厅榭堂屋、亭台山石、曲栏长廊等布置,比西园更精致。

东园和西园都是由地方人士购建后捐赠给城隍庙的,没有繁荣的经济,没有富庶的积累,要做到这些是不可能的。

因此,一方面,在中国古代人的观念中,城隍神是城市的守护神;另一方面,城隍神的命运又是与城市的命运紧紧联系在一起的。

二、以庙兴市:城隍庙的商贸功能

城市给城隍神提供了栖身的场所和发展的空间,而城隍庙则促进了城市的经济发展。随着城隍信仰的普及化,祭祀城隍活动的大型化,明代以后逐渐出现了集城隍信仰、商品交流、民间艺能表演于一体的城隍庙会。它渊源于城隍信仰，是城隍信仰的伴生物。它起初出于为城隍信仰活动服务的目的，而最终反客为主，成为城市中最主要的、最有活力的集市贸易活动。"城隍庙内去烧香，百戏纷陈在两廊。礼拜回头多买物，此来彼往掷钱忙"，正是这种情形的真实写照。

（一）城隍庙会的形成

庙会，亦称"庙市"，是"在寺庙内或寺庙附近的定期集市"。大概在南北朝时期，崇佛风气日盛，各地大兴庙宇，活佛升天、菩萨诞辰之类盛会应运而生，游人纷至沓来，商人见有利可图，便蜂拥而至，遂成"庙市"①。

"庙会"必须具备两个条件：第一是有"市"，即商品交流活动，这个"市"既不是每天进行的，也不是哪个人可以随便决定的，而是约定俗成的，在每年或每月的某天定期举行；第二是有庙，"市"依附于庙，在庙的周围开"市"，开"市"的时间源于庙内所供神灵的重大祭期，成"市"的原因也是出于祭期香客汇集。根据这两个条件以及史书和各地方志、笔记的记载情况，大规模的城隍庙会出现于明代中叶。如明代邵潜《州乘资》卷一中记叙通州"每遇神诞，则有市猾起而敛人金钱，以迎神赛会，极其靡丽。如万历四十四年城隍会，珍宝并陈，方物毕具，又装饰诸魑魅魍魉之状，游行衢市"。嘉靖《广平府志》卷十六《风俗志》说得更清楚："庙之会，国初未有，自正德之初，始有此俗。先期货物果集，酒肆罗列，男女入庙，烧香以求福利，无赖之徒云集，乘机赌博，甚至斗杀、淫盗、争讼由之起。"

从实际情况看，每县建城隍庙、城隍主祭厉坛都是明代立国后才确立的，从一般的祭祀活动发展到内容庞杂的庙会，需要相当长一段时间，因此以发展的眼光分析，明中叶以后出现城隍庙会是符合实际情况的。

至明代后期，各地的城隍庙会已具相当的规模。如明末刘侗《帝京景物略》中就较详尽地记载了当时北京城隍庙会的盛况：

---

① 《中国风俗辞典》，上海辞书出版社，1990，第529页。

城隍庙市,月朔望,念五日,东弻教坊,西逮庙墀庑,列肆三里,图籍之曰古今,彝鼎之曰商周,匝镜之曰秦汉,书画之曰唐宋,珠宝、象、玉、珍错、绫锦之曰滇、粤、闽、楚、吴越者集焉。夫我列圣,物异弗贵,器奇弗作,然而物力蕴籍,匠作质良,古未有,后不磨,当代已稀重购……有内府扇曰宫扇,带曰官带,香曰宫串。外夷贡者,有乌斯藏佛,有西洋耶苏像,有番灯,有倭扇,有葛巴剌碗。数珠则有顶骨禄,有番烧,有腻红,有龙充,有鰌角。段帛,有蜀锦,有普鲁,有猩猩毡,有多啰绒,有西洋布,有琐附,有左机等。市之日族族,行而观者六,贸迁者三,谒于庙者一。①

清代以后,各地的城隍庙会规模更大、更频繁,几乎每座城市每年都有一次甚至几次盛大的城隍庙会,而且规模往往雄踞各庙会之首。如上述北京都城隍庙会,明代时开始是五月十一日一天,后来发展为每月初一、十五、二十五日开市。到清代则改为五月初一至初十共十天,时间相对集中,参加人员也更多。其中初一这天,宛平县城隍出巡,至都城隍庙相会见。仪仗威严,铜锣开道,回避肃静牌,旌旗伞扇,全份执事。以八人肩舆抬着城隍爷,有舍身还愿者,或扮作马童,或扮作判官鬼卒,或披枷戴锁,扮作罪犯,彳亍而行。还有各种香会相随,如秧歌、高跷、五虎棍之类,鼓镲喧天,边走边练,谓之献神。所经街市,观者如潮。宛平县城隍驾到时,都城隍庙亦以旌旗执事、香会文场相迎。届时几档子甚至十档子香会相聚一起,各自表演拿手绝技,把走会活动推向高峰。及至接进庙后,地方官员马上上香焚表,祈祷城隍保佑"风调雨顺,国泰民安"。善男信女进香者,不计其数。庙会期间,百戏杂陈,摊棚林立,尤以卖估衣者为多。清人德硕亭《草珠一串》谐云:"滥贱纱罗满地堆,乡里婆娘多中暑,为穿新买估衣回。"②

进入民国以后,在一些商业发达的城市,如北京、上海等,相继开设了许多新式商场,商品种类繁多,古色古香的、奇巧玲珑的、手工制作的、

---

① [明]刘侗,于奕正:《帝京景物略》,北京古籍出版社,1982,第161-166页。
② 常人春:《老北京的风俗》,北京燕山出版社,1990,第91页。

机器生产的、国产的、进口的……应有尽有。而庙会则大多还是那些传统的商品，所以庙会生意逐渐清淡，城隍庙会也是如此。但是，庙会上所售的货物尤其是土特产，价廉实惠，符合一般居民的消费水平；庙会上的戏曲、杂技完全是民间艺人的创作，具有浓郁的风土情调和生活气息，为大多数居民所喜闻乐见，符合一般人的欣赏水平。人们逛庙会，既能拜神，又能购物，还能看各种表演，故此新式的商场无法替代庙会的功能。况且，在一些交通不太便利的内陆城市，庙会仍是一年中全城最大的娱乐与购买活动。因此，民国时期的城隍庙会仍沿袭旧制，规模不减。

1949 年新中国成立后，城隍庙会的实质发生了变化，信仰方面的内容被取消，但作为城乡物资交流的一种形式一直被民众不自觉地保留了下来。

（二）城隍庙会的构成要素

从各地城隍庙会的来历来看，大致有以下几种类型：

1. "出巡"型

即由清明、七月半、十月朔三次主祭厉坛、出巡祭孤发展而来的庙会活动。"三巡会"期间，城隍神出巡、信徒扮演各种囚犯，围观和参与的人数多，具有形成庙会的客观条件。在发展的过程中，民间艺人参与表演，商人赶会出售商品，逐渐形成庙会。事实上大多数城市中，三巡会期间都形成了规模不同的城隍庙会。如上海松江县："七月十四日，旧时，县城有大庙会。四乡农民及各路商贩云集府城隍庙，设竹木、铁业等手工业品摊贩，还有应时果蔬摊，形成盛大贸易市场，三日方散。日寇侵华，庙毁，俗衰。解放后，一度曾沿袭旧俗，改名为'城乡物资交流'，设摊于中山东路两侧。60 年代后，俗除。"①一般来说，由三巡会发展而成的庙会大规模的不多。因为三巡会是全国性的行动，每个县城这几天都要进行，民间艺人、商贾大多就近入市，所以外来人员较少。

2. "诞会"型

缘于庆贺城隍诞辰祭祀活动而形成的庙会。如上述明代北京最大

---

① 欧粤：《松江民俗》，百家出版社，1991，第 21 页。

的庙会——都城隍庙会，就是"由每年旧庙五月十一日祭祀城隍而形成的庙会"；四川大宁县，五月二十八日为城隍诞辰，"神诞前一日出会，扮杂剧抬游街市……盛陈仪仗，奏音乐，会首庙祝，扈从出驾，神坐八人露车，逍遥过市。周行城隅，沿门焚香致敬，观者如堵墙"①。农历九月初二相传是上海奉贤县城隍周中鈜的诞辰日，善男信女烧香叩头，商贩云集，茶坊林立，百戏杂陈，形成了盛大的庙会。浙江浦江县城隍周点的诞日是十月二十，每年的"诞辰"之期，"香火甚盛，形成盛大的庙会。届期要演剧十多天，剧种规定是昆腔班"②。浙江宣平县（现并属武义县）城隍韩宗刚的诞日是五月十六，为了纪念这位廉政刚直、为民造福的父母官，每年在他的诞日举行一年一度、宣平山区最为隆重的"擎台阁"活动，后逐渐形成了规模盛大的五月十六庙会。旧时庙会中的"擎台阁"活动，由民间自发的庙会组织安排，城内街坊及各村皆设有庙会组织，每年捐助三百多石租谷作为庙会开支。建国后，五月十六"擎台阁"活动不再举行，成为一年一度的物资交流大会。从各地城隍庙会的情况看，由城隍诞会发展而成的占了大多数。因为诞会的时间各地不同，商人、艺人有充裕的时间赶会。同时诞会不同于三巡会，主要侧重于娱神娱人，气氛热烈，更容易形成庙会。

3. 其他型

有些城隍庙会形成的缘由难以确证。如浙江省义乌县城隍庙会是十月十五，届期要表演斗牛、舞龙、舞狮以及演社戏等。四川蒲江县鹤山镇城隍庙会是三月初一，从初一开始在城隍庙前唱戏十五天，第一场捉旱灵，传说捉了旱灵，当年免旱灾。把城隍爷、城隍娘娘抬往北门外东岳庙，称之为"走老丈屋"。龙灯、高竿会、平台会前导，后由手执各色彩旗与静肃、回避牌的仪仗队开路，信士们手持长竿纸扇给城隍菩萨打扇。又如山西省五台县城隍庙五月十七日举行赛会。赛会时演戏，称赛戏。县城内曾有明代所建的一座专演赛戏的舞台，比一般戏台高，台

---

①　常人春：《老北京的风俗》，北京燕山出版社，1990，第 91 页。
②　浦江县县志办、浦江县文化馆合编《浦江风俗志》，1984，第 185 页。

口两侧无山墙,三面皆可站立观看。赛戏内容有祈愿的,有祭神祈鬼的,同时演一些历史剧,以杨家将为多,也有少数三国戏。此外,浙江省遂昌县的城隍庙会是正月十五元宵节、甘肃肃州的城隍庙会则是七月初七。

不管是哪种类型的城隍庙会,其基本构成要素都是相同的。即:

A. 祭神。这是城隍庙会形成的契机和基础,庙会中的一切活动都直接或间接由祭祀城隍而引发,没有对城隍的崇拜和祭祀活动,没有规模宏大、场地宽畅的城隍庙,就不可能出现城隍庙会。

B. 民间艺能表演。尽管在城隍信仰活动(尤其是"三巡会")中历来都有民间艺能的表演,但相对而言,进入庙会以后,民间艺能表演的规模更大。如果没有丰富多彩的民间艺能表演,城隍庙会就不可能产生这么大的影响。

C. 商品交流。明代以后.城隍名声渐大,进香者众多,在庙的周围逐渐形成了商业网点。而在庙会期间,又涌入了许多小摊小贩,各类商品品种齐全,"人生日用所需,精粗皆备",商品交易极为活跃,成为城市中固定的集市贸易日。而这种购物的便利,又刺激了人们参与庙会的欲望。

上述城隍庙会的三大构成要素生成了三大功能:(1)信仰功能。城隍的祭拜活动,使人们获得了一种精神安慰,从而达到了心理平衡。对于那些"身穿囚服,肩荷木枷,项挂索锭,手戴镣拷"的还愿者来说尤其是如此。(2)娱乐功能。庙会上丰富多彩的民间艺能表演,使平时很少有文化娱乐的人们得到了一次艺术享受,在嬉笑怒骂、拍案叫绝中获得了感情宣泄。(3)经济功能。庙会作为一种大规模的集市贸易活动,吸引了众多的客商,商品交易踊跃,交易额巨大,促进了城乡的物资交流,繁荣了城市的经济。这对中国古代城市经济的发展无疑起到了一定的积极作用。

城隍庙会兴起以后,城隍庙周围的商业网点逐渐扩大、增多。庙会期间,远近商贩云集,摊贩林立。由于城隍庙大多地处市中心,人气旺盛,购买力强,故许多原本赶庙会的"行商",逐渐"沉积"了下来,成为

"坐商",开店铺做生意,慢慢就形成了一个繁华的商业区。典型的如上海的城隍"早先不过供有司朔望拈香,宣讲乡约,和祈祷晴雨,兼作士民的游乐所在,现时除游乐外又成为一处盛大的商场"。在城隍庙周围,"列着许多铺子,卷轴、刷子、罗盘、眼镜、陶器、赌具、剪刀、鸟、家禽都有得买","镶牙匠、卖小玩意的、厨子、变戏法的尽都很忙。靠近池子有三个禽鸟市场,精列着道地的南方鸟种。接近湖心亭是一所新的半西式娱乐场庙,同大世界差不多"。① "上海城隍庙的庙市,就好像是一个大规模的联合商场,许多商铺和摊贩都集中在这里,夹杂着茶寮、点心铺子和娱乐场所,可谓五光十色,无所不有。"这是上海城隍庙的情景。其他城市的情况也基本相似。

明清以来,各地城隍庙及其所在地区往往都是最为热闹、繁华的区域。例如西安城隍庙,"规模整齐,栋宇崇宏,基地之广甲天下",与北京、南京城隍庙三足鼎立,为天下三大城隍庙之一。最初由朱元璋的次子朱樉(封为秦王,就藩西安,统领西北事宜)于洪武二十年(1387)主持修建。历史上的西安城隍庙香火一直旺盛,游人信士众多。每逢初一、十五信徒祭拜者络绎不绝。农历四月初八庙会,人山人海,水泄不通。庙会时,庙因市场会聚而香火盛,商品市场又以庙为中心和依托,参观游览城隍庙和祭拜城隍作为主题,香客云集;酬神娱人的技艺表演形成吸引力,民间艺人不请自来;商品交流成为庙会的血脉肌体,精明的生意人借庙会沾神仙光摆摊设点好发财。同其他地方的城隍庙一样,西安城隍庙也是西安市最繁荣的商业网点之一,早在历史上就已很有盛名。清光绪年间,城隍庙遭火灾主要原因就是小商品市场过分拥挤,商铺失火而导致的。说明当时这里就很繁华热闹。抗日战争中遭日本飞机轰炸后,城隍庙小商品市场一度凋零。解放后城隍庙内的商场再度兴起,曾一度改名叫"建华商场",后又改为城隍庙市场。1957年,邓小平同志以中共中央总书记、国务院副总理的身份到陕西视察,到了西安城隍庙后,看到以庙设店,富有特色,百货日用商品琳琅满目,商贾摊

① 上海通社编《上海研究资料》,上海书店,1984,第504、514页。

201

贩、市民游客终日摩肩接踵,川流不息。邓小平同志参观后很感兴趣说,西安的城隍庙商场很好,为什么不多搞几个"城隍庙"呢? 要多办一些购物商店,满足群众的需要。改革开放后,西安城隍庙由于小商品种类繁多,生意兴隆,成为全国十分著名的小商品集散地。①

由于城隍庙周边地区商贸的繁荣,往往也就自然成为了一座城市的商业中心。像上海城隍庙在民国时期就是如此,许多行业组织就设在城隍庙内。据1948年上海市文献委员会编印的《上海城隍庙》中统计,在城隍庙东园或西园办公的同业团体就有:中华民国钱商业公会联合会、钱业公所、豆业公所、布业公所、酒馆公所、柴业公所、酒菜馆同业宁帮第四组办公处、酱酒业同业公会、杂柴业同业公会、帽庄业同业公会、铁器工程工业同业公会、海味业同业公会、打铁业同业公会、猪肉公所等。于是各业的商贾也就常来会聚,而茶馆、点心铺也成了商人会晤、应酬、谈交易、探商情的场所。这种情况也就更加突出了城隍庙在城市经济中的地位和作用。

城隍庙的庙市,不仅繁荣了城市的商贸活动,方便了市民的日常生活,而且在长期的发展过程中,对一个城市的经济发展客观上起到了非常重要的作用。

三、从镇城隍庙的出现透视城隍信仰与城市经济的关系

在城隍庙发展的历史上,至明代中叶以后出现了一种有悖礼制的情况,即在经济发达的江南地区陆续出现了镇城隍庙,清代以后则更多。在明清时期的地方志中有大量的记载。

如嘉庆《松江府志》卷十七、十八"坛庙志"的各县城隍庙一项中,除了县城中的庙外,在下列各镇中名为"别庙"的城隍庙有:

华亭县:下横庄(万历年建)、拓林城内、华庄镇、张泽镇

娄　县:塘桥镇、城隍村、短滨村、枫泾镇

青浦县:青龙镇、珠街镇、金泽、观音堂镇、黄渡镇、沈巷

---

① 郭兴文、杨照林:《风雨沧桑话城隍》,西安新闻网,2005年4月13日。

南汇县：周浦镇、新场、一坛镇、杜行镇、五家滨北

金山县：张堰、于巷、吕巷、朱泾、松荫

清光绪《青浦县志》卷三中，没有黄渡镇，但增加了白鹤江、章堰、商榻 3 所城隍庙。在民国《青浦县续志》中又增加了 17 所，分别在小蒸镇、西岭市、夏家滨、金家桥、古塘村、北鳞圩、七宝镇、北干山镇、广富林镇。民国《嘉定县续志》卷一"市镇"、卷十五"寺观祠宇表"中记载，嘉定县共有 25 个镇，其中外冈、钱门塘、望仙桥、西胜塘、安亭、方泰、黄渡、南翔、纪王庙、广福、陈店、徐行、娄塘等 13 个镇中有城隍祠。其中娄塘镇还有两座，一座据传为宋元时代所建（变为城隍祠当为后世），一为康熙年间所建。

光绪年间顾录和撰写的苏州方志《吴门表隐》卷九"市镇城隍庙"中，列举了光福都城隍庙（在虎山）及渎川（木渎镇南街）、穹隆（善人桥镇）、凤冈（峙崦岭下）、聚坞（漾东）、阴司（姚市后庙下村）、卫王（大市上元村后姚港村）、褚山（诸山村）、图山（谢宴岭）等苏州郊外的镇城隍。光绪《常昭合志稿》卷十五"市镇志"详细批述了常熟市镇的地点、规模和景观等，其中许多镇中有城隍庙。常州府下的宜兴、荆溪两县，在光绪年间，除了县城隍庙外，尚有周铁桥、大浦、方桥、扬巷、坊东、里塘渎、太平桥、降妖桥、和桥、湖没、张渚、谷里、徐舍、紫霞山、蜀山等 15 座城隍庙。

从以上所举情况看，在清代的江南地区镇城隍庙已相当普及。从各地方志的记载情况看，镇城隍所祭祀的神，大多是所属府县的城隍神。如江苏吴江县的城隍神是唐太宗第十四子李明，所属的同里镇（嘉庆《同里志》卷三"祠庙"）、黎里镇（嘉庆《黎里志》卷三"祠庙"）、盛泽镇（同治《黎里志》）、黄溪镇（道光《黄溪志》卷二"庙祠"）的镇城隍庙都供奉李明。有些镇还建有供奉府城隍和县城隍的二处镇城隍庙，如长洲县的甪直镇，接近昆山县，除了祭祀府城隍春申君的镇城隍庙外，还有祭昆山县城隍的镇城隍庙。

有些大集镇的地理位置较特殊，或处于几个行政区域的交界处，或分属于两个以上的行政区域，其镇城隍庙的设置就更为复杂。位于金山、华亭两县交界处的张堰镇，按民国《张堰志》记载，该镇共有三所镇

城隍庙：

A. 在牌楼巷东，初建无考，康熙中修……神原姓何，讳芳，有天师府敕谕。现姓李，讳宏儒，宛平人，甲午举人。原任金山县知县。天师府敕封宁海住巡视金山防海城隍司。有别院，曰长春道院。

B. 一在不皮庵北。……康熙年，天师敕封江浙威灵公。

C. 一在洞桥街北华境。俗称东城隍庙。姓李，讳之安，山东登州府人，为宋嘉兴府知府。宋亡尽忠，明太祖敕封松江府威灵公。

A 是金山县城隍，C 是府城隍（金山、华亭皆属松江府）。B 的情况不明，因为该地区有许多盐场属两浙盐，B 可能是相当于两浙都转运盐使的城隍。

位于松江府花亭县和嘉兴府嘉善县交界的枫泾镇旧时有四座城隍庙：

A. 在镇南杏花坊。明万历年间建。雍正七年，嘉善知县邵煌募金重建。

B. 在镇北高阳坊，明季创。

C. 在二保方家镩。

D. 在三保城隍村。

C、D 在枫径镇范围内的村镇中。A、B 在枫径镇上，A 为嘉善县令贡建，可能供嘉善县城隍，B 大概是华亭县的庙。

在集镇设城隍庙原本是祭典所不允许的，以传统观点来看，属于淫祠的范围。如乾隆《奉贤县志》卷四"祠祀"的乡土地祠篇中就说：

> 旧制各乡皆有土地词，为民祈报之所。今庄行、南桥、萧塘、青村港、陶宅、四团等镇，皆建城隍庙，规模宏丽，僭越拟邑域，于义无当。

然而，明末清初的江南各地确实出现了众多的镇城隍庙，从上述所举例中我们可以发现，有些镇的镇城隍庙还不止一处，甚至有三四处。这种现状不仅为普通百姓所接受，而且地方官吏对此也默许甚至主持修建。之所以出现这种情况，唯一能够解释的是经济的因素。

明朝建国后，统治者总结了元朝致灭的教训，认识到"居上之道，正当用宽"，否则"弦急则断，民急则乱"（《洪武实录》），采取了一系列恢复社会经济的措施。如洪武元年（1368），朱元璋下令农民归耕，承认已被农民耕垦或即将耕垦的土地都归农民自有，并分别免除三年徭役或赋税；二年，又下令把北方各城市附近荒闲的土地分给无地的人耕种，人十五亩，另给菜地二亩，"有余力者不限顷亩"（《农政全书》）；二十七年又颁布了"额外垦荒，永不起科"的诏令，规定山东、河南、河北、陕西的农民除纳税的土地外，如有余力继续垦荒，垦地听其自有，永不征税。明政府还大兴屯田，多次组织和调配无田的农民（包括一部分降民和罪囚）迁往土地荒闲的区域垦种；同时政府还组织各地农民及时兴修水利，整修大运河；大力提倡种植农业经济作物，对手工业、商业也采取了减税免税的鼓励措施。农业和手工业生产的发展，促进了商业活动的活跃，永乐年间，运河沿岸的淮安、济宁、临清、德州等地，"四方百货，倍于往时"（《明成祖永乐实录》）。宣德时，明朝政府在全国33个城市增收商税，这些城市的工商业也日趋繁荣。

到明代中叶以后，商品经济的发展已超过了以往任何时期，出现了许多新兴的工商业城市，除了北京和南京外，江南地区形成了五大手工业区：松江的棉纺织业、苏杭二州的丝织业、芜湖的浆染业、铅山的造纸业和景德镇的制瓷业。各个手工业区都崛起了几个大城镇，如苏州的盛泽镇、震泽镇，嘉兴的濮院镇、王江泾镇，湖州的双林镇、菱湖镇，松江的枫泾镇，青浦的朱家角镇，杭州的唐楼镇等。随着商人、手工业者和流民的进入，这些城镇人口发展迅速，如盛泽镇明初是一个只有五六十户的小村，随着织绸业的发展，到明末已是拥有人口5万的大镇。双林镇明初只有几百人，至明末有一万六千多人。这些城市人口的骤增、手工业的发达、商业的繁荣，正是前面所述镇城隍庙建造的首要因素。其他一些老的城市也随着商业活动的频繁化而得到迅速发展，如苏州、杭州等。值得注意的是，在明代的江南地区已出现资本主义萌芽。如苏州城内有许多以织绢为生的机户，拥有几架或数十架织机，雇佣工人干活；同时又有许多掌握生产技术的职工，靠出卖劳动力为生；出现了"机户出资，机工出力"的商品货币关系。这种资本主义生产关系的萌芽无疑也是促使明代商品生产繁荣和交换频繁的重要因素。

到清朝，手工业者、小商人和手工业工人的地位比以前有了提高，政府放宽或取消了对工商生产的种种限制，促使了商品生产的发展。在康熙、雍正、乾隆时期，许多城市恢复了明代后期的繁盛，有些城市如南京、广州、佛山、汉口、厦门，则比明代更发达。如佛山，在乾嘉之间，商铺、市集、作坊如林，共有 622 条大小的街巷。汉口更是"地当孔道，云贵、川陕、粤西、湖南处处相通，本省湖河，帆樯相属，粮食之行，不舍昼夜"（晏斯盛《请设商社疏》）。甚至在西北各地也出现了许多商业城市，如库伦、乌鲁木齐、呼和浩特、张家口、多伦诺尔、西宁、伊犁、哈密、阿克苏、打箭炉、叶尔羌等。有些城市，如乌鲁木齐"字号、店铺，鳞次栉比"（《皇朝经世文编》），打箭炉"商旅满关，茶船边河"（乾隆《雅安府志》），商业都极为繁盛。

明清时期，随着商品经济的发展和商业活动的繁盛，不但原有城市规模扩大、人口急剧增加，同时又形成了许多新兴的城镇。这为镇城隍庙的出现提供了良好的条件：第一，许多名闻全国的集镇已具备城市的某些特征和功能；第二，由于这些集镇名气很大，迫切希望把自己置位于"京都—省府—州—县"各级行政序列的下层，而要做到这一点，非建表明"身份"的城隍庙不可。因此作为城市要素之一的城隍庙，就在这种经济发展的推动下以一种变通的方式进驻了这些原本没有拥有资格的城镇。

相对地，这些集镇由于修建了城隍庙，举办庙会及各种信仰活动，吸引了周边地区的众多民众，汇聚了人气，从某种意义上说又进一步促进了市镇经济的繁荣和发展。

因此，从城隍信仰与中国古代城市经济发展关系的个案中，我们可以发现信仰与社会经济之间存在着一种互动的联系，通常情况下这种互动是成正比的，呈现出共生互荣的态势。信仰社区的经济状况在一定程度上决定了信仰对象（庙宇、信仰活动等）的规模；反之，某种信仰的盛行又会带动社区的经济活动，促进社区的经济发展。

（本文原刊《上海大学学报》2006 年第 4 期）

城隍信仰的警世功能及教化意义

在中国历史上,城隍庙曾经充当过一座城市中市民伦理道德观念"教化场"的角色。从城隍神到城隍庙的其他神灵,从城隍庙的内部布局设置到各种摆设甚至庙联,从信仰民俗活动到各种民间传说,构成一个庞大的"扬善戒恶"的磁场,以此净化人的心灵、宣传美德、针砭丑恶,对城市居民良好道德体系的维系曾经起到过至关重要的作用。如果我们加以正确的引导,相信对今天的和谐社会的建设仍能起到积极的作用。

道教崇拜的城隍神,皆为世间人之正直者。在人们的观念中,他们或是正直无私、秉公办事、能为民消灾解难者;或是有功于国、有功于民、有功于地方的"功臣";或是为人正直、不阿谀奉承、不惧权势者;或是乐善好施、心地善良者等等,这些人由于生前的善行,死后才当上了受人供奉的城隍神。南京城隍文天祥、杭州城隍周新、上海城隍秦裕伯等等,都是这样的人物。而且,在人们的观念中,这些人当上城隍神后,只有保持良好的操行、继续为市民做有益的事才行,否则就要被免职。明清以来,有关城隍神因营私舞弊或包庇品行恶劣者而免职的传说有不少,如流传于陇西的《陇西城隍革职》。所以,城隍神本身就为世人提供了一个样板:为人要正直、坚持原则,为官要清廉、为百姓办事,做人要善良、乐于助人,等等。鼓励人们积极向上、崇尚德行,对城市市民具有一定的示范作用。

城隍庙是阴间的冥府,虽然它的整个布局是仿照人间的官衙来设置的,但既然是阴间,又增加了不少人间衙门所没有的内容,增加的衙门主要承担扬善罚恶的功能,如苏州城隍庙中有 24 司,分别是:布政司、注福司、采访司、人丁司、报应司、宣发司、库官司、罚恶司、刑部司、保防司、过察司、长寿司、命禄司、吏部司、山神司、图籍司、掌法寺、福德司、礼法司、阴阳司、启达司、财政司、彰善司、户部司。许多城隍庙的墙壁上都会书写"赏善""罚恶"的大字,目的也就是让人们一走进城隍庙就感受到这种气氛,警示人们在为人行事时对善恶有取舍。

在有些城隍庙的阎王殿中,常常有两组对照分明的场景塑像:一组是反映生前行善或者没犯什么过错的人,进入阴间后能顺利地通过各种关口,最后顺利投胎甚至升天;另一组是反映生前作恶或者犯过各种过错的人,根据生前所犯罪过的大小,要经受不同的刑罚,如下油锅、掏心、受锯刑等等。这种血淋淋的场景,对于每个城市居民来说,无疑都具有极大的心理震慑作用。

每座城隍庙都有或多或少的对联,它们张贴或雕刻在大门上、柱子上。这些对联的内容大致可以分为三类:

第一类歌颂城隍神功绩,如:"威灵显赫,护国安邦扶社稷;圣道高明,降施甘泽救生民"(上海城隍庙霍光殿)。第二类表现城隍神正直无私、秉公办事的特征,如:"这里人情谁敢做,此间关节总难通"(通用联),"白日无私贫富一般照临,青天有眼善恶两样分明"(通用联),"善则福之,何必蜜语千声嘱;恶必祸之,岂受欺心一炷香"(湖北蒲圻古城隍庙)。第三类劝人为善、莫作恶事。认为只要你一心向善,不到城隍庙来烧香也无妨;但你做了昧良心的事,即使烧香上供也没有用。神灵明察秋毫,休想逃过应有的惩罚和报应。规劝人们平时要多做善事、有益他人的事,莫做伤天害理之事。有时做善事倒可能暂时受委屈,有时做了恶事不见得马上会受到惩罚,但最终总会受到应有的奖罚的。如:"善者赏恶者罚举念时先须自省,阳必报阴必惩到头来后悔难追"(通用联),"为人须凭良心,初一十五何用你烧香点烛;做事者昧天理,半夜三更谨防我铁链钢叉"(湖北应城城隍庙),"站着,你背地做些什么,好大胆,还来瞒我;想下,俺这里轻饶那个,快回头,莫去害人"(贵阳城隍庙)。

各地城隍庙内一副副对联,大都语气严厉,大可令作恶者心惊。当然其中有不少对联反映的是善有善报、恶有恶报的因果报应思想,但从其核心来说体现的是劝人为善的主题。通过借用因果报应思想的手段,客观上达到了劝善弃恶的效果。每一位到城隍庙的人,无论是烧香祭拜的信众,还是闲人游客,看到这些醒目的对联,无疑都会在心灵上产生一定的触动和震撼。

有关城隍神及城隍庙的传说在民间流传非常广泛,内容极为丰富。其中有很大一部分就是通过普通民众所乐于接受的故事形式来宣传城隍神的种种神异功绩的,如帮助弱者和心地善良者,惩治恶人和道德败坏者;帮助官吏审理案件,使蒙冤者得以昭雪等等。这类传说早在明清时期的笔记小说如郑仲夔《耳新》、袁枚《子不语》中就有大量的记载,直到现当代仍在民间流传。

流传于上海的《神船》和流传于江苏常州地区的《孝子遇城隍》都是讲述城隍神帮助在异乡陷于困境的人返回家乡的传说,而主人公之所以得到城隍的帮助也是由于他的善良品德。如《神船》:

相传明朝时,上海老城隍庙大殿里的城隍老爷塑像前,陈列着一条帆船。据说是供城隍老爷出巡时使用的神船。可是,到清朝时又增加了一条。那么,这后一条船是怎么来的呢?这里有段传说。

清朝乾隆年间,上海城内乔家栅地方,有一家小本经营的汤团店,店主人姓乔,有一手做汤团的好手艺,人们都叫他乔汤团。这位乔汤团,为人正直,乐善好施,常常为救济穷人弄得没本钱做汤团。

一天,四个穿绸着绢的豪门子弟,吆五喝六地闯进了店内。乔汤团知道来者不善,强压怒火,堆着笑脸,招呼他们坐下,把热腾腾、香喷喷的汤团端上桌。这四个家伙狼吞虎咽,每人连吃两碗汤团后,不但不付钱,还说这汤团馅子里有苍蝇脚,便摔碗、推桌,胡闹起来。乔汤团怒火中烧,凭借青年时所学的武功,三拳两脚,把这四个豪门子弟打得哭爹叫妈,狼狈逃窜,乔汤团才出了口气。第二天,差人来到店里,传乔汤团到县衙大堂候审。平时不知忧愁的乔汤团这时却焦急起来。为啥?因为乔汤团识字不多,生怕有理说不清。果然,县官老爷凭那四个豪门子弟的状纸,罚打乔汤团二十大板后将他赶出衙门。乔汤团深感不识字之苦,从此发奋读书。几年后,居然中了秀才。

这一年,乔秀才带足盘缠,肩背一把雨伞,辞别妻子前去南京应试。

由于他乐善好施,考试完早已身无分文。乔秀才只好步行到江边,但又不见船只。感到又累又饥,便跌倒在沙滩上。迷迷糊糊间,忽见一条帆船飞驰而来。乔秀才喜出望外,支撑着身子,当问明帆船是驶向上海时,便恳求搭船,船费到上海后加倍偿还。当乔秀才被扶上船后,西风乍起,江湖骤落,一路顺风顺水。等一觉醒来,船已在黄浦江停靠。他急心跳上岸,奔回家中取钱,再回到江边时,却不见那条帆船的影踪。这时,乔秀才猛然记起,还有一把雨伞遗落在船上。

妻子见乔秀才终日怏怏不乐。问清了原委,便说:"你呀,真是聪明一世,糊涂一时,船费没处付,到城隍庙烧烧香得了。何必犯愁?"乔秀才觉得妻子言之有理,第二天沐浴更衣,偕同妻子一起到城隍庙去烧香。夫妇俩烧过香后,随着人流在大殿里看菩萨。看呀,看呀,乔秀才的目光落到那条神船上就定住了。原来,他越看越觉得这条船就是载他归来的船。再盯住神船细看一番,不由大吃一惊,原来他发现船上的雨伞就是他遗忘的那把。他拉着妻子胳膊兴奋地说:"我失落的那把雨伞找到了!"妻子以为他犯病发烧,在说胡话呢。忙说:"你真是昏了头,城隍老爷怎么会要你这把破伞呢!""你不信,我拿给你看看。"说着,乔秀才一伸手就把伞拿在手里,指着伞柄上刻的名字,得意地对妻子说:"你看看,真凭实据都在,哪还有假的?城隍老爷就是把我接回上海的那条船的主人呀!"妻子一看,大为惊讶,连话也说不出来。

为了感激城隍老爷搭救之恩,乔秀才请了几位能工巧匠,照大殿里那只船式样,又造成一条神船,放在城隍庙城隍老爷大殿前的左边。从此上海老城隍庙便有了两条神船。①

城隍神帮助人世间官员审理案子、惩罚作恶者的传说,在民间流传很广泛。帮助的手段通常都是"托梦",让人听后感到既有趣又不可思议。如上海城隍庙大殿右上方曾有一块十分考究的匾额,上有"神灵难瞒"四个镏金大字,非常醒目。落款是春申县令傅之诠,雍正三年。关

---

① 《中国民间文学集成·上海南市区故事卷》,上海市南市区民间文学三套集成编委会,1989,第60-61页。

于这块匾额的由来,民间就流传一则传说,其意是奉劝人们莫行恶,做了坏事是瞒不过城隍老爷的。

流传于浙江省武义县的《城隍巧答》则通过一个类似笑话的传说讽刺了财主的种种恶行,奉劝人们不可过分贪财、贪色,否则会遭到惩罚。

总之,流传于民间的城隍传说故事,通过生动有趣的故事情节,使城隍神家喻户晓,扩大了城隍神的影响,刺激了人们的信仰心理。而作品中所蕴含的价值判断(如善恶观念,为人处事的原则等),就在不知不觉中对城市居民产生了影响。

在城隍信仰活动中,有许多项目是在娱乐过程中对人们的道德规范有警示意义的。如:每年清明、七月半、十月初一城隍神主祭厉坛,从表面上看主要是警告厉鬼不可为非作歹,但事实上也同时警示世人不可干违法和违背伦理之事。这从明初由吏部统一颁布的祭文(见《明会典》)中就可以看出:

> 维洪武×年×月×日,某府官某,遵承礼部札付为祭祀本府阖境无祀鬼神等众事,该钦奉皇帝圣旨……凡我一府境内人民,倘有忤逆不孝、不敬六亲者,有奸盗诈伪、不畏公法者,有拗曲作直、欺压良善者,有躲避差役、靠损贫户者,似此顽恶奸邪不良之徒,神必报于城隍,发露其事,使遭官府,轻则笞决杖断,不得号为良民;重则徒流绞斩,不得生还乡里。若事未发露,必遣阴谴,使举家并染瘟疫,六畜田蚕不利。如有孝顺父母,和睦亲众,畏惧官府,遵守礼法,不作非为,良善正直之人,神必达之城隍,阴加护佑,使其家道安和,农事顺序,父母妻子保守乡里。我等阖府官吏等,如有上欺朝廷,下枉良善,贪财作弊,蠹政害民者,灵必无私,一体照报。如此,则鬼神有鉴察之明,官府非诡谀之祭,尚享。

很显然,后面部分就是针对参加祭祀活动的民众而言的。在这种场所,在神灵面前,提出这种警示,无疑具有威慑作用。

在城隍出巡的队伍中,往往有许多带有娱乐性的表演节目,其中有些明显带有道德教化意义。如:

秦桧和秦桧婆经常出现在出巡队伍中,其形象是身穿罪衣罪裙,头颈上挂铁索,两个鬼卒在前面拉,两个鬼卒手持水火棍在后面押送,所到之处受人唾骂。

刁刘氏,民间传说中与人通奸杀夫杀子的恶婆娘。由一名俊俏男孩扮演,身穿囚衣,双手反剪,背插斩牌,假头发咬在嘴里.坐在木马上,下面有一辆推车,由两个鬼卒推车徐行。

由男性扮演的鸦片鬼,头上勒一块包额,腰里缠一条彩带,手拿一支烟枪,一路扭捏着问观众:"阿拉这烂浮尸到阿里去啦,看到过?这烂浮尸把我手镯偷当掉买鸦片了,这千刀万剐的东西,我寻着一定对伊勿客气!"观众中就有人大声回答:"到其妍头地方去了!在婊子店里呢?"于是一阵大笑,一阵嬉闹。

上述表演都在嬉笑中包含了对人性中恶的批判:秦桧夫妇出卖民族利益、迫害忠良岳飞;刁刘氏违背伦理,杀夫杀子;鸦片鬼玩物丧志,犹如行尸走肉。这些都是传统伦理道德所不齿的行为。

在城隍出巡的队伍中常有一群"犯人"。这些人轻则"身著囚服,披枷带锁",重则"袒胸裸背,穿许多钢针,针连绒绳,绳系香炉,炉重有数斤者,有重至十数斤者。系之而行,不以为楚"(《中华全国风俗志》)。其中还有不少是妇女,如旧时上海"每有小家碧玉,曲巷烟花,浓妆艳服,被枷带锁,或坐无顶小轿,或竟徒步,参加游行,名为女犯"(《上海研究资料》),"妓女推髻蓬发,身著赭衣,银铛桎梏,乘舆后从"(《瀛壖杂志》)。他们的行为名为"偿愿""还愿"。"偿愿"者的心理和行为,表面上看滑稽可笑,甚至荒唐古怪,但其实在这种事象的背后,隐含着道德教化的功能。反映的是一种知恩图报、有错即改的道德观念。

清代一位贡生在其《重修城隍庙碑记》(见光绪《大宁县志》)中说:"古之善治民者,不以形而以法。形禁于已然,法禁于未然。形之所禁易见,法之所禁难知。此庙既成,凡远近游观者,莫不悚然畏,惕然惊,曰:福善祸淫之不爽也如此!善者以劝,恶者以惩,举严峻罚之所不能禁者,而为善去恶之念油然而生,此先王神道设教也。"这段话非常精辟地分析了城隍庙所具有的道德教化功能以及历代统治者竭力提倡城隍信仰的原因。

　　从实际情况来看,城隍庙以及围绕城隍信仰而开展的一系列活动,有意或无意之间形成了一张无形的道德规范网,在广大信徒的心理层面形成了一种巨大的威慑力,对促进社会伦理的健康发展,对城市市民道德行为规范的约束以及市民良好道德伦理观念的维系,都能起到积极的作用。当然,产生于封建时代的城隍信仰,其中也掺杂着许多迷信的成分。在建设社会主义和谐社会的今天,我们还是要坚持"去其糟粕,取其精华"的原则,利用其合理和积极的元素为今天的社会服务。

(本文原刊《上海道教》2010 年第 3 期)

"城隍出巡"仪式与民间传统
信仰中的道德关怀

　　清明节期间,笔者应中国民间文艺家协会之邀参加在宁夏灵武召开的"我们的节日传承与发展"高层专家研讨会、考察灵武城隍出巡活动。因为我自 20 世纪 90 年代以来一直从事中国城隍信仰的研究,出版过《中国城隍信仰》和《护城兴市——城隍信仰的人类学考察》等书,所以全程认真观察了灵武城隍出巡活动,发现该活动较为完整地保留了传统的仪式,在全国并不多见,是一项难能可贵的非物质文化遗产。但不曾想,当天晚上就有人质疑该活动思想倾向有问题,是宣传封建迷信,我们在场的专家学者无不震惊,有些人对传统文化的认识居然还停留在这个层面,在对传统仪式并不真正了解的情况就乱扣帽子,这对传统文化的保护传承实在是一大障碍,也有悖于中央的精神。

　　城隍信仰是我国少数几项发端于城市的民俗信仰活动之一。"城"指城墙,"隍"指护城河,市民为了寻求生活的安宁、安全,将保护城市的城墙、护城河人格化而产生了城隍信仰。城隍信仰的记载最早见于《北齐书·慕容俨传》,其中记载郢城有座城隍祠,祠中供奉城隍神;至唐代,城隍信仰已相当普遍;经过宋元的进一步发展,城隍信仰体系基本形成;到了明代,由于明太祖朱元璋大封天下城隍及完善了城隍祭祀制度,下令全国各府州县必须建造城隍庙,城隍庙完成了全国网格化的布局。城隍庙一般都建于城市的中心位置,伴随着频繁的信仰活动,集聚了人群,因庙兴市,大都成了该城市经贸活动、市民娱乐活动的中心,成了一个城市的象征,如上海就流行一句俗话:"不到城隍庙,不算到过大上海。"城隍信仰对于中国城市经济、文化的发展都起到过重要的作用。城隍信仰伴随着中外文化交流和华人的脚步流传到了东南亚各国,成了海上丝绸之路沿线国家民众共同的信仰，在世界范围内都有一定的影响。

城隍神的职责是保护一方的平安。他们大多由生前聪明正直者担任，或是正直无私、秉公办事、能为民消灾解难者；或是有功于国、有功于民、有功于地方的功臣；或是为人正直、不阿谀奉承、不惧权势者；或是乐善好施、心地善良者等。如南京城隍文天祥、杭州城隍周新、上海城隍秦裕伯等，都是这样的人物。灵武城隍相传为明朝开国大将韩成，战功显赫，最后为救朱元璋而死。明朝建立后，朱元璋封韩成为灵武城隍，御边护国佑民。这些人由于生前的善行和功绩，死后才有资格担任城隍神，才能胜任保护一方平安的重任。这是城市市民对幸福美好生活诉求的表达，也是对有功于民的官员的肯定。

城隍信仰的核心是宣传"惩恶扬善"的价值观。城隍庙曾经充当过一座城市中市民伦理道德观念"教化场"的角色。城隍神本身就为世人提供了一个样板：为人要正直、坚持原则，为官要清廉、为百姓办事，做人要善良、乐于助人，等等。鼓励人们积极向上、崇尚德行，对城市市民具有一定的示范作用。许多城隍庙的墙壁上都会书写"赏善""罚恶"的大字，目的也是让人们一走进城隍庙就能感受到这种气氛，警示人们在为人行事时对善恶的取舍。各地城隍庙内一副副对联，大都语气严厉，大可令作恶者心惊，其核心体现的是劝人为善、诸恶莫作的主题，如"白日无私贫富一般照临，青天有眼善恶两样分明"（通用联），"善则福之，何必蜜语千声嘱；恶必祸之，岂受欺心一炷香"（湖北蒲圻古城隍庙），"站着，你背地做些什么，好大胆，还来瞒我；想下，俺这里轻饶那个，快回头，莫去害人"（贵阳城隍庙）。只要你一心向善，不到城隍庙来烧香也无妨；但你做了昧良心的事，即使烧香上供也没有用。规劝人们平时要多做善事、莫做伤天害理之事。每一位到城隍庙的人，无论是烧香祭拜的信众，还是闲人游客，看到这些醒目的对联，无疑都会在心灵上产生一定的触动和震撼。

有关城隍神及城隍庙的传说在民间流传非常广泛，内容极为丰富，通过生动有趣的故事情节，使得作品中所蕴含的价值判断（如善恶观念,为人处事的原则等)在不知不觉中对城市居民产生影响。在城隍信仰活动中,有许多项目对人们的道德规范有警示的意义。如每年清明、七月半、十月初一的城隍"三巡会",城隍神舆从城隍庙出发沿城市主要干道巡游,最后到厉坛举行祭祀活动,从表面上看主要是警告厉鬼不可为非作歹,但事实上也同时警示世人不可干违法和违背伦理之事。

这从明初由吏部统一颁布的祭文中就可以看出:"维洪武×年×月×日,某府官某,遵承礼部札付为祭祀本府阖境无祀鬼神等众事,该钦奉皇帝圣旨……凡我一府境内人民,倘有忤逆不孝、不敬六亲者,有奸盗诈伪、不畏公法者,有拗曲作直、欺压良善者,有躲避差役、靠损贫户者,似此顽恶奸邪不良之徒,神必报于城隍,发露其事,使遭官府,轻则笞决杖断,不得号为良民;重则徒流绞斩,不得生还乡里。若事未发露,必遭阴谴,使举家并染瘟疫,六畜田蚕不利。如有孝顺父母,和睦亲众,畏惧官府,遵守礼法,不作非为,良善正直之人,神必达之城隍,阴加护佑,使其家道安和,农事顺序,父母妻子保守乡里。我等阖府官吏等,如有上欺朝廷,下枉良善,贪财作弊,蠹政害民者,灵必无私,一体照报。如此,则鬼神有鉴察之明,官府非诡谀之祭,尚享。"(《明会典》卷九十四)很显然,后面部分就是针对参加祭祀活动的民众而言的。在这种场所,在神灵面前,提出这种警示,无疑具有威慑作用。

可以说,从城隍神到城隍庙的其他神灵,从城隍庙的内部布局设置到各种摆设甚至庙联,从各种民间传说到信仰民俗活动,构成一个庞大的"戒恶扬善"的磁场,以此净化人的心灵、宣传美德、针砭丑恶,对城市居民良好道德体系的维系曾经起到过至关重要的作用。在当今中国,由于社会急剧转型、市场经济冲击以及各种西方思潮的影响,社会公序良俗受损、人们道德水准下滑已经成为急需解决的社会问题,传承和弘扬城隍信仰中的积极因素,无疑在社会主义和谐社会、和谐社区建设以及良好道德伦理建立的过程中仍然具有积极的意义。

正因为如此,进入新世纪以来,我们看到各地纷纷恢复城隍庙及其信仰民俗活动,包括灵武城隍出巡在内的城隍信仰活动已列入各级非物质文化遗产保护项目,城隍信仰已经被作为中国传统文化的有机组成部分加以保护。

诚然,解放以后有段时间在极左思想的影响下,各地曾经错误地把包括城隍信仰在内的传统民俗活动都当作封建迷信加以批评、破除。但到了今天,国家已经三令五申要高度重视传统文化,并出台了一系列的保护政策和措施。前不久中共中央办公厅、国务院办公厅就颁布了《关于实施中华优秀传统文化传承发展工程的意见》,并发出通知要求各地区各部门根据实际情况认真贯彻落实。在这样的形势下,居然仍有些人把"城隍出巡"当作封建迷信看待,岂不怪哉!这也是应该引起高度警觉的现象!

(本文原刊于《中国艺术报》2017 年 4 月 21 日)

神缘文化：连接"民心相通"的一座桥梁

建设"丝绸之路经济带"和"21世纪丝绸之路"（简称"一带一路"）已成为我国实施新一轮改革开放、推进亚洲区域合作以及世界和平与发展的重要国策，"一带一路"建设强调优先发展互联互通，视不同情况逐步实现"五通"（政策沟通、道路联通、贸易畅通、货币流通、民心相通）。有学者指出，"五通"之中政策沟通是保障，道路联通是条件，贸易畅通是目标，货币流通是途径，民心相通是关键。也就是说，"民心相通"是极为重要的一环。但在不同国家、不同文明之间如何真正实现"民心相通"，是需要高度智慧的。民心相通，不应只是人员间的友好往来，也不仅仅是道义上的相互支持，而是心灵的沟通，是相互的理解信任。发掘中华民族历史上与丝绸之路沿线国家友好交往的宝贵资源为今天所用，无疑是有效途径之一。在这过程中，神缘文化应是一座连接"民心相通"的重要桥梁。"神缘"是指以神灵信仰为纽带而建立的人与人之间的关系。神灵信仰是文化中最具有影响力的元素之一，它深入到每个人的心灵深处，左右着人们的价值观和日常行为。因为信仰中包含着人类认知自然、社会、人类自身的各种观念，如世界观、自然观、道德观、价值观、审美观等，因此具有共同信仰的人群因为观念的相同或相近，容易沟通、理解、交往，更易于建立一种和谐的人际关系。挖掘神缘文化并加以恰当的运用，对开展中国与"一带一路"沿线诸国友好交流和务实合作应能起到积极的作用。

一、信仰伴随人员交往而传播

信仰承载于每个个体身上，伴随着人员的交往，信仰也会向四周传播。历史上当中国人移居丝绸之路沿线诸国以及与沿线国家进行商贸文化交流的时候，便将信仰带到了当地，如妈祖信仰、关公信仰、城隍信仰等；同时，沿线各国的神灵信仰也随着人员的往来，传入了中国，如佛教。

以关公信仰为例，发轫于南北朝至唐代，发展于宋元时期，盛行于明代，至清代而达到顶峰。关公是三国时期蜀将关羽的尊称，是一位真实的历史人物。据陈寿《三国志·蜀书》等文献记载：关羽字云长，河东解州（今山西运城）人。东汉末与张飞从刘备起兵。建安五年，关羽兵败于曹操，于白马坡斩袁绍大将颜良，被曹封为"汉寿亭侯"，后回归刘备。镇守荆州时，曾水淹七军，擒于禁，斩庞德，威镇华夏。公元220年荆州失守，关公被孙权部下吕蒙杀害，"头定洛阳，身困当阳"，孙权将关羽首级献给曹操，曹操刻沉香木为躯，厚葬于洛阳，孙权以侯礼将其身躯葬于当阳。由于关羽身上体现的"忠""义"品格，正是社会各个层次人所追求和需要的。尤其是儒家思想特别强调"忠"的道德观念，如孔子云："为人谋而不忠乎？"把"忠"视为一种高尚的美德，把那些反复无常、朝秦暮楚之徒视为小人。而要宣传"忠"的观念，培养人们"忠"的美德，需要有一个社会所公认的楷模，需要竖立一个标杆，关羽的行为正符合这种美德，所以统治者和民众就把他推上了神的宝座，出现了"儒称圣，释称佛，道称天尊，三教尽皈依"的罕见现象，其信仰之盛，正如明代徐渭在《蜀汉关侯祠记》中所感叹的："蜀汉前将军关侯之神，与吾孔子之道，并行于天下。然祠孔子者止郡县而已，而侯则居九州之广，上自都城，下至墟落，虽烟火数家，亦靡不醵金构祠，肖像以临，球马弓刀，穷其力之所办。而其醵也，虽妇女儿童，犹欢忻踊跃，惟恐或后。以比于事孔子者，殆若过之。噫亦盛矣！"

正因为关公成为了"忠""义"的象征，关公信仰大致在明代中后期就流传到了国外，在日本、韩国、蒙古、缅甸、美国、澳大利亚、越南、新加坡、马来西亚、菲律宾等国都建有关公庙，关公已"成为全世界一百四十三个国家与地区有严密组织共同拜祀的神，在整个汉文化圈内外发生着巨大的影响，这种文化现象的新局面是有着极其深刻的内涵与外延因素和力量的"。① 其中尤以丝绸之路沿线的东南亚诸国的关公庙宇

---

① 孟海生：《渴望福祉：中国沿海关公热》，《山西文化》1992年第5、6期合刊。

最多、信众最广泛。据统计在越南全国的 59 个省、5 个中央直辖市中，至少有 22 个省、3 个直辖市共 40 多个宗教建筑供奉关公。①

华人走出国门，到了异国他乡后，作为弱势群体，需要凝聚力量才能应付外部环境，才能生存、发展。最初往往是通过同乡会的形式来实现的，如泉(州)漳(州)帮、福州帮、广东帮等。但随着华人人数的增加，人员的构成变得比较复杂，以原籍地域(地缘)为纽带来组织当地华人逐渐不合时宜，于是就出现了"中华会馆"等华人组织，将所有居住在该地区的华人组织在一起，以此来保护华人的利益。但如何才能真正使当地华人团结在一起？自周朝以来，宗法家族制度一直是中国社会基层的最基本社会制度，在凝聚人际关系方面，血缘起着至关重要的作用。然而华人移居到海外以后，血缘纽带的功能基本消失，地缘关系也逐渐丧失其作用，因此需要一种更强的文化粘合力来促成、强化、维系这种关系，于是"神缘"的功能逐渐显现，而以"忠""义"为核心的关公信仰，便成为了中华会馆的首选，成为了当地华人重要的精神支柱。妈祖的信仰也是如此。

丝绸之路，不仅是一条经济贸易之路，更是一条文化交流之路。无论是到异国他乡定居，还是做生意谋生，不确定因素要比在家乡增多，更需要神灵信仰的护佑，于是在丝路沿线各国的神灵信仰也就自然而然相互传播、相互影响了。

二、信仰的在地化与本土化

丝绸之路沿线诸国都有自身在适应生存环境过程中逐渐形成的独具特色的文化。一种信仰传入异地之后，必然需要在某种程度上对原有的信仰作自动的调适，以适应当地原有的文化。佛教自东汉末年传入中国后，整个魏晋六朝时期几乎都在做中国化的努力。例如佛教主张出家修行，与中国"不孝有三，无后为大"的孝道严重相悖，在"中国

---

① 康清浊：《越南的关公文化》，据民俗学论坛：http://www.chinesefolklore.org.cn/forum/viewthread.php? tid = 39550。

化"的过程中不得不高举"孝"的旗子,认为孝道分为世间及出世间两种:"世间之孝,一者承欢侍彩,而甘旨以养其亲;二者登科入仕,而禄以荣其亲;三者修德励行,而成圣成贤,以显其亲。是则世间之所谓孝也。出世间之孝,则劝其亲,斋戒奉道,一心念佛求愿往生,永别四生,长辞六道,莲胎托质,亲觐弥陀,得不退转,人子报亲,于是为大。"也就是说,佛教徒虽然出家,不能侍奉父母,不能承继香火,但他们要把父母度出三界,让他们脱离苦海,这才是世上极至的孝,它比世俗的孝更加伟大。通过种种努力,最后才逐渐被中国民众所接受。徐李颖在研究了新加坡的城隍信仰后认为:"在新加坡近两百年的发展史中,华人庙宇跟随着社会变迁发生着潜移默化的改变,无论中外部形态、社会功能,还是在国家认同、象征意义上,华人庙宇都在为适应当地社会的变化而进行着自我调整与相互整合。"①关公信仰也是如此。例如在日本横滨关帝庙的护身符上就写明神能保佑信众"生意兴隆,合家平安,学业顺利,交通安全"等等。在中国的关公信仰中,关公没有保佑"学业顺利""交通安全"的职能,因为前者是文昌神或文圣(孔子)的职责,后者是行路神的职责。

　　华侨华人在参与当地社会、经济、文化建设的过程中,源自华侨华人的神灵信仰也逐渐为当地人所接受,成为华侨华人与当地人沟通的纽带和桥梁,逐渐成为当地文化的有机组成部分,使得丝绸之路沿线诸国的文化中包含了中华文化的因子。诚如徐李颖所指出的:"通过对新加坡的华人城隍信仰的研究,我们发现,在文化认同的层面之下,还有一种更为深刻的力量在推动和改变着华人庙宇的发展,那就是隐形的国家的力量。在庙宇的建构中,我们看到不同的人带给庙宇不同的命运。然而不同的人背后仍是受到了国家话语的操纵。国家成为一种隐形的力量,它并不直接干预但却深刻地影响着个人和社团的选择。"②"新加坡华人的民间信仰虽然源自中国,但是在当地的社会环境下,华

① 徐李颖:《佛道与阴阳:新加坡城隍庙与城隍信仰研究》,厦门大学出版社,2010,第35页。
② 同上,第115页。

人信仰越来越与当地的文化相融合。"①也就是通过这种隐形的国家的力量,将华人的信仰纳入了在地国的文化体系之中。关公信仰在某种程度上比城隍信仰表现更为突出。例如,在马来西亚专门有关老爷文化协会,每年农历五月十三在当地举办"马来西亚国际关公文化节",以弘扬"忠、义、仁、勇、礼、智、信"的关公精神为切入点,提升民众素质,净化社会风气,促进民族团结;祈求关老爷护佑马来西亚"风调雨顺,国泰民安",促进当地文化、旅游和各项事业的发展。关公文化也早已经融入越南人的日常生活之中,每年的五月十三日和六月二十四日也是越南公认的"关公诞"纪念日,届时会有很多人携带祭品到就近的关庙祭拜。而且,很多越南人也在家里设神台拜祭关公,供台上或者摆着他的塑像,或放着他的画像,在画像里,关公位居正中,左边是他的侍卫周昌(周仓),右边是他的儿子关平。这些习俗都和中国无异。②

　　这种融化于精神生活的文化因子,成为了中国与丝绸之路沿线诸国进行海上合作交流、"民心相通"的基础和重要元素。

三、神缘——"人心相通"的桥梁

　　中国与丝绸之路沿线诸国所处的地理环境、生存环境、人文传统不同,形成了各自独具特色的文化。文化多样性是人类社会的一项基本特性,文化多样性创造了一个多姿多彩的世界,通过不同文化间的交流和互动,人类的创造力得以实现。每个民族创造的文化都有独特的不可替代的价值,有存续与发展的权利,尊重彼此的文化,是合作交流的基础。中国与丝绸之路沿线诸国的交流合作也应遵循此基本原则。

　　同时我们也应该承认,文化的差异,在一定程度上也是交流合作的障碍。价值观、思维方式的不同,常常会导致对某一相同问题认识上的差异、处理方式的不同。这种差异有时体现在政治意识形态方面,有时

---

① 徐李颖:《佛道与阴阳:新加坡城隍庙与城隍信仰研究》,厦门大学出版社,2010,第257页。

② 康清浊:《越南的关公文化》,据民俗学论坛 http://www.chinesefolklore.org.cn/forum/viewthread.php? tid=39550。

影响到经济贸易往来。若能找出不同文化间的"异"中之"同",则交流合作将更为顺畅、有效。由于历史的原因,关公信仰、妈祖信仰、城隍信仰等随着华人的脚步流传到了丝绸之路沿线诸国,融入了当地文化,成为了当地人的信仰之一。而具有相同信仰的人往往会形成基本相同的价值观,例如关公信仰的核心是"忠义"精神,倡导与人交往"义"字当先、诚信相待。只要具备了这种观念并付诸行动,任何不同文化背景下人们都可以友好交往、相互理解,任何不同政治制度的国家也可以和平相处、合作互助。

神缘文化是一种民间文化,是人们的一种精神追求和对未来美好生活的期盼,呈现于人们的日常生活之中。例如近些年来丝绸之路沿线诸国的信众纷纷到中国大陆的妈祖庙、关公庙、城隍庙"朝香",纯粹是一种信众自发的行为,基本不涉及意识形态问题。因此利用好神缘文化,可以巧妙地避开因政治意识形态不同而造成的交流合作摩擦。利用其"民间"的优势,以"神缘"为纽带促进"民心相通",在民间层面搭建好交流合作的平台,发挥神缘文化软实力的功能,必然会对"一带一路"建设产生积极的影响。

（本文为参加福建省五缘文化研究会 2017 年年会论文）

"固守"抑或"开放": 海外华人民间信仰的两难问题

一、海外华人民间信仰的历史与现状

中国民间信仰伴随着华人的脚步传播到了世界各地。《汉书·元帝纪》中说:"安土重迁,黎民之性;骨肉相附,人情所愿也。"重血缘、重地缘是中国人的文化特性。然而华人移居到国外以后,血缘纽带的功能基本消失了,能够将客居地华人凝聚起来的地缘关系,因没有生理基因的粘合力,显得比较松散,更何况随着客居地华人来源的复杂化,地缘关系的作用越显乏力,需要一种更强的文化粘合力来促成、强化、维系当地华人的关系,此时神缘的作用凸显,于是来自故土的民间信仰成了客居异国他乡华人华侨的重要精神纽带。

华人迁居海外,早在秦汉时期就已开始,但一直到唐宋时期,基本上都是经商者,人数较少。直到明朝海禁开放,尤其是郑和率两万多人的船队七下西洋,历访亚非30多个国家和地区,从此移居海外的人数急剧增加。至1949年,华侨人数已达1 200多万,基本形成了华人华侨在海外的布局。也正是这些华人华侨将中国的民间信仰带到海外,并且将其作为他们的精神支柱和凝聚纽带。[①] 例如,17世纪至18世纪华侨在日本长崎建造的四大唐寺中除了供佛外,均附祀关帝、妈祖:1623年,长崎华侨"三江帮"(即江南——江苏、浙江、江西)创建兴福寺,寺内妈祖堂的左旁祀关帝;1628年,长崎华侨泉(州)漳(州)帮创建

---

① 虽然20世纪80年代以来出现的出国潮、留学潮,使海外华侨华人的人数增至3 000多万,但由于1949年后历次的反封建迷信活动,大陆的民间信仰基本被取缔,因此改革开放后出国的华人对民间信仰的传播作用极为有限。

福济寺,寺内青莲堂的左旁祀关帝;1629 年,长崎华侨福州帮创建了崇福寺,寺内护法堂中祀关帝和观音;1678 年,华侨广东帮创建了圣福寺,寺内观音堂内祀关帝、妈祖和观音等等。这批华人主要是海商、船主、明末遗臣、士大夫、文人等,他们或从事海上走私贸易"犯禁",而寄居异邦,不敢回家;或因不愿仕清,挺身走险,搭乘商船流亡出逃。他们寓居异乡,得不到国内政府的保护,精神上彷徨、苦闷,为寻求精神上寄托,全体侨胞遂将关公、妈祖奉为守护神。明治维新以后,随着日本的"门户开放",在日本的华侨日益增多,又相继建造了横滨关帝庙、大阪关帝庙、神户关帝庙、北海道函馆关帝庙等,关帝被客居日本的华人华侨奉为守护神、商业神和财神,视为中华传统道德秩序的象征,成为中华会馆的精神支柱。美国的第一座关帝庙(金山华人会馆)建于 1880 年(清光绪六年),正是由三十几万在旧金山从事金矿劳作的华人劳工所建。

　　由华人传到海外的民间信仰大致可分为三类:一是在中国具有普遍性信仰的神灵,如关公、妈祖、城隍,尤以关公最为普遍,遍布世界各处。妈祖信仰的信众主要是福建、广东沿海的渔民,因为早期移居海外的华人以广东、福建籍居多,故他们所到之处,妈祖信仰也盛行。城隍信仰主要在东南亚地区。二是地方性的信仰,主要是广东、福建地区的一些民间信仰神灵,如东南亚地区的黄大仙信仰、九皇大帝信仰、大伯公信仰等。三是宗族性的信仰,如东南亚地区宗祠中的祖先信仰。

　　海外华人民间信仰的现状呈现较为复杂的情况:有的保留完好,甚至有些在中国大陆几乎失传、消失的民间信仰,在这些地区仍然完整地保留并传承着,如马来西亚的九皇大帝信仰;有的则保留了主体部分,但已经发生了一定的变化,如日本的关公信仰;也有的几乎完全融入了属地国的文化,看不出中国民间信仰的痕迹,如韩国端午祭中的城隍信仰。

二、"固守"的利与弊——以马来西亚槟城九皇大帝信仰为例

　　海外华人民间信仰保留最好的往往是华人华侨居住集中、相对于

其他族群来说华人人数占优的地区。其中马来西亚的槟城是较为典型的地区。

槟城亦称"槟州",马来西亚十三个联邦州之一,位于马来西亚西北部。槟城与中国有悠久的渊源关系,"槟榔屿"的名称最早出现在明代永乐年间成书的《郑和航海图》中。15世纪中期,一部中国舟师使用的海道针经《顺风相送》中就记录了从马来半岛的昆仑岛(PuloCondore)到槟榔屿的航行指南。1786年3月,英国东印度公司根据莱特(Francis Light)的建议,以槟榔屿为英国海军基地。莱特为第一任总督,他在任期间鼓励华人及其他移民进入槟榔屿,令槟榔屿日益繁荣。槟城是孙中山及中国同盟会和革命党在东南亚的根据地。除了创办光华日报,革命人士也在槟榔屿组织"槟城阅书报社"鼓吹革命。黄花岗起义就是孙中山和赵声、黄兴、胡汉民、邓泽如等同盟会重要骨干于1910年11月13日在槟榔屿议决和策划的。

槟城是一座多元文化交融的城市,但华人人口占当地人口的多数,据当地文化人士介绍,70%居民是华人。因为华人众多,当地保留了非常好的中华文化,有著名的极乐寺、姓氏桥(按中国九个姓氏聚族而居形成的居住区),街上到处可见宗祠、华人信奉的寺庙、汉字书写的公司等,汉语在当地是通行语言,九皇大帝信仰是当地华人最大的信仰活动。

九皇大帝信仰源于中国古代的星辰崇拜,九皇大帝是北斗七星星君(贪狼、巨门、禄存、文曲、廉贞、武曲、破军)加上左辅、右弼两星君的合称。北斗星的信仰分为两支,一支是北斗星君信仰,一支是九皇大帝信仰。中国大陆与台湾盛行北斗星君信仰。南洋新加坡与马来西亚的华人地区,则自当年泉州、漳州、潮州等地区传入了祭祀九皇大帝的习俗。传说凡能在特定时日祭祀九星,可得消灾清吉。道藏《太上北斗二十八章经》中,斗母化现出北斗诸星,并向汉明帝说法,告知要在旧历九月初一到九月初九礼拜九皇大帝,可保四邻无难、一家平安。

从目前流传在槟城的九皇大帝信仰来看,虽然源头是星辰崇拜,但在流传过程中已发生了变异。民间流传多种说法:一说九皇大帝是指清乾隆年间天地会创始人万云龙与他的儿子、结义兄弟、部众将领共九人的合称，乡民畏忌清政府，只好以"九皇大帝"的名义奉祀；一说是九位天地会反清复明的志士，率领群众在闽南起事抗清，兵败被斩首于海畔，死后冤魂作祟，要求奉祀香火；一说是这九位志士死后托梦，说他们是九皇大帝转世，并劝人移民南洋。多种说法尽管有些差异，但共同指向了明末清初的抗清复明运动，祭祀活动则是在祭奠抗清复明运动中牺牲的将士。活动的高潮是农历九月初九深夜的"送九皇船"的仪式，信众建造宝船，送九皇船出海，恭送将士魂归故里。

2017 年 10 月 26 日至 31 日，笔者有幸考察了日落洞中灵宫、斗母宫、大山脚双溪里武南天门斗母宫、威南斗母宫等场所的九皇大帝神诞活动，全程跟随南天门斗母宫送神出海回国的活动。通过考察参与槟城的九皇大帝信仰活动，接触了比较多的当地民众，其中感受比较深的有两点：

一是当地华人对传统的"固守"。庙会期间，整个槟城都沉浸在信仰活动中，几乎所有的华人都参与其中，尤其是有许多年轻人的参与，包括一些尚在中小学读书的学生，也利用课余时间充当志愿者。这对于提升当地华人的凝聚力能起到极大的作用。仪式完全遵循传统：整个活动持续半个多月，迎神仪式是取海水回庙祭拜，所有参与者在庙会期间身穿白衣、素食。一旦参与祭祀仪式，至少要连续参与三年，否则要遭到厄运。

二是"固守"带来的弊端。槟城九皇大帝信仰通过神缘纽带团结当地华人的作用是非常显著，但其"封闭性"的特征极为明显：参与活动的基本上都是华人，其他族群的人几乎不参与，至多是看客。因为活动中祭拜的对象是华人的，仪式是中国式的，说的话是汉语，印度族、马来族等其他族群的人难以接受。这种"封闭式"的状况，对于中华文化的传播和"在地化"相当不利，也容易引起一些争议，如九皇船按照传统是送到海上后任其漂流的，后来马来西亚政府以影响航行安全为由规定必须将其烧毁。

三、"开放"的利与弊——以日本的关帝信仰为例

日本现有五座关帝庙。其中横滨关帝庙，始建于 1862 年左右，现

在的关帝庙是 1990 年第四次重建而成,殿内正中主祀关帝,左为关平,右为周仓;左旁祀地母娘娘,右旁祀观音,右后方为福德正神。整个建筑红柱、黄瓦,雕梁画栋,四周环绕汉白玉栏杆,由来自中国大陆和台湾的工匠修建,体现明清时期中国南方庙堂的建筑样式,是中国式的古建筑造型。横滨关帝庙位于繁华的中华街,是横滨及其周边地区华侨信仰的中心,也是日本著名的旅游景点。重要的信仰活动有农历六月廿四的关帝生日、农历十月十八的地母生日、农历二月十九的观音生日、农历二月初二的土地生日。

大阪关帝庙始建于 1883 年,又称南京寺、清寿院,位于大阪市天王寺区。由自长崎来大阪经商的广东华商们发起建造。

神户关帝庙,俗称南京寺,明治二十一年(1888),大阪府布施村的长乐寺被废弃,移建于现址,供奉关帝、十一面观音、天后圣母。历经修葺,现大殿居中供奉关公,周仓、关平陪祀;右供观音像,左供天后圣母(妈祖);右前侧供福德正神(土地),左前侧供吕祖。农历七月十三日至十六日举行的普渡胜会(盂兰盆会),在日本影响很大。

北海道函馆关帝庙是中华会馆,竣工于 1910 年 12 月,馆内供奉关帝神。该馆自修建后从未毁坏过,是日本唯一保存原貌的一座古老关帝庙。

福冈关帝庙建于 2002 年,位于福冈市中央区。

与中国大陆的关帝信仰相比,日本关帝信仰中的神灵功能有了拓展。在日本,关帝的主要神格是保护神,保护当地华人的各种利益。以神户为例,明治元年(1868),兵库(神户)港开港,从之前已经开港(1859)的长崎和横滨来了十多位福建、广东、浙江、江苏的中国商人。在这之后,华人不断汇聚神户,他们集中居住元町,其聚居区逐渐演变成了现在的中华街。1893 年创建了神阪中华会馆,有了专门安葬华侨的中华义庄,至 1900 年居住在兵库县的中国人达到了 1 600 人左右。尽管人数已不少,但相对于当地的住民来说,仍然是一个很弱势的群体,尤其是在异国的土地上、异国的文化氛围中生存,面临各种利益的冲突,如果单枪匹马的话,生存是很艰难的。而这种情况在中国国内是不存在的。由于当地没有或者很少有其他中国式神灵的庙宇，所以关帝所保护的范围就极为广泛。如横滨关帝庙的护身符上就写明神能保佑信众"生意兴隆，合家平安，学业顺利，交通安全"等等。在中国的关帝信仰中，关帝没有保佑"学业顺利""交通安全"的职能，因为前者是文昌神或文圣(孔子)的职责，后者是行路神的职责。横滨关帝庙在神诞仪式结束后，要进行"新生儿成长祈愿"的仪式，这也是吸收了日本的文化。在神户关帝庙的供桌上，我们可以发现日本人新年时用于供神的"もち"(年糕)。

从日本关帝庙的情况看，它们都从属于中华会馆，由华人出资建造、管理。但总体处于比较开放的状态，部分融入了日本文化，也能够为部分日本人所接受，进庙祭拜、参加庙会活动的有不少日本人。但其弊端是凝聚力正在减弱，年轻人的参与度越来越低。

四、一点思考

"一带一路"倡议强调优先发展互联互通，逐步实现"五通"(政策沟通、道路联通、贸易畅通、货币流通、民心相通)，其中民心相通是关键。在不同国家、不同文明之间真正实现"民心相通"，是一项艰巨的任务。应该说，历史上由华人华侨带到世界各地的中国民间信仰是一笔可供利用的丰厚精神财富。具有共同信仰的人群因为观念的相同或相近，容易沟通、理解、交往，更易于建立一种和谐的人际关系。但如何发挥海外华人民间信仰在这过程中的重要作用，是需要认真研究的课题。

如前所述，类似于槟城的九皇大帝信仰，因为过于"固守"，属地化程度太低，极易产生族群之间的矛盾，起不到"民心相通"的作用；而"开放"程度过高，又容易丢失"主位"的本质，变成了当地的文化，"民心相通"的功能也基本消失。所以在利用海外华人民间信仰为"一带一路"建设服务的过程中，需要区别对待。

徐李颖在《佛道与阴阳：新加坡城隍庙与城隍信仰研究》一书中指出："在新加坡近两百年的发展史中，华人庙宇跟随着社会变迁发生着潜移默化的改变，无论中外部形态、社会功能，还是在国家认同、象征意义上,华人庙宇都在为适应社会的变化而进行着自我调整与相互整合。""新加坡华人的民间信仰虽然源自中国,但是在当地的社会环境下,华人信仰越来越与当地的文化相融合。"在华侨华人逐渐融入当地文化,参与当地社会、经济、文化建设的过程中,源自华侨华人的民间信仰也逐渐为当地人所接受,成为华侨华人与当地人沟通的纽带和桥梁。这种情况是比较理想的状态,也是可资利用的最好资源。

（本文为 2018 年 11 月 23—25 日参加中国民俗学会第九届代表大会暨 2018 年年会的论文）

第四编

民俗类非遗的保护问题

充实融合：将干支生肖年文化
注入春节习俗的思考

　　春节,作为中国传统节日中最大的节日之一,已经成为我国的国家级非物质文化遗产,在从中央到地方各级政府部门的大力提倡下,在民众的文化自觉意识提高的情况下,春节民俗在近些年已经得到了极大的复兴。尤其是今年的春节,民俗的气氛已经相当浓郁了。但毋庸置疑,"春节感"离人们的期望仍有一定的距离,其中表现最突出的是人们经常会发出现在过年"年味"不浓的感叹。为什么会出现这种情况? 原因应该说很复杂,既有每个个体的主观因素(如城市中人不了解农村春节的情况),也有社会的客观原因。但最根本的原因恐怕还是许多学者都提及的,春节是建立在农耕文化基础上的节日,随着我国逐步进入现代化国家的行列,人们的生产、生活方式正发生着剧烈的变化,原本产生于农耕文明的春节习俗有的已经失去了存在的基础,如扫尘、祭灶等;有的习俗已经丧失了信仰的支撑,如以"感恩"为主题的祭天地等。这些习俗若想恢复已经不太可能,而且也没有必要。"年俗"内容的减少,势必会导致"年味"的淡化。因此,如何适当增加年俗内容,甚至"再造"一些符合现代人生活需求的新年俗,以丰富春节的民俗活动,成了一个迫切需要解决的问题。从最近几年春节习俗的实践情况来看,笔者个人认为有意识地将干支生肖年文化引入春节活动之中,也许是一条切实可行的途径。理由有三:

　　第一,干支纪年法在中国具有悠久的历史,形成于三千多年前的夏朝,故称为夏历,是中国封建社会唯一的历法。虽然民国政府于1914年颁布法令改用公历纪年法,干支纪年法退出了国家层面的时间体系。但干支纪年法一直没有退出中国民众的生活,尤其在广大的农村地区。

而建立在干支纪年法基础之上的传统节日也一直没有改变,如春节、端午节、七夕、中秋节、重阳节等。它已成为中国传统文化的重要组成部分。

干支纪年法具有中国鲜明的民族特色。以十个天干和十二地支相配来纪年,如甲子年、乙丑年,我们今年①就是庚寅年,一个轮回正好 60 年,称为六十甲子。与月相配,60 月(5 年)循环往复一次;与日相配,60 日循环往复一次;与时相配,120 小时(古时一时辰 2 小时)循环往复一次。如此循环往复,年、月、日、时各有自己的干支纪历,日历记载的方法就清晰了。同时又以 12 种动物配十二地支,子鼠、丑牛、寅虎……成为鼠年、牛年、虎年等。后来,人们认为生于某年的就像这一年对应的动物,如虎年生的肖虎,就形成了十二生肖。每个中国人,自出生那刻始,就被赋予了一种属相,陪伴终生。

干支纪年法对中国社会影响巨大。上至国家政治制度、法律制度,下至普通民众的日常生产、生活,无不受其影响。在干支纪年法基础上形成的习俗、信仰等更是丰富多彩,成为中国民俗的重要组成部分,如十二生肖信仰、生肖年信仰等。

但很可惜的是,在干支纪年法基础上形成的种种习俗,在一年之中没有一个特定的时空加以集中展现。干支纪年法中的纪年,以除夕为终点、年初一为起点,因此"过年"成为了新旧更替的重要时间之窗,也是干支纪年习俗最为人们所关注的时候,如"无春年不宜结婚""龙年生龙子"等等,都在春节前后成为人们议论的话题。因此,有意识地将干支生肖年文化引入春节活动之中,在时间节点上是与传统相吻合的。借助春节这一平台,可以很好地展现、传承博大精深的干支生肖年文化。同时,也可以进一步凸现春节的个性,

第二,可以丰富春节习俗的内容。

围绕干支纪年而形成的民俗大致可包括以下几方面的内容:

一是生肖年的信仰。往往从"纪年兽"的生物属性引申到文化属

---

① 即 2010 年。——编者注

性,与社会、人生相联系。如今年是庚寅虎年,年前在互联网上经常看到这样的留言:"今年是虎年,是凶年,不适宜结婚""虎年是凶年,不宜办大事""虎年及虎年生人,命运艰辛,或命硬、生性凶狠"等。因为虎是"百兽之王",在十二兽中排行第三,虎的习性威猛,因此有关时运的说法认为今年可以做一些冒险、开拓性的工作。今年整个年份的前景虽然有一些小小的波动,但是总体趋势是向上发展的。所有这些,都是对生肖年信仰的具体反映。旧时北京人,每年正月初八晚要到白云观请顺星。白云观的星神殿内供着日、月、金、木、水、火、土,以及二十八宿、罗侯、计都等星宿百余尊。每尊星宿的标签上都写有干支及属相、年岁,前来烧香的人找到与自己对应的星宿,顶礼膜拜,以求一年平安吉庆。俗信认为男惧罗侯、女惧计都,如当年被罗侯或计都"照命"者,必须少出门,少说话,少管闲事,以免招灾惹祸。香客们还可以求签,以卜一年的吉凶。晚上,观内还要举行祭星大典,星神殿点燃一百零八盏灯,两旁列有二十八宿和七星等盏。由方丈率全体道士,鸣钟击鼓,诵《玉枢经》。①

二是个人属相与年运信仰。有些人会根据自己的属相推测新年中的运程,甚至以此作为新年中从业、投资的方向。中国人的生辰八字(出生时的年、月、日、时)中,"年"放在首位,是"推演"人的时运的基础,也是缔结婚姻前"合八字"的重要依据。尤其是本命年信仰在中国影响巨大,至今仍有许多人相信。如今年生肖属虎的人,被认为是"多凶少吉,伤财神散,浮沉不定,临事不如意,心烦苦恼。今年虎人犯太岁、又有地煞等凶星,运气好比雪上加霜、热汤浇雪,无论做何事,都会出现很多的阻滞,还会惹来是非口舌。虎人今年头脑比较混沌,吸收能力大减,只有加倍努力,才能保持成绩"。为使本命年安然度过,还形成了许多禳灾去祸的习俗,如到道观祭拜值年太岁、到六十甲子殿祭拜本命星君,佩戴辟邪玉器,穿红色内衣裤,系红腰带等等。

三是纪年兽信仰。"纪年兽"往往成为新年中的吉祥物,成为春节

①　胡朴安编《中华全国风俗志》下篇卷一,上海书店,1985,第25页。

中年画、窗花等的主要吉祥图案,成为对联、祝福语中主要的吉祥语,如"门庭虎踞平安岁,柳浪莺歌锦绣春""红梅迎雪放,玉兔踏春来"等。

四是其他信仰,如无春年的婚嫁禁忌。

这些习俗有的已不合时宜,不宜提倡,但大部分是民众祈福消灾、希望生活幸福美满心理和愿望的表现。同时,我们也应该注意到这些习俗在中国已经流行了二千多年,已经深入民心,不能无视其在民间的客观存在,也不能指望通过一两则新闻报道、一两个专家的解释,就能消除其影响。传统的力量是强大的,即使到今天,客观上它对人们的心理、对社会都仍然产生着或多或少的影响,我们应该重视对这种影响的研究。特别是要注意继承和弘扬其中一些优秀的传统,例如"纪年兽"信仰,笔者认为可以很好地融入春节习俗之中,成为重要的春节习俗之一。有学者提出中国的春节缺乏像圣诞树那样的标志性纪念物,应该说是有一定道理的。由于"纪年兽"在中国民间的广泛影响和在民众心目中的地位,其完全可以承担起标志性纪念物的角色。一方面,可以使其成为春节的象征符号之一,像圣诞树一样成为家庭中的节日摆设,赋予其神圣的意义,增添节日的气氛;另一方面,可以将"纪年兽"制作为各种造型的吉祥物或礼物,甚至是食物的造型(如糖果、巧克力、蛋糕等),成为亲戚、朋友互赠的礼品。长期以来,在各类民间艺术、工艺品中,每个"纪年兽"都已经形成了丰富的造型系列,只要稍作整理和创新,完全能被现代人接受。而且"纪年兽"十二年一轮回,还可以避免每年简单重复的审美疲劳。

此外,可以使春节更加契合年轻人及孩童的兴趣。传统的春节习俗因为是围绕"团圆"和"感恩"两大主题而展开的,显得严肃有余而娱乐性不足,对于喜欢现代节奏、喜欢浪漫刺激、喜欢追求新奇的年轻人来说,已经缺乏吸引力。随着物质生活水平的提高,原本在春节期间才能吃到的美食平时都能吃到,原本只有过年时才有的新衣服,现在每天都穿在身上,因此春节对孩子们也失去了吸引力。

然后,春节像其他非物质文化一样,要靠年轻人去传承和延续。因此,春节习俗本身也要与时俱进,也要进行改革,要增加新的内容以吸引年轻人的兴趣,让他们积极参与到春节活动中来。当然,习俗的演进客观上说应该是一个自然而然的过程,但有时候适当的引导和有意识的"改造"也是需要的。

从我国目前的情况看,要吸引年轻人自觉、主动参与到春节活动中,成为春节文化的传承者,必须经过一个教育、体验、理解的循序渐进过程。首先是需要教育,向他们传授春节文化的知识。正如联合国教科文组织和世界文化与发展委员会在报告中所指出的:"来自许多学科的经验表明,传统知识具有不可替代的功能,这些传统知识需要被妥善保存下来,并纳入到教育体系之中,作为人类知识传承的一部分。在人类无形知识和价值观念的传承过程中,教育的角色非常重要,尤其在那些传统知识传递链遭到现代化进程和人口增长所破坏的社会里,教育就更不能缺少了。"[①]其次是参与体验,只有让他们亲身经历春节活动,才能体验到春节文化的精神内涵和价值。体验是实现从感性到理性升华的必要途径,而理解了的东西,才有可能被真正接受。在这个过程中,兴趣是基础,没有兴趣就不能达到教育的效果,没有兴趣也就不可能积极主动地参与。

在现实生活中,生肖文化是年轻人感兴趣的一个热点。因为他们面临着升学、就业、婚姻、升迁、购房等各方面的压力,面对着许多不确定性,需要一种精神的慰藉和宣泄,以释放压力。上述生肖年运信仰、属相信仰等,在年轻人中就很有市场,常常是他们谈论的热门话题。适当地将这方面内容引入春节,具象化为春节习俗,应该可以吸引年轻人的兴趣。

例如,可以将每年的"纪年兽"设计成各种符合年轻人审美趣味的卡通形象,制作成多系列、多品种的物品,成为年轻人收藏或互赠的吉祥礼物;每年可以制作一部以"纪年兽"为主角的卡通动画片,在春节期间播放,既传播介绍干支纪年文化和习俗,也能吸引孩童们的兴趣,培

---

① 　联合国教科文组织、世界文化与发展委员会:《文化多样性与人类全面发展——世界文化与发展委员会报告》,张玉国译,广东人民出版社,2006,第 104 页。

养他们对春节的情感；也可以制成"纪年兽"网络游戏，让喜欢网络的年轻人参与；可以在"纪年兽"身上张挂许愿牌、许愿带等。还可以设计出一些仪式性的活动，如在日本每年年底都要举行隆重的生肖动物交接仪式，既生动有趣，又内含辞旧迎新的象征意义，我们不妨借鉴。

事实上，近些年来的春节习俗中已经融入了部分生肖文化的内容，如今年是虎年，有关虎的吉祥语、吉祥画已成为节日的重要组成部分，但这些往往是民间和商家的行为，仍缺乏政府部门、文化界、学术界的有意识推广和强化，许多方面尚有待进一步的挖掘和合理利用。

（本文原刊于邹明华、高雅玲主编《亚细亚民俗研究》第八辑，学苑出版社 2011 年版）

春节张贴"福"字斗方的渊源
及其民俗功能

　　每当过春节的时候,中国人家家户户都会在家中的门上、墙壁上、家具上贴"福"字斗方。通常是在大红的斗方纸上,写上(或印刷)一个笔划粗犷、字体敦实的"福"字。考究的则在斗方红纸的四边,画印上云锦纹、双龙、寿桃、万年青、牡丹花等。"福"字斗方是介于年画和春联之间的一种形式,以其操作简便、寓意丰富而深受民众的喜爱。贴"福"字斗方习俗是如何形成的,为什么能够在民间长期传承,是本文希望探讨的主要问题。

一、"福"字斗方探源

　　一般认为,春联、斗方、年画都源于古代的"桃符",从大的方面来说应该没错,但若仔细区分的话,三者还是有区别的。

　　有关桃符的史料记载,首先出现在汉代。东汉王充《论衡》引《山海经》之文记载:"沧海之中,有度朔之山,上有大桃木,其屈蟠三千里,其枝间东北曰鬼门,万鬼所出入也。上有二神人,一曰神荼,一曰郁垒,主阅领万鬼,恶害之鬼,执以苇索而以食虎。于是黄帝乃作礼,以时驱之,立大桃人,门户画神荼、郁垒与虎,悬苇索以御凶魅。"应劭《风俗通义·祀典》引《黄帝书》亦说:"上古之时,有神荼与郁垒昆弟二人,性能执鬼。度朔山上有桃树,二人于树下简阅百鬼,无道理妄为人祸害,神荼与郁垒缚以苇索,执以食虎。于是县官常以腊除夕饰桃人,垂苇茭,画虎于门,皆追效于前事,冀以御凶也。"蔡邕《独断》卷上记载:"十二月岁竟,常以先腊之夜逐除之也。乃画荼、垒并悬苇索于门户,以御凶也。"张衡《东京赋》中写道:"度朔作梗,守以郁垒,神荼副焉,对操索苇。"综合上述文献,可见在汉代,每到除夕之时,人们要在自家门前立桃人,门上画神荼、郁垒和老虎,悬挂苇索,起到"御凶魅"的作用。由此可见,在汉代门前立桃人、门上绘门神,是两项独立的习俗。

至南北朝时期,此俗发生了一些变化。南朝梁宗懔《荆楚岁时记》记载了楚地的风俗:"正月一日……帖画鸡或斫镂五彩及土鸡于户上,造桃板著户,谓之仙木,绘二神帖户左右,左神荼,右郁垒,俗谓之门神。"从中可以发现:

一是"桃人"简化为"桃板",名为"仙木",虽然驱鬼祛邪的功能未变,但形制发生了较大的变化:由立体的"桃人"(或是以桃树枝扎成人形,或是用桃木雕刻成人形)变为扁平的桃木板,前者立于门前,后者挂于门上。这为后来在桃板上绘画、题字创造了条件。

二是"虎"被"鸡"所代替。其原因既可能是楚地的传统,也可能跟东汉时出现的"动物生日说"(一日鸡,二日狗,三日猪,四日羊,五日牛,六日马,七日人)有关,如托名东方朔著《占书》有"岁正一日占鸡……七日占人"之说,正月初一是鸡的生日,故张贴鸡画。

三是增加了悬挂五彩丝线。据《风俗通义》佚文,在汉代五月五日,即有以五彩丝系臂,"辟兵及鬼",以延长寿命的巫术。

四是正式出现了"门神"的名称。

五是出现了两次"帖"(帖与贴通假)字:"帖画鸡"、"绘二神帖户左右"。结合六朝时期纸已经被较为普遍地使用,例如 1959 年至 1966 年在新疆维吾尔自治区吐鲁番县阿斯塔那地区的三座南北朝墓葬中就先后出土了五幅技艺非常成熟的剪纸作品,有理由推测当时已经出现绘在纸上的鸡画和门神画。也就是说,很可能我们今天所说的门神画在当时已经出现。

至迟到唐末,出现了"桃符"一词,韩鄂《四时纂要·春令卷之一》中就明确指出"仙木即今之桃符也"。

张挂桃符的习俗一直延续到清代。不过自宋代开始,桃符已不仅仅是桃木板,而是在其上绘制丰富的内容。如南宋陈元靓《岁时广记》引《皇朝岁时杂记》中的记载,桃符的形制以长二三尺、宽四五寸的薄木板制成,上画以狻猊白泽之类,下书左神荼、右郁垒,或写春词。北宋高承《事物纪原·桃版》也记载:"故今世画神像于板上犹于其下书'右郁垒,左神荼',元日以置门户间也。"明清时期各地方志多有除夕挂桃符的记载。如明嘉靖《汀州府志》说:"桃符,新画桃符置户两旁,貌荼、垒于上,以厌邪魅。"因此,宋代以后的桃符通常是桃板、门神画、吉祥语三者合一的形式。

如前所述,绘在纸上的门神画可能南朝时即已出现。隋唐时期没有相关的资料。至迟在宋代,用纸印制的门神画已较为普遍,如现存最早的木版年画《隋朝窈窕呈倾国之芳容》就是宋代的作品。因此,可以基本认定门神画的起源,跟桃符没有什么关系,神荼、郁垒原来直接画在门上,后来改为画在纸上张贴于门上。

春联的出现则与在桃符上题词的习俗有关,改变了桃符作为驱鬼去邪的镇物的性质,成为一种求吉的手段。这种情况大约出现在唐末。据谭蝉雪《我国最早的楹联》一文披露,敦煌遗书斯坦因 0610 卷就有以下联句:

岁日:三阳始布,四秩初开。

　　福庆初新,寿禄延长。

又:三阳回始,四序来祥,

　　福延新日,庆寿无疆。

但尚不知这些词句是题写在桃符上的,还是书写在纸上张贴的。北宋张唐英的《蜀梼杌》记载:"蜀未亡之前一年岁除日,昶令学士辛寅逊题桃符板于寝门,以其词非工,昶命笔自题云'新年纳余庆,嘉节号长春'。"宋黄休复《茅亭客话》亦记此事,情节稍异:"先是,蜀主每岁除日,诸宫各给桃符一对,俾题'元亨利正'四字。时伪太子善书札,选本宫策勋府桃符亲自题曰'天垂余庆,地接长春'八字,以为词翰之美也。"从这一事实可知,后蜀主孟昶的皇宫中在迎新年时使用桃符板,同时在板上题写迎春纳福的吉利祝词。

这种形式大约至南宋跟宜春帖结合,就出现了在纸上书写或印制的春联和吉祥语斗方。

宜春帖是立春日张贴的一种吉祥语。宗懔《荆楚岁时记》中记载："立春之日，悉剪彩为燕戴之，贴'宜春'二字。"唐代诗人韦庄《立春》中有"殷勤为作宜春曲，题向花笺贴秀楣"的诗句。立春日贴春帖、作春帖词，在宋代很盛行。其在纸上书写吉祥语的形式，比桃符上书写方便，也更利于商业化，所以其形式在南宋被移用到春节。

吴自牧《梦粱录》卷六中记载："岁旦在迩，席铺百货，画门神桃符，迎春牌儿，纸马铺印钟馗、财马、回头马等，馈与主顾。""十二月尽，俗云'月穷岁尽之日'，谓之'除夜'。士庶家不论大小家，俱洒扫门闾，去尘秽，净庭户，换门神，挂钟馗，钉桃符，贴春牌，祭祀祖宗。遇夜则备迎神香花供物，以祈新岁之安。"其中的"春牌"是什么？有人认为就是"宜春帖"，是有一定道理的。因为春节在民国之前都只称元旦，元旦时张贴的东西不应称为"春牌"，很可能就是借用了宜春帖的名称。从动词"贴"推断，"春牌"应该是纸质的。春牌上写什么内容？南宋周必大的《玉堂杂记》为我们透露了一些信息："除日，更春帖、柱联、门额，于堂轩楣枋贴福、禄、寿、一财二喜等字。"其中的"春帖"用了"更"（更换）一词，应该是纸质的春联（门联），如嘉靖福建《汀州府志》记载："春帖：大夫之家俱用五色笺书联句，以贴于门或厅堂柱间，虽工贾亦买而贴之，以见除旧布新之意。"柱联、门额估计跟今天的相同。而"堂轩楣枋贴福、禄、寿、一财二喜等字"则恐怕是福、禄、寿、财、喜等吉祥语斗方的最早记载了。虽然没有资料证明这些单个汉字斗方与"春帖"之间的关系，但它们应该也是"春帖"的形式，因为"春帖"最初的内容就是吉祥语。

至于"福"字在宋代人心目中地位，以及"福"字是否可能作为汉字吉祥语出现在元旦习俗中，以下例子可作为佐证：

北宋何薳的《春渚纪闻》卷四"紫姑大书字"条记载："政和二年，襄邑①民因上元请紫姑神为戏，既书纸间，其字径丈，或问之曰：'汝更能大书否？'即书曰：'请连粘襄表②二百幅，当为作一福字。'或曰：'纸易

---

① 县名，今河南睢县，离宋都汴京约 800 公里。
② 纸名，可作奏表用纸。

耳,安得许大笔也?'曰:'请用麻皮十斤,缚作令径二尺许,墨浆以大器贮备,濡染也。'诸好事因集纸笔,就一富人麦场铺展聚观,神至书云:'请一人系笔于项。'其人不觉身之腾踔,往来场间,须臾字成,端丽如颜书,复取小笔书于纸角云:'持往宣德门卖钱五百贯文'……"这是正月十五民间紫姑神(厕神)信仰习俗,以扶乩的形式预占休咎,带有游戏性质。此次紫姑神所写的是一个个数丈见方的福字。

南宋洪迈的《夷坚志》戊卷十中记录了"朱南功"的事:"朱南功,字元绩,湖州安吉人。自幼嗜书,博览强记,目之所历,意之所会,皆手自抄写。……省试罢,一夕,梦大神金甲煌煌,仪矩甚伟,持黑牌入室,其上惟大书福字,挂于壁。初时绝明白,须臾更隐灭,与牌俱黑,遂寤意,以神告福字为嘉祥。稍语所善者,或疑字灭于黑,当不得大佳,已而下第,勉应特恩,又入第五等,授福州助教,时已六十三岁,不可纳敕,乃拜命,未几而卒。"

这两条材料虽然与元旦张贴"福"字斗方无直接关系,但至少可以说明当时社会上已经出现以"福"字为吉祥语的形式。

综上所述,在南宋时期出现"福"字等吉祥语斗方的推测应该距实际情况相差不远。

二、"福"字的文化内涵

南宋以来,吸收了宜春帖形式和内容而形成的春节吉祥语斗方,其内容类别是很丰富的,但为什么"福"字斗方在春节期间最为流行,在民间长期传承,最主要的原因恐怕是"福"字所蕴含的丰富文化内涵。

"福"字在甲骨文中的写法之一是"两手捧酒浇于祭台之上",是古人祭祀活动的写照。在先秦时期,"福"特指祭祀用的供品,在金文中,(福)字状似一盛满酒的酒坛。《周礼·天官·膳夫》中有"凡祭祀之致福者"语,贾公彦疏曰:"诸臣自祭家庙,祭讫,致胙肉于王,谓之致福。"《国语·晋语二》中记载:"今夕君梦齐姜,必速祠而归福……骊姬受福,乃置鸩于酒,置堇于肉。"所以,许慎《说文解字》中引《祭统》说:

"贤者之祭也，必受其福，非世所谓福也。"故中国古代祭品又称福物。

随着历史的发展和人类文明的进步，实物层面上的"福"逐渐衍生、内化为抽象意义上的"福"，主要有两方面的含义：

一是引申为"庇荫佑护"的意思。以丰富的福物祭供神灵和祖先，原本的目的是得到更多的食物，捕捉到更多的猎物，满足最基本的生存需要。由此又逐渐地产生了祈求神灵庇佑的愿望，致福成为人们希望得到神灵保护的行为。如《左传·庄公十年》中说："小信未孚，神弗福也。"《说文解字》中说："福，佑也。"是祈求神灵保佑的意思。

二是引申为"幸福"的意思。这也是我们今天通常所说的"福"。《礼记·祭统》中说："福者，备也。备者，百顺之名也，无所不顺谓之备。"意思是福就是事事顺利，所需要的全部能达到。《韩非子》卷六中也说："全寿富贵之谓福。"其中《尚书·洪范》中提出的"五福"之说表述最为清晰、具体："一曰寿，二曰富，三曰康宁，四曰攸好德，五曰考终命。""寿"即生命长寿；"富"即拥有财富的富足、身份地位富贵；"康宁"指身体健康、生活安逸；"攸好德"意为从善如流、修具好的品德，为人们所称颂；"考终命"指善终，中国古人认为只有行善好施的人才能善终，而那些客死他乡、遭遇不测而死的人，肯定是做了什么恶事而遭到报应，是不光彩的。这五个方面便成为中国人心目中"福"的主要内容。如民间春联中有"人臻五福，花满三春""三阳临吉地，五福萃华门"等，民间吉祥图案中有"五福临门""五福捧寿""平升五福"等。

关于"福"的含义，历代都有人提出一些不同的解释，但大多万变不离其宗。如清代学者张潮《幽梦影》中提出"有工夫读书谓之福，有力量济人谓之福，有学问著述谓之福，无是非到耳谓之福，有多闻直谅之友谓之福"，其"福"的观念，已涉及"济人""谏己"等内容，从只顾个人享乐的"福"，发展为念及他人，为他人行善行利的"福"，无疑具有一定的积极意义。清代雍正皇帝每年到岁末会手书福字分赐给内外大臣，但他不赞同"赐福"之说，认为"朕何能以福赐诸臣哉？不但朕也，即上天亦岂能以福私与一人哉"？他认为"福"是靠每个人自己争取的，"福"是每个人的心理感受，"所谓福者，在乎富贵贫贱之间，有富贵人之福，有贫贱人之福，或贫贱之人，循理守分，无患无忧，其心志安，舒四体畅适，转在富贵人之上，是人人各有其福也。"他之所以"每年颁赐福字者"，"盖欲诸臣触目警心，时时存可以获福之心，行可以获福之事，如诗人之所言，自求多福，则诸福集于其身矣"。即希望官员们多为民做"福"事，就等于为自己积福。同时，他指出："盖必诸臣皆有福，方为朕之福，是朕实赖诸臣之福也，又必天下百姓皆有福，然后为吾君臣之福，是君与臣皆赖百姓之福也。"(《世宗宪皇帝圣训》)这是一代明君对"福"的理解。普通民众心中的"福"更加现实，有人将"福"字拆开来析其意，认为每一个人(口)有衣穿、有房住、有田地，便是福。这种望"字"生义的观点在宋代就已出现，如周煇《清波杂志》卷十一中就说："有田方为福，盖福字从田从衣，虽得此说，三十年竟无尺土归耕，老而衣食不足，福基浅薄，不亦宜乎!"

由于每个人所处地位、人生理想、生存处境、社会角色等的不同，"福"的标准也会有很大的差别：如封建社会时期农民的"福"是有一块属于自己的耕地，通过劳作后能够温饱无虑；读书人的"福"是"十年寒窗"，一朝金榜题名，光宗耀祖；做官者的"福"是仕途顺遂，官越做越大；生意人的"福"是钱越赚越多，生意场上一帆风顺……不过，同处于儒家文化占据主导地位的环境中，中国人对于"福"的理解，还是有一种基本的认同的。这种认同大致包括以下三个层面：

一是有一个完美的人生。包括：

身体健康长寿。一个人如果身体不好，即使其他条件再好也不能享受，有好吃的不能吃，有好穿的不能穿，有好玩的不能玩，整天病恹恹的，根本谈不上幸福。不仅要健康，而且要长寿，只有寿命长，才能更好地享受人生，所以中国有句看上去很消极却充满哲理的俗语——"好死不如赖活着"，夭折之人甚至死后都不能进入祖坟。这也就是《尚书》中把寿作为五福之首的原因。

事业有成。中国古人相信命运之说，每个人的命不同。有的人当大官、当皇帝，有的人只配乞丐的命；有的人命中注定是读书做官的，有的人只能是种田樵夫；有的人生来就是大家闺秀、官太太，有的人只能当佣人奶妈,甚至寄身青楼……命是天生的,无法改变,但运是可以通过自身的努力改变的。即比同一位置上的人过得好,也就是有福了。如同是农民耕夫,有些人整年劳累却吃不饱、穿不暖、挨饿受冻;而有些人却吃用不愁,或许还有积余。相比之下,后一种人也就算是有福了。同是做官的,有的人官运亨通,步步高升;有的人一步不慎,落得个削官为民,甚至人头落地。相比之下,前一种人就是有福之人了。

一生平安顺利,少波折,生活安定,诸事顺利。

二是有一个幸福的家庭。俗话说"家和万事兴",就是说一个人的事业成就与一个人的家庭密切相关。作为有福之人,在家庭生活方面起码应具备以下条件:

家庭和睦。长辈与小辈之间、兄弟姐妹之间、妯娌之间、婆媳之间关系融洽,长幼有序,互敬互爱。

人丁兴旺。中国古代是一个以宗法家族为基础的社会,家族人口的多少直接影响到该家族的地位和发展,故历来重视生育。"不孝有三,无后为大",不能生育甚至是"七出"(休妻)的条件,若妻子不能生育,丈夫随时都可将其逐出家门。而某位妇女能生养十个八个子女,不仅是全家、全宗族的福气,该妇女也被认为是有福之人,受到社会的称道,对该类妇女还有个专门的称誉"肚福好"。如夫妻没有子女,则被认为是"断子绝孙",即使拥有再多的财富,也不会被认为是有福之人。

家庭富足,生活有保障。一个人穷得上无片瓦、下无寸土,谈不上有福;一个人居不定处,到处漂泊,也谈不上有福;流落街头的乞丐,寄身青楼的妓女,当然也谈不上是有福之人。尽管家庭的富足没有一个具体的标准,上至富甲天下,下至温饱无虞,都可称之为富足。但作为一个有福之人、有福之家,最起码的是通过辛勤的努力,能够做到吃用不愁,生活条件有保障。

三是和谐的人际关系和安定的社会环境。即邻里关系和睦、同事关系融洽,有在困难之时能尽力相互帮助的朋友等。同时,"福"的实现,还需要社会的安定。例如,一个人家财万贯、妻贤子孝、家庭和睦,可算是大福之人,但若遇上一场战争,万贯家财可能一夜之间就会化作灰烬,落得个妻离子散、颠沛流离的下场;又如,一个人才能出众,官运亨通,但碰到改朝换代,一夜之间就可能人头落地、灭门九族。社会动乱不安,个人的幸福也就没有了。

因此,在中国人心目中,"福"包含着个人的健康长寿、事业有成、平安顺利,家庭的和睦、生活富裕、人丁兴旺,社会的安定等等诸多内容。正因为"福"字中包含如此丰富的内涵,浓缩了中国人对生命的理解、生活的期盼,所以"福"字斗方一经产生后,便在民间社会流传不衰。

三、"福"字斗方的民俗功能

春节期间张贴"福"字斗方,除了满足人们的祈福心理需求之外,还与其独特的民俗功能有关:

一是满足春节期间家庭"布置"的需要。正如《梦粱录》中所述,中国人无论大户小家都要在岁末"洒扫门闾,去尘秽,净庭户",要将家庭布置一新。其中,春联形制是长条形的,一般适宜于张贴在大门的门框两边和门楣、室内的柱子上;门神画具有驱鬼挡邪的功能,只适合于张贴于大门;年画以求吉避凶内容为主,适宜于张贴在厅堂和房间内。以上三种都不太适合张贴于室内的房门和家具之上,因此"福"字斗方成为最佳的选择。

斗方的外在形制比较自由,可大可小,除了可以张贴于室内诸房门外,还可张贴于窗户、箱柜等处。"福"字的书写可以千变万化,民间就流传"百福图",呈现"福"的一百种写法。多变化的"福"字不仅能增加美感,而且也可以被赋予许多不同的含义。如现珍藏于北京恭王府的康熙御笔"福"字碑,是 1673 年康熙皇帝为祖母孝庄太后"请福续寿"所写下的,此福左边的示字旁写得像子字多一点,又像一才字,右边上半部像个多字,下半部是田字,右面整体又像一寿字,暗含"多子、多才、多田、多寿、多福"之意,被誉为"天下第一福",是古今唯一的"五福合一""福寿合

一"之福。虽然有"画蛇添足"之嫌（"福"字在人们的观念中本身就包含了这些内容），但写法的变化，使其内涵得以形象化地显现，同时也增加了趣味性。

相对于春联、门神画，"福"字斗方的制作更加简单方便，不需要精通诗文音律、绘画，只要识字的人都能书写，特别适用于普通民众的家庭。不识字的家庭，买不起印制福字斗方的人家，可以自己动手剪一张福字。这也是春节期间张贴"福"字斗方如此普遍的重要原因之一。

二是满足人们"讨口彩"的心理。语言巫术至今残存于我们的生活之中，"讨口彩"是最典型的形式之一，而在春节期间表现最为集中。例如除夕夜饭菜肴中必须有鱼，取"年年有余"的口彩；饭菜必须有剩余，则喻示着"连年有余"；吃鸡寓意"吉利"、猪蹄寓意"年年有奔头"、韭菜寓意"长命富贵"、发菜豆芽菜寓意"发财"、百页丝寓意"百年长寿"等等。春节是一年之始，在这重要时刻，家中处处贴上"福"字，心中默默念诵，寓意新的一年福气降临。民间有关"贴倒福"来历的传说很好地诠释了这种心理：

传说清代恭亲王府有个不识字的仆人，一年春节把福字倒贴了，恭亲王福晋看到后大怒，要治这人的罪。大管家反应机敏，能言善辩，忙对恭亲王说："王爷息怒，这是吉兆啊，福倒福到，这不预示着王爷大福大贵到了吗？"说得恭亲王转怒为喜，重赏了管家和那个贴倒福的人。后来，贴倒福便成了习俗。

贴倒福斗方，是春节期间较为普遍的习俗，其来历已无从考证，但"福倒"谐音"福到"正是民间"讨口彩"的形式之一，通过语言的"巫术"反映人们内心深处的一种期盼。从某种意义上说，在春节期间贴福字斗方，也正是这种心理期盼、求福愿望的物化表现。人们将对来年、未来的所有美好期望都浓缩在这张书写着福字的斗方红纸上。

（本文原刊于《淇水论坛》2014年第1期）

春节扫尘习俗的二元结构与象征意义

每临春节,家家户户都要进行一次大扫除。民间有"腊月二十四,掸尘扫房子""二四扫房屋,二七二八贴花花""二十三,送灶王;二十四,扫房子;二十五,冻豆腐;二十六,去买肉;二十七,宰公鸡;二十八,把面发;二十九,蒸馒头;三十晚上熬一宿;初一、初二满街走"等说法。"扫尘"的说法各地不同,如掸尘、除残、扫房等。时间上也略有差异,基本在腊月二十三至除夕之间,有的地方需经风水先生择日,有的则选择天气晴朗的日子。扫尘虽是春节习俗中一项较小的活动,但却是不可或缺的事项,而且是全国各地较普遍保持的一项民俗活动。如明正德海南《琼台志》就有"腊月二十四,以竹枝扫屋尘,换炉灰。夜具酒果,送灶君朝帝"的记载。本文拟就扫尘习俗的历史发展情况、习俗所呈现的二元结构问题及其象征意义作简单的分析,从而揭示扫尘习俗经久不衰的深层原因。

一、扫尘习俗的历史发展及渊源

扫尘习俗最早何时出现,因缺乏文献资料难以确定。据宋人吴自牧《梦粱录》卷六记载:"十二月尽,俗云'月穷岁尽之日',谓之'除夜'。士庶家不论大小家,俱洒扫门闾,去尘秽,净庭户,换门神,挂钟馗,钉桃符,贴春牌,祭祀祖宗。遇夜则备迎神香花供物,以祈新岁之安。"据此可知,南宋时期的临安(杭州),已普遍在除夕日举行扫尘活动。此后,相关的记载就极为普遍,特别是在各地的方志和岁时记中。如:

明正德江西《建昌府志》记载:"扫屋尘,名曰除残。"

明贺复征编《文章辨体汇选》卷六百三十七引袁宏道《吴中岁时纪异》:"十二月二十四日,祀灶……二十七日扫屋尘,曰除残。"

清乾隆九年河南《氾水县志》："十二月，二十四日，扫舍宇，去尘埃，以糖饼祭灶……"

清乾隆十二年河南《新乡县志》："十二月，初八日……二十三日，具酒国、饴糖祀灶，亦有用次日者。二十四日，扫梁栋间尘。"

清光绪元年湖南《兴宁县志》："至二十四日扫屋上尘，夜以斋果祀灶，谓之小年。"

清光绪三年湖南《善化县志》："腊月二十四日，谓之小除，设果品、香灯送灶神，除夕迎之。择日扫屋尘。"

清光绪六年湖北《蕲水县志》："十二月，二十四日，小除。是日扫屋尘，曰'除残'，是夕祀灶。"

清代顾禄《清嘉录》卷十二记载："腊将残，择宪书宜扫舍宇日，去庭户尘秽。或有在二十三日、二十四日及二十七日者，俗呼'打尘埃'。"说明清代苏州地区扫尘需要择日，但基本上是在二十三和二十四两日。

时至今日，虽然人们的住房以及卫生条件都有了很大的改善，平时房屋、庭院内都比较清洁，但在广大的农村地区，年底的扫尘习俗仍然保留着。

关于扫尘习俗的由来，学术界较通行的说法是源于古代的驱傩活动（下详），在民间则有各种各样的传说流传：

其一认为扫尘习俗是因通州（今南通）佃农为迎接玉帝的年粮而来。早先，这里的佃农一年忙到头，除纳粮交租外，资财所剩无几。他们祈求灶王爷在腊月二十四日上天奉本时多说好话，以便玉帝开恩，从天仓拨点恩赐，在除夕前降下年粮——米雪，让他们饱饱地吃顿团圆饭。为了迎接玉帝的恩赐，佃农们每年都在腊月二十八日前，将宅院里外打扫得清清爽爽，以迎接天赐年粮，这样年复一年，春节扫尘的风俗一代代延续下来。

其二认为与三尸神信仰有关。传说人身上都附有一个三尸神，他像影子一样，跟随着人的行踪，形影不离。三尸神是个喜欢阿谀奉承、爱搬弄是非的家伙，他经常在玉帝面前造谣生事，把人间描述得丑陋不堪。久而久之,在玉皇大帝的印象中,人间简直是个充满罪恶的肮脏世界。一次,三尸神密报,人间在诅咒天帝,想谋反天庭。玉皇大帝大怒,降旨迅速查明人间犯乱之事,凡怨忿诸神、亵渎神灵的人家,将其罪行书于屋檐下。再让蜘蛛张网遮掩以作记号。玉皇大帝又命王灵官于除夕之夜下界,凡遇作有记号的人家,满门斩杀,一个不留。三尸神见此计即将得逞,乘隙飞下凡界,不管青红皂白,恶狠狠地在每户人家的屋檐墙角做上记号,好让王灵官来个斩尽杀绝。正当三尸神在作恶时,灶君发觉了他的行踪,大惊失色,急忙找来各家灶王爷商量对策。于是,想出了一个好办法,于腊月二十三日送灶之日起,到除夕接灶前,每户人家必须把房屋打扫得干干净净,哪户不清洁,灶王爷就拒不进宅。大家遵照灶王爷升天前的嘱咐,清扫尘土,掸去蛛网,擦净门窗,把自家的宅院打扫得焕然一新。等到王灵官除夕奉旨下界查看时,发现家家户户窗明几净,灯火辉煌,人们团聚欢乐,人间美好无比。王灵官找不到表明劣迹的记号,心中十分奇怪,便赶回天上,将人间祥和安乐、祈求新年如意的情况禀告玉皇大帝。玉皇大帝听后大为震动,降旨拘押三尸神,下令掌嘴三百,永拘天牢。这次人间劫难多亏灶神搭救,才得幸免。为了感激灶王爷为人们除难消灾、赐福呈祥,所以民间扫尘总在送灶后开始,直忙到大年夜。

二、扫尘习俗的二元结构

如果仔细分析扫尘习俗的结构,其实可以分为两个层面:物理层面(表层)的清洁卫生和精神层面(深层)的驱邪防怪。

扫尘习俗的主要内容是清洗各种器具,拆洗被褥窗帘,洒扫庭院,掸拂尘垢蛛网,清除一年的积灰,清理平时乱堆的杂物等,特别是厨房间、锅灶、碗筷、案板、橱柜等都要重新清洗,室内室外彻底打扫干净,以迎接新年。

清洁室内卫生在我国出现很早。在甲骨文中已有"帚"字,从形状看似用树枝扎成的"扫帚":

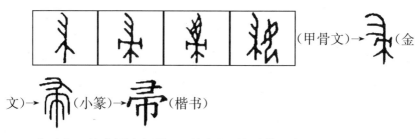

（甲骨文）→ （金文）→ （小篆） （楷书）

陕西出土的商周青铜器上，就有"子持帚作洒扫形"的铭文。可见，中国古人在几千年以前就已经发明用扫帚扫除了。《礼记》内则第十二中有"凡内外，鸡初鸣……洒扫室堂及庭"的要求。周书《秘奥造宅经》中有"沟渠通浚，屋宇洁净，无秽气，不生瘟疫"的记载。这说明，人们在很早以前就知道污秽、尘沫与传播疾病有关。

在农耕社会中，家中堆积杂物较多，各种生活器具、生产工具以及收获的农作物等都要堆放在屋内。由于生计的缘故，平时的打扫只能停留在表面上，如庭院、中堂、卧室等。一般只有到年末的时候，才会进行彻底的大扫除。

到了年底将室内外打扫干净，以迎接新年，固然很重要，但民众之所以年复一年在年关繁忙的过节准备工作中必须要举行"扫尘"活动，事实上起到最关键支撑作用的是精神层面的因素：驱除家中邪气，防止家中器具成精怪。

据史料记载，在我国周朝就有年底方相氏率人驱邪赶鬼的活动。《周礼·夏官司马第四》记载："方相氏掌蒙熊皮，黄金四目，玄衣朱裳，执戈扬盾，帅百隶而时傩，以索室区乀疫。"故有人认为扫尘习俗最早可以追溯到驱傩，应该说是有一定道理的。在明清的地方文献中，我们也可发现一些扫尘与驱傩相联系的资料，如明嘉靖江苏《吴江县志》记载："二十四日谓之交年，是日扫屋尘，名曰除残。丐者涂抹变形，装成男女鬼判，嗷跳驱傩，索乞利物，俗呼跳灶王。人家各换桃符、门神、春贴、钟馗、福禄、虎头和合诸图，粘贴门壁，亦有至除夕始换者。……是夕早寝，以为行瘟故，安静之避之。"在浙江省东阳县至晚近的扫尘习俗中仍保留着驱傩的痕迹："此时，各村时常可见几个乞丐头缚一把破筲帚，手挥一把破扫帚,挨家挨户,唱歌跳舞,歌献驱秽祝愿之辞,舞状洒扫掸拂之态,俗谓'打尘梁'。农家则取各式糖糕馈之,以作酬贺。"①但同时,更多的史料表明,从明清到民国时期,全国许多地方的春节习俗中,扫尘与驱傩是并行的(1949 年后驱傩被作为封建迷信活动全面禁止了),也即扫尘中包含了部分驱傩的内容但并未取代驱傩。

那么,扫尘习俗是否还隐含着其他的意义呢? 我觉得其与中国民众的精怪观念有着极为密切的关系,也即防止家中器具成精怪是促使扫尘习俗得以长期传承的最重要因素。

《礼记·祭法》中说:"大凡生于天地之间者皆曰命。其万物死皆曰折,人死曰鬼,此五代(即黄帝、尧、舜、禹、汤)之所不变也。"也即周朝时人们已明确将"鬼"(人死后的灵魂)与"折"(物死后的灵魂)相区分。中国古代著名的精怪当属夔和魑魅魍魉。《国语·鲁语下》记载:"木石之怪曰夔、蝄蜽,水之怪曰龙、罔象,土之怪曰羵羊。"《左传·宣公三年》"螭魅罔两"注云:"螭,山神,兽形。魅,怪物。"在先秦时期,人们认为自然万物都有灵魂,都可成为精怪。而至东汉时期,精怪观念发生了较大的变化,认为生活得久的才可为精怪,如东汉王充《论衡·订鬼》中说:"夫物之老者,其精为人。亦有未老,性能变化,象人之形。"至魏晋南北朝时受道教"老而成精"思想的影响,精怪的观念有了进一步的发展。如葛洪在《抱朴子·对俗》中说:"万物之老者,其精悉能假托人形,以眩惑人目而常试人。""熊寿五百岁者则能变化。狐狸豺狼,皆寿八百岁,满五百岁,则善变为人形。"千年古树、百年老猿皆可成精,任何一种器物只要积年不毁,都会成精怪。六朝志怪、唐代传奇、宋代《太平广记》、明清时代的各种笔记小说中,都有大量精怪故事。精怪的种类繁多,其中有一大类就是人们生活中所使用的器具和生产工具,如《太平广记·精怪》共六卷,有五卷记载的是器具成精的精怪故事,从作为摆设的瓷妇人到日常杂器包括破饭瓿、扫帚、饭锸等。这些器具成精的原因主要是存放的时间久了,吸收了天地的灵气。因此,在民间逐渐就形成了一

---

① 　周耀明、王庸华编《东阳风俗志》,东阳文化馆,1985,第 90 页。

种观念:家中的器物要经常搬动,如果某样器物长年累月堆放在某个角落,不去动它,时间久了就会成精怪。这就是为什么到年底家家户户要举行扫尘活动以及扫尘时屋内上上下下、角角落落都要翻动打扫的深层原因。

三、扫尘习俗的象征意义:除旧迎新

如上所述,扫尘习俗是有其实在性的功能的,一方面是清洁卫生,另一方面是驱邪防止家中器物成精怪。但同时,它又有象征性的指向:即表达人们除旧迎新、来年顺利的愿望。

首先是选择的时间在腊月的二十三、二十四两日,也就是在旧年、新年交替之际,寓意着辞旧迎新。

其次是"扫尘"的"尘",与"陈"谐音,过年前扫尘,寓意"除陈布新"。在将灰尘、垃圾等清扫出门的时候,也预示着把一切"穷运""晦气"等统统清除,寄托着人们破旧立新的愿望和辞旧迎新的祈求。

第三是扫尘的工具,通常是临时用竹竿制作而成,不是一般的扫帚。如浙江金华市的风俗,十二月二十四日"掸尘",用新竹枝扎在竹竿上,称"蓬尘帚",用以掸去屋梁、墙角的蜘蛛网和灰尘,打扫干净预示来年"清清吉(洁)吉(洁)",无病无灾;打扫不干净又说是"有存(尘)有积",来年生活好过。民国十七年四川《雅安县志》记载:"十二月,俗称'腊月'……执竿竹连枝叶作帚,拔(祓)除屋舍,谓之'打檐尘'。"用长长的竹竿作帚,既方便清扫高处的尘埃,也寓意生活节节高的美好愿望。

(本文为 2012 年 2 月 3 日—5 日参加河南鹤壁春节文化论坛的会议论文)

春节：民俗的教化场

据 2015 年 1 月 23 日人民网报道，今年的春运大军将增至 37 亿人次，相当于非洲、欧洲、美洲、大洋洲四大洲人口搬一次家，这是何等壮观的场景和靓丽的风景！春运固然让交通管理部门头疼不已，但仔细想想这又何尝不是中国传统春节魅力的体现！

每到春节，数以亿计的中国人都朝向一个目标——家——汇聚，任何困难都阻挡不了人们前行的步伐，哪怕是为了一张火车票排上几天几夜的长队，哪怕是多花数倍的钱从票贩子那里购买高价票，哪怕是在拥挤的火车车厢里站十几个小时，哪怕是顶风冒雪骑行上千里……尤其是那些进城务工人员，平时为了赚钱加班加点，为了存钱省吃俭用，但在这个时候再多的钱也肯花，是什么神奇的动力促使人们这样做？答案只有一个：亲缘民俗。

春节，又称"过年"，源于上古时期的"腊祭"。甲骨文、金文中的"年"字都是谷穗成熟、果实累累的样子，最初一年就是依据谷物播种、收获一次的周期来确定的。每当农作物收割完成后，人们用刚刚收获的谷物作为祭品举行祭祀活动，感谢百神一年来的恩赐，祈求来年风调雨顺、五谷丰登，慢慢就形成了春节习俗。据《诗经》记载，每到农历正月初始，民间有喝"春酒"、祝"改岁"的习俗。到了汉代，正月初一被正式列为节令。春节是农耕文明的产物，是一个酬神、谢神、祈神的节日。农耕社会中，在辞旧迎新之际，感谢神灵一年来的护佑，祈祷来年的丰收，是每个家族的大事，必须要求全体人员到场，以示虔诚，于是逐渐形成了春节期间全家团聚的习俗。而在宗法家族制的社会结构框架下，又赋予了团聚更多的内涵，通过祭祖、团圆饭、守岁、拜年、走亲戚等强化血缘亲情关系。尤其是除夕晚的团圆饭，所有的家庭成员都要参加（民间传统，实在不能赶到的成员，也要为他放置一副碗筷），其乐融融地围坐一桌，享受一顿辞旧迎新的团圆饭。这是二千多年来形成的习俗,虽然没有明文规定,但已成为一种集体记忆深入到了中国人的心灵深处,沉淀在每位中国人的血液之中。今天虽然已进入了后工业时代、信息时代,为了农事而酬神、祈神的目的已经淡化,但春节团聚所具有的巩固亲情、联络感情的功能仍具有顽强的生命力。在亲缘民俗的作用下,春节成为了人们期盼家庭团聚的日子。也正是这种强烈的心理期待推动下,人们才会从四面八方回归"家"。即使在海外,有中国人生活的地方就会出现"春节",以至于有的国家不得不把"春节"定为节日,这在其他民族中是很少见的。

春节活动内容丰富,形式多样,是亲缘民俗的集中展示。仅仅一顿除夕团圆饭,就倾注着人们多少情愫:每道菜都有象征的意义,肉圆象征团团圆圆,蛋饺象征招财进宝(财富),豆芽菜象征吉祥如意……吃饭前要先祭祀祖先,让祖先先过年。然后全家按辈分顺序围桌而坐,长辈不开吃,晚辈不能动筷子。饭和菜都不能吃光,要有剩余,寓意年年有余。吃年夜饭时要关大门,不允许他人进入,吃完年夜饭要开门燃放鞭炮,寓意辞旧迎新、来年万事如意。在浓浓的亲情中,全家人享用团圆饭。同时,亲缘民俗也在年复一年的春节中得以传承和丰富发展。

20世纪80年代以来,由于中国社会的急剧转型,经济高速发展,农村城镇化步伐加快,人们的生活方式发生了巨大的变化,产生于农耕文明基础之上的春节逐渐淡化,许多仪式活动消失,人们不断发出"年"味越来越淡的感叹。正是因为认识到了这种危险性,我国于2006年5月20日公布的第一批国家级非物质文化遗产名录中将春节列入了保护的行列。这些年来,随着政府主管部门以及广大民众对春节的重视,许多仪式活动得到恢复,"年味"一年比一年浓了,也就更加激发人们返乡过年的愿望。这从春运人次的变化中也可看出,据百度百科提供的春运数据,1994年12.2亿人次,2000年16.16亿人次,2004年18.9亿人次,2010年25.41亿人次,2014年预计为36.23亿人次,20年间翻了2倍。

传统节日是中华民族在长期的历史发展过程中生存智慧的结晶,"过节"是民众的自发自觉行为。在倡导社会主义核心价值观、重建良好社会风气的今天,如此好的传统民俗文化,我们何不因势利导充分发挥其正能量。当我们面对汹涌而至的春运大潮时,应该想一想人们为什么要在这个时候回家,而且非得要赶在年前回家? 他们回家又做了些什么? 政府管理部门年年呼吁人们错峰出行,最好留在工作地过年,这些呼吁为什么发挥不了作用? 事实上,春节返乡、亲友相聚,从某种意义上说恰恰是建设和谐社会、培养人们良好道德观的一次民俗行为,是亲缘民俗在自然状态下发生潜移默化作用的生动展现。中国是一个"家—国"同构的社会,"家"是一个人的起始点,亲缘关系是人生网络的核心,家人的言传身教决定着一个人的价值观取向。早在两千多年前的《论语·学而》中就有言:"其为人也孝弟,而好犯上者,鲜矣;不好犯上,而好作乱者,未之有也。"能够孝顺父母、尊重兄长的人,是很少会冒犯上级长辈的;那些不会冒犯上级长辈的人,从来就没有会造反的。《孝经》中也说:"夫孝,始于事亲,中于事君,终于立身。""修身、齐家、治国、平天下"均始于"孝",试想一个在家都不孝敬父母、尊敬长辈的人,到社会上怎么可能尊老爱幼、关心他人、尊重他人,怎么可能热爱家乡、热爱祖国? 而做不到这些,一个人又怎么可能具有良好的道德水准、符合规范的价值观? 社会是由个体组成的,一个社会的核心价值观也是由其中绝大多数人的价值观组成的。

春节是一个民俗教化场,在其乐融融的节日气氛中,通过传统的仪式活动,让参与其中的个体受到传统的熏陶、接受无言的教育,纠正一些错误的行为观念,消解一些平时积累的矛盾,融洽人与人之间的关系。亲缘是春节团聚的核心,但又不局限于此。从除夕夜的家庭团圆饭、守岁,到正月初一开始的亲戚朋友互相拜年,再到元宵节前后的各种社区活动,人际交流的圈子逐渐扩大,其功能也从倡导亲人间的孝亲慈爱,扩展到提倡邻里的和睦、人与人之间的和谐相处与坦诚相待。春节是中国人的传统节日,"过年"是民众的自发行为。党中央倡导用中国数千年来形成的、民众乐于接受的传统形式进行社会主义核心价值观的建设,春节无疑是最好的时机之一。我们的政府主管部门千万不能因为工作上的难度而禁止这个、不许那个,这是一种"懒政"行为。

(本文原刊《社会科学报》2015 年 3 月 19 日第 6 版)

道教在"构建"春节习俗过程中的作用

春节,原称"元旦",民间俗称"过年"。1911年辛亥革命后,我国改用大多数国家通用的公历,为了区别农历、公历两个"新年",就把农历正月初一叫做"春节","元旦"则成了公历1月1日的专称。

春节源于中国古代的"腊祭",原是一年农事完毕后为报答神灵的恩赐而举行的祭祀及庆贺活动。据《诗经》记载,每到岁末,民间有喝"春酒"、祝"改岁"的习俗。《说文解字》中释"年"为"谷熟也"。春节习俗自汉代基本定型后,经过两千多年的发展,现在已成为中华民族最为隆重、盛大的节日,成了中华文化的标识之一。春节的形成同我国古代农耕社会生活密切相关,但它的"壮大",无疑是多种力量、不同文化合力作用的结果,其中道教在构建春节的过程中也起到了重要的作用。

首先,道教参与了春节仪式的构建。春节从农历十二月二十四的"扫尘""祭灶"开始到正月十五的元宵节结束,前后达二十多天,据统计,整个春节期间所举行的仪式活动达七八十项。其中的不少仪式中都有道教影响的影子。

如"腊月二十四,掸尘扫房子",每临春节,家家户户都要举行扫尘仪式,将室内外打扫干净迎接新年。扫尘起源于古代的驱除病疫仪式。《吕览注》称:"今人腊岁前一日,击鼓驱疫,谓之逐除是也。"后来,逐渐演变为年终的大扫除。宋人吴自牧《梦粱录》中记载:"十二月尽……不以大小家,俱洒扫门闾,去尘秽,净庭户……以祈新岁之安。"在民众观念中,扫尘固然有生活层面的卫生目的,但更主要的恐怕是为了防止家中物件成精怪。而这种精怪观念就与道教密切相关。中国初民同世界各地的早期人类一样,相信自然万物也像人一样有灵魂、有情性,可以脱离原来的形体而为祸或造福人类。故《国语·鲁语下》中说:"木石之怪曰夔、蝄蜽，水之怪曰龙、罔象。"这是中国人原始的精怪观念。道教形成后，对原始的精怪观念作了重新的界定，认为生灵生存时间久的才可能成精怪，如葛洪《抱朴子》就说："又万物之老者，其精悉能假托人形"（《登涉》），"猕猴寿八百岁变为猿，猿寿五百岁变为玃……虎及鹿兔，皆寿千岁，寿满五百岁者，其毛色白。熊寿五百岁者，则能变化。狐狸豺狼，皆寿八百岁，满五百岁，则善变为人形。"（《对俗》）任何生灵，只有经过一定的年限，才有可能成精怪。这是道教形成以后逐渐转变和强化的精怪观念。因此，民众为了防止家中物件成精怪，年终进行一次彻底的大扫除，清洗一些长期不用的物件，丢弃一些长期无用的物件，无疑是必须的。这种观念和心理对于扫尘习俗的延续起到了积极的作用。

又如"爆竹声中一岁除，春风送暖入屠苏"（王安石《元日》），燃放鞭炮，是春节期间不可缺少的，既是沟通人、神、鬼的媒介，又是烘托节日气氛的主要元素之一。《荆楚岁时记》记载："正月一日，是三元之日也，谓之端月。鸡鸣而起。先于庭前爆竹，以辟山臊恶鬼。"说明在南北朝时期，至少在荆楚地区，燃放爆竹已经是过年的风俗习惯。但最初的爆竹，是直接将竹子放入火中燃烧而发出噼啪的声音。爆竹能够演变为今天的鞭炮，则得益于火药的发明。魏晋时期，道士在炼丹过程中，发现硝石、硫磺、木炭等混合在一起加热会引起爆炸，在无意之中发明了火药。后来，人们在新年燃放爆竹时，将火药装进竹筒里压紧，以引信点爆，一种全新的鞭炮就被制造出来了。到宋代，出现了用纸卷的筒子代替竹筒的充填火药的爆竹，并用麻茎将单个爆竹编成长串，称作"编炮"。周密在《武林旧事》中说，当时的炮仗，内藏药线，一经点燃，连爆百余响不绝。宋代还出现了专门制作炮仗的手工作坊，街头上还出现了卖鞭炮的摊位。因此，可以说正是道士的炼丹，造就了今天的鞭炮。

此外，过年时饮椒柏酒、屠苏酒，挂桃符，贴门神画等习俗均与道教有一定的关联。如门神神荼、郁垒虽然源自《山海经》，但东晋葛洪的《枕中书》即将郁垒列入道教神谱，称为东方鬼帝之一。此后的钟馗、张天师等均是道教神仙加入到门神画的行列。

其次,许多道教神仙成了春节期间人们祈福求吉利的对象,许多道教宫观成了人们表达新年愿望的场所。如到上海城隍庙烧头香,历来是上海市民除夕晚上主要的活动之一,即使是"文革"时期,城隍庙移作他用,仍然有不少市民半夜悄悄前往烧香,初一早晨人们可以看到墙脚根烧剩的香枝。

经常张挂在中堂的年画《福禄寿三星图》,虽然最初都源自原始信仰中的星辰崇拜,但他们在民间社会产生如此广泛的影响,无疑得力于道教的宣传。财神赵公明则完全是道教的神仙。他的名字最早见于东晋干宝的《搜神记》中,书中他是上帝手下的一名将军,曾被上帝派往人间,率领部下索取人命。到了梁朝陶弘景《真诰》中他又变成了司上下冢中之事、掌五方之气的五方诸神之一。元明时期的一些神仙传记中,赵公明则摇身一变而成为财神。《三教源流搜神大全》卷三说赵公明"驱雷役电,唤雨呼风,除瘟翦疟,保病禳灾,元帅之功莫大焉。至如讼冤伸抑,公能使之解释公平,买卖求财,公能使之宜利和合"。民间传说,后羿射落九日,落下的九日化作九鬼,其中一日又变成了人,他就是赵公明。赵公明黑面浓须,头戴铁冠,手执银鞭,跨下骑一黑虎,隐居于蜀中修道,并在秦时于终南山得道。道教祖师爷张天师在炼丹时,向玉皇大帝奏请一位守护神。玉皇大帝便派遣了赵公明,并授予"正一玄坛元帅"的头衔。道教封他为"金龙如意正一龙虎玄坛真君之神",故赵公明又称赵玄坛。在江浙一带,专门祭祀赵公明的玄坛庙至迟在元代就已出现,如上海嘉定的元坛祠。到了明代,正式的玄坛庙已普遍出现在江浙一带的各商业中心城市,如明代王鏊《姑苏志》卷二十七"坛庙"条载:"玄坛庙在玄妙观前。神姓赵,名朗,字公明,与关羽同时,即赵云子龙之从兄弟也。"传说他的诞辰在正月初五,故在民间逐渐形成了迎财神的风俗,成为了春节期间重要的民俗活动之一。上海城隍庙连续数年举行的正月初五接财神活动,颇受市民的青睐。

第三,许多原本源于道教的活动也相继融入了春节习俗,成为了春节期间不可或缺的仪式,如上述正月初五的接财神。

又如正月初九的玉皇诞。玉皇大帝是天地人三界众仙之主,在道教中地位极高，属于四御之一。道经中说，玉皇大帝居住在昊天金阙弥罗天宫，妙相庄严，法身无上，统御诸天，主宰宇宙，是天界至尊大神，万天帝王。玉皇大帝在每年的腊月二十五日降圣下界，亲自视察下界万物万民众生道俗的善恶良莠，以便施行赏罚，所以道观在腊月二十五日半夜子时举行隆重道场，迎接玉皇大帝的法驾降临。玉皇巡行半个月后，到正月初九"玉皇圣诞"的下午，玉皇大帝要回銮，返回天庭。这一天道教宫观又要举行盛大的道场，诵经礼忏，祝愿国泰民安，风调雨顺，五谷丰登，道法兴隆。这原本是道观内举行的法事。但由于这天人们纷纷到道观进香，观看道士进行的斋醮活动，于是影响就扩大到了民间，在有些地方就逐渐形成了春节的庙会活动。如在湖北鄂东地区，每年在正月初九举行"玉皇会"，由地方组织出面，向各家各户募捐，然后由道观主持，举行盛大的祭祀活动，为玉皇祝寿，求他赐福。据《山东民俗》一书介绍，在泰山极顶的玉皇庙，过去，每逢正月初九玉皇生日，都要举行庙会，热闹非凡。民间传说山东昌邑县白家营是玉皇张大帝的姥娘家，当地从正月初一到十四要举行隆重的"玉皇演驾"仪式。逢天旱祈得下雨的年份还要连续演驾三年，向玉皇报恩。在台湾、福建等地，玉皇又被称作"天公"，正月初九是玉皇生日，在闽南话中又被叫做"天公生"。从初九午夜零时到当天凌晨四点，都是举行祭天公仪式的时间。届时家家户户在正厅摆下祭坛，把八仙桌用长凳垫高，称为"顶桌"，上面供上玉皇大帝的神位，以及五果六斋、扎红绳的面线、清茶三杯。顶桌下有"小桌"，供奉天公的随从诸神，也摆设五牲、红龟粿等供品。安排停当后，全家大小个个整肃衣冠，按长幼尊卑依次上香，行三跪九叩的大礼。然后烧金箔，放爆竹。

又如北京白云观的燕九节，原本是纪念丘处机的生日而举行的法会。但逐渐成为了北京地区春节期间最大的庙会之一，时间也延续十多天。届时观外人声鼎沸，观内箫鼓喧哗。逛庙会的人，有的跑马驰射、击球游戏，有的掷赌，有的卖艺，也有的聚餐豪饮。白云观山门中间石拱券的东端，在石雕花纹间刻了一个十厘米左右的小石猴，相传用手摸它一下可避邪，治疗风湿疾病。故游人到此必欲摸之而后快，"摸石猴儿"成了游白云观的传统活动之一。观内白石桥下桥洞的东西二室，各打坐一年长老道，洞口各悬一木钱，个大如盆，钱眼却很小，上系铜铃，人们到此纷纷以硬币投掷，传说打中钱眼、铜铃或老道，会万事如意。相传正月十八日夜至十九日凌晨，邱真人要化装下凡，或化作缙绅，或化作乞丐，或化作其他凡人的样子，超度有缘者，所以十八日夜往往吸引众多的善男信女，称作是"会神仙"的日子。若有缘遇到神仙，则能延年却病、逢凶化吉。这天晚上，众多的善男信女宿于观中或广场上，期待着与下凡后变成常人的神仙相遇，以结善缘。观中道士也是彻夜不眠，静坐于观前的松林或山门前，希望与祖师爷相遇。十九日上午，观内举行盛大的法会，邱祖殿香火极盛，香客游人摩肩接踵，使庙会达到高潮。这天上午，还有各路香会组织的扭秧歌、踩高跷、耍狮子、舞龙灯、跑旱船、跑马射箭以及民间小戏等表演队伍，热闹非凡。逛白云观庙会成了北京人春节期间的一项重要活动。

作为春节仪式的最后高潮——元宵节，虽说其起源有各种说法，但它的形成和时间定型应该说与道教有莫大的关系。元宵节定在正月十五，而这天正是道教上元天官的生日，所以元宵节又叫"上元节"。道教神仙"三元大帝"（上元天官、中元地官、下元水官）的生日分别为上元日、中元日、下元日，合称"三元日"。《三教源流搜神大全》卷一说："三元日，三官考籍大千世界之内，十方国土之中，上至诸天神仙升临之籍，星宿照临国土分野之簿，中至人品考限之期，下至鱼龙变化、飞走万类养动生化之期，并俟三官集圣之日录奏，分别随业改形，随福受报，随劫转轮，随业生死，善恶随缘，无复差别。"可见，他们是掌管天上神仙、地上生灵、冥府幽魂祸福升降、生死轮转的大神。上元天官专管赐福，地官专管赦罪，水官专管解厄。其中赐福天官最受欢迎，名声也最响亮，被奉为"福星"。过年的时候，民间常常张贴《天官赐福》年画，画面上的天官身穿红袍，峨冠金带，手中持有"天官赐福"的条幅。正月十五上元节是天官赐福之时，道观都要烧香设醮，祈求天官赐福万民。人们张灯结彩，纷纷走出家门进行多种游乐活动，多少也带有祈福的目的。

总之，道教作为中国唯一的本土宗教，无论是宗教仪式、供奉的神灵,还是信仰活动,都建立在中国人的信仰需求基础之上。而春节又是中国社会最为重要的节日之一,是表达人们心愿的重要时间节点,两者不谋而合之处自然很多。因此在春节的构建过程中,道教充当了重要的角色也就不足为奇了。

(本文原刊于《上海道教》2008 年第 1 期)

传统节日中的"亲缘"元素及其价值

传统节日的保护重在保护其核心内涵,这是中国文化的精髓之所在。中国传统节日产生于农耕文明时期,与农耕文明有着千丝万缕的联系,主要体现在时间的选择和信仰(敬畏自然,感恩神灵护佑)方面。同时,中国封建社会的基本社会结构是宗法家族制度,其核心是重亲情、重人伦,体现在传统节日中就是重视亲缘关系。因此,可以认为信仰和亲缘是中国传统节日核心内涵最基本的要素。信仰的基础是出于人类的感恩心理,其功能是协调人与自然的关系;亲缘的基础是出于人类生存的协同需要,其功能是协调人与人的关系。这两大因素共同作用,显现了传统节日在文化传统中不可替代的地位。这是今天保护传统节日中不可忽视的问题。本文拟对传统节日中"亲缘"元素的呈现及价值作简单的分析。

一、宗法家族制度与节日中的"亲缘"元素

宗法家族制度是我国封建社会时期最基本的社会制度,大约在周朝就已基本形成。在西方封建时代,也曾形成以家族为中心的社会制度,如日耳曼人入侵罗马,便把罗马帝国拥有的广大土地分封给扈从侍卫;查理曼做法兰克王时,也大封功臣,形成了庄园式家族制度。但是,欧洲到十八世纪末叶,随着蒸汽机和纺织机的发明,资本主义的生产关系取代了封建制度,家族社会也随之解体。而我国的封建社会自周朝开始一直延续到清末,形成了一套健全的宗法家族制度。在长期的发展过程中逐渐形成和完善了一套适宜于该制度的文化,即高达观所说的宗法精神:"此种精神规定于制度,见之于诗书,深入人心,积成习惯。举凡中国人民,自孩提以至老死,耳有所闻,目有所见,居家、行事,无一

不受宗法精神之支配,其影响于一般人之日常生活,应可想见。此种宗法精神,为万世不易之国是,顺之者生,逆之者死,融合凝固,以铸成中国家族社会之特性。所以中国家族社会之形式,虽时代更替不无变迁,独宗法精神自周初以迄近代,独一贯相传。"①

宗法家族制度以男性血缘关系为核心,以同居共财为主要特征,全家老少,多代同堂。为了维系家族成员和睦相处和家族的繁荣,根据家族内部成员的三种关系(长辈与晚辈,同辈之间,夫妻之间),逐渐形成了一套针对每个人身份的行为准则:孝(慈)——晚辈对长辈的孝顺、遵从,长辈对晚辈的慈爱,以建立上下有序的关系;悌(友、恭)——要求兄长对弟要"友",关心爱护,弟对兄长要"恭",尊重服从,兄弟和睦,互敬互爱;贞——为了保证男性血缘的纯正,要求妻子对丈夫的绝对忠贞,不允许同任何别的男人发生性关系;顺——要求媳妇对公婆的顺从,遵守妇德、妇顺。在此基础上要求每个家族成员遵循三大原则:服从原则(族长、家长具有至高无上的权利)、共同体原则(一切以家族利益为重)、各司其职原则(每个成员都具有明确的身份认同,不能僭越)。所有这一切,都可以归结为对亲缘关系的认同,让所有家族成员确证"自家人"的理念,从而保证家族内部的和谐,凝聚家族力量,促进家族的发展。

亲缘关系的建构,除了国家制度层面的倡导外,更多的是体现在人们日常生活中的各个领域,在传统节日中表现极为明显。如春节、中秋节的团圆饭,春节、清明、冬至的祭祖,节日期间礼物食品的互赠等,通过各种仪式活动将"亲缘"元素镶嵌在传统节日之中。

二、"亲缘"元素在传统节日中的呈现与建构

中国传统节日活动通常以家庭(族)为单位进行。"家"是节日展开的文化空间。每到节日,全家人停止各自的劳作(工作),男女老幼聚集一起,共同准备过节所需的一切,共同参与节日活动,享受过节的乐趣。例如春节,从农历的十二月二十三或二十四的"接灶神"开始,到正月十

---

① 高达观:《中国家族社会之演变》,正中书局,1946,第6页。

五的闹元宵结束,前后长达二十多天;其他节日前后也都有五六天的时间。节日期间,人们无论离家多远,都会想尽办法赶回家过节,与家人团聚。节日遂成为了家庭成员之间相互沟通、情感交流的绝佳时间。

节日期间的走亲访友则是亲缘关系从核心到外延的延伸。亲缘关系是一个以父母子女为核心的同心圆结构,由内向外扩散。如在山东和河北的村庄,春节期间人们依照安排好了的日程互相拜访。阴历正月初一是宗亲之间内部拜访的日子。正月初二拜访姥爷姥姥和舅舅这些母亲家最近的亲戚。姑姑姨姨则在初三拜访,而岳父岳母则要等到初四。亲戚往来的这些礼仪基本上体现了两个原则,一是主要以父系血缘的远近来划分亲戚的亲疏,二是姑夫家、舅家在亲戚中地位比较高。[①] 又如,客家地区每年从正月初一到正月十五,是走亲戚的季节,俗称"游正"。走亲戚时所带的礼物中,除鸡、猪肉、各种米糕外,每只装礼物的提箩中还要有生柑一对,表示新正大吉,蒜子(青蒜)两条,表示有算计的亲戚。如果没有这两样东西,主人会很不高兴。不过,柑和蒜子是不能收的,必须原物带回。[②]

除了亲戚,春节、元宵等节庆时,老乡、左邻右舍都要互相问候。对于左邻右舍,即使素日没有多大来往,但见面都能说得来,过年时,相互走动,见面彼此一抱拳说句"过年好""恭喜发财""一顺百顺"等吉祥语,在屋里稍站或坐一会儿而已,无甚过多礼节。[③] 很多情况下,只要居住在同一村落,都有互相拜年的习俗,无论同宗同族与否。例如河北省景县黄庄春节有一个很奇特的拜年习俗:同姓拜年后,同姓的一大群在大街上集合,通常有一二百人,一起去村子的另一头去拜异姓。有时那边的人们也正好过来,在大街上遇见了,就互相喊"拜年啦!"相向磕头,在街上跪倒一大片。两群人互拜毕,再分散到异姓的家里去拜年[④]。村

---

① 秦燕、胡红安:《清代以来的陕北宗族与社会变迁》,西北工业大学出版社,2004,第58-59、86-87页。

② 刘志文、严三九主编《中国民俗大系·广东民俗》,甘肃人民出版社,2004,第193页。

③ 刘裕民编《邯郸非物质文化遗产辑粹》,中国文史出版社,2008,第261页。

④ 黄涛:《村落的拜年礼制及其社会文化功能——以河北省景县黄庄拜年习俗为例》,载陶立璠主编《亚细亚民俗研究》(第6辑),学苑出版社,2006,第271页。

民之间的拜年，是宗亲之间拜年的延伸，是邻里对相互间的亲密关系和友好感情的郑重确认，是对过去一年中对方给予自己的帮助表示感谢，也为刚刚来临的新的一年的互助做必要的感情投资。村里人说，平时与人吵架闹气了，这时候拜年话一说，就什么意见都没有了。年复一年的拜年习俗是村民间重复确认和不断加强亲密互助关系的一种有效手段。

祭祖也是很多传统节日不可少的内容，尤其是春节、清明、七月半、冬至节。如江苏北部地区，每年的年初一早上，全族男性老少都要到祠堂磕头。每年清明和冬至要举行大型祭祀活动，由本族德高望重的长辈轮流担任主祭，主祭人除全面筹划祭祀活动事宜外，要在祭日前三天，不入私房，离家住进祠内，沐浴更衣斋戒，届时由他负责安排祭祀活动，担任司仪。祭祀活动为本族人的重大节日，不分尊卑贫富，祭祠日都要在祠内聚餐一顿，以加深人们的宗族观念。除了在祠堂祭祖，家家户户也会在家中祭祀祖先，如在陕西周至，大年初一"鸡鸣起，设香案、牲果，盛服拜天地、拜灶、拜祖宗，后拜父母、伯叔、兄长。每族数世祖考共为画像，众会拜毕，共欢饮，曰'节坐'"。[①] 在澄城，人们"夙兴吉服，具祭品、香烛、爆竹，谒神祇，拜祖先，以次拜兄、师长、尊族；或绘宗图，轮置酒食而合祭之，相叙拜，名曰'拜神子'"。[②] 清明、七月半、十月朔、冬至要上坟墓祭。清明节上坟时要给祖坟培新土，插纸龙，摆供品，放炮仗，烧纸钱和锡箔做的元宝，并把整刀草纸放在砖石下。插纸龙谓给死者送伞，压草纸谓给死者送布，烧纸钱和元宝谓为死者送钱。十月朔和冬至祭祖的主要民俗活动是送寒衣。十月朔送寒衣是北方地区普遍的祭祖习俗，用纸（素纸和色纸）剪成衣样，夹上棉絮，有的地方还写上祖亲名号，献祭时焚化。焚化地点不尽在墓前，甘陕北部"焚寒衣于门外"，山西不少地方"焚寒衣于垄头、十字路口"。因为亲缘关系是以血

① 丁世良、赵放主编《中国地方志民俗资料汇编·西北卷》，北京图书馆出版社（原书目文献出版社），1989，第37页。

② 丁世良、赵放主编《中国地方志民俗资料汇编·西北卷》，北京图书馆出版社（原书目文献出版社），1989，第52-53页。

缘为基础的,所以祭祖是强化家族的认同。正如杨庆堃在《中国社会中的宗教》中所说:"如果没有祖先崇拜作为一种象征性崇拜仪式来使后代追忆仙逝的父母和更久远的先祖,来强化活着的子孙后辈对家族身份的认同,长大的一代和结婚成家的子孙之间很可能变得愈来愈陌生,几乎没有任何东西能将他们凝聚在一起,成为有组织的家庭单位。"①

传统节日的仪式活动是丰富多彩的,"仪式"缺损正是我们目前保护传统节日的题中之义。因为仪式既是内容的体现,同时又是内容的排列组合,一个完整的节日,必须具备一个相对完整的仪式。仪式的功能就是通过一些有意义或貌似没有实际意义的程序过程,呈现象征意义,让参与其间的人产生一种神圣感。例如中秋节,如果纯粹是吃月饼,人们会觉得没有意思,因为现在月饼什么时间都可以吃到,但如果在皓月当空的夜晚,在院子里摆上供桌,放上丰盛的祭品,全家人虔诚地祭拜月亮,然后品尝月饼、赏月,其感觉绝对不同于一般的吃月饼,会让人在这种气氛中感受到神圣、不同寻常。节日中大量与亲缘相关的仪式,也正是通过仪式的神圣性显现其功能。例如除夕晚上的团圆饭,其菜肴与平时的宴席几乎没什么差别,但为什么大家千方百计都要赶回家吃年夜饭,因为它具有特殊的象征意义,寓意全家团圆。即使因某种特殊的原因,家庭成员中有人不能到场,家长也要为他放一套碗筷,表示他已到场。节日期间"走亲戚"也是如此,不在于礼物的多少,而是表达一种情谊和亲情。

梁漱溟先生曾言:"吾人亲切相关之情,发乎天伦骨肉,以至于一切相与之人,随其相与之深浅久暂,而莫不自然有其情分。因情而有义。父义当慈,子义当孝,兄之义友,弟之义恭。夫妇、朋友乃至一切相与之人,莫不自然互有应尽之义。伦理关系,即是情谊关系,亦即是其相互间的一种义务关系。"②这种建立在宗法家族制度之上的亲缘关系以及由此推及的人与人的情谊,在节日中正是通过过节、祭祖、走亲戚以及

---

① 杨庆堃:《中国社会中的宗教》,范丽珠等译,上海人民出版社,2007,第61-62页。
② 梁漱溟:《中国文化要义》,上海人民出版社,2005,第72页。

各种民俗仪式活动而呈现的,镶嵌在各个传统节日中,不仅成为了传统节日的有机组成部分,而且成为其核心内涵要素之一。

同时,节日中的这些民俗仪式活动又进一步强化了亲缘关系,因为节日具有"周而复始"的特点,民俗仪式的"重复"展演,从表层上看,是民俗仪式得以传承、功能得以实现的重要保障;而更重要的意义在于在心理层面构成一种"集体认同"。这就是心理学上所说的"刺激"效应,通过反复"刺激"加深印象,其仪式所具备的象征含义便逐渐积淀于人的心灵深处,形成一种荣格所说的"集体潜意识"。如通过年复一年的祭祖活动,就不断强化"自家人"的意识。正如哈布瓦赫所说:"在家庭内部,甚至在这些人中间举行的祭祀仪式,正好对应着两种精神态度。一方面是,死者崇拜给家庭提供了机会,让家庭重新确认它的关系纽带,定期与对已经过世的亲人的记忆交融在一起,重新确认家庭的统一感和连续感。另一方面是,在每年的同一天,当所有家庭按照大概一致的仪式,唤起死者或邀请他们与活着的人一起分享食物的时候,当人们的注意力转向自然,转向亡灵的这种存在形式的时候,他们就参与到了一个信仰的总体中去了,这个信仰的总体是他们所属的共同体中的人共有的,甚至为许多外人所分享。"①通过民俗仪式活动不断强化"亲缘"的情感深度和广度,内化为一种意识上的"我们感",从心理层面巩固"亲缘"的关系。

三、"亲缘"元素在今天的功能

为什么要重视保护传统节日中的"亲缘"元素?因为它在今天的现实生活中仍然具有现实意义。

我国正处于从传统农耕社会向后工业社会、信息社会转变的转型期,人际关系也正经历从"熟人"社会向"陌生人"社会的过渡阶段,在这过程中,种种社会弊端不断暴露,如人与人之间的关系变得冷漠,人们的道德水准下降等。在家庭生活中,存在"慈有余而孝不足"的现象,长

---

① ［法］哈布瓦赫:《论集体记忆》,毕然、郭金华译,上海人民出版社,2002,第113页。

辈对小辈过于溺爱,而晚辈对长辈不尊敬,对老人不履行赡养义务,还有兄弟姐妹为了一点小利益而反目。所有这些都不利于和谐社会的建设,需要通过各方面的努力,积极扭转这种局面。我国自古就有"正风俗"的优良传统,《荀子·乐论》曰:"移风易俗,天下皆宁,莫善于乐。"东汉应劭在《风俗通义》序中说:"为政之要,辨风正俗。最其上也。"《刘子》第四十六"风俗"更明确指出:"风有薄厚,俗有淳浇,明王之化,当移风使之雅,易俗使之正。"在当下价值观念较为混乱的情况下,合理运用民俗的功能,匡正社会不良风气,是可以大有作为的。通过节日中的亲缘文化,可以强化亲情关系,构建和谐的家族关系。从家庭延伸到乡邻、社区,如果每个个体都能自觉遵循公德良俗,那么整个社会的道德水准就会有较大的提升。一个在家能够尊老爱幼、孝敬长辈、爱护晚辈的人,一个能与兄弟姐妹和谐相处、懂得谦让的人,就具备了起码的个人道德素养,在社会上与人相处通常也不会做出违背道德的事。从亲缘文化这种源自中国本土、具有悠久历史的传统入手,运用于今天的现实生活,无疑能起到事半功倍的功效。

传统节日作为人们日常生活的有机组成部分,通过一系列的仪式活动展开。其功能的显现是潜移默化的,例如春节期间通过祭祖活动,后代与祖先的关系得以巩固,在心理层面强化了同宗观念;通过筹办年节活动、吃团圆饭、守岁、压岁钱等,强化家庭亲情,无意之中培养了人们尊老爱幼、重视亲情的品格;通过走亲戚、拜年、互赠礼物传递情感,参加社区集体性的娱乐活动(舞龙舞狮、秧歌、社火等),在亲属以及社会关系网络中,形成良好的人际关系。人们参与节日的活动,在不知不觉中就接受了教育和熏陶。正如著名人类学家本尼迪克特在《文化模式》一书中分析习俗对人的模塑那样:"个人生活史的主轴是对社会所遗留下来的传统模式和准则的顺应。每一个人,从他诞生的那刻起,他所面临的那些风俗便塑造了他的经验和行为。到了孩子能说话的时候,他已成了他所从属的那种文化的小小造物了。待等孩子长大成人,能参与各种活动时,该社会的习惯就成了他的习惯,该社会的信仰就成了他的信仰,该社会的禁忌就成了他的禁忌。每一个孩子,一旦呱呱落

地就生活在和他拥有相同习俗的人群中,任何一个出生在东半球的孩
子不可能一生下来就获得与西半球的人同样的习俗,哪怕这种雷同只
达到千分之一的程度。"①人一生中,除了接受学校的书本教育获得知
识外,更多的是在民俗生活中默会的知识和接受的熏陶。因此,今天在
对传统节日进行整体性保护的时候,要特别关注其中蕴含的"亲缘"元
素的保护,使其在构建和谐社会中发挥应有的作用。

　　(本文原刊于罗杨主编《节日文化纵横》,民族出版社 2015 年 8
月版)

---

① 　[美]鲁思·本尼迪克特:《文化模式》,张燕、傅铿译,浙江人民出版社,1987,第 2-3 页。

南浔"三道茶"的智慧

南浔,是一个有故事的地方。行走在南浔的幽静小巷中,你随时都可能与深宅大院不期而遇。而我这次南浔之行,印象最为深刻的是那不起眼的"三道茶"。在南西街78号"辑里人家"客栈第一次品尝了传说中的"三道茶"。辑里人家的主人王一士和夫人是三道茶的传承人,他们对三道茶的来龙去脉如数家珍,伴随着主人生动的讲解,我们慢慢品尝着三道茶的"味道":

第一道是甜茶(又称风枵茶和风枵汤),茶杯里放了他们家自己加工的"糯米锅糍",加入白糖,冲上开水,就是一碗别有风味的风枵茶了。据说"糯米锅糍"的制作首先要把糯米煮成饭,然后将糯米饭贴放在热铁锅(农村灶头大锅)上加热,烧结成一片片锅巴,呈乳白色。烧制锅巴时火候和时间要掌握恰当,过了有焦味,太嫩则没香味。虽然主人一再强调糯米锅糍存放久了(一般是冬天制作),味道不好,但我们喝上去还是"甜""香""糯""滑",色香味俱全,十分可口,忍不住一口气喝光了。

第二道是咸茶,称为"熏豆茶""烘豆茶",是三道茶中最考究的一道。以熏青豆为主料,加上胡萝卜丝、桔皮丝、蒄麻子、白芝麻、腌蚕豆、少量绿茶叶等辅料一齐冲泡而成。熏青豆是杭嘉湖及苏南地区民众喜爱的一种零食,在周庄、同里、朱家角、西塘等江南古镇上随处可见。其制法是将新鲜的毛豆子放入开水中氽一下,加上盐,捞出沥干后放在铁丝筛网上,底下用木炭火盆慢慢熏干,焙干后即可食用,有时会加上切碎的笋干等一起烘培。熏青豆具有很强的季节性,在南浔用于熏豆茶的熏青豆会存放在石灰窖里,这样能保持豆子的干燥和鲜味,可以长年食用。红萝卜丝同样要焙干并储藏,桔皮丝和腌蚕豆需要放盐腌制十天左右,蒄麻子和白芝麻要炒熟增加香味。据《南浔镇志》记载:每年农历十二月十二日和清明蚕花节,农家就用熏豆茶、蚕花园子和南浔家酒祭祀,当地百姓对熏豆茶有着特别的嗜好,从古至今习俗不改。熏豆茶的颜色是多彩的,熏豆是绿的,萝卜丝是淡红的,桔皮丝是金黄色的,芝麻是白色的,蔍麻子是黑色的,茶叶的绿色不同于熏豆,淡淡的,真可谓是色彩斑斓了。端起茶杯,轻轻吹开飘浮在上面的白芝麻,轻轻地抿上一口,含在嘴里慢慢咀嚼,满口的清香和鲜味,沁人肺腑。熏豆茶的味道层次十分丰富,咸中带甜,混合着桔皮和芝麻的香味,加上淡淡的茶香,喝在嘴里的感觉难以形容。按照当地的风俗,熏豆茶只能泡两遍,客人喝完茶后要把碗里的东西全吃光,这样主人才会觉得有面子。我们也入乡随俗,充满享受感地吃完了杯中的所有东西。

接下来是第三道茶——清茶(也称苦茶),主人用安吉白茶泡制,嫩绿的茶片自由自在地漂浮在杯中,赏心悦目,喝入口中清甜的感觉沁人心脾。

喝完三道茶,主人又介绍了它在南浔地区的流传情况。据说,以前喝三道茶是很有讲究的,是一种隆重的待客礼仪。一般用于春节期间待客和招待尊贵客人。春节期间,家家户户将三道茶作为正月招待亲友的首选饮品。不管大人小孩去别人家串门,主人一定会请客人喝三道茶。其余时间就不一定能喝上三道茶了。三道茶的另一重要用途是作为招待"毛脚女婿"首次登门的礼仪。无论是经媒人介绍的还是自由恋爱的,"毛脚女婿"上门,只要能喝上甜蜜的锅糍茶、咸味的熏豆茶和清淡的绿茶这三杯茶,就算过了丈母家的"第一关"。否则,就说明女方家里不同意这门亲事。至今许多地区还保持着这一独特的习俗。随着经济条件的改善和冰箱的普及,在南浔的许多人家,现在常年都备有三道茶的原料,随时都可以泡制。在南浔古镇,还开设了几家专门喝三道茶的茶馆,深受游客的喜爱。

听了王先生的介绍,深深感到三道茶是南浔民众生活智慧的呈现。

中国是茶叶故乡、茶文化的发源地。中国人最早发现茶和利用茶的时间,可以追溯到上古时期,古籍和民间传说中都有神农尝百草、用茶来解毒的说法。而南浔所在的湖州地区是中国茶文化盛行的区域。

"茶圣"陆羽(733—804)一生在湖州大概度过了30多年时间,其不朽的著作《茶经》就是隐居湖州地区时所作。《茶经》对茶的起源、生产、加工、烹煮、品饮以及诸多人文与自然因素作了深入细致的研究与总结,使茶学真正成为一种专门的科学。《茶经》倡导品饮艺术,使饮茶成为一种艺术活动,真正的茶文化从此发端。陆羽在湖州留下不少古迹和传说。如青塘别业是陆羽故居,始建于唐大历十年(775),当时陆羽四十三岁,好友皎然《寻陆鸿渐不遇》诗云:"移家虽带郭,野径入桑麻。"陆羽住青塘别业后自称桑苎翁。湖州市妙喜寺东南的三癸亭,为唐代湖州刺史颜真卿所立,建于唐大历八年(773),相传该亭落成于癸丑岁癸卯月癸亥日,遂取名为三癸亭,高僧释皎然《奉和颜使君真卿与陆处士羽登妙喜寺三癸亭》诗题中明确记载"亭即陆生所创",该亭是陆羽、颜真卿、皎然三位挚友经常相聚品茗论世之处。《茶经》中将产于顾渚山(今属长兴)的紫笋茶列为上品,唐太宗大历五年(770)在顾渚山建贡茶院,每年清明前兴师动众督制"顾渚紫笋"饼茶,进贡皇朝。湖州地区的种茶、饮茶风气造就了陆羽,陆羽成就了中国的茶文化,也推动了湖州地区饮茶习俗的发展。长期以来,湖州地区饮茶之风盛行,有的地方甚至一天"三饭六茶"。如被誉为"茶人之村"的德清三和乡据说人均年消耗茶叶达五斤之多。在农闲的时候,妇女们有"打茶会"的习俗,十几个人,抱着儿孙,带着针线活,围坐一起,主人拿出家中最好的茶叶招待,大伙边喝茶边干活边聊家常。喝茶成为了当地人生活不可或缺的重要组成部分,南浔三道茶正是在这样的氛围中逐渐发展起来的。

南浔三道茶的鲜明特性是功能性和礼仪性的完美结合。中国古人最早发现的是茶的药用功能,唐代陈藏器《本草拾遗》中说:"诸药为各病之药,茶为万病之药。"现代科学也已证明茶叶具有清热解毒、消食消脂等诸多功能。在药用功能基础上人们又发现了茶的饮用解渴功能,茶也成为了人们日常生活中的饮品,三国时魏国张楫在《广雅》中记载:"荆巴间采茶作饼,成以米膏出之。若饮先炙令色赤,捣末置瓷瓶中,以汤浇覆之,用葱姜芧之。"表明至迟在三国时期,已经有了饼茶的加工,而且茶已经开始被当成一种专门的饮料。唐代诗人卢全的《走笔谢孟谏议寄新茶》(又称《七碗茶歌》):"一碗喉吻润,两碗破孤闷。三碗搜枯肠,唯有文字五千卷。四碗发轻汗,平生不平事,尽向毛孔散。五碗肌骨清,六碗通仙灵。七碗吃不得也,唯觉两腋习习清风生。"生动地描绘了茶饮的审美愉悦。皎然的《饮茶歌》:"一饮涤昏寐,情来朗爽满天地。再饮清我神,忽如飞雨洒轻尘。三饮便得道,何须苦心破烦恼。此物清高世莫如(知),世人饮酒多自欺。愁看毕卓瓮间夜,笑向陶潜篱下时。崔侯啜之意不已,狂歌一曲惊人耳。熟知茶道全尔真,唯有丹丘得如此。"同样将饮茶后那种飘然欲仙的感受表现得淋漓尽致。经过文人士大夫的提升,融养生、修性、怡情、尊礼于一体的茶文化逐渐形成。饮茶可以养生、强身健体,可以提升人的道德情操,可以培养人的艺术趣味,可以协调人际关系。唐代刘贞亮将之概括为茶之"十德":"以茶散郁气,以茶驱睡气,以茶养生气,以茶除病气,以茶利礼仁,以茶表敬意,以茶尝滋味,以茶养身体,以茶可行道,以茶可雅志。"茶饮进入民间日常生活后就逐渐具备了民俗礼仪的功能。南浔三道茶完整地保留了茶的药用、饮用、民俗礼仪的功能。

　　南浔三道茶作为当地民众日常生活的组成部分,普遍民众没有文人雅士那么多的闲情逸致,也不可能有文人雅士们那样上升到理性的认识,但三道茶却包含着更多实实在在的生活智慧。第一道甜茶,"甜"寓意甜甜蜜蜜,表示对客人的欢迎,表达对客人的敬重。"糯米锅糍"本身是食品,首先让登门的客人填填肚子。第二道咸茶,通常要将所有佐料都吃完,同样有饱腹的作用。而这些佐料又有通气开胃健脾的功能,当地普遍流传的关于熏豆茶来历的传说充分说明民众对于其药用功能是清楚的:相传大禹时的治水能人防风氏(注:湖州德清有防风氏庙,防风氏神话主要流传在湖州地区),曾在湖州一带治水,当地老百姓用橘子皮、野芝麻泡茶,为他祛寒,另以烘豆为佐茶。防风氏性急,将豆倒入茶中,连茶汤带豆一口吃了,吃了之后防风氏力大无比,治水业绩更加辉煌,于是这种饮茶的习俗就延续了下来。吃了这二道茶后,客人的肚子基本饱了,于是才让客人慢慢品味第三道清(苦)茶,冲淡之前的甜、咸味,让客人神清气爽、精神倍增。从甜到咸,再到清香,三道茶的滋味层层转换，"甜—咸—苦"的顺序完全符合人的生理需求，也符合登门客人的需要。

南浔三道茶，选材普普通通，排场不张扬，却蕴含着民众的大智慧。

（本文原刊于张国云主编《最忆是南浔》，光明日报出版社 2016 年2 月版）

传统节日的现代"赋值"

今天,我国的节日大致有四种类型:一是传统节日,如春节、清明节、端午节、中秋节、冬至等;二是国家法定纪念日,如三八妇女节、五一劳动节、五四青年节、七一建党节、十一国庆节等;三是源自西方的洋节,如情人节、母亲节、感恩节、圣诞节等;四是新兴节日,如"11.11"光棍节,"12.12"购物节、"5.20"表白节等。这四种节日类型的渊源不同、功能各异、参与群体有别。传统节日历史久远,源自农耕文明,是全民参与的节日;国家法定纪念日重在突出纪念的意义,是一种国家的行为仪式;洋节源自西方文化,以青年人为参与主体;新兴节日是互联网时代的产物,借助特定的数字和谐音等发明创造而成,商业为其主要的推手,在青年人群体中更为流行。通常我们说的"过节"主要是指过传统节日。然而,在当下的语境中,"过节"的方式与以往相比,发生了很大的变化,被赋予了更多的意义。如何看待这些变化,见仁见智。对此,我们应该客观地看待,既不能一味地批评,也要给予适当的引导。

一、传统节日需要实现"现代化"

中国传统节日是中华民族在长期的实践过程中积累的经验和智慧的结晶,历经千百年的传承,是一种全民参与的文化创造。其产生的根基一为源远流长的农耕文明,二为自西周以来的宗法家族制度,因此传统节日最重要的两大主题是感恩和祈福。感恩大自然的恩惠、先辈的福荫,寄托对先人的哀思;祈求幸福美好的生活。而这两大主题的实施,往往需要通过一系列的仪式来完成,如春节、清明节、冬至的祭祖,七夕的祭拜织女,中秋节祭月,重阳节登高、喝菊花酒,端午节祭拜屈原、挂艾叶菖蒲等。中国传统节日大多以家庭、家族为单位举行,只有少数节日延展到社区(村落),如元宵节的灯彩、社火,端午节举行的龙舟竞渡等活动。

传统节日作为生活的一部分,跟社会进步、经济发展、生活方式的演进密切相关,它不可能独立于社会大环境。产生于农耕文明时代的传统节日也必然会发生相应的变化。例如,随着手机、互联网成为人们生活中须臾不可或缺的部分,春节期间也产生了微信红包、视频拜年等方式;清明节传统上是上坟祭祖,但现在,一些在外地工作的年轻人因种种原因无法回乡祭祖,以视频直播的方式参与祭扫活动,或者在网上设立虚拟祭扫空间,进行清明祭拜,表达对逝者的追思与怀念。随着中国改革开放的不断深入,西方的一些节日传入中国,受到部分年轻人的追捧。由于生活节奏的加快和赴异地工作的常态化,有些家庭平时很难聚在一起出游,于是全国法定节假日就成为全家出游的理想时间,于是,"过节"就等同于"放假"。这是一个自然而然形成的现象,也是节日"自我更新"的表征。

中国传统节日重视仪式的神圣性和家族性,而对娱乐性与公共性并不提倡,所以逐渐难以满足现代人的审美要求。洋节之所以被部分年轻人追捧,就在于其具有较强的娱乐性和公共性。在各级政府部门的引导、推动下,传统节日的公共性和娱乐性也在不断增强,如春节期间举办的各种庙会,元宵节期间的大型灯彩和花车巡游,端午节龙舟竞渡比赛等,从而逐渐形成了由政府部门组织的大型活动、街道和村落组织的社区节日活动和以家庭家族为核心的活动相结合的节日模式,使得公共性、娱乐性更加突出。

因此,传统节日的现代化是一个必然的趋势,正如黄涛先生在《开拓传统节日的现代性》一文中所说的:"传统节日是一宗重大而特殊的民族文化遗产,但不应该是与现代社会格格不入的奇风异俗。它既是拥有久远历史的文化遗产,又是为当代国民人人享有的生活文化。作为全民性文化生存方式,传统节日的文化内涵与庆贺方式应该是在传承中不断更新、与时俱进的。"节日文化正是在传承的过程中不断加入新的元素,才体现出传统节日强大的生命力。

二、节日"赋值"应坚守其固有的"文化内涵"

节日"赋值"一方面是节日自身适应社会发展的结果,另一方面也是政府、学界、媒体、商界各方合力作用的产物。在这过程中,既有成功的经验,也有失败的教训。衡量成功与失败的标准应是对节日文化内涵的坚守程度。

例如,重阳节是我国重要的传统节日之一。这一天,人们要登高、饮菊花酒、插茱萸、吃重阳糕、放风筝等。从各种文献记载来看,至少在汉代,重阳节的习俗已经盛行。避祸除邪消灾、强身健体是重阳节主要的文化内涵。而且重阳节很早就与祈寿、敬老结合在一起,曹丕在《九日与钟繇书》中说:"岁月往来,忽复九月九日。九为阳数,而日月并应,俗嘉其名,以为宜于长久,故以享宴高会。"20 世纪 80 年代以来,中国一些地方逐渐把重阳节定为老人节,倡导尊老、敬老、爱老的社会风气。2012 年 12 月 28 日全国人大常委会表决通过《老年人权益保障法》,法律明确每年农历九月初九为老年节。重阳节的这种"赋值"符合其本身的文化内涵,是对重阳节的成功"再造"。

再如,清明节的祭祖原本主要是祭祀宗族的祖先和逝去的家人。民国时期增加了对黄帝、炎帝等中华民族先祖的公祭活动。近些年来逐渐扩大到对当代先贤、革命先烈的祭祀纪念,甚至在这天,有些高校对创始校长、著名教授也进行祭奠。这种变化把祭祀对象从家庭、家族先祖扩展到国家先烈,礼敬先人、慎终追远的文化内涵并没有发生变化,培养感恩文化、家国情怀的社会功能也没有变。

近些年来,也有一些对传统节日的"赋值"因为背离了其本来的文化内涵而以失败告终的案例。例如,前些年有些地方不遗余力地要把七夕节"打造"成中国情人节。七夕节,又称乞巧节、女儿节。《西京杂记》有"汉彩女常以七月七日穿七孔针于开襟楼,人俱习之"的记载,说明在汉代已盛行过七夕。唐宋诗词中,妇女乞巧也被屡屡提及,唐朝王建有诗"阑珊星斗缀珠光,七夕宫嫔乞巧忙"。

到了北宋,京城中出现了专卖乞巧物品的市场,称为乞巧市。由此可见,七夕节原本与爱情、情人没有丝毫关系,反映的是中国农耕文明时期,由于男耕女织的社会分工,女性希望自己能够心灵手巧,所以向织女星乞巧。到了魏晋南北朝时期,由于七夕向织女星乞巧以及牛郎织女故事中七夕相会情节的缘故,两者逐渐合二为一,南朝梁宗懔在《荆楚岁时记》中首先把两者放到了一起:"七月七日,为牵牛织女聚会之夜。是夕,人家妇女结采缕,穿七孔针,或以金银鍮石为针,陈瓜果于庭中以乞巧。有喜子网于瓜上。则以为符应。"一些地方政府为了提高地方知名度,商家为了追求经济效益,刻意突出牛郎织女故事中的爱情元素,以此来"打造"中国的情人节。殊不知,这种做法,既背离了七夕节"乞巧"的文化内涵,也违背了情人节的基本规律,世界上几乎所有民族的情人节活动都在春季开展,因为春天才是生机盎然、爱情萌发的季节。更何况牛郎织女基本上是一个爱情悲剧,哪对情人愿意像牛郎、织女一样一年只能相聚一次? 所以,这种"赋值"注定是要失败的。

传统节日要与时俱进,就要被赋予现代的价值与意义。但"赋值"应建立在传统节日的文化内涵之上,背离或扭曲节日文化内涵的"赋值"是没有生命力的,也终究会被民众淘汰。

三、商业介入对传统节日的发展有助推作用

在对传统节日"赋值"时,最具争议的是商业介入的问题。持批评意见者认为,过浓的商业意味,可能会削弱传统节日的文化意涵,淡化其本来的价值意义。对此,我们也需要针对不同情况具体分析。如果商家纯粹出于牟利的目的,不顾传统节日的历史和文化内涵,偏离传统节日的价值取向,确实会给传统节日的传承带来负面作用。但从目前的情况来看,绝大多数的商业介入,对于传统节日的传承是有益的。

商业的介入有利于推动对传统节日的宣传。传统节日是农耕文明的产物,到今天多少有些水土不服,同时,由于社会历史的发展,传统节日的很多仪式已经被人们遗忘。因此,传统节日的复兴需要政府、学界、媒体、商界的共同参与,商界无疑是一股重要的力量。例如,每到农历岁末,每个商铺都会布置一新,除了琳琅满目的春节商品外,浓浓的

春节味扑面而来。元宵节、清明节、端午节、中秋节等莫不如此。虽然商家的目的是为了经济效益,但客观上营造了良好的节日气氛。

商业可以为传统节日提供充足的节日物品,丰富节日活动。在农耕时期,节日所需的食品及其他物品大部分是人们自己加工的。今天因为生活节奏加快,人们已无暇亲自制作,不要说城市居民,就连农村中很多家庭因为外出务工也无暇顾及。而且,即便有时间,年轻人也不会制作或者不愿意自己做了。商家提供这些节日物品,如清明节的青团、端午节的粽子、上坟祭祖用的"元宝",可以满足人们的需求,对于传统节日的传承无疑是有益的。

传统节日有自我纠偏的能力。每当商业介入超出传统节日的文化内涵时,这种纠偏功能就会发生作用。例如"年夜饭"是春节最重要的仪式之一,体现全家团圆以及对新年美好生活的期盼,传统上都是在祭祀天地、祭祀祖先后在家里进行的。20世纪80年代后,市民的收入提高了,而年三十又要上班,没有时间准备年夜饭。于是各饭店、宾馆就适时推出了年夜饭的项目,一时间供不应求,在上海,好的饭店往往需要提早几个月预定。在酒店吃年夜饭,虽然少了购买、烹饪乃至最后收拾的辛劳,但多少有悖于年夜饭的传统,再者存在环境嘈杂、私密性不够等缺憾。最近几年年夜饭出现了回归家庭的趋势,2018年上海各饭店、宾馆的年夜饭桌数已大减。这就是纠偏功能在起作用。

（本文原刊于《人民论坛》2019年9月下,发表时有删改）

第五编

非遗保护实践问题

传统民俗节日"仪式"的当代建构

传统民俗节日对一个民族、一个国家的重要性已逐渐为人们所认知,当前国家层面对传统民俗节日的重视程度也是前所未有的,但是为什么人们仍普遍感到节味不浓、甚至有不少人将传统民俗节日的放假当作休息日？其中的原因错综复杂,但笔者个人认为节日"仪式"的缺损和"仪式感"的丧失恐怕是最主要的原因之一。因此,要想让传统民俗节日真正回归民间、回到民众生活中来,我们应该加强节日"仪式"的研究,进行解构分析,然后在适合当代人生活方式的语境中复兴和重构节日"仪式",使传统民俗节日的功能最大化,这是社会各界需要共同努力的课题。

一

有关"仪式"的研究成果,可谓汗牛充栋。影响最大的当属符号人类学家们的研究,他们认为:"符号是一切人类行为和人类文明的基本单元","一切人类行为都是在使用符号中产生的。正是符号把我们的猿类祖先转变成人,赋予他们人性。只有通过使用符号,全部人类文明才得以产生并获得永存"。[①] "全部文化或文明都依赖于符号。正是使用符号的能力使文化得以产生,也正是对符号的运用使文化延续成为可能。没有符号就不会有文化,人也只能是一种动物,而不是人类。"[②] 然而孤立的符号本身并无意义,其价值及其意义只有在人与人的关系即人们的行为中才能得到展示和体现。而为了更好地体现其意义和价

---

① 〔美〕L·A·怀特:《文化的科学》,沈原、黄克克、黄玲伊译,山东人民出版社,1988,第22页。
② 同上,第33页。

值,人们必然会通过对符号进行优化组合,遵循一定的规则,依照一定的程序来进行,这种对符号的程序化操作,就是仪式。正如玛丽·道格拉斯所说的:仪式是人们之间卓有成效的社会交际形式,是一种"交流社会信息的语言,它在促进补充社会的集体情操"①。在我国,仪式一词大概是从祭祀活动中引申出来的,《辞海》中的解释之一便是指典礼的秩序形式。如唐代韩愈在《南海神庙碑》中所说:"水陆之品,狼藉笾豆;荐裸兴俯,不中仪式。"大意是指祭祀活动中所应遵循的秩序和规则。主要应该包含两方面的内容:一是仪式由各种大小元素组合而成;二是这些元素组合是按一定的规则进行的。因此,东西方文化中关于仪式的定义大致是一致的。通过学者们对仪式问题的长期探讨,一般认为仪式的特征具有"四性":完整性、神圣性(或称权威性)、公共性、现代性。

以此观照我们今天的传统民俗节日仪式,"四性"都存在着严重的缺损。仪式的完整性,对于仪式的象征意义的实现至关重要,一个完整的节日仪式才能构成该节日的意义。而现在绝大多数的民俗节日,保存的仅仅是仪式的碎片,也就是人们常说的端午节成了粽子节,中秋节成了月饼节。节日仪式的神圣性则几乎消失殆尽,传统民俗节日是建立在信仰的基础之上的,但自五四以来尤其是中华人民共和国成立以来的破除迷信活动,将节日中的信仰都当作封建迷信扫除了。仪式的公共性,原本在中国传统民俗节日中就发育不完全,近些年随着人们生活方式的改变(尤其是在农村),节日的公共性就更被削弱了。现代性也即仪式自身所具有的更新能力,它会随着环境条件的变化而适时应变,这也是一种仪式在一个群体中能够长期传承的必要条件,但由于我国的社会转型速度太快,再加上一些外在的因素,节日仪式的现代性没有及时跟上。故此,也就难怪人们会觉得现在过节节味不浓了。

造成传统民俗节日仪式缺损的原因错综复杂,最主要的大概有以下四方面:

---

① [美]R·沃斯诺尔等:《文化分析》,李卫民、闻则思译,上海人民出版社,1990,第115页。

　　一是社会转型。我国传统民俗节日建立在农耕文明的基础之上，节日的时间序列基本上是按照农事活动来安排的，节日的内容也是围绕农耕而展开的，最主要的功能就是通过节日仪式来祈求农业丰收、安居乐业。进入现代社会以后，与农业文明相适应的那些文化需求已很少存在，于是许多节日仪式就难以传递，使节日呈现活动内容减少、仪式感衰弱的状态。这在城市中表现尤其突出。而农村的情况自改革开放以来则显得相当严峻。

　　二是长时间的停止，造成仪式的"遗忘"。自五四运动以来，倡导科学民主，反对封建迷信，以此来改造国民性，本身并没有错。但中国传统中一直有"不破不立""破旧立新"的思维模式，因此在提倡新生活的过程中，把凝聚着几千年来民众智慧的传统也往往当作封建迷信加以批判和抛弃了，节日仪式也是如此。而仪式是在不断操练的过程中才得以传承的，晚辈是在观看长辈施行的实际中默会的。如果长时间不施行，势必就造成"失传"和遗忘。如端午节的雄黄酒，现在还有多少人会酿制？甚至农村中的年轻人连清明节的青团也不会做了。

　　三是受某些思想观念的束缚，有些仪式被强行禁止，也直接导致了仪式的缺损。如解放后把祭祖当作迷信，祠堂被拆了，族谱被烧了，节日期间在宗祠中的祭祖活动也就无法举行了。前些年出于安全考虑，各大城市春节禁止燃放鞭炮等，无意之中就削弱了春节的气氛。今年清明节期间，仍然有不少媒体批评上坟时焚烧纸钱、放鞭炮等等，美其名曰文明祭祖。试想没有了焚烧纸钱、燃放鞭炮，上坟还有必要吗？在人们的传统观念中，纸钱是供在阴间的祖先享用的，鞭炮是"通知"祖先来享受供品的。所以才必须要到坟地祭祖才行。

　　四是随着生活方式的改变，导致有些仪式无法进行。柴灶改成煤气灶，灶王爷的神龛没有了安身之处，祭灶神、迎灶神活动也就慢慢消失了。改革开放以来，农村中年轻人大量进城务工，乡村中只剩下老人和小孩，虽然务工人员春节期间还要回家与家人团圆，但来去匆匆，舞龙舞狮等大型活动就难以举行了。

二

正是由于传统民俗节日的"仪式"缺损和"仪式感"丧失是在十分复杂的社会及文化背景下发生的,同时又经历了相当长的时间,因此恢复和重建也必然是一项艰苦和困难的工作。

首先,要加强"仪式"在节日活动中重要性的研究,逐渐培养人们的"仪式感"。一个完整的节日,必须具备一个相对完整的仪式,仪式既是内容的体现,同时又是内容的排列组合,在某种程度上说,比内容更为重要。仪式的功能就是通过一些有意义或貌似没有实际意义的程序过程,呈现象征意义,让参与其间的人产生一种神圣感。例如中秋节,如果纯粹是吃月饼,人们会觉得没有意思,因为现在月饼什么时间都可以吃到,但如果在皓月当空的夜晚,在院子里摆上供桌,放上丰盛的祭品,全家人虔诚地祭拜月亮,然后品尝月饼、赏月,其感觉绝对不同于一般的吃月饼,会让人感受到这种气氛的神圣、不同寻常。因此,完整的仪式对于传统民俗节日的传承,是至关重要的。

"仪式感"是伴随着仪式活动而逐渐形成的。仪式感中包含一种价值评判,一种神圣性,人们年复一年地重复相同的节日仪式,起主导作用的是仪式感,让人产生一种期盼的心情。仪式感的本质,就是心理学里的"暗示作用"。女性在这方面,比男性更有"天赋",更容易受暗示。仪式活动之所以具有一种神奇的魔力,就是通过特定的仪式、表情、说话,以达到意想中要达到的目标。

其次,是需要广泛而深入的调查。虽然现在全国上下对传统节日都非常重视,但一谈到节日仪式,往往会觉得这方面很单调,已经没有什么内容,这表明对我国的节日活动的调查还很不够。主要表现为两个方面:一是对区域性节日仪式的调查不够,模糊传统民俗节日的共性和个性问题。事实上,同一个民俗节日,在我国不同的地区、不同的民族、不同的群体中,虽然有诸多共性的元素,但个性化的元素更多。如同是端午节的龙舟竞渡,湖北秭归、湖南汨罗、杭州余杭、上海罗店、广西清水江都呈现出不同的地域特色。共性固然重要,但如果忽视了丰富的地域个性,势必会造成传统节日仪式单调的假象。因此,从某种意义上说,解构区域节日仪式,完善区域民俗节日仪式,是节日仪式研究的基础性工作。二是活态的节日调查不够,而这也需要广泛而深入的田野调查。

第三,需要对传统民俗节日仪式进行"解构"。目前的研究大多偏重于节日的溯源研究和功能研究,即探讨节日发展的历史以及对社会的影响。事实上要谈节日的传承和发展,需要对每个节日的核心要素、主要元素等作深入的剖析。哪些是必须保留和恢复的,哪些是需要坚决摒弃的,哪些是需要在传统的基础上进行改造、更新的。只有搞清楚这些以后,我们谈继承才更有针对性。例如中华大地上的端午节到底有哪些节日活动,我们现在仍然不是十分清楚,因此迫切需要作一番纵向历史的、横向地域的梳理工作,了解传统端午节比较完整的面貌以后,然后才能对其中的具体活动逐项进行分析研究。

三

当我们对节日仪式的重要性有了进一步的认识之后,在对传统民俗节日仪式解构的基础上,就需要对其进行重构,构建一个既继承传统、又适应当下民众生活需求的民俗节日仪式系统。

传统民俗节日的传承演变固然有其内在的机制,只要给与其"宽松"的环境,它也会逐渐地适应变化了的环境。但毋庸置疑,适当的外部干预也能对节日的盛衰起到一定的作用。特别是像我国目前传统民俗节日的衰微,在很大程度上说正是由于长期外部干预所造成的,如破除迷信抽离了节日中的信仰元素,没有安排国定假期,致使人们无暇筹备节日所需的物品,更无暇从容地展演节日的仪式,只能简单了事。美国的公共民俗学家在"制造"节日方面已经做了许多有益的尝试,提供了成功的经验。因此,在目前全国上下都充分重视传统民俗节日的时机,适当加以干预,对于传统民俗节日的复兴,是有积极意义的。

首先,应该尽量恢复、完善节日仪式。传统民俗节日经过长时间的积累,大多有一套比较完整的仪式,通过研究进行复原,剔除其中确实不合时宜或今天已难以传承的部分,适当加入适合当今民众心理需求、符合民众审美要求的内容,形成一个较为完整的仪式。当然"完整"只能是相对而言的,而且要特别突出地域性仪式体系。

其次,强化节日仪式的神圣性。传统节日中大多包含信仰的内容,人们心中有种敬畏的心理。如春节的祭灶神、祭天地和敬祖先,清明节的祭祖上坟、放秽气(风筝),端午节的菖蒲艾叶去邪气,七月半的祭供孤魂野鬼,八月中秋的祭月拜月,重阳节的登高避祸,冬至的上坟祭祖、送寒衣等。这些内容只要不妨碍社会和谐、不造成不良的影响,我们就应该保留、恢复。正像没有信仰的人是难以生存的一样,没有信仰支撑的节日也是不能持久的。清明节如果没有了上坟祭祖,就不成其为清明节了。而上坟祭祖,如果不焚烧祭品、不燃放鞭炮,也就失去了其象征意义。

第三,突出节日的公共性。中国传统民俗节日大多以家庭为单位进行,在户外举行的集体性活动较少,事实证明这种情况不符合现代人(尤其是年轻人)的需求。西方的一些节日如圣诞节、万圣节、情人节等之所以被广大青年大学生接受,除了崇尚西方文化、求新求异等因素外,其中很重要的原因就是它们是"朋友相聚的良机"。我的学生王圣斐曾经在互联网上对 31 位来自各地的大学生进行过调查,有如下的统计数字[1]:

表1 大学生们过节时首选的地点(单选,共31位)

大学生过节时首选的地点(单选)	人数(人)	比例(%)
公共娱乐场所	21	67.7
自己家或朋友家	7	22.6
教堂	3	9.7

---

[1] 王圣斐:《论西方节日在大学生中流行的原因及其变异》,学士学位论文,复旦大学中文系,2009,未刊稿。

表 2　大学生们首选与谁一起过西方节日？（单选，共 31 位）

大学生们经常与谁一起过西方节日（单选）	人数（人）	比例（%）
父母亲	8	25.8
男、女朋友和普通朋友（也包括外国朋友）	15	48.4
兄弟姐妹	3	9.7
独自一人	5	16.1

表 2 中显示：48.4％的大学生与朋友一起过西方节日，与朋友一同聚会。而在表 1 中显示的庆祝场所中，67.7％的大学生会选择在各种公共娱乐场所，如卡拉 OK 吧、公园、咖啡店、肯德基店、足球场等。由此可见，西方节日的公共性是吸引大学生的主要因素。

因此要强化、拓展传统节俗的娱乐性与公共性。在这方面政府部门可以大有作为。近些年各地政府组织的节日活动已经起到了很好的作用，如北京近些年每年春节都要在地坛、龙潭湖、白云观、琉璃厂等公共场所举办庙会，很受民众欢迎，各庙会几乎每天都出现人山人海的场面。香港的春节，年初一有花车巡展，年初二晚上有维港的烟花汇演，已成为了香港民众过年期间的重要仪式。上海豫园、城隍庙每年春节期间的烧头香、接财神、元宵灯会等，也已成了上海市民春节习俗的重要组成部分。

因此，当下的传统民俗节日仪式应该由政府部门出面组织的大型公共仪式、街道和村落组织的社区公共仪式和以家庭家族为核心的私人仪式三部分组成。前两者主要突出参与性和狂欢性。

第四，促使传统民俗节日的现代转化。不用讳言，传统民俗节日仪式的确有些已经不能适应今天的生活，因此我们应该在仪式的现代转化方面做大量的工作。从理论上说，仪式本身就是一种动态的表达，必须不断地加入新的元素，才能体现其强大的生命力。正如黄涛先生在《开拓传统节日的现代性》一文中所说的："传统节日是一宗重大而特殊的民族文化遗产，但不应该是与现代社会格格不入的奇风异俗。它既是拥有久远历史的文化遗产，又是为当代国民人人享有的生活文化。

作为全民性文化生存方式,传统节日的文化内涵与庆贺方式应该是在传承中不断更新、与时俱进的。国家法定节假日调整方案给几个主要传统节日增设了假日,是繁荣传统节日的重要而有效的措施,但仅增加了过节时间还不够,接下来还要研究怎样在现代社会过好我们的传统节日。"

总之,在当下的大好形势下,经过社会各方的努力,我国的传统民俗节日经过一段时间的调适、更新后,相信完全能够适应并有益于当今社会。

(本文原刊于童芳素主编《我们的节日——中国民俗文化当代传承浙江论坛(嘉兴)论文选》,浙江人民出版社 2010 年 5 月版)

农民画：传统民间艺术的"现代转化"

在中国的各画种中，作品流传到国外最多的恐怕非农民画莫属。"农民画现象"无疑是一个值得深入探讨的文化事件。为此，我们从 2006 年开始，连续 4 年利用暑期时间对全国各地著名的农民画乡（上海金山，陕西户县、安塞，江苏邳州，浙江嘉兴，山东日照，四川綦江，云南腾冲）进行了实地调查①，走访当地的文化主管部门、农民画辅导员和农民画作者，对农民画的发展历程、组织形式、作者情况、作品风格、创作及销售现状、目前面临的困难等问题进行了较为全面的了解。本文拟就各地农民画在申报国家级非物质文化遗产名录时遇到的一个问题——农民画与传统民间艺术的关系——提出自己的一点粗浅看法，就教于专家学者。

一、农民画风格的"生成"

中国农民画的发展大致可分为三个阶段：

第一阶段是"前农民画阶段"（20 世纪 50 年代至 70 年代中期）。该阶段农民画风格尚未形成，基本采用宣传画、漫画的形式。如 1955 年邳州农民张友荣与张开祥合作的《老黄牛告状》，用漫画的手法批评饲养员的自私行为；1956 年江苏邳县陈楼乡新胜一社农民张开祥组织了 6 人美术小组，"针对社员思想情况，通过绘画形式来表扬先进，批评落后，对农业生产起到了积极的推动作用"。1958 年《人民日报》对邳州农民画作了详细报道，在海内外产生较大影响，并成为农村进行社会主义教育思想工作的典型而加以推广。1958 年，受"大跃进"文艺思潮

---

① 该调查由笔者带领赛瑞琪、李秉星、王睿、张蓓等十几位同学进行，得到了上海金山区文化局、金山农民画院的大力支持。

的影响,全国各地出现了倡导和普及大众民间文艺的一股热潮,各地的文化馆站都在本地政府的支持下配合运动展开了工作,画炼钢、画阶级斗争、画生产、画各种各样的"理想"和"远景"。于是江苏邳县、河北束鹿、甘肃庆阳、陕西户县、安徽阜阳、四川绵竹、湖南浏阳等地都成了著名的"农民画"乡。其中尤以户县农民画最为突出,成为了全国学习的榜样。

综观20世纪50年代至70年代中期的农民画,往往是专业性的宣传画风格,受到学院美术的极大影响,基本没有自身独特的风格。在题材上则深受当时政治风气的影响,或是"大跃进"或是高大全的工农兵形象。即使表现传统的民间题材(如农民日常生活劳作的场景等)也往往带有政宣、教化的意味。因此,该时期农民画主要是采用了一种易为百姓接受的绘画形式,宣传政策,为政治服务。

第二阶段是"农民画风格形成阶段"(20世纪70年代中期到90年代中期)。其中影响较大的是金山农民画。

1974年,陕西户县农民画作品由文化部组织来上海美术馆展览,上海市文化局领导参观后,要求发动上海郊区农民向户县学习,进行美术创作。当时,金山县文化馆美术老师吴彤章等人组织近十位在当地农村插队的知识青年在文化馆开办美术培训班,但这些学员创作的作品,缺乏个性和地方特色。1976年初,金山县文化馆的美术干部下到农村寻求农民画的发展之路,并吸收了三位民间匠人参加农民画创作学习班。其中一位是当地的泥水匠、给人打灶头的徐建忠,一位是擅长画玻璃画的陈木云,还有一位是专门搞雕花床的木工师傅。辅导老师对这些掌握传统民间工艺的匠人进行艺术潜质的开发,鼓励他们进行农民画创作。尽管他们各自的创作都有自己的特点,但总体上仍未能突破旧的绘画框子,作品缺乏时代气息和艺术个性。不过,通过一段时间创作实践的摸索,文化馆的美术辅导老师逐渐积累了一些辅导经验,为后来改变农民画创作的辅导方法提供了理论依据。同时,他们也在失败的教训中达成一种共识:如果能找一些更纯粹的农民,金山农民画的风格可能会有所不同。

1977 年,金山县文化馆的美术指导老师吴彤章和阮章云来到枫泾中洪村,发现当地农民家中有很多精心保存下来的刺绣、剪纸等传统民间艺术作品。这些作品光彩夺目,技艺精湛,特别是曹金英所绣的鱼、鸟、花、虫、人物等,从完整的印象出发进行夸张变形,突出物体的特征,配色不受自然局限,构画不分远近,富有装饰效果。他们从中受到启发,决定从丰富多彩的刺绣、挑花、剪纸、灶头壁画、蓝印花布、泥塑、木雕、砖刻等民间艺术中吸取艺术营养,并将之运用到农民画的创作中去。于是,他们物色了一批能织善绣的农村妇女参加农民画创作学习班并加以引导,激发她们潜在的创作欲望和生活中长期积累的审美体验。在这一批人中,阮四娣、曹金英、陈芙蓉和曹秀文等后来都成为了金山农民画作者群体中的佼佼者。通过不断实践,金山农民画在选材立意、绘制技巧上日趋成熟,逐步形成了融合诸多传统民间艺术形式和元素的"四不像"绘画风格,为中国绘画领域开创了一个新的绘画样态模式。1980 年 5 月,金山农民画在北京中国美术馆首展,大获成功。之后金山农民画先后有数千幅作品赴欧、美、亚、大洋洲等十几个国家展览,均受到观众的欢迎和专家们的高度评价。

金山农民画的风格和模式,对全国各地的农民画都产生了积极的影响。据原安塞县文化文物馆馆长兼辅导干部陈山桥老师介绍,安塞的农民画就是在金山的启发下走向"剪纸化"道路的。他们把那些擅长剪纸的劳动妇女集中起来,发给她们笔纸和橡皮,请她们随意创作。结果让人吃惊,这些从未拿过笔的妇女们信笔画来,按照她们剪纸的造型观念和刺绣的色彩搭配尽情创作,有的甚至连橡皮都没用上,让在场的文化馆干部和原来在中央美院、当时下放在延安群众艺术馆的靳之林老师等领导叹为观止。从这以后,文化馆每年办农民画创作班,都请这些劳动妇女参加,启发她们用熟悉的剪纸的造型观念和刺绣的配色方案创作农民画,鼓励她们把以前在家里画过的炕围画、墙围画、灶台画、箱柜画等内容统统再现出来。通过这样的举措,安塞一批又一批由无意识绘画转型为有意识创作的农民画作品如雨后春笋般展现在了人们的面前。据《户县农民画调查报告》,户县"移植型"的农民画也是在 20

世纪 80 年代以后才逐渐成熟的。邳州的情况也是如此,成熟的农民画出现在 20 世纪 80 年代的中后期,如 1988 年陈道桥的《磨糊糊》,全画以色块构成,在物件处理上也开始不符合透视原理,除了有调色、渐变的处理外,已接近于我们通常意义上的现代农民画了。

秀洲农民画起源于 1983 年,当时文化部要举办全国首届农民画大赛,省里也要举办农民画选拔赛,当时嘉兴市文化馆干部毛桂洪挑选了九名绘画爱好者前往金山参观农民画,为质朴大胆的画风所震撼,回去后创作了第一批农民画作品,其中有七件作品入选省农民画展,六件获得省级奖,四件作品入选全国展,张觉民的《南湖菱歌》更是一举夺得了一等奖(全国仅两件作品),从此秀洲农民画崭露头角。

这二十年左右的时间,应该说是中国农民画发展史最重要的时期,经过众多辅导员和农民画作者的共同努力,逐渐形成了独特的农民画风格,成为了一个独立的画种。

第三阶段是"农民画市场化阶段"(20 世纪 90 年代中期到至今)。

进入 20 世纪 90 年代以后,一方面随着计划经济向市场经济转变,倡导文化部门转换机制搞创收,以文养文,导致政府对文化建设投入相对减少,各地举办农民画培训班的次数减少,原来参加培训班培训的政府补贴也取消了,在一定程度上影响了培训和创作活动;另一方面,随着一批农民画家创作逐渐成熟和市场的开放,一些农民画家开始走市场化的道路。原先文化部门(文化馆)主持的"培训—创作—销售"模式被打破了。

农民画画家直接面对市场需求,接收大量来自市场的信息,必然会导致其创作理念的变化。有的逐渐突破原有的题材限制,将老一辈农民画作者投向传统乡土生活的眼光转向都市的现代文明。有的青年农民画家掌握了专业绘画技巧,将国画、水墨画,甚至西方的绘画技法融入了农民画的创作中,从而使得农民画的创作风格和特色形成了多元并存的格局。

因此,我们认为农民画独特风格的生成主要是在第二阶段。其创作模式(文化馆组织培训,专业人士辅导,农民画作者参与)决定了它既不同于传统民间文艺的无意识创作,也有别于专业画家的个体创作,它脱离不了政府主管部门的主导作用,也不能没有辅导员的辅导,可以说是名副其实的具有中国特色的群众文艺活动。在这过程中,创作者有意或无意地完成了传统民间艺术的"现代转化",通过对传统民间艺术元素的重新组合、融炼而创造了一个新的艺术品种。

二、农民画与传统农村的文脉

农民画的属性是什么?我们认为它是传统农村民间艺术经过"现代转化"后的产物。尽管目前有些地区的农民画已经不是"农民的画",但这仅仅是指作者身份而言,而判别一幅艺术作品的属性和类别,作者的身份并不是最重要的指标,正如谁都可以画中国的山水画、西方的油画一样,判别的标准主要是画作本身(内容,画风,技巧,材料等等)。农民画无疑是属于农村的艺术,它的根深深扎在农村生活之中。

农民画在发展过程中逐渐形成了自身独特的艺术风格与特色:在内容上,它是对农村的各种生活题材的直接反映,表达了农民的生活体验、情感和审美趣味;在形象塑造上重夸张,讲变形,注重形体动态在画面上的艺术表现力;构图饱满,多视点,用散点透视与形象的平面分布把所视之物平面展开;在色彩运用上,对比鲜明,运用大色块,并追求在对比中求得和谐统一的效果。所有这些都是建立在农村民间艺术的传统之上的。

(一)从农民画风格的形成来看,主要是吸收了民间艺术的元素

如前所述,对后来农民画创作具有引导作用的金山农民画,就是在吸收刺绣、挑花、剪纸、灶头壁画、蓝印花布、泥塑、木雕、砖刻等民间艺术元素的基础之上逐渐形成的。曹金英是刺绣能手,辅导老师就让她按照刺绣的方法来画画,把纸当布,把笔当针,把颜色当成有色丝线,照绣花一样配色,意念中感到什么美就画什么。不久,她的第一幅作品《举国欢庆》成功地问世了。这幅画以耍龙舞为主题,红的底色,金色的龙,一派喜庆景象,很有刺绣的风格。而安塞农民画则主要是吸收了剪纸艺术的元素。剪纸在安塞是祖祖辈辈传承下来的,不用刻意去学,看

妈妈、外婆剪,耳濡目染早就会了。剪纸在安塞有众多的用途:第一是装点节日增加喜庆气氛。大凡节日或喜庆的日子安塞人都忘不了绞剪纸、贴窗花。第二个用途就是婚嫁时装饰洞房。第三个用途就是用于巫术迷信活动,安塞人每遇家里人生病或牲畜患病,就会剪出牛、猪、虎的纸样贴在门上,或是剪红马绿鹿以驱邪气、防病魔。春节时家家贴抓髻娃娃,防瘟疫入室,保全家安康。第四个用途就是做底样。无论是绣枕花、鞋花、针扎花,还是绣裹肚、围裙,或者是做布玩具,做虎头帽,或者画炕围花,都需要先用纸剪出底样,因此剪纸能手往往又是绣花能手,甚至是画炕围花和做面花的能手。老一辈的农民画作者往往是目不识丁的精通剪纸的女性,当她们依循着民间传统赋予她们的造型能力绘画时,取得了不俗的成绩,有些作者没有直接用笔造型的能力,便先剪好样式再在纸上描下涂色,可见农民画对她们而言是传统技艺的另一种表现形式,或者说是传统技艺的"移植"。这些便是农民画源源不断的"源泉"。

秀洲农民画虽然是在学习金山农民画的基础上创作的,但同时也吸收了当地的灶头画、箱柜画、扎染、刺绣、剪纸等民间美术的元素,其独特的水乡文化使得秀洲农民画逐渐形成了自己独特的清雅风格。

经由20世纪70年代中期后发展起来的农民画,虽然各个地方风格上有所区别,但总体而言我们总是能一眼认出农民画来,可见其有较为稳定的一般特性。这种特性的形成,最根本的原因就是吸收了我国悠久的民间艺术的元素。

(二) 从农民画的内容来看,主要是反映农村的民俗生活场景

农民画的主要表现内容是乡村的生活(包括乡民生产生活的各个方面),有人将它概括为乡土性或乡土意象。由于乡土性在人们的观念中往往代表传统、落后,所以进入新世纪以后,随着农村城镇化步伐的加快、农民画题材的拓宽,容易使人产生怀疑:表现新农村生活内容的作品,还算不算农民画?农民画能不能反映现代生活题材?通过对三十年来一千多幅金山农民画代表性作品的观摩分析,我们发现其内容主要包括两方面:一是对以往生活的记忆,如传统结婚场景、庙会等;二是再现作者所熟悉的当下生活场景,包括日渐现代化的农村生活等。因此,我们认为用"民俗生活场"来概括较为妥当。"场"是一个物理学术语,既表示一定的空间概念,又表示一种相互之间的联系和作用。民俗生活场主要包括以下特点:一是浓厚的生活气息;二是画面通常是多种对象的组合;三是画面展示的是一种动态的场景,而非静物。民俗生活是随着时代的发展而不断发生变化的,既可以表现传统农村生活的题材,也可以表现今天农村的生活题材。这种农村民俗生活场往往包含着世代积累形成的带有地域色彩的思维模式和生活方式。在表现农村现代生活题材时,这种思维模式也同样隐含在其中。

(三) 从农民画的现状来看,虽然呈现了多元化的倾向,但在基本风格、反映的内容方面,仍然没有大的变化

农民画是在政府主管部门、群众文化工作者及农民画家共同努力之下,在 20 世纪 70 年代中期率先实现了"现代转化"的农村传统文化,它既源于传统的民间艺术,又实现了超越,但它在"文脉"上没有脱离农村、农民。

三、农民画"现代转化"的启示意义

可以说,农民画是传统民间艺术率先实现"现代转化"的一个成功范例。它不仅以一种创新的意识延续了中国数千年来、积淀着无数人生存智慧的民间艺术,使其继续在当下发挥其应有的作用,而且为社会主义新农村文化建设、保护农村中的非物质文化遗产提供了可操作的成功经验。

我们今天提倡建设社会主义新农村,其内涵涉及"物质文明""精神文明"的各个方面。但"新"不可能也不应该是"新建",不是与传统完全割裂,而是传统在现代的延续和跨越。由于环境、生产方式、生活方式的改变,有些传统的民间文艺已经逐渐失去了其生存的环境,如灶壁画、刺绣、剪纸等,保护好农村中的非物质文化遗产,事实上已成为新农村建设中面临的一个新课题。正如冯骥才先生所说:"由于历史形成的惯性,每次大规模的社会变革,都容易一哄而起。当人们对什么是新农村的'新'还没有具体标准时,很容易把'破旧'视为'立新',把当今城市形态当作现代形态,把'洋'的当作'新'的。我们的 600 多个城市在某种程度上来说已经基本失去个性,如果广大农村也变得千篇一律,同时内在的个性化的精神文化传统涣散一空,我们的损失将永难补偿。新农村先进文化的建设也就无所凭藉(借)了。"因此,他呼吁:"希望在新农村建设启动之时,要切实地重视在农村的文化建设和文化保护,重视文化的多样性,重视非物质文化遗产,牢牢抓住它,不要叫它从我们手里失掉。否则,数千年的历史文化将从我们的脚下失去,厚重与丰富的文化大地便会变得贫瘠和单一。"①冯骥才先生的文章确实非常及时地向我们提出了一个严峻的问题。但如何保护恐怕是一个更为棘手的问题。

我在《"养"与"变"的辨证:非物质文化遗产保护方法之我见》一文中认为非物质文化是一种"活态"的文化,只有在"活态"的生活流中才能显现它的生命力和价值。运用传统物质文化遗产的保护方法——"养"——即"博物馆"式保护,往往只能保其"形"不能保其"命",达不到真正保护的目的和效果。而应采用"养"与"变"并举的手段,对于那些重要的、典型的、高度濒危的遗产形态确实需要"养",而大部分则为其创造环境、创造载体促使其"变",在新的形势下逐渐形成自身的生存能力,重新回归民众的生活当中。文中以金山农民画为例分析了传统民间艺术在新时期"变"的可能性。农民画的成功,不仅说明传统民间艺术的"现代转化"是可能的,也是能够起到保护效果的。更重要的是这种"现代转化"不仅使传统民间艺术的精髓得以延续,而且在当今仍然能发挥其应有的作用。

农民画的内容以"乡土题材"为主,对于培养人们的乡土情感和民族精神以及对传统文化的认同,都能起到很好的作用。目前不少画乡已将农民画纳入中小学的教学之中,如上海金山、浙江秀洲等。农民画画家们当起了校外辅导员,文化馆的老师也给以专门指导,把农民画的

---

① 冯骥才:《建设新农村要重视文化遗产保护》,《文汇报》2006 年 3 月 6 日。

创作方法、艺术风格、表现特征通过美术课和一些相关活动介绍给同学,让同学们边学习边创作,从前辈艺术中寻找前进道路。在丰富变化的乡土生活情境面前,显示出他们对劳动生活的热爱和追求。农民画成为乡土教育的载体,是五爱教育的内涵的延伸,是乡土情感的形象化和深化。

农民画创作不仅挖掘了作者创作的潜能,增加了他们的家庭收入,丰富了他们的业余生活,更提升了他们的自尊心和自豪感。一大批以农村妇女为主体的农民画家,在民间艺术的基础上走出来,走出田埂,进入世界艺术殿堂,取得了举世瞩目的成就。如金山农民画,迄今为止已有 5 万多幅作品远销海外。户县农民画家中有 4 人加入了中国美术家协会并被评为陕西省"民间美术大师",64 人成为中国美术协会陕西分会会员,共创作作品 10 万余件,其中 2 000 余件在国内外获奖,1 600 余件被国家和地方美术馆收藏,2 600 余件在国内外报刊杂志上发表,9 000 余件在英、美、法、德、日等 68 个国家和地区展出,数万件作品被国际友人和国外博物馆收藏。有 27 位农民画家先后 36 次出国访问、办展、讲学和表演。据不完全统计,至 2006 年,已经有 68 个国家和地区的近 15 万名国际友人和海外侨胞来到户县农民画展览馆进行参观访问和学习。1998 年以来,户县农民画相继在法国、日本、新加坡、美国等多个国家展出,两次在中国美术馆举办专展。据《安塞县志》记载,从 1980 年 3 月起,共举办民间艺术创作学习班 18 期,培养民间艺术人才 300 多人。农民画创作涌现出了大量优秀作品,先后在美国、法国、日本、奥地利等国及国内的北京、上海、深圳、广州、香港等地举办展览和展销。现在户县农民画展览馆馆内共收藏民间绘画作 1 500 幅,展品 100 幅,其中 50 多幅作品分别荣获全国、全省一、二、三等奖,被中国美术馆收藏有 100 余幅……2000 年 10 月 15 日,中国农民画联展在枫泾开幕,11 个国家的 30 多位驻沪领事馆人员,国内 24 个省、直辖市、自治区 50 多个画乡的 100 多位民间绘画代表前来参展观摩。这次活动吸引了中外参观者达 6 万人次。无论是画家人数、创作作品的数量,还是销售到海外的作品数量,农民画当之无愧是中国各画种之最。一个不识字的农村妇女,能成为一个具有国际知名度的著名画家,其示范作用是不言而喻的,所以在画乡,几个知名的画家往往就能带动一批人。文化部门持之以恒的培训活动,也总能吸引许多人参与。"名人效应""经济效应",使农民画在当地民众中产生深远而广泛的影响,对提高民众的整体文化素养起到潜移默化的作用。

虽然说在农民画销售方面,各农民画乡、各画家之间存在着较大的差异,但相对而言,农民画创作给作者带来的经济利益是显而易见的。在金山区,早在 20 世纪 80 年代,农民画就以 200 元每幅的价格实现了较高的经济价值,许多农民画家靠绘画卖画"脱贫致富",在城镇中购置房产,成为了城里人,生活条件明显改善。安塞著名农民画家高金爱老太太,家住砖窑湾镇一个偏僻的山沟里,虽然她家里至今仍没有电视机,但家里人仍称高老太太是他们的"摇钱树",每年通过卖剪纸和农民画作品,获得在当地人看来是不菲的收入(每幅农民画卖 200 元)。据安塞县文化文物馆馆长殷宇鹏介绍,高金爱的作品去年获得了全国一等奖、二等奖各一项,安塞县就奖励给她一万多。现在在金山、邳州、户县等地均有由农民画家自己开设的画廊,从事专业的农民画创作和经营。

农民画对地方经济发展的拉动作用也不可低估。农民画乡每年在农民画方面的产值总数有多少,至今尚未见具体的统计数字。但从每年当地画家创作的作品数量来看,估计收入不会是一个小的数目,如安塞农民画画家每年创作的作品就达 2 000 多幅。此外,农民画作为一种文化产业,在有些地区已经或正在形成一个庞大的产业链。如在上海金山地区,当地利用农民画的文化资源,积聚人气,以经济发展文化,以文化带动经济,积极创造条件,扶持农民画产业链的发展,如装裱、镜框制作等相关产业,以金山农民画为主题的手工业编织羊毛衫、绣花、裱花等产品,不断使金山农民画这一文化资源转化为产业优势。此外,农民画与旅游业相结合,也成了金山区的一大特色。在枫泾古镇开发中,将农民画作为枫泾镇文化品牌"三画一棋"中的"一画",现已有多家农民画社,以农民画作为枫泾古镇的一个醒目看点,有效地丰富了旅游资源,既带动了古镇的旅游业,也取得了可观的经济效益;而中洪村"中国农民画村"更是独树一帜,"以村为形、以农为本、以画为魂",全方位、多角度展示农民画产生的时代背景和创作过程,配合大面积的农业生态园区,成为了上海市郊精品乡村游线路之一。随着农民画的声名鹊起,画作大量流传,农民画对宣传当地文化、提高地方的知名度所起到的作用是任何宣传广告所难以企及的。像户县、安塞、金山、邳州,如果不是农民画,恐怕这些地方连国内也很少有人知道,更不用说是国外了。而地方知名度的提高,对于招商引资、发展地方经济均能起到巨大的作用。

由此可见,经由传统民间艺术"转化"而来的农民画,不仅显现了其顽强的生命力,而且具有独特的文化和经济的双重价值。农民画至今未列入国家级非物质文化遗产名录,其中争议最大的一个问题是年限不够(存在时间不到 100 年),被认为是 20 世纪 50 年代才出现的一种新型群众艺术。从本文的简单分析中,我们可以发现这种认识是存在一定偏差的,即没有注意到农民画主要元素的来源问题。

(本文原刊于王恬主编《观念与方式——中日非物质文化遗产保护(鄞州)论坛论文集》,中国文联出版社 2010 年 7 月版)

中国农民画传承发展状况

中国农民画已经经过了半个多世纪的发展历程，取得了辉煌的成就。其成就主要体现在以下几个方面：一是形成了一个基本成熟的独特画种，在国内外产生了较大影响，为中国传统民间艺术的"现代转化"提供了成功的范例；二是农民画真实地反映了中国农村、农民的日常生活，成为了中国农村生活变迁记忆的生动直观资料，具有多学科的价值；三是丰富了农村农民的精神文化生活，也为大多数农民画作者带来了可观的经济收入。

进入 21 世纪以来，农民画迎来了最好的发展机遇：一是国家对于传统文化的高度重视，从国家层面到普通民众层面对农民画的价值都有了比较一致的认同。尤其是各画乡所在的地方政府出于文化建设、经济建设的需要，纷纷出台扶持农民画产业的相关政策，在创作培训、展览展出、宣传推广、税收优惠等方面都做了大量的工作，投入了大量的财力物力，有些地区还专门投资建造了农民画展馆。二是非物质文化遗产保护工作的推动，许多农民画已被列入省（市）级或县（市）级保护名录，一些著名的农民画画家被评为传承人，从制度上保障了农民画的传承和发展。

但从农民画自身来说，也正遭遇发展的瓶颈问题：一是画家队伍新老交替，老一辈农民画家已年老体弱相继退出，新生代画家正在崛起，虽然他们具有更多的专业绘画知识，但他们缺乏老一辈画家深厚的农村生活积淀和传统艺术的熏陶；二是在市场经济浪潮的冲击下，画家"趋利"现象严重，心态浮躁，许多作品粗制滥造，模仿成风，创作失去热情；三是随着城镇化步伐的加快，农村的生活环境、农民的生活方式和审美观念正在发生急剧的变化，农民画创作、生存的环境正在发生变化；四是新生代农民画作者追求"创新"和"多样化"，但在一定程度上农民画的风格趋于模糊，失去了发展方向。面对这种现状，我们自 2006 年开始进行农民画的调查工作，以期通过实地调查掌握第一手资料，为农民画的发展献计献策。

一、调查情况

从 2006 年夏开始，复旦大学艺术人类学与民间文学研究中心与金山农民画院合作，利用暑假时间，由民俗学、艺术人类学与民间文学、文艺学、社会学、新闻学等专业的研究生和本科生组成调查团队，在全国范围开展农民画的田野调查工作，目前已完成了 12 省 16 地（上海金山，浙江嘉兴、慈溪、奉化、象山，江苏邳州，山东日照，河北辛集，吉林东丰，陕西安塞、户县，青海湟中，四川綦江，广东龙门，贵州水城，云南腾冲）的调查工作。走访了 150 多位农民画相关人员（农民画画家，农民画辅导员及主管部门领导），记录下了他们的所言、所为、所思、所感、所惑。整理了近 200 万字的文字调查资料、500 多小时的录音资料和5 000 多张图片资料。

16 个农民画画乡调查虽然还不够全面，但已基本涵盖了各个不同时期、不同艺术风格的农民画画乡，具有一定的代表性。这些年的调查成果，经过整理和初步研究，汇编为《中国农民画考察》一书，已由上海人民出版社于 2014 年 7 月出版。其中《中国农民画属性问题探讨（代前言）》（约 6 万字）是根据田野调查的实际，对农民画一些基本问题所作的初步思考。正文共分五编，每一编包括调查报告和访谈录两大部分。调查报告主要就画乡农民画发展历史、艺术风格、画家和作品的基本情况、存在的问题等作综合性的考察。访谈录遵循忠实记录的原则，以保证真实性、原真性，体现口述材料的科学价值和学术价值。

二、现状分析

从我们调查的情况看，各农民画画乡的组织模式是多样的，发展也呈现不平衡状态。有些早期影响较大的画乡目前处于萧条的情况，有些后起的画乡发展势头很旺；有些画乡销售状态良好，甚至创作速度跟不上销售速度，而有的画乡即使是名家的作品也少人问津，画家不得不以其他收入来养画甚至改行。但总体而言，这些年来在各级政府主管部门的积极推动和扶植下，全国农民画创作、销售均呈现良好的发展趋势。

（一）组织模式

农民画是新中国社会主义文化体制下以传统民间美术为基础而形成的独特艺术形式，是政府力量（政府主管部门的组织推动引导）、精英力量（专业美术工作者辅导）、传统力量（农民作者创作）共同作用的结果。由政府主管部门（文化馆）组织，以培训班为平台，辅导员作专门辅导，学员集中时间学习、创作，是早期农民画创作的"基本模式"。从目前的情况看，大多数画乡仍遵循这种创作模式，但情况略有变化。主要是经过一定的积累之后，一些在当地有一定影响的农民画作者成立了自己的画室（社）。不仅自己画，而且收学徒；不仅销售自己的作品，也销售其他画家的作品，形成了个体（民间）组织。这些组织的独立性较强，有的与政府主管的画院、协会关系密切，有的则基本没有关系，成为一支新生的力量。目前全国农民画创作基本呈现以下三种形式：一是政府主导模式，组织工作由文化馆（中心）主导，举办培训班，创作的作品主要用于举办展览等，由于政府重视，投入较大，可以举办一些大型的展览，在一定时间内产生较大影响；二是政府主管部门基本放任不管，真正起作用的是个体组织，甚至有的画家自己成立农民画协会，但影响往往较小；三是政府主导模式和民间模式共同起作用。从发展的情况看，第三种模式较为普遍，效果也最为理想。

（二）风格多样化

农民画一方面吸收了当地传统民间美术的元素和传统，以一种符合现代人审美习惯的方式呈现在世人面前，实现了形式和功能的现代转化；另一方面，这种转化也在一定程度上传承了地域传统民间美术，至少是传统民间美术的精神得以延续，不至于完全被现代化湮没。当地传统民间美术是农民画的"底色"，而中国传统民间美术尽管有一些

"通约"的元素,但各地的地域特色明显,因此农民画的风格也势必形成多元化的特性,例如金山农民画与江南刺绣、剪纸、灶画,户县农民画、安塞农民画与陕北剪纸,湟中农民画与藏族寺庙壁画、唐卡,水城农民画与苗族刺绣,腾冲农民画与傣族、傈僳族民间美术等。

(三) 销售情况

农民画的市场销售情况各地差异较大,总体而言沿海地区销售情况较好,像上海金山有的画家能保持每年销售额 10～20 万元,有的更多。内陆地区销售情况较差。这取决于几个因素:一是经济发展情况,二是画乡和画家的知名度,三是旅游业是否发达。

三、存在的主要问题

第一,在组织创作培训方面,存在一头热(政府)一头冷(农民画作者)现象。政府文化主管部门为了推动农民画的发展,积极组织农民画作者的培训工作,但参加者的积极性不高,效果并不理想。究其原因,一方面是政府部门的组织往往存在完成任务的观念,如为了配合某次活动、为了某次展览等,缺少多层次、连续性、有计划的培训,平时对农民画作者的情感投入也不够;另一方面是随着城镇化的深化、市场经济的发展,人们赚钱的渠道增多,而农民画创作需要一个较长的周期才有产出,故参加的积极性不高。当然也有一些经济欠发展地区,由于经费的短缺,这些年来基本没有组织过成规模的培训活动。

第二,在创作辅导方面,存在辅导员业务素质下降、辅导积极性不高,作者的创新意识与辅导员制度的冲突等问题。从艺术家个人的创作层面来看,每件艺术作品都是作者的一种独特表达,大体上不需要外在力量的干预。但农民画的创作活动则有若干特殊性,辅导员曾在农民画的发展过程中发挥过至关重要的作用。早期农民画作者在创作中沿用了传统民间艺术的一套创作技法和思维方式,具有明显的民间特征。辅导员通过对农民画作者画作的理论总结提炼出一些基本元素,再用于充实完善农民作者的创作实践,逐渐形成农民画的艺术风格。这种特性决定了在农民画的创作过程中,农民作者接受辅导是必需的。

辅导员既熟悉传统民间美术、又具备一定的专业知识,对农民画的特点了然于胸;而农民画作者是一个特殊的群体,他们虽有一定的民间美术基础,但受教育的程度普遍不高,虽然拥有基本的创作能力和较熟练的绘画技巧,但是在风格把握、审美处理、理论素养等方面均有一定的局限性。他们的艺术自觉性需要外在的启发,其艺术个性和风格的形成需要外在因素的定向塑造。因此,要使农民画作为一个特殊的画派发展下去,相应的辅导是完全必要的,辅导员的辅导往往能起到画龙点睛的作用,可以引领作者的创作倾向,提高农民画艺术水平,确保农民画艺术风格的延续。

目前年轻一代的辅导员,虽然大多受过专业的绘画训练,但对传统民间美术并不熟悉,在辅导的过程中难以把握农民画的风格。而辅导员的工作,从其自身来说是对农民画事业的奉献,手把手指导农民画作者,为农民画作者的作品提供修改意见,贡献自己的智慧,但最后作品的著作权属于农民画作者,辅导员的奉献难以体现。这也在一定程度上影响到了辅导员的工作积极性。随着农民画的发展,一部分较为成熟的农民画作者中创新意识逐渐增强,认为辅导会导致风格雷同、千人一面,因此也造成他们对辅导员制度的抵制。

第三,在农民画创作方面,复制与原创、继承与创新的矛盾日渐突出。农民画可以有一定数量的复制,这是由其民间属性所决定的。不能以农民画的可复制性来否认其本身所具有的价值。农民画作者复制自己的作品,从某种程度上说是一个再创作的过程,在复制的过程中会有所修改和完善。但目前受经济利益的驱动,大多数农民画作者热衷于复制,投入原创的时间和精力极为有限,有的甚至长期没有新的创作;而在有限的原创作品中,质量欠佳、东拼西凑的现象也较为普遍。这对于农民画的发展来说极其有害的,长期不创作将会导致原创能力的下降。

目前农民画作者中普遍存在着一种求新的意识,希望能打破固有的模式,当然这是值得鼓励的。因为任何一种艺术样式,如果长期墨守成规,缺乏创新意识,必然要走向衰微甚至消亡。但是,同时也出现了一种有风险的倾向:很多年轻的农民画作者盲目崇拜专业绘画,不满足于传统的纸本设色的表现手法,试图借助兄弟画种的材料和方法,创造出一个令人惊喜的艺术效果。在这种趋时心理的驱使下,运用多种表现手段和艺术形式进行创作,追求现代艺术之间的彼此借鉴和融合。这种做法的危险性在于会消解农民画的特有艺术风格,"盲目"的创新会导致农民画风格的丧失。从根本上说,农民画的立身之本就是反专业的,它的特色就是对专业绘画语言的颠覆。如果抛弃农民画的那些令专业画家无法画出和让外行人一眼就能辨认出的"味",农民画也就不复存在了。因此,应该借鉴什么以及如何借鉴,是值得探讨的一个问题。

第四,在农民画销售市场方面,存在销路不畅和无序竞争的问题。在一些经济欠发展、交通不便利的内陆僻远地区,由于缺乏宣传以及其他条件的局限,一些优秀农民画画家的作品也难以销售,极大地影响了当地画家的创作积极性。而在经济发达地区,随着农民画市场的开拓和农村城镇化进程的展开,许多农民画作者逐渐具备了进入城镇生活的外部政策环境和一定的经济能力,他们纷纷脱离农村,走向城镇和城市,过上了现代的城镇生活,农民画是其重要的谋生手段。他们脱离农村,进行着农民画的创作和销售工作,担负着养家户口的重任。由于农民画市场的开放,出于生活的压力以及受经济利益的驱使,农民画作者心态变得浮躁,急功近利,出现了无序竞争的局面,相互压价的同时,创作上的粗制滥造、模仿抄袭也随之而来。在创作导向方面,也往往被销售市场左右,市场上什么好卖,他们就画什么,"为市场而画",而不是画自己的生活,表达自己的情感和生存体验,脱离了"创作引领市场"的轨道。

上述四方面是目前农民画发展过程中存在的主要问题,应该说已经在一定程度上影响到了中国农民画的发展,迫切需要作出清晰的回答,诸如:在农民画发展过程中政府的职责是什么,哪些该管哪些不该管? 农民画院的职责是什么,该担当怎样的角色? 辅导员的体制该如何完善,如何培养合格的辅导员,其职责和权力是什么,辅导员与画家是一种怎样的关系？农民画作者该怎样培养，如何提升原创能力，如何使农民画作者创作的作品既具有农民画的总体艺术风格又具有自己的鲜明个性？农民画如何在新型城镇化的过程中发挥其应有的作用？只有从理论上解决了这些问题，方能提出相应的解决对策，从而确保农民画沿着正确的轨道健康发展。

（本文原刊于《上海工艺美术》2014 年第 3 期）

城市记忆与传统的延续

——对城隍信仰复兴的思考

近些年来,中国各地的城隍庙相继恢复:有的是道教协会收回庙产,将原本移作他用的庙宇重新恢复为宗教活动的场所;有的是地方政府出资对原本破败不堪的庙宇进行大规模的修建;也有的是在原址上的全新兴建。恢复的目的各地略有不同,有的是出于旅游开发的需要,有的是为了保护城市历史文化遗产,更多的是为了落实宗教政策。然而殊途同归,最终的结果是一座座古色古香、修葺一新的城隍庙重新耸立在城市的显赫地段,沉寂多年的城隍庙重燃了香火,美妙的道教音乐重新在城隍庙内响起。对城隍庙及城隍信仰复兴这一现象,我们该怎么看?这种复兴说明了什么问题?我个人觉得这是在国人开始重视传统文化的大背景下,隐藏在人们心底的城市记忆的苏醒,以及对城市精神的强调、对延续传统的强烈愿望所促成的一种文化现象,城隍信仰的复兴对于构建和谐社会、繁荣市民文化、凸现城市个性均具有积极的意义。

一、城隍庙曾是中国古代城市的象征符号

在旧时的中国,城隍庙往往是一座城市的象征符号,是一种城市身份的标识。

这种象征表现在两方面:一是物质层面的象征,是标志性建筑;二是精神层面的标识,是集中展示城市世俗文化的文化空间。

与其他神灵信仰相比,城隍神信仰的兴起较晚(从正式以城隍命名算起)。建于吴赤乌二年的芜湖城隍祠和北齐郢城(今河南信阳县南)的城隍祠,是现在文献记载可知的最早的城隍庙。因年代久远,土木结

构的建筑不堪风雨的侵蚀,早已荡然无存,古籍中又缺乏具体记载,其规模如何无法确证,唯知当时称"祠"不称"庙",估计规模不会大。

唐宋金元时期,大多数城隍庙还是相当简陋的,"规制卑隘",庙宇狭小,有的甚至"木植蠹腐""岁久颓敝",而且在县治小城市建置的城隍庙数量不多。当然也有个别例外,如宋人范成大《吴郡志》卷十二"祠庙"中就记载了苏州城隍庙的宏伟规模:"春申君庙,在子城内西南隅,即城隍神庙也。……于是大葺堂庭,广修偶像。春申君正阳而坐,朱英配享其侧。假君西厢视事,上客东室齐班……仪卫肃肃,振威名也。巨木雍肿而皆古,小栽青葱而悉新,总之一门,是谓神府。"

明代是城隍庙建造史上的一个转折点,一改以往简陋卑隘的局面,城隍庙越造越宏伟,越修越堂皇。出现这种转机的原因有二:一是洪武皇帝朱元璋诏令天下府州县皆建城隍庙,而且"其制高广各视官署正衙,几案皆同"。而明朝之时封建官衙的建筑规模巨大,因此朱元璋的诏令实际上是以法律的形式制定了城隍庙的规模。二是明朝把城隍视为与各级地方官吏平级的"阴间地方官",这种观念势必要造成地方官吏对城隍庙建筑的重视。从某种意义上说,把城隍庙修建得宽敞宏伟又富丽堂皇,实际上也抬高了地方官吏本身的地位。这种既受信众们欢迎、又能提高自己"威望"的好事,地方官吏当然是乐而为之的。正因为如此,明代以后城隍庙的修建一直朝"大""丽"方向发展。

清代以后,增饰城隍庙之风丝毫未减,甚至可以说是更强化了。如吴县城隍庙,"明万历中知县袁宏道创建,天启崇祯间重修,顺治初增饰门楼,康熙十一年,营建寝宫"。又如西安城隍庙,明洪武年间修建。清时移用明朝秦王府的砖瓦木料扩充修建,庙门口有一座五间大牌楼,庙院正中有木质大牌楼一座,二门内有戏楼一座,牌楼前有一对铜狮,牌楼后有一对铁狮。大殿七间,形式仿宋明宫殿。庙内东西道院,最初有四宫,以后逐渐增至二十二宫。可见其规模之巨大。

因此,可以说自明代以后,城隍庙已成为了中国每座城市必不可少的建筑(有些县级以下的镇也建有城隍庙,不过往往是县城隍庙的派出机构),而且它的规模与同城的官衙相同,属于该城市中最宏伟的建筑,无形之中就成了该城市的标志性建筑之一。人们从城隍庙的建筑规模，就可以清楚地判断出该城市的等级——是县级城市，还是府（省）级城市。

即使在今天，虽然中国的城市已是高楼大厦鳞次栉比，但保留下来或重新修葺的城隍庙仍然以它独特的风格和韵味，成为一个城市值得骄傲的组成部分。"到上海不去城隍庙，等于没到过大上海"，这句流传于全中国甚至全世界的俗语，就很典型地说明了这一点。城隍庙作为中国古代城市的象征符号之一，至今仍有它的一席之地。

城隍庙不仅是一座城市中规模宏大的建筑，同时它也是一座城市中最具活力的场所，一个展示城市居民精神生活的文化空间。从它的空间布局到神灵的置放、从庙内的信仰活动到庙外的民俗活动、从它的仪式到功能，无不呈现出该城市居民的精神风貌和状态。

明代以后，城隍庙的建筑基本上是仿照人间官署衙门的样式而建制的。山门、大殿、寝宫、役房、戏楼、钟楼、鼓楼等一应俱全。这种几乎完全等同于官署衙门的内部布局，使原本想象领域的"阴曹地府"具象化，成了名副其实的与阳间官署相对应的阴间官署，阴阳两署共同治理这座城市以及所辖的区域。在这种观念的主导下，城隍庙就成了一种权力的象征，而这种权力更多地体现在精神领域的威慑力，从某种意义上说比阳间的官府更加具有束缚力。正如有些城隍庙对联中所说的"善恶不爽锱铢，尔敢欺心神未许；吉凶岂饶分寸，君能昧己我难瞒。"中国人相信"头顶三尺有神明"，做任何事都瞒不过城隍老爷，这种威慑力对于构建城市居民良好的道德伦理观念无疑起到了正面的作用。

城隍庙中供奉的神灵，在早期是比较单一的，然而随着时间的推移，城隍神成为地方冥官，加之中国民间信奉多神的特点，城隍庙就成了一个多神杂居的宫观。其中既有城隍家族系统、冥界官吏系统，也有各种各样的地方神灵，多神杂居、和平共处。寓居的神灵有时多达七八十位。顾颉刚、容肇祖、容媛等人曾于1938年中秋节前数日对广东东莞城隍庙进行考查，顾颉刚先生绘制了《东莞城隍庙图》，容媛女士写了《东莞城隍图说》一文，其中谈到了城隍庙中的神的设置情况，仅塑像的神灵就有 71 位之多。附设的神祠常见的有财神殿、增福祠、娘娘殿、雷主殿、火神祠、福神祠等。这种"一神为主,多神杂居"的神灵布置,既体现了城隍庙的独特性,同时又能满足城市居民的多样性信仰需求。

从本质上说,城隍庙是一个信仰的场所,是城市居民表露心灵需要的地方;城隍庙及城隍神的存在,使城市居民的心中有了寄托,有了一种安全感。"捍御之功,都邑所赖",这是由城隍神的守护神性质所决定的。

围绕城隍信仰而展开的一系列民俗活动,如民间艺能的表演、神灵出巡的各种仪式等等,又是丰富多彩的市民文化的集中展现。而隐含在信仰、民俗活动背后的价值观、审美观、善恶观,更是一座城市的文化精神之所在。因此,城隍庙又不仅仅是一个信仰的场所,同时也是一个集中展示城市文化精神的文化空间。

长期以来形成的、依附于城隍庙的这种象征意义,深深地扎根于城市居民的记忆中,是岁月无法抹去的。正如刘建平先生在《追忆上海城隍庙》一文中所说的:"上海是一碗浓汤,城隍是浓汤的底料。"这种记忆,遇到了合适的时间,就会爆发出来,我想这也许是这些年来城隍庙相继复兴的原因之一吧!

二、传统的魅力与人们心理需求的诉求

尽管近些年,各地城隍庙相继恢复,呈现一种复兴的现象,但从信仰本身来说,现在的城隍信仰与传统意义上的城隍信仰在性质上已有了较大的区别。

从城隍庙的功能来看,历史上的城隍庙毫无例外是信仰的场所。虽然在管理方面各庙存在一定的差异,但绝大部分属于道教宫观,由道士管理,也有少量是由信众自发管理的。而今天的城隍庙很明显地分为两部分:一部分由道教管理,属于道教宫观,是人们信仰的场所,著名的如上海城隍庙、苏州城隍庙等;另一部分由文物部门管理,成为旅游景点,基本上没有信仰功能,如河南登封城隍庙。

从城隍神身份与职能来看,历史上城隍神的身份非常明确:一是城

市的守护神,二是地方冥官。但随着时间的推移和人们思想观念的变化,城隍神的身份在人们的信仰观念中已经相当模糊,因为现在的城市既没有城墙、护城河,也不再需要神灵的保护。因此,城隍神所特有的御城保民的职能已失去。在一般人的观念中,城隍老爷就是一位神,跟其他神灵已没有什么区别。

从信仰目的来看,城隍神的身份及职能的转变,导致信仰活动的内容改变。历史上具有城隍信仰特色的活动,如三巡会、新官赴任祭拜、正月十五开印等,均已随着历史的车轮远去,时至今日既不可能恢复也没有恢复的必要。从现在各城隍庙的信仰活动来看,与其他宗教庙宇并没有什么区别。信众到城隍庙烧香祭拜的目的主要是求福、求财、求健康和为亡者超度,而城隍庙中所举行的一系列活动也主要是满足信众的这些心理愿望。

既然作为信仰层面的城隍信仰已经不可挽回地衰微,城隍神的职能也已经发生了根本性的转变,那么为什么这些年还会出现城隍庙的复兴现象呢? 笔者认为是基于以下几方面的因素:

一是延续城市文化传统的诉求。现代的中国城市,虽然没有了城墙、护城河,也不再需要城隍神的保护,但它们都经历了长期的历史发展,是在历史的层积中逐渐形成的。中国绝大多数的城市都有悠久的历史,如西安、北京、开封、杭州等都有着数千年的历史,即便像上海这样的新兴城市也已经有七百多年的历史。在这漫长的过程中,每个城市都逐渐地形成了自己的城市文化传统。包括有形的文化,如街道布局、房屋建筑风格等;以及无形的文化,如人们的生活民俗、宗教信仰、价值观念、审美取向、城市精神等。随着现代化进程及经济全球化速度的加快,以及旧城改造,人们发现一个城市赖以“立身”的城市文化传统和城市个性正在不知不觉中快速消失。在这种背景下,一种保护和延续城市文化传统的意识正逐渐形成,一场由政府相关部门牵头、全体城市居民自觉参与的保护城市文化传统的行动正在中国大地上展开。曾经作为中国城市象征符号之一的城隍庙以及围绕城隍信仰而进行的一系列民俗活动,兼跨有形文化和无形文化两大领域,理所当然成为了保护的重点之一。

对于城市居民来说,城隍庙是一种永远难以忘怀的记忆。偌大的上海,尽管高楼大厦林立,现代化商场遍布各处,但城隍庙至今仍然是上海的一种标志,游客到上海,城隍庙是必去之处。即使在"文革"时期,城隍庙改作商厦,神像全部被砸毁,每年的除夕过后仍然会有少数人偷偷地在"庙"外烧头香,正月初一清晨总能发现一些烧尽的香杆。刘建平先生在《追忆上海城隍庙》一文中说:"一座城市,总要有这样一个地方,在无意中保留下童年的乐园。那里是城市最初的回忆,哪怕在滴水穿石的时间面前,它也总是保持最执拗的姿态。上海老城厢内的城隍庙和豫园,便是这样的一个地方。在这方圆不足1公里的地方,已经整整热闹了几百年。……城隍庙是上海最后的根,同时也随着这个城市完成了它的变异。……城隍庙就是这么自然,不经意地就成了这个城市市俗的标本。并因此乐得其中。……这种由于生存的需要而构建起来的市俗文化,其坚韧往往超乎人的想象。1924年8月15日,旧历中元节的时候,这一天,秦裕伯的神像被抬着,浩浩荡荡巡游他的城市和子民去了。他不知道,在他刚走出不远的时候,庙内已经大火冲天,一边是威风凛凛的视察,一边是呼天抢地的逃奔,保佑城市的人最终没有能保佑自己,秦裕伯像是一个黑色幽默中的主角,带着微笑回来,面对的是一片灰烬。换作常人,他就要无家可归了,好在这里是一块宝地,无数的商家要借以生财,少了这个城隍,还真不好办。快得很,一年多的时间,当时上海滩上像黄金荣、杜月笙这样的大腕就已筹足了银两,造了一个全钢筋水泥制的仿古城隍庙。秦裕伯终于回家。木头的房子也好,钢筋的房子也好,都不是最重要,重要的是记忆的根须没有灭绝。从那以后,城隍庙和豫园还是一个闹猛的中心,每年的十五元宵,这种热闹被推向了极致,牵着兔子灯的孩子们在人群的缝隙里窜来窜去,点点灯火最终点燃起整个城市童年的回忆。"

在有些城市,虽然物质形态的城隍庙已经不存在了,但作为唯一的"城市之神",城隍信仰在精神领域的影响至今仍然是深远的。雍坚在《闹市深藏城隍庙》一文中充满深情地说:"旧时国内各地兴起的城隍庙庙会,是展示地域经济和商业、文化交流的载体。作为山东省、济南府和历城县的三级治所,济南旧城中一度拥有督、府、县三级城隍庙。在香火中断半个多世纪后,有关它们的故事还在流传,它们的处境也亟待改善……"家住济南市将军庙街 13 号的王静老人是当年山东府城隍庙耿姓住持的外孙,面对残垣断壁的府城隍庙不无伤感地说:"我小时候,府城隍庙常举行发丧等超度活动。当年府城隍庙与旁边的将军庙、慈云观连成一片,住持由一人担任。如果这三座道观能保留原样,这里会是很有看头的地方。"历史的记忆仍深深烙在市民的心中。

因此,在保护城市传统文化中,城隍庙具有得天独厚的"亲民性"。虽然现在的城隍庙在内容与本质上与传统的城隍庙已有很大的差异,但在形式上无疑又是相同的。

二是城市居民精神生活的需要。纵观这些年来城隍信仰的情况,城隍庙的香火渐趋兴旺。之所以出现这种情况,主要是因为其符合城市居民的精神需求。城隍庙中定期举行的信仰活动,信众参与踊跃,也反映出居民的这种需求。

如上海城隍庙从 2000 年开始每年正月举行拜太岁新春祈福醮会,得到了广大信众的积极响应,当年就有几百人参加。2004 年参加的人数达到 1 400 多人,2005 年则超过了 2 000 人。参加醮会的不仅有上海市民,也有来自其他省市的信徒,还有从海外赶回来的华人华侨。拜太岁醮仪分为个人专场和集体同场两种。正月初八、初九、十一、十三为个人专场,每一场分别为一个信徒举行拜太岁醮仪。初十、十二、十四为集体同场,每场都有 500 人以上参加。拜太岁是道教传统的信仰仪式。在道教经籍中,太岁是主管人的一年"本生身命之灾"和"流年临犯之厄"的年岁之神。一个人一年到头的身心健康和运气否泰,都由太岁神掌管,所以人们祈求平安吉利就在新年拜太岁。[1] 拜太岁活动的目的是祈求一年的平安,在当今社会无疑是具有一定吸引力的。

---

① 黄景春:《把拜太岁活动纳入到当代道教仪式中来——记上海城隍庙乙酉新春拜太岁祈福醮会》,《上海道教》2005 年第 2 期。

又如随着改革开放的深入，中国进入了社会转型期，人们追求富裕生活的愿望非常强烈。而城隍庙中附设的财神殿，正是人们表达这种心愿的理想场所，前往烧香的人特别多。城隍庙中举行的接财神活动也就格外吸引信众。从 2001 年起上海城隍庙每年都举行隆重的接财神仪式。每年接的财神都有名字，2001 年和 2002 年接的是"四季财神"，2003 年接的是"武财神"，2004 年接的是"金财神"。新年接财神活动一年比一年热闹，盛况空前。①

由上述两个案例，我们可以发现当今城隍庙及城隍信仰的复兴，除了城市居民心灵深处的记忆因素外，也存在着一种"需求"，是这种现实的"需求"促使了复兴的产生。而且这种"需求"并非来自个体，而是来自城市居民的群体。这种群体的需求则源自于社会发展的特定阶段、源自于现实的生活。法国伟大的雕塑家罗丹说过："我们整个法国就包含在我们的大教堂中，如同整个希腊包含在帕提浓神庙中一样。"城隍庙中所浓缩的正是一座城市的文化和城市人的生活。

三、城隍庙在构建和谐社会中的作用

城隍庙与城隍信仰的复兴，对于建设和谐社会是有积极意义的。在历史上，城隍庙曾经充当过一座城市中市民伦理道德观念"教化场"的角色。从城隍神到城隍庙的其他神灵，从城隍庙的内部布局设置到各种摆设甚至庙联，从信仰民俗活动到各种民间传说，构成一个庞大的"扬善戒恶"的磁场，以此净化人的心灵、宣传美德、针砭丑恶，对城市居民良好道德体系的维系曾经起到过至关重要的作用。如果我们加以正确的引导，相信对今天的和谐社会的建设仍能起到积极的作用。

道教崇拜的城隍神，皆为世间人之正直者。在人们的观念中，他们或是正直无私、秉公办事、能为民消灾解难者，或是有功于国、有功于民、有功于地方的"功臣"，或是为人正直、不阿谀奉承、不惧权势者，或是乐善好施、心地善良者等等。这些人由于生前的善行，死后才当上了

①　黄景春：《上海城隍庙破五子时接财神观礼》，《上海道教》2004 年第 3 期。

受人供奉的城隍神。南京城隍文天祥、杭州城隍周新、上海城隍秦裕伯等等,都是这样的人物。而且,在人们的观念中,这些人当上城隍神后,只有保持良好的操行、继续为市民做有益的事才行,否则就要被免职。明清以来,有关城隍神因营私舞弊或包弊品行恶劣者而免职的传说有不少。如流传于陇西的《陇西城隍革职》。所以,城隍神本身就为世人提供了一个样板:为人要正直、坚持原则,为官要清廉、为百姓办事,做人要善良、乐于助人等等。鼓励人们积极向上、崇尚德行,对城市市民具有一定的示范作用。

城隍庙是阴间的冥府,虽然它的整个布局是仿照人间的官衙来设置的,但既然是阴间,又增加了不少人间衙门所没有的内容,增加的衙门主要承担扬善罚恶的功能,如苏州城隍庙中有 24 司,分别是:布政司、注福司、采访司、人丁司、报应司、宣发司、库官司、罚恶司、刑部司、保防司、过察司、长寿司、命禄司、吏部司、山神司、图籍司、掌法寺、福德司、礼法司、阴阳司、启达司、财政司、彰善司、户部司。许多城隍庙的墙壁上都会书写"赏善""罚恶"的大字,目的也就是让人们一走进城隍庙就感受到这种气氛,警示人们在为人行事时对善恶有取舍。

在有些城隍庙的阎王殿中,常常有两组对照分明的场景塑像:一组是反映生前行善或者没犯什么过错的人,进入阴间后能顺利地通过各种关口,最后顺利投胎甚至升天;另一组是反映生前作恶或者犯过各种过错的人,根据生前所犯罪过的大小,要经受不同的刑罚,如下油锅、掏心、受锯刑等等。这种血淋淋的场景,对于每个城市居民来说,无疑都具有极大的心理震慑作用。

每座城隍庙都有或多或少的对联,它们张贴或雕刻在大门上、柱子上。这些对联的内容大致可以分为三类:

第一类歌颂城隍神功绩,如:"威灵显赫,护国安邦扶社稷;圣道高明,降施甘泽救生民"(上海城隍庙霍光殿)。第二类表现城隍神正直无私、秉公办事的特征,如:"这里人情谁敢做,此间关节总难通"(通用联),"白日无私贫富一般照临,青天有眼善恶两样分明"(通用联),"善则福之,何必蜜语千声嘱;恶必祸之,岂受欺心一炷香"(湖北蒲圻古城隍庙)。第三类劝人为善、莫作恶事。认为只要你一心向善,不到城隍庙来烧香也无妨;但你做了昧良心的事,即使烧香上供也没有用。神灵明察秋毫,休想逃过应有的惩罚和报应。规劝人们平时要多做善事、有益他人的事,莫做伤天害理之事。有时做善事倒可能暂时受委屈,有时做了恶事不见得马上会受到惩罚,但最终总会受到应有的奖罚的。如:"善者赏恶者罚举念时先须自省,阳必报阴必惩到头来后悔难追"(通用联),"为人须凭良心,初一十五何用你烧香点烛;做事者昧天理,半夜三更谨防我铁链钢叉"(湖北应城城隍庙),"站着,你背地做些什么,好大胆,还来瞒我;想下,俺这里轻饶那个,快回头,莫去害人"(贵阳城隍庙)。

各地城隍庙内一副副对联,大都语气严厉,大可令作恶者心惊。当然其中有不少对联反映的是善有善报、恶有恶报的因果报应思想,但从其核心来说体现的是劝人为善的主题。通过借用因果报应思想的手段,客观上达到了劝善弃恶的效果。每一位到城隍庙的人,无论是烧香祭拜的信众,还是闲人游客,看到这些醒目的对联,无疑都会在心灵上产生一定的触动和震撼。

有关城隍神及城隍庙的传说在民间流传非常广泛,内容极为丰富。其中有很大一部分就是通过普通民众所乐于接受的故事形式来宣传城隍神的种种神异功绩:帮助弱者和心地善良者,惩治恶人和道德败坏者;帮助官吏审理案件,使蒙冤者得以昭雪等等。这类传说早在明清时期的笔记小说如郑仲夔《耳新》、袁枚《子不语》中就有大量的记载,直到现当代仍在民间流传。

流传于上海的《神船》和流传于江苏常州地区的《孝子遇城隍》都是讲述城隍神帮助在异乡陷于困境的人返回家乡的传说,而主人公之所以得到城隍的帮助也是由于他的善良品德。如《神船》:

相传明朝时,上海老城隍庙大殿里的城隍老爷塑像前,陈列着一条帆船。据说是供城隍老爷出巡时使用的神船。可是,到清朝时又增加了一条。那么,这后一条船是怎么来的呢?这里有段传说。

清朝乾隆年间,上海城内乔家栅地方,有一家小本经营的汤团店,店主人姓乔,有一手做汤团的好手艺,人们都叫他乔汤团。这位乔汤团,为人正直,乐善好施,常常为救济穷人弄得没本钱做汤团。

一天,四个穿绸着绢的豪门子弟,吆五喝六地闯进了店内。乔汤团知道来者不善,强压怒火,堆着笑脸,招呼他们坐下,把热腾腾、香喷喷的汤团端上桌。这四个家伙狼吞虎咽,每人连吃两碗汤团后,不但不付钱,还说这汤团馅子里有苍蝇脚,便摔碗、推桌,胡闹起来。乔汤团怒火中烧,凭借青年时所学的武功,三拳两脚,把这四个豪门子弟打得哭爹叫妈,狼狈逃窜,乔汤团才出了口气。第二天,差人来到店里,传乔汤团到县衙大堂候审。平时不知忧愁的乔汤团这时却焦急起来。为啥?因为乔汤团识字不多,生怕有理说不清。果然,县官老爷凭那四个豪门子弟的状纸,罚打乔汤团二十大板后将他赶出衙门。乔汤团深感不识字之苦,从此发奋读书。几年后,居然中了秀才。

这一年,乔秀才带足盘缠,肩背一把雨伞,辞别妻子前去南京应试。由于他乐善好施,考试完早已身无分文。乔秀才只好步行到江边,但又不见船只。感到又累又饥,便跌倒在沙滩上。迷迷糊糊间,忽见一条帆船飞驰而来。乔秀才喜出望外,支撑着身子,当问明帆船是驶向上海时,便恳求搭船,船费到上海后加倍偿还。当乔秀才被扶上船后,西风乍起,江湖骤落,一路顺风顺水。等一觉醒来,船已在黄浦江停靠。他急心跳上岸,奔回家中取钱,再回到江边时,却不见那条帆船的影踪。这时,乔秀才猛然记起,还有一把雨伞遗忘在船上。

妻子见乔秀才终日快快不乐。问清了原委,便说:"你呀,真是聪明一世,糊涂一时,船费没处付,到城隍庙烧烧香得了。何必犯愁?"乔秀才觉得妻子言之有理,第二天沐浴更衣,偕同妻子一起到城隍庙去烧香。夫妇俩烧过香后,随着人流在大殿里看菩萨。看呀,看呀,乔秀才的目光落到那条神船上就定住了。原来,他越看越觉得这条船就是载他归来的船。再盯住神船细看一番,不由大吃一惊,原来他发现船上的雨伞就是他遗忘的那把。他拉着妻子胳膊兴奋地说:"我失落的那把雨伞找到了!"妻子以为他犯病发烧,在说胡话呢。忙说:"你真是昏了头,城隍老爷怎么会要你这把破伞呢!""你不信,我拿给你看看。"说着,乔秀才一伸手就把伞拿在手里,指着伞柄上刻的名字,得意地对妻子说:"你看看,真凭实据都在,哪还有假的?城隍老爷就是把我接回上海的那条船的主人呀!"妻子一看,大为惊讶,连话也说不出来。

为了感激城隍老爷搭救之恩,乔秀才请了几位能工巧匠,照大殿里那只船式样,又造成一条神船,放在城隍庙城隍老爷大殿前的左边。从此上海老城隍庙便有了两条神船。①

城隍神帮助人世间官员审理案子、惩罚作恶者的传说,在民间流传很广泛。帮助的手段通常都是"托梦",让人听后感到既有趣又不可思议。

如上海城隍庙大殿右上方曾有一块十分考究的匾额,上书"神灵难瞒"四个镏金大字,非常醒目。落款是:春申县令傅之诠,雍正三年。关于这块匾额的由来,民间就流传一则传说,其意是奉劝人们莫行恶,做了坏事是瞒不过城隍老爷的。

流传于浙江省武义县的《城隍巧答》则通过一个类似笑话的传说讽刺了财主的种种恶行,奉劝人们不可过分贪财、贪色,否则会遭到惩罚。

总之,流传于民间的城隍传说故事,通过生动有趣的故事情节,使城隍神家喻户晓,扩大了城隍神的影响,刺激了人们的信仰心理。而作品中所蕴含的价值判断(如善恶观念,为人处事的原则等),就在不知不觉中对城市居民产生了影响。

在城隍信仰活动中,有许多项目是在娱乐过程中对人们的道德规范有警示意义的。如:每年清明、七月半、十月初一城隍神主祭厉坛,从表面上看主要是警告厉鬼不可为非作歹,但事实上也同时警示世人不可干违法和违背伦理之事。这从明初由吏部统一颁布的祭文(见《明会典》)中就可以看出:

> 维洪武某年某月某日,某府官某,遵承礼部札付为祭祀本府阖境无祀鬼神等众事,该钦奉皇帝圣旨……凡我一府境内人民,倘有

---

① 《中国民间文学集成·上海南市区故事卷》,上海市南市区民间文学三套集成编委会,1989,第56-68页。

忤逆不孝、不敬六亲者，有奸盗诈伪、不畏公法者，有拗曲作直、欺压良善者，有躲避差役、靠损贫户者，似此顽恶奸邪不良之徒，神必报于城隍，发露其事，使遭官府。轻则笞决杖断，不得号为良民；重则徒流绞斩，不得生还乡里。若事未发露，必遣阴谴，使举家并染瘟疫，六畜田蚕不利。如有孝顺父母，和睦亲众，畏惧官府，遵守礼法，不作非为，良善正直之人，神必达之城隍，阴加护佑，使其家道安和，农事顺序，父母妻子保守乡里。我等阖府官吏等，如有上欺朝廷，下枉良善，贪财作弊，蠹政害民者，灵必无私，一体照报。如此，则鬼神有鉴察之明，官府非诌谀之祭，尚享。

很显然，后面部分就是针对参加祭祀活动的民众而言的。在这种场所，在神灵面前，提出这种警示，无疑具有威慑作用。

在城隍出巡的队伍中，往往有许多带有娱乐性的表演节目，其中有些明显带有道德教化意义。如：

秦桧和秦桧婆经常出现在出巡队伍中，其形象是身穿罪衣罪裙，头颈上挂铁索，两个鬼卒在前面拉，两个鬼卒手持水火棍在后面押送，所到之处受人唾骂。

刁刘氏，民间传说中与人通奸杀夫杀子的恶婆娘。由一名俊俏男孩扮演，身穿囚衣，双手反剪，背插斩牌，假头发咬在嘴里.坐在木马上，下面有一辆推车，由两个鬼卒推车徐行。

由男性扮演的鸦片鬼，头上勒一块包额，腰里缠一条彩带，手拿一支烟枪，一路扭捏着问观众："阿拉这烂浮尸到阿里去啦，看到过？这烂浮尸把我手镯偷当掉买鸦片了，这千刀万剐的东西，我寻着一定对伊勿客气！"观众中就有人大声回答："到其姘头地方去了！在婊子店里呢？"于是一阵大笑，一阵嬉闹。

上述表演都在嬉笑中包含了对人性中恶的行为的批判。秦桧夫妇出卖民族利益、迫害忠良岳飞；刁刘氏违背伦理，杀夫杀子；鸦片鬼玩物丧志，变为行尸走肉。这些都是传统伦理道德所不齿的行为。

在城隍出巡的队伍中常有一群"犯人"。这些人轻则"身著囚服，披枷带锁",重则"袒胸裸背,穿许多钢针,针连绒绳,绳系香炉,炉重有数斤者,有重至十数斤者。系之而行,不以为楚"。(《中华全国风俗志》)。其中还有不少是妇女包括妓女,如旧时上海"每有小家碧玉,曲巷烟花,浓妆艳服,被枷带锁,或坐无顶小轿,或竟徒步,参加游行,名为女犯"(《上海研究资料》),"妓女推髻蓬发,身著赭衣,银铛桎梏,乘舆后从"(《瀛壖杂志》)。他们的行为名为"偿愿""还愿"。"偿愿"者的心理和行为,表面上看滑稽可笑,甚至荒唐古怪,但其实在这种事象的背后,隐含着道德教化的功能,反映的是一种知恩图报、有错即改的道德观念。

清代一位贡生在其《重修城隍庙碑记》中说:"古之善治民者,不以形而以法。形禁于已然,法禁于未然。形之所禁易见,法之所禁难知。此庙既成,凡远近游观者,莫不悚然畏,惕然惊,曰:福善祸淫之不爽也如此! 善者以劝,恶者以惩,举严峻罚之所不能禁者,而为善去恶之念油然而生,此先王神道设教也。"(光绪《大宁县志》)这段话非常精辟地分析了城隍庙所具有的道德教化功能以及历代统治者竭力提倡城隍信仰的原因。

从实际情况来看,城隍庙以及围绕城隍信仰而开展的一系列活动,有意或无意之间形成了一张无形的道德规范网,在广大信徒的心理层面形成了一种巨大的威慑力,对促进社会伦理的健康发展,对城市市民道德行为规范的约束以及市民良好道德伦理观念的维系,都能起到积极的作用。当然,产生于封建时代的城隍信仰,其中也掺杂着许多迷信的成分。在建设社会主义和谐社会的今天,我们还是要坚持"去其糟粕,取其精华"的原则,利用其合理和积极的元素为今天的社会服务。

(本文原刊于刘家军、沈金来主编《城隍信仰研究》,中国社会科学出版社 2013 年 3 月版)

互荣共生：西和七夕习俗与
乞巧歌关系探微

在甘肃陇南地区西和县至今仍保留着仪式完整、被誉为"活化石"的七夕乞巧民俗。其一个显著特征是唱巧伴随着整个七天八夜的仪式活动，成为了仪式中不可或缺的重要组成部分。乞巧歌在仪式活动中扮演着独特的角色，不仅起到娱神娱人的作用，而且承担部分仪式的功能，这在其他地区的乞巧活动中是极为少见的。

一、祭、歌、舞三位一体的西和七夕乞巧文化

西和乞巧活动自农历六月最后一天（廿九日或三十日）夜晚开始，到七月初七深夜结束，历经迎巧、祭巧、拜巧、娱巧、卜巧、送巧等仪式，将巧娘娘从天上请到人间，接受姑娘们的祭拜，传授女红技艺，经过七天八夜的相处后，姑娘们最后依依不舍地将巧娘娘送回天上，让她与牛郎鹊桥相会。在这过程中，"最基本的活动就是'唱巧'。即姑娘们齐集坐巧处，从白天直至深夜，按一定的程式，用不同的歌曲在巧娘娘像前尽情载歌载舞。以此表达夙愿、抒发情感、展示才艺。"①

在习俗的演述过程中，祭祀、歌、舞往往同时进行，构成一个完整的整体。如"手襻搭桥"时，姑娘们解下端午节时系在手腕上消灾祈福的手襻，接成一根长头绳，与香、烛、黄表等祭品放入香盘，手捧香盘的姑娘走在前面，其他人跟随列队来到河边。由两人分别站在河两岸，把头绳横拉在河面上，点香烛焚黄表，姑娘们跪拜祭祀。然后列队牵手摆臂齐唱《搭桥歌》：

① 雷海峰主编《西和乞巧风俗志》（内部资料），2006，第 52 页。

三张黄表一刀纸,我给巧娘娘搭桥子。

三刀黄表一对蜡,手襻的红绳把桥搭。

巧娘娘穿的绣花鞋,天桥那边走着来。

……

唱罢,站在河两岸拉头绳的姑娘同时松手,绳子落入河中被水冲走,仪式宣告完成。又如"送巧"——乞巧节的最后一个仪式,在初七晚上的 12 时举行。乞巧组织者宣布送巧开始后,姑娘们分站神桌两旁,齐唱《送巧歌》之一:

白手巾绣的牡丹花,巧娘娘走家我咋家(我怎么办呢)?

有心把巧娘娘留一天,害怕桥拆了没渡船。

有心把巧娘娘留两天,害怕走迟了天门关。

……

随着略带忧伤的歌声,乞巧组织者在神桌前祭祀跪拜,姑娘们走到神桌前成排列队、牵手摆臂,再唱《送巧歌》之二:

巧娘娘穿的神仙衣,巧娘娘走家我送你。

巧娘娘影子出了门,巧娘娘先行我后行。

巧娘娘影子出了院,我送巧娘娘心里乱。

……

唱毕,由两位大龄姑娘把巧娘娘像从神桌上捧起,其他姑娘成排列队,手合胸前各执燃香一支,在手捧香盘的姑娘的引领下,在鞭炮声中,送巧队伍簇拥着巧娘娘像走出坐巧处的大门,前往原迎巧地点。一路上大家步伐缓慢、心情沉重、互不言语,惜别的气氛笼罩着整个送巧队伍。到达送巧地点后,由乞巧组织者将巧娘娘像安放在地上,大家面对神像成排列队、牵手摆臂,齐唱《送巧歌》之三:

烧的长香点的蜡,手襻头绳把桥搭。

驾的云,敲的锣,你把巧娘娘送过河。

驾的云,打黄伞,你把巧娘娘送上天。

……

随着忧伤的歌声,乞巧组织者带领姑娘们在巧娘娘像前祭祀跪拜。礼毕,大家再唱《送巧歌》之四:

> 白手巾绣的是水仙,一股子青烟升了天。
>
> 白手巾绣的一枝兰,再也见不上巧娘娘面。
>
> 白手巾绣的竹叶梅,巧娘娘一年来一回。
>
> ……

歌毕,姑娘们全体跪倒在地,乞巧组织者手执蜡烛将巧娘娘像点燃。此时,姑娘们放声痛哭,悲痛之声,在夜深人静的旷野格外凄凉。①

在送巧仪式中,参加仪式的姑娘们至少要祭祀跪拜两次、边唱边舞《送巧歌》四次。这种祭、歌、舞三位一体的仪式模式是人类社会早期的一种祭祀传统。如《礼记·郊特牲》中所记载的"蜡祭":"天子大蜡八。伊耆氏始为蜡。蜡也者,索也,岁十二月,合聚万物而索飨之也。蜡之祭也,主先啬而祭司啬也。祭百种,以报啬也。……迎猫,为其食田鼠也。迎虎,为其食田豕也。迎而祭之也。祭坊及水庸,事也。曰:'土反其宅,水归其壑,昆虫毋作,草木归其宅。'"其中"土反其宅,水归其壑,昆虫毋作,草木归其宅"公认为是中国古代文献中记载的最早民歌之一,但很显然是配合祭祀各种农神活动中念诵的祝词。又如《吕氏春秋·仲夏纪·古乐》中记载的"葛天氏之乐":"昔葛天氏之乐,三人操牛尾,投足以歌八阕,一曰载民,二曰玄鸟,三曰遂草木,四曰奋五谷,五曰敬天常,六曰达帝功,七曰依地德,八曰总鸟兽之极。"非常典型地反映了祭、歌、舞三位一体的特征。而西和乞巧活动完全符合这种传统,毫无疑问是一项传承历史悠久、仪式保留较为完整的古老习俗。但由于文献资料的匮乏,目前其发展史的梳理研究还比较薄弱。西北师范大学赵逵夫教授在《汉水与西、礼两县的乞巧风俗》《西礼两县乞巧风俗》《七夕节的历史与七夕文化的乞巧内容》等文章中,根据《史记·秦本纪》中的相关记载以及大堡子山秦先人墓葬群的考古发现,提出巧娘

---

① 杨克栋整理《仇池乞巧民俗录》(内部资料),第51—54页。

娘的原型应是秦人始祖女修,逻辑推演是合理的,但仍缺乏直接的实证资料。目前可据的西和七夕乞巧习俗资料,最早的是在清代。如乾隆三十九年抄本《西和县志》卷二记载:"七月七夕,人家室女陈瓜果,拜献织女星以乞巧";乾隆六年刊本《成县县志》卷二记载:"七月七夕,人家室女束豆苗置碗,拜献织女星以乞巧。"这些资料不仅年代较晚,而且记叙简略,所记内容与其他地区的七夕习俗没有区别。因此,仍需花大力气搜集挖掘相关的实证资料,才能真正推动该研究。

从西和目前传承的乞巧活动看,歌舞是仪式的主体,每个仪式必须伴随歌舞,抽离了歌舞的部分,整个仪式就失去了生命力。

二、乞巧歌在乞巧仪式中的独特功能

据杨克栋先生的调查研究,西和乞巧歌的曲调程式大致可分为三种:两句调、三句调和数板调。两句调和三句调以两句或三句为一节,曲调自由流畅,每节唱罢,根据不同的仪式重复衬词,如迎巧时唱"巧娘娘,香叶的(或唱'家叶的'),我把巧娘娘请下凡";送巧时唱"巧娘娘,香叶的(或唱'家叶的'),我把巧娘娘送上天"。数板调则配合唱巧时双脚跳跃的节拍吟唱,音调有高有低,节奏有急有缓,气氛热烈欢快,通常在"泼又泼""跳麻姐姐"等仪式中运用。相对来说,乞巧歌的音乐曲调是比较简单的,具有很强的程式化的特征。在歌词内容方面,杨克栋先生将之分为三类:祈神祭祀类,生产劳动类,历史时政类。[①] 乞巧歌内容涉及的范围较广博,其中既有代代相传的传统歌词,也有每年不断创编的新作品,如《农村改革粮丰收》《人民公社解散了》之类。如果从乞巧歌的功能来划分,大致可分为二类:伴随仪式活动而唱的仪式歌,以抒情娱乐为主的娱乐歌。乞巧歌在整个乞巧活动中的功能主要体现在以下三方面:

一是"祭祀—祈祷"功能,作为祭祀活动的有机组成部分而存在。西和乞巧信奉的是织女星(俗称巧娘娘),活动基本遵循民俗祭祀的"请

---

① 雷海峰主编《西和乞巧风俗志》(内部资料),2006,第 24-25、55-107 页。

神—娱神—送神"三段式叙事结构进行。在整个过程中没有神职人员参加,全部由女性(已婚女性担任指导,未婚少女参与活动)来完成。每一仪式基本包括两个层面的行为:上香祭供和乞巧歌舞。其中的乞巧仪式歌作为言语叙事,起到了"祈祷词"的作用。如《迎巧歌》之一:

> 七月初一天门开,我请巧娘娘下凡来。
>
> 巧娘娘,下凡来,给我教针教线来。
>
> 南天门儿快开开,把我们巧娘放出来。
>
> 巧娘娘,下凡来,给我教针教线来。
>
> 一片砖,两片砖,我把巧娘娘接下凡。
>
> 一片瓦,两片瓦,我把巧娘娘接下马。
>
> ……①

在这里,歌唱者以歌代言,承担了传统祭祀仪礼中"司祝"的职能。《说文》曰:"祝,祭主赞词者。""祝"是事宗庙、知礼仪的主持祭祀仪式者,掌辞告神之事。《周礼·春官》有"大祝""小祝""丧祝"等条的记载,如大祝"掌六祝之辞,以事鬼神示,祈福祥,求永贞"小祝"掌小祭祀将事候祈祷词之祝号,以祈福祥",丧祝"掌丧祭祝号",并"掌胜国邑之社稷之祝号,以祭祀祷祠焉"。这里的"祝号",是指告神祈福的祝辞和赞美神灵、牺牲及祭具的号语,是用来沟通神灵的语词。在古代文献中,祝号一律采用韵语。在仪式上有时要发挥咒语的作用,往往也采用诗歌的形式。如前引伊耆氏(应为氏族部落的酋长)在年终祭祀百神、祈祷丰收时所作的《腊辞》"土反其宅,水归其壑,昆虫毋作,草木归其泽",言辞朴华,句句押韵,是巫术咒语在宗教仪式上的诗性表现。乞巧仪式歌起到了"祝号"的作用:恳请巧娘娘下凡,希望巧娘娘赐巧、赐福,达成少女们心中的愿望。

在七天八夜的活动中,每个仪式环节基本都采用此形式,姑娘们在简单的上供、跪拜后,便以歌舞的形式向巧娘娘祈求,如"手襻搭桥"为

---

① 雷海峰主编《西和乞巧风俗志》(内部资料),2006,第159页。

巧娘娘下凡搭桥时唱《搭桥歌》；迎接巧娘娘下凡时唱《迎巧歌》；祭巧过程中唱《转饭歌》；举行麻姐姐附体仪式时唱《跳麻姐姐歌》；为了卜巧灵验，姑娘们在每个乞巧点都需要到固定的泉眼或井迎取圣水，这时要唱《迎水歌》；卜巧时要唱《照花瓣歌》；最后送巧环节要唱《送巧歌》。其中，供馔祭巧仪式中《转饭歌》的祭祀功能表现最为典型：

在七月初六或初七晚举行照瓣卜巧仪式前，在坐巧人家的庭院正中摆放八仙桌，将所有供品分类装碟陈列在桌上，两位姑娘分别站在八仙桌的两旁，准备"转饭"时递接供品。其他姑娘列队牵手站在室内神桌前。队前一人手捧盛水大瓷碟，水上浮有棉花制作的鸳鸯数对，另一人手捧小木盘，盘内置放巧娘娘梳头的木梳、篦子。乞巧组织者在神桌前祭祀跪拜后，宣布供馔祭巧仪式开始，大家齐唱《转饭歌》。随着歌声，"转饭"队伍从坐巧的屋内走出，端鸳鸯磁碟和小木盘的姑娘前面引领，其他人列队牵手跟随，边走边唱，走到院子正中，绕八仙桌转一圈。接过桌前姑娘递来的一碟供品后，队伍继续唱着走回屋内。在神桌前，接到供品的姑娘将碟子高举过头，供放在巧娘娘像前。接着，"转饭"队伍返回院中，边走边唱，转接供品，通常供品有十二道。[1] 整个过程，歌声不断，而《转饭歌》的内容值得关注，如：

> 巧娘娘站在南海岸，盘盘端上要转饭。
>
> 大姐娃转饭把香插，二姐娃转饭点黄蜡。
>
> 三姐娃转饭三作揖，四姐娃转饭烧裱纸。
>
> 五姐娃转饭点心甜，六姐娃转饭仙桃圆。
>
> 七姐娃转饭油果香，八姐娃转饭酸梨黄。
>
> 九姐娃转饭葡萄串，十姐娃转饭把神献。
>
> 巧娘娘，祥云儿的，我把巧娘娘请下凡。[2]

边唱边将姑娘们的供品陈放于巧娘娘神像前，而唱的内容是逐一

---

① 雷海峰主编《西和乞巧风俗志》(内部资料)，2006，第70-71页。

② 采集：卢小娟、李涛、甘金花；说唱：姜彩逸，45岁，小学文化，汉源镇黄磨村人。载《西和乞巧风俗志》(内部资料)，2006，第164页。

介绍供品,向巧娘娘表明今天有哪些供品,很显然歌词代替了祭祀中的"上表",或者说是以唱的形式替换了书写的"表"和念诵。可以说,没有这些仪式歌,整个乞巧活动就无法正常举行。

从调查的情况看,乞巧歌中的仪式歌具有"非仪式不唱"(练歌也是活动的组成部分)的特征,除了乞巧节期间,其他时间段是不轻易演唱的。这也表明乞巧仪式歌是一种神圣叙事,必然要伴随着仪式的展开而表演,其内在具备祭祀的功能。

二是"抒情—娱乐"功能。乞巧活动中的歌舞,除了祭祀仪式功能外,还有抒发情感、娱神娱人的作用。七夕期间,家家户户的女性集聚坐巧人家中,从早到晚歌声不断,既是唱给巧娘娘听的,更是唱给自己和旁人听的。尤其是各乞巧点之间的相互拜巧,所唱内容极为丰富,涉及生活劳动、历史时政等各方面,歌声此起彼伏,成为了姑娘们释放情感的狂欢。歌声中,姑娘们融入了自己的情感,懵懂少女的欢乐、无忧无虑,待嫁姑娘的期待、忐忑不安,各个年龄段不同的情感都化入歌声之中。平时具备一定劳动能力的姑娘们在家长的监护下生活劳作,忙于各自的家务事,同龄人很少有机会相聚,西和七夕乞巧节在长达一个月的时间内,使得这群处于人生最活泼、没有生活压力的姑娘们欢聚在一起,像一群飞出鸟笼的小鸟,可以无拘无束地尽情欢闹,歌舞成为了她们情感表达最佳的载体。唱巧的特点之一是群体表演,而群体性的活动具有"场"的效应,人们的情绪会互相"感染",或是欢乐,或是悲伤,或是高昂,或是低落,尽在其中。

三是"才艺展示—求偶"功能。在西和地区,七夕是姑娘们的狂欢节。那些平时对未婚姑娘管束严格、不允许她们随便出门的富裕人家,到七夕前后的三四十天中,不管白天黑夜,姑娘们可以进出自由,家长不再过问;贫穷人家的姑娘,平时忙于农活,此时家里不管人手再少,也不再给她们安排活计,还要千方百计为她们置办新装。在这难得的时光里,姑娘们可以自由自在地尽情欢乐,而歌舞理所当然成为了她们展示魅力和才艺的最佳载体。而才艺展示的目的除了姑娘们情感的宣泄外,还导向了婚姻。因为这些姑娘平时或是忙于活计,或是藏于深闺,缺少被人了解的机会。此时,打扮一新的姑娘们,汇集在坐巧人家中,唱巧赛巧卜巧,成为了大人们关注的对象,姑娘们的性格、才艺一目了然,大人们相中的对象很快就会被提亲婚嫁。如杨克栋先生所说:"笔者记得,建国前西和县城的祈神迎水仪式十分热闹。在各支迎水队伍出发前,所经过的街道两旁,早就熙熙攘攘、摩肩接踵地站满了观众。其中,多数人是为了看热闹,但也有不少的人专为婚姻大事而来。如已到婚龄而未提亲的青少年男子和他们的父母,此时站在人群里,专心一意地在队伍中物色提亲对象。已经提亲而没有仔细看过女方长相的,在媒人的指点下,也目不转睛地关注着对象的模样。每当有迎水队伍经过时,街道两旁的观众就互相询问、纷纷议论、指指点点、评头品足,饶有兴趣地观赏着队伍中的每个姑娘。在封建礼教禁锢的过去,有些少男少女的美满婚姻,或许是在这一天首先提起或最终定下来的。"①其实,整个乞巧节何尝不具备这种功能。

以上三方面的功能是相互关联、互为作用的整体。"祭祀—祈祷"功能是基础,它源自人们对织女星的信仰,从心理和精神层面支撑乞巧节的展开和延续。"抒情—娱乐"功能则以丰富多样的表演吸引人们参与到乞巧节活动之中。在乞巧节期间,不仅有仪式的直接参与者(未婚少女),还有仪式的旁观者(男性和已婚女性)汇集在乞巧点,观看姑娘们的歌舞表演,确保了乞巧节在当地的知名度和民众参与度。一项民俗活动如果没有社区成员的广泛参与就很难传承下去。"才艺展示—求偶"功能则具有生活层面的实用意义,少女们展示才艺的过程也是完美表现自身的过程,以嘹亮的歌声和曼妙的身姿尽情抒发情感,对自身而言是一种"欲望"的释放,对旁观者而言是一个"共鸣"和"欣赏"的过程。因为在乞巧中展演的是一个特殊的少女群体,所以"欣赏"会在有意无意间指向"求偶",而"求偶"是人类社会一种永恒的需求,是一种源自人类自身繁衍需求的驱动力,尤其是在中国传统社会中。因此这种派生于乞巧习俗的功能对于当地社会来说反而是最具实用价值的,各

---

① 雷海峰主编《西和乞巧风俗志》(内部资料),2006,第38页。

个年龄段、各种身份的人员怀着不同的目的来到现场,除了主角未婚少女外,少女的父母要亲临现场观察女儿的表现,未婚男性到现场挑选自己的意中人,未婚男性的父母要为儿子物色未来的儿媳妇。三项功能共同促进了乞巧节习俗在西和的传承。

三、乞巧节:民歌传承的文化空间

如上所述,西和七夕乞巧活动中始终伴随着歌舞,乞巧歌成了其有机组成部分。从民歌的角度而言,一年一度的乞巧活动,也成为了当地民歌传承的文化空间。

首先,乞巧中的唱巧,促进了当地民歌的传承和发展。甘肃陇南地区是中国著名民歌"花儿"的流传区域,《下四川》调即产生在这一地区。柯杨教授在为《陇南山歌》所作的序中指出:"过去,花儿研究家们只注意到那些有花儿会的地方,虽然知道西和、礼县等陇南山区有花儿流传,但始终未能作为重点予以关注。当我阅读了这本山歌集之后,认识有了深化,见解有了转变。我觉得除了'河湟花儿''洮岷花儿'之外,还应增加'陇南花儿'这个新的研究对象。"他从歌词中多将女性称为"花儿""牡丹",许多唱词与"洮岷花儿"相同,情歌所占比例最大三方面论证了陇南山歌属于花儿体系的理由。[①] 由此可见,陇南地区具有悠久的民歌演唱传统。陇南山歌搜集整理者杨克栋在《仇池风——陇南山歌·后记》中呈现了他所亲历的场景:"中学读书时,由于长期的耳濡目染,我对家乡——陇南仇池山区的山歌产生了兴趣,萌发了搜集整理的愿望。1958 年,我被分配到一所国营农场工作。林场每年有来自不同县乡的数百民工从事各种林业生产。这些民工中,不乏优秀的山歌把手。他们劳动时,身在苍莽的密林,面对高耸的大山,经常引吭高歌,用山歌展示歌唱天才,抒发内心情感,消除劳动疲劳。这就为我搜集山歌提供了难得的机会。""1979 年……我因工作调动离开了林场,离开了

---

① 柯杨:《一点空明是何处,老夫真欲住仇池——陇南山歌集〈仇池风〉序》,载杨克栋搜集整理《仇池风——陇南山歌》,作家出版社,2004,第 3 页。

20多年朝夕相处的民工,聆听不到山歌唱把手的歌声,失去了原来搜集山歌的有利条件。从此以后,只得利用每年不多的下乡工作机会,采取走村串户、登门拜访山歌唱把手的方式搜集山歌。"①西和乞巧中的唱巧,应该就是在这种民歌演唱传统中形成的。无论是民歌的曲调、歌词,还是比兴手法、程式的运用等,乞巧歌都与陇南山歌一脉相承,尤其是娱巧、拜巧仪式中所唱的歌,大部分直接搬用山歌。如《十炷香》《十二月歌》《二十四节气歌》等。

当然,同中国其他地区一样,随着人们生活、生产方式的改变,娱乐方式的多样化,目前陇南地区民众在生产劳动、休闲时的唱山歌活动已经不复存在,以口头传唱为生命呈现形式的山歌正面临着失传的威胁。而乞巧歌因与七夕乞巧民俗活动紧密相连得以传承,乞巧节已成为了陇南民歌传承的有效载体。

在乞巧活动期间,以坐巧人家为核心,整个乞巧点都仿佛成了歌的海洋,形成了一个独特的歌唱语境,使民歌的传承得以实现。乞巧节作为陇南地区具有广泛影响的传统节日,年复一年,周而复始,具有"周期性重复"的特征,民歌在乞巧活动中的"重复"表演,起到心理学上所说的"刺激"作用,通过反复"刺激"加深记忆,确保了传统民歌的传承。同时,在拜巧仪式中的唱巧,具有竞争性特征,每个乞巧点每年都会由年长的、经验丰富的歌手编创新的歌曲,以便在拜巧中赢得名声。田野调查资料显示,那些著名的巧头都有自编自创的能力,如西和县石堡乡的沈瑞娃(1936年生)"一生创作和咏唱的乞巧歌有几百首"②。石堡乡郭堡村的郭七月(1943年生),"虽然大字不识一个,但从小就会自编自演乞巧词,十三四岁就成了女孩子们的头儿。一到六月中旬,心里就不安分了,白天帮父母下地干活,晚上召集女孩子们在她家开始训练,她们一边编歌词,一边编舞蹈,载歌载舞,比过新年还欢喜。她们自编的歌词反映了自己的心声,希望自己有一双灵巧的手,有一颗像织女那样宽

---

① 杨克栋:《仇池风——陇南山歌》,作家出版社,2004,第533-534页。
② 雷海峰主编《西和乞巧风俗志》(内部资料),2006,第74页。

厚仁慈的心灵,将来拥有美满幸福的爱情。同时还反映出当时的社会、历史风貌。……她参加创作的乞巧曲词有《十炷香》《万花灯》《十从娘恩》《五颗仙桃》《十绣花伞》等。"①这些新编创的作品有一部分因为受到人们的喜爱而流传下来,也就不断丰富着乞巧歌的内容。在西和七夕乞巧活动中,民歌丰富节俗的内涵,节俗确保民歌的传承,两者共生互荣。

　　第二,激发了当地女性的歌唱潜能,培养了民歌传承群体。虽然每个人都有歌唱的潜力,但由于没有合适的机遇和语境,很多人不敢开口唱歌。乞巧活动中的集体唱巧氛围,克服了姑娘们的羞怯心理,激发了她们的歌唱潜能,使她们从此建立起歌唱的自信,并在以后数年的演唱过程中熟练掌握歌唱的技巧,逐渐成为一名合格的传承者。这种激发机制背后是"习俗的力量"。因为在西和,习俗要求每位姑娘们从六七岁开始参加乞巧活动,一直到出嫁为止,一生中要参加十多次,她们对所唱歌曲可以说是烂熟于心,即使结婚以后不再直接参加乞巧活动,但这些在少女时期熟唱的歌曲终身难忘。乞巧活动中必然要唱巧,哪怕嗓音条件再差的姑娘,这时候都要唱。唱得好,会被人赞美;唱得差则不会被讥笑,只要开口唱就行。自信就在这过程中得以建立。虽然乞巧活动中以唱乞巧歌为主,但也有大量的当地民歌,特别是在娱巧、拜巧阶段所唱的歌。因此,西和地区的女性往往能唱数量可观的民歌,形成一个庞大的民歌传承群体。民歌是以口头演唱的方式传承的,传承人对于民歌的传承至关重要,但是仅靠少数传承人是远远不够的,必须有一个庞大的传承群体作支撑,理想的传承人结构应是金字塔式的,优秀的传承人在一般传承人的基础上逐渐脱颖而出。在西和乞巧歌传承中就明显呈现这种状态,参加乞巧节的姑娘们人人都是传承者,而每个乞巧点都会涌现出几位"巧头",她们就是优秀的传承人。如巧头王伶俐(1941 年生于西和县稍峪乡王山村,18 岁时出嫁稍峪乡团庄村),"她的歌喉动听,舞姿优美,村中老人小孩都非常喜欢听她的歌声,看她动

①　雷海峰主编《西和乞巧风俗志》(内部资料),2006,第 83—84 页。

人的舞姿。由于她的这一长处,到十几岁的时候,就已成为本村的'巧头'。"①又如1927年出生的吕秀英老人,从5岁开始,跟随姐姐参加乞巧活动,耳濡目染,"学会了迎送巧'七仙女''照花瓣''折牡丹''打秋千'等30多首歌曲,且演唱技艺极为突出,同伴夸她唱词记得快,唱腔清脆,很快成了乞巧点上的唱把式。"②这些"巧头"往往就是每个乞巧点的主要歌手,即使婚后仍然是乞巧点的主要组织者和歌舞老师。

第三,形成了良好的培养机制,促使民歌代代相传。西和乞巧节是少女们的节日,一旦结婚便不再直接参与(现在情况有所变化,有些乞巧点已婚女性也参加),因此人员一直处于变动之中,每年都有新成员加入,也有出嫁的姑娘离开。这种习俗惯制无意之中便形成了歌手的良性培养机制。

在乞巧的准备阶段有"练歌"的环节。到六月中旬,凡参加乞巧节的姑娘,按组织者约定的时间(多为晚上和雨天)聚集在坐巧人家中,由专人教唱乞巧歌曲、排练唱巧动作。只要一开始,一天也不会中断,期间很少有人缺席。教唱者通常都是乞巧点的"巧头"(已婚的,或者是已参加乞巧数年的),如牟桂兰(1946年生),未出嫁时,她是西和县牟山村姑娘们的"巧头",出嫁后是西和县上庙村同龄人的"巧头"。每年她都会给参加乞巧的姑娘、媳妇们传教乞巧唱曲,教授传统乞巧仪式,年复一年,乐此不疲。③又如西和县长道镇龙八村的赵丽叶(1946年生),"十一二岁时开始耍巧娘娘,她漂亮的服装,清脆的嗓音,内秀的才能,很快能自己创作一些符合时代特色的乞巧唱词,当时龙八村六个小队,五个乞巧点都受到她的影响,唱的都是她编的歌词,影响面一直波及到宁家、川口。当时,姑娘们都称她为'女才人'。二十岁结婚后,不再耍巧娘娘了……但同时她也没有忘记每年七月份的乞巧活动,她成了村子里姑娘们的老师,由于她的传承,龙八村的乞巧活动即使在'文革'时

---

① 雷海峰主编《西和乞巧风俗志》(内部资料),2006,第102页。

② 同上,第113页。

③ 同上,第104页。

期也没有间断过，一直延续了下来，而且越办越红火。近几年，乞巧已成了所有女人们的节日，赵丽叶自然又闲不住了，最近她又创作了两首乞巧歌词——《八大神仙》和《取水曲》。"①在这些巧头的组织下，"练歌"既是对新人的培训，也是对当年唱巧的演练。少女们每年参加乞巧节的唱巧，从不会唱到熟练演唱、再到能即兴编创，从只会唱少数几首到熟练演唱数百首歌词，在实践过程中逐渐成熟，这样当地的民歌自然就能代代相传。

从上述西和乞巧歌的传承情况可以发现，它具有一个良性的传承机制：首先是传承者的有序进出——每个乞巧点，每年都有新人加入，源源不断地补充新的传承人，同时每年都有人因结婚而退出，乞巧人员始终处于动态的更替之中，新老搭配，确保了合理的人员结构和唱巧活动的有效进行。其次是不同年龄段女性的合理分工——乞巧活动主要有三种人参与：年龄最小的初学者，年龄稍长的熟练者，和已婚的"导师"。初学者是新鲜血液，经过两三年的锻炼便可成为熟练者，成为乞巧、唱巧的主力军。原则上姑娘们婚后便退出乞巧活动，这也符合她们的实际情况，因为婚后要承担家务的重担和生养孩子，没有时间和精力参与活动。但其中有一部分对乞巧活动特别痴迷、乞巧歌唱得好的精英，则仍然积极参与乞巧活动，充当活动的组织者和仪式、唱巧的辅导者，尤其是教唱乞巧歌、编创乞巧歌，她们在乞巧点往往有较高的声望，对乞巧活动的举行起到巨大的作用。正是由于西和地区的乞巧活动中自发形成了这样一套传承机制，乞巧唱巧才代代相传、经久不衰。这也为我们今天的民歌保护提供了有益的启迪：与其保护个别传承人，还不如保护传承人养成的机制。

（本文原刊于《西北民族研究》2014 年第 1 期）

---

① 雷海峰主编《西和乞巧风俗志》（内部资料），2006，第 78 页。

中国民俗吉祥图案漫谈

一、中国民俗吉祥图案的发展历史

何为民俗吉祥图案？我的理解是：在中国长期历史发展过程中逐渐形成的、有基本固定表现手法的、大多在民俗生活场中使用的、表现求吉避祸内容的图案。它广泛运用于人们日常生活生产的各种场合，例如传统节日、婚丧喜庆、家庭布置等等，甚至生活用具上也绘有吉祥图案，如茶壶、茶杯等。可以说吉祥图案已成为中国人生活的重要组成部分。

中国民俗吉祥图案源远流长。吉祥两字的组合使用，据记载最早见于《庄子·人间世》："瞻彼阕者，虚室生白，吉祥止止。"卫国国君专横跋扈，国民遭殃，颜回想游说卫君，解除卫国的弊病。孔子用"心斋"（视而不见，听而不闻，心守虚寂）之法告诫颜回，让他学会随机应变，不要贪图功名利禄。这句话的意思是：眼看着那个空虚的境界，就会使淡漠的心室呈现纯白的映象。人们张开眼睛就会看到万物纷纭，怎能有个空虚的境界可以看到呢？那就是要人们视而不见。看见了当没有看见一般，心里就没有印象，就可以使内心保持清净。如果做到了这一步的话，吉祥的事就来临了。唐人成玄英对此有个疏解："吉者，福善之事；祥者，嘉庆之征。"吉祥的意思，就是美好的事情和喜庆的征兆，与我们今天的意思完全相同。

一般认为中国的吉祥图案源于商周，始于秦汉，发育于唐宋，成熟于明清。但从考古发现的情况来看，可以追溯到新石器时代，如河姆渡文化器物上的双鸟昇日图、半坡仰韶文化中的人面鱼、辽宁红山文化中的龙、良渚文化中的神徽，都是吉祥图案的发端。有些图案至今仍可在民间找到其遗存。如百鸟朝阳、三羊开泰就与河姆渡的"双鸟异日"有密切的关系;人面鱼造型至今在民间仍有流传,良渚神徽与饕餮纹在造型上有直接的关系。

商周时期的吉祥图案逐渐增多,主要反映在青铜器上造型和图案上,如饕餮(二里头文化中已出现)、龙虎尊等。

秦汉以后,吉祥图案逐渐丰富,除了青铜器外,各类生活器皿上也出现了大量的吉祥图案,最突出的是铜镜背面的图案。

特别是随着纸的发明,民间剪纸艺术出现,为民俗吉祥图案走进百姓家庭提供了方便的条件。1957年在陕西西安市东郊灞桥出土了公元前二世纪的西汉初期古纸。经科学化验,主要由大麻和少量苎麻的纤维制成,是目前为止发现的世界上最早的纸。东汉蔡伦对造纸术进行了改进,利用树皮、渔网等原料,在公元105年造出了第一批实用的纸。但当时的纸不仅粗糙,而且昂贵,还没有普遍使用。从考古发掘的资料来看,南北朝时期就已出现了比较成熟的剪纸作品。在新疆维吾尔自治区吐鲁番县阿斯塔那地区,自1959年至1966年,当地三座南北朝的墓葬中先后出土了五幅剪纸。当地干旱的沙砾使1 500年前左右的剪纸得以较好地保存了下来。这五幅剪纸是:

对猴团花,因年久成紫色残片,复原后图案中共有16只猴子绕成一个圆周,猴子两两顾盼,间以树枝,显得花纹非常复杂。

八角形团花,以蓝色纸剪成,外廓作锯齿状,中间以菱形和三角形构成花纹。

对马团花,呈灰紫色,外廓作锯齿状,中间分作六角形。在六角形的每一边剪出两匹相背的马来,圆心部分是几何形花纹。

忍冬纹团花,直径24.5厘米,纸似麻纸本色,因年久呈灰紫色。花纹中部作菱形辐射,外层绕以内向的忍冬纹,外边缘作三角形锯齿连接。

菊花形团花,尺寸、色彩和外边缘与忍冬纹团花相同。花纹作同心圆分割,中间由菊花似的长菱形组成。

这些剪纸作品均是采用最具剪纸艺术特色的折纸方法剪成,在艺术技巧上已经很纯熟。所以在这之前已经有一个发展的过程。因此，有专家认为剪纸是从晋代(公元 265—420 年)开始兴起的。

由于剪纸成本低、方便易学，很快成为一种在民间普及的艺术，有些学者称之为民间艺术之母，所有的其他民间艺术门类的构图造型都源自剪纸艺术。剪纸艺术为民俗吉祥图案的推广和运用，起到了至关重要的作用。不仅它本身表现出丰富的吉祥图案，而且其他艺术的吉祥图案也有不少以剪纸作为纹样，如刺绣。

从各种史料和实物的情况来看，唐宋以后，民俗吉祥图案的纹样和运用已经跟我们今天差不多，我们今天经常使用的一些传统吉祥图案在当时都已经出现。尤其是明清时期，其品种的丰富程度、使用的频繁程度甚至都超过我们今天。比如表现民俗吉祥图案最主要的品种剪纸和年画，如今都已经到了需要抢救和保护的地步。

以上就是中国民俗吉祥图案简单的发展历史。

为什么中国民俗吉祥图案特别丰富？这与中国的国情有密切的关系。中国是一个农业民族，自殷商后期始，农业便成为了中国的主要经济形式。一般来说农业民族比较重实际、重人事的作用。当然，由于各民族所处的地理环境不同，不同的农业民族会产生不同的文化观念。如希伯来民族所处的环境是一片茫茫的沙漠，常常竭尽全力劳作而收效甚微，因此他们感受到人的渺小，感到现实无法改变，于是把希望寄托于来生；而古埃及人的自然地理条件极为优越，尼罗河的周期性泛滥给两岸带来大片肥沃的黑土，在这些土地上耕种的埃及人花力少而收获丰，因此他们也感觉不到人类的伟大力量，而崇拜大自然，希望来生重临人间，享受这美好的一切。中国的情形正处于这两者之间，条件既不很好也不很差，《孟子》中说："不违农时，谷不可胜食；数罟不入洿池，鱼鳖不可胜食也；斧斤不入山林，林木不可胜用也。"虽稍理想化，但基本上反映了中国古人的生活：只要按时耕种收割，经过辛勤劳动后的成果就能满足生活所需。在这种情形下，人的力量和作用就能充分体现，人们的着眼点是现世而不是来生，希望现世生活能够更加幸福。正是这种原因，促使人们着眼于对眼前幸福、健康、长寿的追求。这种追求在周朝时甚至成为了一种思潮。周朝青铜器中出现了大量"祈眉寿""万寿无疆"等铭文;《尚书·洪范》中提出了"五福"(一曰寿、二曰富、三曰康宁、四曰修好德、五曰考终命。命不夭折而且福寿绵长;钱财富足而且地位尊贵;身体健康而且心灵安宁;生性仁善而且宽厚宁静;预先知道自己的死期,临命终时,没有遭到横祸,身体没有病痛,心里没有挂碍和烦恼,安详而且自在地离开人间)的概念。中国吉祥图案自周朝以后大量出现就与这种思潮有极为密切的关系。这种对现世幸福生活的追求,就是我国吉祥图案、吉祥物特别发达的主要原因。

二、中国民俗吉祥图案的内容与分类

民俗吉祥图案的内容可以归结为五个字"福、禄、寿、喜(快乐,可庆贺的事情)、财"。所有的吉祥图案都围绕这五个字展开,或是正面的祈求,或是反面的避祸。根据不同的分类标准可以有各种不同的分类,但总的可以分为两大类:

(一) 求吉类

其目的是祈求生活的幸福美满,包括人丁兴旺、生活富裕、健康长寿、子女成才、家庭和睦等等。代表作品如喜鹊登梅、鸳鸯戏水、吉祥(鸡羊)如意、龙凤呈祥、五子登科、吉庆(击磬)有余(鱼)、福(蝠)自天来、祝(竹)报平(瓶)安、喜从天降、金玉满堂、五福临门、鹏程万里、一帆风顺、松鹤延年、连(莲)生贵子等等。

生殖母题。是中国民间剪纸中表现最广泛的母题。其目的是祈求人自身的繁衍。直接的表现如陕北的《抓鸡娃娃》《喜娃》,是男性生殖崇拜的演化;葫芦、金瓜、瓜子娃娃、榴开百子是"葫芦生人"神话在剪纸中的表现;新房中布置的剪纸喜花、坐帐花大都包含生殖的意愿,如《扣碗》《抱石榴坐牡丹》等。在民间剪纸中,有许多象征男女交合的意象程式,如喜鹊登梅、蝶恋花、鱼穿莲、凤戏牡丹、鸳鸯戏水等。

祈福纳吉母题。就是讨吉利,祈求幸福美满的生活。如吉祥(鸡羊)如意、龙凤呈祥、五子登科、吉庆(击磬)有余(鱼)、福(蝠)自天来、祝(竹)报平(瓶)安、太平有象、金玉满堂、五福临门等。

祝福母题。就是祝福人家幸福。如鹏程万里、一帆风顺、松鹤延年（祝寿）、鸾凤和鸣（贺婚）、青云直上（贺晋升）、凤楼梧桐（贺乔迁）、莲生贵子（贺生子）等。

（二）避祸类

希望通过吉祥图案达到镇妖辟邪、消除灾祸的目的。如钟馗啖鬼、吕祖降妖、艾虎辟邪、葫芦收毒、门神、八卦图、张天师捉鬼等等，包含了较多的原始思维。

如福建、广东地区民众遇家有小孩遭受惊吓生病，便剪四个小人和一匹飞马，与纸钱等物一并供献神前，或摆放桥头路口，以禳除灾祸。出现日食现象时，广东佛山民间制作《蟾蜍食日图》，一边诅咒蟾蜍，一边烧掉图样。同时把家中铜盆器皿等一切能敲响之物，一齐敲打，目的是把蟾蜍吓跑，吐出太阳来。

镇妖辟邪母题。就是镇压驱除邪恶。如钟馗啖鬼、吕祖降妖、艾虎辟邪、葫芦收毒、法海除妖、济颠驱魔、门神、周处除害、雄鸡食蜈蚣、金剪断蝎等。

"抓髻娃娃"（又称拉手娃娃、瓜子娃娃），其形象是叉开双腿，头梳双髻，或头顶双鸡，或头戴人胜（男根）双手举鸟（鸡），或一手举鸟（鸡）一手举兔（虎）。驱邪治病的叫"送病娃娃"，受惊招魂的叫"招魂娃娃"。婚娶时剪阴阳两性纸人贴在洞房作为喜花，叫"喜娃娃"。陕北民谚："天不怕，地不怕，单怕瓜子娃娃一把叉。"它们都是贴在门楣上用来辟邪、保佑全家平安的，是威力无边、无所不能的保护神。

三、民俗吉祥图案的解构与解读

中国民间艺术的表现方法有其自身独特之处，它不遵循透视学近大远小的法则，不受解剖学结构和比例关系的制约，也不追求自然色光的真实感。而是在生活感受和感情的驱使下创作，直觉、意念和想象在创作中发挥着主导作用，创作者怎么想就怎么画，认为怎么美就怎么表现，似乎完全出于"无法"，但也正是在这种"无法"的感情释放中却充分流露出浓烈的原始趣味和稚拙美感，让人感到质朴、清新、放纵、纯真。

所以有学者认为民间艺术是表达民众的心理空间艺术。就空间的形态来说,有平面的二维空间,立体的三维空间,时空连续的四维空间。而时空里不存在的,在人想象中存在的空间,为五维空间。五维空间,即心理空间。心理空间可以将时空割断、再接,可以让时空的前进和停止同时并存,可以幻想出一切不存在的时空。

(一) 民俗吉祥图案是民间吉祥语的图象化产物

先有吉祥语后有吉祥图案,语言尤其是口头语言具有便捷的优势,但同时也存在稍纵即逝的缺陷。为了使这种求吉祥的心愿能较长时间地保留,于是将其化为图画的形式加以表现,一方面是为了保存,另一方面也能起到美化生活的作用。构成"吉语—图案"的美术形式特点。而且也只有将图案与吉祥语联系起来,才能全面地阐释图案的意义。如图案"喜上眉梢"。

(二) 民俗吉祥图案的构图特征

如果对民俗吉祥图案的构成元素进行分析,大致可分解为五大元素:汉字,人物,动物,植物,人工物。

所有的图案均通过这五大元素的不同组合而构成。大致可分为两种类型:单体图案和复合图案。

单体图案较为简单,由某一单一的元素构成一幅吉祥图案,常见的如"福"字图案,"喜"字图案,八卦图案,老虎镇宅图案,辟邪图案等。

复合图案由两种以上元素组合而成,大多数吉祥图案均属此类。如喜上眉梢由喜鹊、梅花树构成,吉祥如意由鸡、羊、如意构成。

复合图案从构图的原理来看存在"异物混合同构"和"异物并立同构"两种规律。

异物混合同构,是指将 A 和 B 两种不同的东西糅合在一起,构成一种非 A 非 B 的新东西。

异物并立同构,是指将两种以上不同的东西组合在一个画面中,每一种东西都保持自身的独立性。

(三) 民俗吉祥图案的表现手段

中国民俗吉祥图案的表现手段多种多样,但最主要的是两种:一是假物喻事,二是借音阐义。

"假物喻事"是借人们家喻户晓的历史人物、历史事件,包含某种特殊含义的动植物、数字等,来表现求吉祥的愿望。如:

人物——天官(天官赐福,地官赦罪,水官解厄),福禄寿三星,麻姑献寿(绛珠河畔以灵芝酿酒),观音送子,钟馗辟邪,张天师捉鬼,门神(神荼郁垒:度朔山,鬼门,苇索,喂虎;秦琼尉迟敬德:唐太宗),八仙庆寿,和合二仙(宋时万回,寒山拾得和尚)等。

动物——龙凤(龙凤呈祥、龙飞凤舞、凤鸣朝阳),麒麟送子,龟鹤延年,白头翁(白头偕老)。

植物——松(松鹤延年),牡丹(象征富贵)。

其他物件:钟鼎世家、冠带荣华、三元及第(三只元宝或三枚古钱)、八仙献瑞(八仙的八样法器)、招财进宝。

数字:一品当朝(红顶鹤立于海潮前)、二龙戏珠、三阳(羊)开泰、四季如意、五福临门、六合同春(鹿鹤与长春花)、七香盈庭(百合、水仙、梅、桂、菊、茉莉、栀子)、八宝呈祥(法螺、法轮、宝伞、白盖、莲花、宝瓶、金鱼、盘长)、九鼎咸宁(九鼎代表九州,象征全国安宁)、十全富贵(古钱十枚,牡丹一株)、百年好合(一株百合花配一个宝盒)、千载太平(一筒签插有"天下太平"的旗子)、万代荣华(蔓草缠绕在芙蓉花上)。

"借音阐义"是利用汉字的谐音来组合画面、表达民俗意蕴。如:

动物:蝠(福)、鹿(禄)、绶带鸡(寿)、喜鹊(喜)、象(象)、鸡(吉)、羊(阳或祥)、猫(耄)、蝶(耋)、金鱼(金玉)、鹤(合)、鲤鱼(利余)、蜂(封)、猴(侯)、蝈蝈儿(官儿)、双福并寿(两只蝙蝠飞向绶带鸟)、耄耋富贵(猫、蝶、牡丹)、金玉满堂(金鱼游于水中)、马上封侯(猴骑马上,并有一蜂在飞)。

植物:菊(举或居)、莲(连)、荷(盒或合)、李子(立子)、栗子(立子)、桂(贵)、柏(百)、桐(同)、万年青(万年)、枣(早)、竹(祝)、菱(伶)、柿(事)、荔枝(人利)、芙蓉花(荣华)、举家欢乐(菊与合欢树)、早生贵子(枣、桂、栗子或桂花与笙)、伶俐可爱(菱、荔枝和艾叶)、富贵荣华(牡丹与芙蓉)。

其他物件：如意（如意）、双钱（双全）、百结（百吉）、笔镜（毕竟）、笔锭（必定）、元宝（园或元）、戟（及）、笙（生）、船（传）、瓶（平）、鞍（安）、必定如意（笔、锭、如意）、福寿双全（佛手、柑橘与两枚古钱和寿石）、冠带传流（冠、玉带、船和石榴）、吉庆有余（戟与鱼状之磬）、同偕到老（铜镜和鞋）、毕竟利市（笔、镜、荔枝、柿）。

通过"假物喻事""借音阐义"这两种独特的表现手法，把抽象的民俗意蕴通过具象的图案生动地表现出来。

四、中国民俗吉祥图案的功能与意义

民俗吉祥图案对于中国民众来说，至少具有以下功能：

一是心理层面的祈愿功能。它是民众祈求幸福美好生活愿望的一种表现，一种发自内心的真情实感的流露。每到春节期间，家家户户要更换门神、对联、年画，这就是表达了在新的一年的期盼。在家中张贴倒"福"，就是希望"福到"。中国的老百姓就是借助吉祥图案这种便利的形式来表达心愿和对未来生活的祝福。如"连年有鱼（余）"。

二是生活层面的实用功能。吉祥图案大多以剪纸、刺绣、编织、布艺等形式出现，它们本身就具有实用的价值。如剪纸，北方用于装饰家庭，南方用作妇女绣花的底样。

每逢年节，北方地区天气寒冷，到了冬天用纸糊窗，尤其是西北地区，家家户户用剪纸美化自己的住窑。新糊的雪白透明的窗户上，贴满了红红绿绿的各式剪纸。窗户的正中贴上圆形图案的大转花，四角是角花。窑顶贴的是大至三四尺的窑顶花。较富裕的人家，还在碗架上挂着五彩缤纷的花云图案，在门上贴剪纸门神，把整个窑洞装饰成一个红花绿叶、鸟飞鱼翔、人欢马嘶、万象争荣、生机盎然、欢乐如意的艺术世界。

山西阳泉地区装饰洞房的窗花用大型团花名"盘合"，又称"月廊"。其题材多以表现喜庆红火、吉祥如意为内容，突出一个"全"字，即天上飞的禽鸟、山上跑的走兽、河里游的鱼虾、地上长的花草都包括在内，以表示大千世界无所不有，各得其乐。其寓意合家团圆，幸福美满。在传统的月廊中,无论以什么为题材,都必须将猪、柿、如意、剪刀四样图案穿插在其间,是借助这四样东西的谐音——猪(诸)、柿(事)、如意、剪刀(坚固)——组成"诸事如意坚固"的吉祥语。俗语称"诸事如意坚固,守住爹娘不走;事事如意坚固,夫妻必定到头"。

旧时人们的鞋帮鞋头、枕头,妇女围裙、衣袖、裤脚,男子装钱用的褡裢,小孩子的口水搭和兜兜帽等都要刺绣,剪纸就成了妇女刺绣时的底样。

吉祥图案还具有交际时的实用功能,如亲戚朋友祝寿,"福如东海,寿比南山"的寿轴或寿画,是一件很好的礼物。剪纸中各种礼花,有时其功用甚至超出礼物。如浙江台州地区的"碗花"和"礼面花"。"碗花"剪成圆形,放在碗中或盆中。旧时,穷苦人家送不起礼,只要在碗中放上一张"碗花",哪怕在"碗花"上只放几颗红枣或几只鸡蛋,也不算失礼。如果不放上"碗花",就算你送满碗红枣也是失礼的。"礼面花"呈长条形,剪两条鱼,凡送米面,把"礼面花"一盖,礼节似乎就到了。

三是精神层面的审美功能。民俗吉祥图案是一种以吉祥语为核心、通过一定物体组合而成的通俗绘画,它广泛应用于日常生活的各个方面,张贴于家中的各个主要地方,如中堂、墙壁、窗户、大门、房门、柱子等处,在文化教育不普及的时代,它无疑是老百姓接受美育熏陶的教科书。人们在制作、欣赏这些作品的过程中培养了审美的能力。

事实上,民俗吉祥图案的上述三大功能是融为一体的,它从实用(直接实用或间接实用)功能出发,最后起到了审美的作用。

今天我们研究中国民俗吉祥图案有什么意义呢? 笔者觉得主要体现在以下三方面:

第一,民俗吉祥图案是一种文化的活化石,保留着许多人类早期的文化信息和历史记忆。如前面提到的"人面鱼""人面猴"反映的是图腾崇拜的内容;各种各样的"喜花"以及"鱼钻莲"等表现的是生殖崇拜的内容。这些人类早期的信息被吉祥图案顽强地保留了下来。同时,民俗吉祥图案是一部活态的人民生活史,它用图画记录了民众的生活历史,普通百姓的喜怒哀乐,特别是他们的心理和想法。比如,时至今日,春节期间家里不布置得喜庆一些,不张贴几张年画,心中就会感到不踏实。其中所蕴涵的丰富信息,无疑是研究人类文化史的宝贵资料。

第二,民俗吉祥图案作为一种图画艺术,其特有的审美理念和技巧、技法,无疑是对绘画理论的一大贡献,是一笔丰富的无形文化遗产。目前,我国已经对剪纸、年画、刺绣等艺术进行保护和抢救,剪纸已经进入申报联合国教科文组织口头和非物质文化遗产代表作的预备名单。

第三,民俗吉祥图案凝聚着中华民族的民族精神。吉祥图案背后彰显的是中华民族积极向上、不断进取的精神面貌和积极务实的价值观念。即使在非常艰难的情况下,仍不失乐观的生活态度。像《白毛女》中的杨白劳,在地主逼债、揭不开锅的情况下,仍没有忘记在过年时给女儿买两尺红头绳。纪录片《空山》中的农民,在那么艰苦的环境下,搬进茅草盖的新房时,也要在头上插一朵野花,以示庆贺。吉祥图案在民间长期流传的原因恐怕也在于此,中华儿女永不言败、心中装着希望。当然,中国人民又是很务实的,人们逢年过节张贴吉祥图案,表达了心愿,接下来就开始辛勤地劳动。他们不是真正把希望完全寄托于吉祥图案,而是通过辛勤的劳动来实现理想。

（本文收入罗杨主编《民间艺术的当代传承》,中国文联出版社2012年12月版）

"年味淡了"辩证看

每到年关,在各种媒体上我们都会看到人们发出"年味淡了""越来越没有年味"的感叹。

为什么会有这样的感慨？我想主要是基于两方面的原因:一是对传统年俗在当下逐渐弱化甚至消失的担忧,二是对民俗的误解。

毋庸置疑,传统年俗中的部分仪式活动确实逐渐淡出了我们的生活,"二十三糖瓜粘,二十四扫房日,二十五推糜黍,二十六去吊肉,二十七宰只鸡,二十八把面发,二十九蒸馒首,三十晚上守一宿,大年初一扭一扭"的场景在广大城镇乃至部分农村地区已渐行渐远。其中有些是因为经济发展、人们生活方式改变而引起的自然淘汰或者变化,属于年俗的正常演变。如祭灶习俗,现在城镇居民家中甚至部分农村都用上了煤气、天然气,柴灶逐渐消失了,灶王爷没有了立身之所,祭灶也就逐渐消失了。又如春节食品,原来都是家家户户自己做的,做好之后与隔壁邻居、亲戚朋友互相赠送品尝,其乐融融;现在一方面人们忙于生计无暇制作,另一方面商店都有销售,于是自家制作春节食品的习俗也就淡化了,其制作技艺逐渐消亡,制作过程的乐趣也就不复存在。而有的是人为因素造成的,如以往的反封建迷信,禁止在春节期间祭祀天地、祖先,把春节期间表达慎终追远、感恩情怀的信仰内容都禁绝了。这种情况随着国家对传统文化的重视,已经大为改观,但仍有一些不恰当的做法存在,其中表现最为突出的是禁放鞭炮。

春节期间放鞭炮是一个古老的传统,据《荆楚岁时记》记载:"正月一日,是三元之日也,鸡鸣而起,先于庭前爆竹,以避山魈恶鬼。"说明在南北朝时期,至少在荆楚地区,燃放爆竹已经是过年的习俗之一,其功能是驱除鬼怪。"爆竹声中一岁除,春风送暖入屠苏"(王安石《元日》),除夕夜一过十二点,哔哔叭叭的"开门炮仗"便在中国大地响起,迎接新年的到来。鞭炮在春节中扮演着重要的角色,外在形式可以增添热闹的气氛,内在心理方面则表达了民众在新旧交替之际驱邪除祟、祈福求吉祥的愿望,是春节民俗的主要元素,贯穿整个春节的始终。诚然,燃放鞭炮对环境会有一定程度的污染,甚至有时会对人体造成伤害或者引发火灾。但"没有了鞭炮就没有了春节气氛"的道理谁都知道,"两弊相衡取其轻,两利相权取其重",我们应该花大力气改进鞭炮的制作工艺,使其污染减少到最低程度,现有的技术能力完全能够做到。可惜有些管理部门没有这样做,而是发一个通告"一禁了之",结果往往引起民众的不满,又弱化了春节的氛围。这是属不遵守民俗规律而发生的不正常现象,应引起我们的反思。

"年味淡了"的言下之意就是以往"年味浓",也即以往春节期间有的活动现在没有了,以往过年的氛围淡化了或者消失了。但这基本上只是部分城市人的主观感受,在广大农村地区,过年的气氛依然是浓浓的,这从繁忙的春运中就可以看出:每到春节,数以亿计的中国人都朝向一个目标——家(老家)——汇聚,任何困难都阻挡不了人们前行的步伐,哪怕是为了一张火车票排上几天几夜的长队,哪怕是多花数倍的钱从票贩子那里购买高价票,哪怕是在拥挤的火车车厢里站十几个小时,哪怕是顶风冒雪骑行上千里……尤其是那些进城务工人员,平时为了赚钱加班加点,为了存钱省吃俭用,但在这个时候再多的钱也肯花。尤其是最近几年,随着政府主管部门以及广大民众对春节的重视,许多仪式活动得到恢复,"年味"一年比一年浓,也就更加激发人们返乡过年的愿望。这从春运人次的变化中也可看出,据百度百科提供的春运数据,1995年14.28亿人次,2000年16.16亿人次,2005年19.50亿人次,2010年25.57亿人次,2015年为28.10亿人次,20年间翻了一倍。

之所以产生"年味淡了"的感叹,另一个重要的原因是对民俗的误解。民俗是在人们的日常生活中逐渐形成的一种约定俗成的生活方式,是伴随着时代发展、技术进步、观念改变而不断变化发展的,民俗不是静止的、一成不变的,年俗也是如此。试想宋代的过年和唐代的过年会一样吗?清代的过年会跟明代的过年一样吗?例如,春节期间亲戚朋友之间互相"拜年"(走亲戚)是重要的习俗活动,它对于强化亲情、密切人与人之间情感联系起到重要的作用。拜年习俗源自何时已难以考证,但至迟到宋代,上层统治阶级和士大夫便有用名帖相互投贺的习俗。当时的贺年片,是裁成约二寸宽、三寸长的梅花笺纸,上面写着自己的姓名和地址,朋友之间在农历正月初一这一天,互相赠送。明代,投寄贺年片风俗盛行。到了清代康熙年间,贺年片开始用红色硬纸片制作。当时时兴一种"拜盒",将贺年片放到锦盒里送给对方,以示庄重。普通百姓拜年没有士大夫那么讲究,只要有尽到礼节的礼物就行。通常是晚辈给长辈拜年或同辈之间拜年。客人登门拜年,先拜尊长,如厅堂上挂有主人祖先的画像,也需叩拜。拜毕,主人端出花生、瓜子、糖果之类的果盘待客,再请客人吃具有春节特色的民俗茶点。小孩随往拜年,主人还要给小孩"压岁钱"。也就是说传统的拜年都是登门的,现在春节期间,在农村的乡间小道和城镇的大街小巷,我们仍可看到携全家老幼、提着大包小包拜年的人群。但同时,各种新兴的拜年方式也在不断出现,电话普及后有了电话拜年,手机普及后有了短信拜年,现在的年轻人更热衷于微信拜年、微信视频拜年、微信红包拜年,这些在三十年前都是不可想象的。同样,以往除夕夜"守岁",全家老少围坐包饺子、吃零食、聊天,自1983年中央电视台有了春节联欢晚会后,看春晚已成了新的年俗。因此,从某种意义上说,"年味淡了"是个伪命题,如今的过年就应该是这样子的,无所谓年味淡了的问题。

春节是中国人的传统节日,在中华大地上已经传承了两千多年,已成为一种集体记忆深入到了中国人的心灵深处,沉淀在每位中国人的血液之中。今天虽然已进入了后工业时代、信息时代,为了农事而酬神、祈神的目的已经淡化,但春节所具有的巩固亲情、联络感情的功能仍具有重大的意义。虽然其仪式活动会随着时代的发展而不断变化,但其承载的文化意义和精神内涵则仍然鲜活。即使在海外,有中国人生活的地方就有"春节",以至于有的国家不得不把"春节"定为节日,这在其他民族中是很少见的。我们应有充分的自信,相信民众的无限创造力,相信"年俗"的更新能力和顽强的生命力。

(本文原刊《中国青年报》2016年2月5日)

彰显古村特色，尊重村民意愿

——方家河头村的保护模式和经验

近些年来，传统村落的保护工作已经列入了各级政府的重要工作议程，国家已经公布了 3 批中国传统村落名录，共计 2 555 个村落榜上有名。但是，传统村落该如何保护？怎样的保护才是有效的？这些仍然处于不断探索和实践的过程中。

浙江省慈溪市龙山镇方家河头村是一个具有悠久历史和丰厚文化积淀的传统村落，地处慈溪市东南边陲，东临达蓬山、九龙湖两大旅游风景区，南依翠屏群峰，西靠鸣鹤古镇，秦汉之际即为港口，晋唐之际形成村落。方家河头村行政面积约 7.8 平方公里，共有 1 036 户，户籍登记人口 2 407 人，是慈溪市唯一保存完整的千年历史文化古村落，也是国内方姓第一大村，方姓户主占村落总人口比例达 80％。近年来，方家河头村大力推进保护工作，取得了良好成效。该村在保护实践中所探索的一些做法是值得总结推荐的。

一、摸清家底，突出特色

在传统村落保护过程中，最容易犯的错误是"千村一面"。因为每个村落在保护之初都要制定保护规划，而受邀制定保护规划的设计机构，或是限于时间约束，或是缺乏相关意识，往往没有对该村落的历史和文化作深入细致的调查研究，发掘该村落独特的特色，便按照一般的设计模板制定保护规划，这样的模板难免雷同化、格式化，我国城市改造中的"千城一面"就是这样生产出来的。而要避免"千村一面"最可行的办法就是通过调查研究，提炼个性特色。

我们注意到，方家河头村在保护之初就有当地的有识之士对村落的历史发展脉络、村落的特色进行了深入的挖掘,如方东主编了《范市·方家河头民间传闻集录》。方东是河头方氏拾房第十一代房长,虽然在外工作,但出于对故土的挚爱,花几年时间对方家河头村进行了全方位的调查和采访,又得到了同村几位志同道合老人的协助,得到镇政府的支持,早在2008年就公开出版了此书(新华出版社2008年版)。此书包括史貌、庙亭、人物、大屋、古树、老井、岭山、地名、特产、风情、诗歌、故事十二个部分,全面梳理介绍了方家河头村的地理地貌、历史沿革、古建遗迹、风俗习惯、传闻轶事等,为保护规划的制定打下了扎实的基础。而方煜东所著的《宁波市历史文化名村·方家河头》(团结出版社2015年版),则为接下来的深度保护开发提供了丰富的资料和思路。在谋划古村规划时,该村广泛征求村民的意见,博采众长。当村民的意见出现分歧时(如有些村民提出很多古屋已经破败,花费改造的钱还不如推倒重建,但是更多的村民觉得老祖宗留下的历史人文要保护好,一旦推倒重建,历史底蕴就不复存在了,倾向于保护修缮为主),村领导班子没有急于下决定,而是组织党员、村民代表到外地去考察美丽乡村和古村保护,吸取成功经验,再经过一系列的座谈、会议,广泛听取各方面意见,最终确定了突出"四古"(古道、古屋、古井、古树)特色的保护规划,这一规划最后在党员大会和村民代表大会上顺利通过。在实施的过程中,严格按照规划进行修缮保护,最终建成了一个特色突出、古色古香、原汁原味的传统村落。

二、"局内""局外"协同,尊重村民意愿为上

传统村落的保护,很大程度上是由外力推动的。最初是由学术界提出。随着社会主义新农村建设、城镇化建设的推进,在经济利益的驱动下,大批村落被夷为平地,眼见中国传统文化的主要载体和承载空间岌岌可危,知识界首先发出保护传统村落的呼声。如早在2006年,冯骥才先生就发表了《建设新农村要重视文化遗产保护》(2006年3月6日《文汇报》)一文,全面分析了在新农村建设中保护文化遗产的重要性

和意义,提出了七方面的建议,同时也表示了他的担心:"由于历史形成的惯性,每次大规模的社会变革,都容易一哄而起。当人们对什么是新农村的'新'还没有具体标准时,很容易把'破旧'视为'立新',把当今城市形态当作现代形态,把'洋'的当作'新'的。我们的 600 多个城市在某种程度上来说已经基本失去个性,如果广大农村也变得千篇一律,同时内在的个性化的精神文化传统涣散一空,我们的损失将永难补偿。新农村先进文化的建设也就无所凭藉(借)了。"因此,他呼吁"希望在新农村建设启动之时,要切实地重视在农村的文化建设和文化保护,重视文化的多样性,重视非物质文化遗产,牢牢抓住它,不要叫它从我们手里失掉。否则,数千年的历史文化将从我们脚下失去,厚重与丰富的文化大地便会变得贫瘠和单一。"

最近几年,该现象已引起了中央政府的高度重视,传统村落保护已列入了政府工作的议事日程。尤其是 2013 年 12 月 12 日至 13 日在北京举行的中央城镇化工作会议上提出了六大任务,其中第五项任务就是"提高城镇建设水平",明确提出:"城市建设水平,是城市生命力所在。城镇建设,要实事求是确定城市定位,科学规划和务实行动,避免走弯路;要体现尊重自然、顺应自然、天人合一的理念,依托现有山水脉络等独特风光,让城市融入大自然,让居民望得见山、看得见水、记得住乡愁;要融入现代元素,更要保护和弘扬传统优秀文化,延续城市历史文脉;要融入让群众生活更舒适的理念,体现在每一个细节中。建筑质量事关人民生命财产安全,事关城市未来和传承,要加强建筑质量管理制度建设,对导致建筑质量事故的不法行为,必须坚决依法打击和追究。在促进城乡一体化发展中,要注意保留村庄原始风貌,慎砍树、不填湖、少拆房,尽可能在原有村庄形态上改善居民生活条件。"(见会议公告)明确了新型城镇化的理念。在这一决策的指引下,传统村落的保护工作正在全国各地有序地进行。

由于传统村落的保护是由各级政府、知识阶层、热心传统文化保护的有识之士等发起和推动的,文化自觉和文化责任使他们认识到了传统村落保护的重要性和迫切性,极力推进了保护工作的开展。但身在

"局内"的村民则未必有这种文化自觉,有时甚至有抵抗的情绪;再加上有些地方政府在实施保护的过程中,动员发动工作不到位,甚至忽视村民的正当诉求,因此会影响到保护的有效性。

方家河头村在这方面的工作方法可以说是行之有效的。村领导班子充分运用"五议两公开"的决策制度,充分发扬民主,反复召开党员、村民代表会议,提高党员、村民对村落保护工作重要性的认识。在此基础上,在商讨古村保护、修缮和建设事宜时,广泛听取村民意见,尊重村民的合理化建议,让村民真正成为保护的主体,从而调动村民保护的积极性,实现了从"要我保护"到"我要保护"的转变,不仅使保护性修缮得以顺利进行,而且动员村民积极参与到修缮工作之中。如:镇风岭原先乱搭乱建现象非常严重,经过动员后违法搭建全部拆除,街道恢复了原有的清秀面貌;在藕池周边,拆除了原来的公共厕所,对路面和立面进行了修复,使得整个环境整洁、协调。在方家路古街进行修缮时,一开始居住其中的老人觉得修缮改造要影响他们的生活,意见很大,行动上不配合,村领导班子成员分片包干,挨家挨户做工作,最终使得修缮改造顺利完成。随着游客人数的增多,交通压力、停车压力不断上升,环境污染和古树被破坏现象时有发生。因为村民已经有了强烈的保护意识,在村委的号召下很快就建立了 8 支志愿者队伍,设置 8 个类别的志愿岗,这些志愿者成了保护传统村落建设成果的重要力量。如村内的藕池,有村民用洗衣粉洗衣服,对水质和环境污染较大,志愿者就进行劝说解释,引导他们用肥皂等污染性小一些的洗涤用品洗衣服,保护藕池水质。方家河头村的保护规划遵从保护型修缮的理念,充分尊重、听取并考虑村民的意见,发挥并调动村民参与古村保护和建设的积极性,收到了良好的效果。

三、保护利用并重,共享保护效益

传统村落的保护,对于中国传统文化的保护传承意义重大、影响深远。但涉及具体的村落保护,对生活其中的村民或多或少都会造成一定的影响,例如自家的老房子不能随意拆除、修缮,需要严格按照规划进行;为了村落的整洁卫生,不能随便倒垃圾,甚至不许喂养鸡鸭等家禽家畜;游客多了,会打乱村民的日常生活;等等。这些对于千百年来过惯随意生活的村民来说是一种约束。而有些传统村落保护开发以后,旅游带来的收入基本上归属村委会、旅游开发公司乃至少数人,一般村民并没有获得多少经济收入。这也是传统村落保护利用过程中,村民与村委会经常发生矛盾冲突的根源所在。

如何做到在保护传统村落的同时合理开发利用,让生活其中的村民得到实惠,是保护工作能够持续有效开展的前提和保证。方家河头村在这方面的工作也是成功的。首先是通过大力宣传,提高知名度,吸引各方游客前来旅游参观;其次是鼓励村民开办家庭农家乐、制作销售土特产,不出家门,就能获得较好的收入。方家河头村是一个较为偏僻的山村,原本经济收入来源极为有限,前些年年轻村民主要靠外出打工挣钱。村落修缮建设完成后,随着游客的增多,村民们在自家销售土特产、摆个小吃摊,收入也很可观。这样就无意之中引导村民返乡创业。如村民方磊,原是一位建筑小包工头,听闻方家村要修缮保护,就主动回村带头配合村里改建,开了村里第一家农家乐,在家就可以轻轻松松赚比当小包工头时更多的钱。村民们实实在在分享到了保护开发带来的效益,保护的自觉性也就更高了,村落保护实现了良性的循环。

保护传统村落,是保护中国文化之根。村落是中国传统文化生长的土壤和生存的空间,传统文化源于此、生长壮大于此。要保护和传承中国传统文化,首先要从保护村落文化开始。但每个传统村落及村落文化都是在适应当地生存环境的过程中逐渐形成的,类型众多,特色各异。如果用格式化的规划进行修缮保护,势必会造成保护性破坏。传统村落保护必须是活态性保护,只有让村民自然地生活在其中,这种保护才是有效的。而要让村民自然地生活其中,必须要尊重村民的意愿和诉求,他们才是村落文化的创造者和承载者,才是保护的主体。只有"局内"的村民有了保护的自觉意识,保护才能持续、才是有效的。村民保护意识的提高,一方面需要宣传教育,另一方面要让村民切实感受到保护带来的益处,生活更舒适、环境更优美,经济收入增加,从某种意义上说后者更为重要。方家河头村上述保护传统村落的做法,目前来看是相当成功的,其保护模式和经验是值得总结、推广的。

　　(本文为 2016 年 4 月 26 日参加由中国民间文艺家协会、中国传统村落保护与发展研究中心等主办,在浙江慈溪举行的中国传统村落保护国际高峰论坛的会议论文)

空间·时间·儿童：
民俗庙会保护传承三要素
——以三个刘王庙庙会为例

近些年来，随着国家对传统文化的重视和非物质文化遗产保护工作的广泛开展，各级政府主管部门及民众对民俗庙会的认识已经有了较大的提高，简单地把它作为封建迷信而横加批判、禁止的现象已基本不存在了。但作为传统文化的重要组成部分，民俗庙会如何在新时期得到有效的保护，以及在保护的基础上如何传承、如何成为一种资源得以被合理地利用等等，仍有许多问题有待探索解决。本文以江南地区的三个刘王庙会①为例，从庙会的空间布局、庙会进行的时间以及传承人（尤其是儿童）的培育三个方面就上述问题谈一点自己的粗浅看法。

一、空间狭小不利于民俗庙会的充分展演

民俗庙会的核心是信仰，而庙宇作为供奉神灵的场所自然也是民俗庙会的主要展演空间，庙会期间的所有活动都在庙宇及其附属空间展开。作为民俗庙会的空间，庙宇主要分为两大类：一类是制度化宗教的庙宇，如佛教的寺庙、道教的宫观等；一类是纯民间的庙宇。前者因受宗教信仰自由的政策保护，同时又有专业神职人员的经营，生存与发展状况较好；而后者的情况则不容乐观。

① 刘王是驱蝗神刘猛将的民间说法，又称普佑上天王、吉祥王、刘王老爷、刘王菩萨、刘阿大等，是江南地区主要的民间信仰神灵之一。关于其原型有宋代名将"刘锜"（1098—1162）说、宋代"刘锐"说、宋代"刘鞈"说、宋代"刘宰"说、元代"刘承忠"说、"放牛娃"说等。本文所述三座庙宇分别是：浙江嘉兴莲泗荡刘王庙，江苏吴江芦墟庄家圩刘王庙，江苏吴江横扇镇轮牛村照家港刘王庙。

从实际情况看,大多数的民俗庙会是在民间庙宇的基础上发展起来的。而民间庙宇往往不属于制度化宗教,没有专业的神职人员经营管理,通常都是由当地民众自发修建的。限于物力、财力,这些庙宇往往占地面积比较狭小。有很多庙宇在解放后被拆除,庙基移作它用,20世纪80年代后才匆匆复建。如江苏芦墟庄家圩的刘王庙,据调查,1979年刚恢复信仰活动时,渔民们是在船上悄悄进行的,他们请人塑了刘王老爷像,放在渔船上。后来由

图中房子为照家港刘王庙

当地沈氏家族成员集资在现庙址搭起简易的草棚供奉神像。1986年才修建现在的庙宇正殿,尔后又修建了厢房和前殿。但正殿的面积只有三四十平方米,东西厢房分别只有十平方米左右,前殿实际上只有一个大门,外加中间一个天井。吴江市横扇镇轮牛村照家港刘王庙的占地面积更小,只有两间低矮的平房,每间十平方米左右,路东面的一间供奉老刘王及大小刘王等四位刘王的神像,西面一间专供村民烧香点烛。原庙在"文革"期间被拆除,直到1998年,才由村民自愿出资修建了现庙。

民俗庙会往往围绕信仰而展演丰富多样的民俗文艺活动。这些演述既娱神又娱人,是庙会重要的组成部分,也是最具文化价值的部分。各地悠久的传统民俗文化就是通过这种年复一年的庙会演述而保存传承下来。因此,除了烧香、祭拜等信仰仪式外,庙会期间民俗文艺的演述往往需要较为宽敞的空间。从三个刘王庙的情况来看,每到庙会期间都是拥挤不堪。参与表演的团队或是见缝插针,匆匆表演;或是排队等候,你方唱罢我登场,无法充分地展演。如笔者2004年10月4日在芦墟庄家圩刘王庙调查时就遇到过这样的情形:

嘉兴莲泗荡刘王庙会（又称网船会）盛况（2007年4月15日）

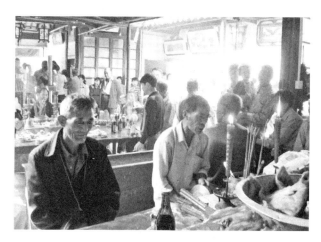

芦墟庄家圩刘王庙大殿中演唱的神歌班

在大殿的右侧是宣卷班子演唱，大殿正中一班神歌班，在天井里是另一神歌班演唱，左右厢房又分别是两个神歌班的演唱，还有几个宣卷班、神歌班在庙外湖面的船上演唱，舞龙、舞狮、挑花担、打莲湘则只能在庙外的广场上进行。在如此狭小的空间里，有这么多表演的队伍，势必会相互干扰。期间神歌班歌手就与宣卷班艺人产生了纠纷。因为宣卷演唱有扩音设备，声音很响，影响了神歌歌手的演唱。结果宣卷演唱只好匆匆结束。而两个神歌班因为演唱的内容、形式基本相似，也只能前一班子结束，后一班子才开始演唱。

因此，空间的狭小在一定程度上制约了民俗庙会期间各种民俗文艺的充分展示,也不利于传承。除了庙宇的修缮,在庙宇的周边最好能有一个较为宽敞的广场,从而构建一个以庙宇为中心的庙会文化展示空间。例如,横扇镇轮牛村照家港刘王庙的面积很小,但在刘王庙的北面有一片不算大的开阔地,可供临时搭建两个勃倒厅(类似于大的帐篷),南面的勃倒厅供表演用,北面的勃倒厅供奉四位刘王(从庙里临时请出,供奉在这里)。在空地上可以摆放出巡的神轿、长龙、旗幡等,基本能满足庙会活动所需。但问题是,这块空地并不属于庙宇,只能临时占用。如果在空地上建起了房子或派其他用处,庙会活动就没办法正常举行了。

目前,城镇化的浪潮正在席卷中华大地,对民间庙宇的影响情况尚无法预料,但冲击肯定是巨大的。因此,从保护传统庙会的角度考虑,需要提前谋划。一般来说,地方文化主管部门不宜过多介入民俗庙会的组织和内容安排等,具体事务可由民间组织承担;但在场地规划、安全保障等方面的问题,民间的力量是无法解决的。这就需要各级政府主管部门承担责任,积极支持和合理规划。

二、庙会时间需要适当调整

民俗庙会的时间表是长期以来逐渐形成的,以中国农历为准,固定在某一个特定的时间段。这在农耕社会中是可行的,因为无论是农民、渔民,还是从事其他行业的人,只有忙、闲之分,没有周末休息的概念。

但是到了今天,随着我国城镇化步伐的加快,情况发生了很大的变化。即使在农村地区,也有大量的人员(尤其是中青年)进工厂企业工作,而这些单位的工作时间是按照公历来实施的。如果不是周末的话,公职人员、学校师生就无法参与庙会活动。而作为中坚力量的中青年人群、作为后备力量的中小学生的缺席,不利于庙会活动的正常开展,尤其是不利于传承。

因此,从保护和传承的角度而言,需要对传统庙会的时间作适当的调整,尽量安排在周末举行。有的庙会持续的时间比较长,前后有一周甚至一个月的,时间上不需调整,但活动内容方面可以将主要的活动安排在周末进行;而绝大多数的庙会只有一两天的时间,那么就应该作些调整。这种变动,也并不违背传统。因为从历史来看,传统庙会的时间也是基于方便人们参与的前提而建构起来的。如上述三个刘王庙会的时间各地就不一样:

莲泗荡刘王庙会:上半年的庙会在清明节前后,若清明在农历二月则在清明前一天,清明节在三月则在清明后一天;下半年庙会在八月十三日至十五日,相传十三日为刘王诞日,如光绪十二年(1886)《点石斋画报》载图《网船会》并撰文说:"嘉兴北乡莲泗荡,八月十三日为刘王诞期,远近赴会者扁舟巨船不下四五千,艘自王江泾长虹桥至庙前十余里内排泊如鳞,是日奉神登舟,接荡巡行,午后回宫,俗名为网船会云。"

庄家圩刘王庙庙会:上半年在正月初四至初五;下半年在八月廿二,相传为刘王诞日。

横扇镇轮牛村照家港刘王庙会:七月初九。传说照家港原来并没有猛将神①,清嘉庆、道光年间,照家港村民到太湖洞庭东、西山买粪为庄稼施肥。之后,他们来到附近的刘王庙烧香,于是便偷偷把刘王及其两个外甥的神像请到了照家港。由此,照家港村有了刘王庙。因为请来老刘王的这一天是农历七月初九,于是便规定在每年的这一天举办庙会。

即使刘王的诞日庙会,莲泗荡刘王庙与庄家圩刘王庙也不相同。其原因在于庙会的时间安排要便于各地民众参与。首先,各地刘王庙会集中在农历的正月至三月、七月至九月,这两个时间段在江南吴语地区相对来说是农闲时节。清代袁景澜《吴郡岁华纪丽》卷七记载:"中元节候,田事耕耘甫毕,各醵钱设牲醴,迎赛猛将神,鼓乐酬饮,四野插五色纸旗,以驱飞蝗,谓之青苗会。"②说明农历七月半以后,水稻处于生长期,人们举行猛将会,农家在田里插五彩三角纸旗"猛将令箭",抬猛将神出巡,以防蝗灾,祈祷农业丰收。而对渔民来说,传统上五月至九

---

① 　即刘王。——编者注
② 　[清]袁景澜:《吴郡岁华纪丽》,江苏古籍出版社,1998,第240页。

月是休渔期，也比较空闲。所以集中在这两个时间段进行信仰活动，对生产影响比较小，也便于更多的人参与。其次，为什么神诞日各地会不同？事实上涉及整个区域信仰活动的布局问题，因为神诞日说到底是长期以来通过传说传闻等"建构"起来的。而"建构"的结果是由各方面因素综合平衡来决定的：首先是时间上不能跟生产活动发生严重的冲突，尽量避开农耕、渔捞的大忙季节；其次，顾及香客、信众多方面信仰的需求，兼顾到神灵职能的多样化；第三是便于商贩赶集，便于香客顺便购买生产、生活的必需品。因此，在一个大的区域内，各庙会的时间往往是相对集中在农闲季节，同时又相互错开，这种现象大概就是庙会时间选择的"平衡法则"的体现。在民众观念中，到底哪一天是刘王的生日并不重要，因为其本身就是被"建构"起来的。

正因为如此，为适应当今人们的工作、生活习惯，对传统民俗庙会的时间作适当的调整也是可行的，从鼓励更多人参与的角度考虑，庙会的时间放在周末是比较合适的，只有这样才能让那些周末休息的人员（包括工人、白领、学生等）积极参与，同时也可以吸引更多的游客，扩大庙会的影响。

三、改变观念：让儿童参与庙会活动

在中国传统观念中，主持参与民俗庙会活动通常都是成年人的事，基本上不让儿童参与。这种做法在以往的语境中是可行的，因为每次庙会活动，儿童都会跟着家人一起参加，庙会热闹好玩，还有好吃的，儿童参与的积极性很高，同时也在围观过程中潜移默化地受到熏陶，随着年龄的增长，慢慢也就成为了庙会活动的传承者。

但是现在的情况发生了很大的变化，儿童自从上学以后就忙于学业功课，同时家长也从孩子学业角度考虑，不太愿意让小孩参与庙会"浪费"时间。从田野调查的情况看，儿童的"缺位"，是目前民俗庙会保护中面临的一个大问题。近些年来，各地刘王庙会得以很好地复兴，参与人数逐渐上升，各种民俗表演也不断恢复，但其间很少有儿童的身影。

　　民俗庙会是群体共同参与的活动，可以说所有的社区居民都是"传承者"。当然在"群体传承者"中可以划分出不同的层次：核心传承者，重要传承者，一般传承者。培育"群体"传承者，当然不是也不可能将社区中的每个人都训练为传承能手，而是主要培养他们的文化认同感，培养他们的保护意识和责任感，营造一种良好的传承氛围。在这过程中，肯定会涌现出部分对此十分痴迷、热爱的佼佼者，日后就成为了核心传承人和重要传承人。这是一个循序渐进、自然而然的过程。而培育"群体"传承者的重中之重无疑是对儿童的培养。按照社会分层理论，一个"群体"是由不同年龄层次、不同辈分的人群构成的，不同的辈分不仅是生理学意义上的"传宗接代"，而且也是文化的"前后相继，代代传递"。因此，要想真正使这一文化传承下去，对少年儿童的培养教育显得尤为重要。让少年儿童从小就接触、感知民俗庙会文化，培养他们对民俗庙会文化的亲近感，只有这样才能使"群体"传承得以延续，才有可能代代传承。

　　2003年10月17日联合国教科文组织第32届世界大会上通过的《保护非物质文化遗产公约》第14条"教育、宣传和能力培养"中就明确提出为了使非物质文化遗产在社会中得到确认、尊重和弘扬，各缔约国应制定"向公众，尤其是向青少年进行宣传和传播信息的教育计划"。韩国政府为了保证传统文化后继有人，还特设奖学金制度，以资助那些有志于学习无形文化遗产的年轻人，这些人统称为"传授奖学生"。《文化财保护法实施规则》要求：传授奖学生必须是"从重要无形文化财的持有者或持有团体那里接受了六个月以上的传授教育，且在该重要无形文化财的技能、技艺方面具有相当素质的人员"，或者"在与重要无形文化财相关领域工作经历超过一年以上者"。在年龄方面，各领域亦根据各年龄段接受能力的不同而有所区别。重要无形文化财的传授奖学生一般学期五年。我国的《国家级非物质文化遗产代表作申报评定暂行办法》第七条第三款中也指出："通过社会教育和学校教育等途径，使该项非物质文化遗产的传承后继有人，能够继续作为活的文化传统在相关社区尤其是青少年当中得到继承和发扬。"但是，就目前的实际情况来看,我国在这方面的工作做得还很不够,"儿童意识"仍然非常薄弱。

体验对于提高儿童对民俗庙会重要性的认识是不可缺少的一环。少年儿童普遍对新事物存在好奇的心理。对于已经习惯网络游戏、多媒体的年轻一代来说,外在古朴而内在凝聚着无数人智慧的民俗文化反而具有新鲜感,因此我们应该为他们创造参与的机会,让儿童从感性兴趣入门,逐渐进入理性理解阶段,从而真正认识到民俗庙会的重要性,成为其传承者。在这过程中,体验、理解是一个循序渐进的过程。体验是实现从感性到理性升华的必要途径,而只有被理解了的东西,才有可能被真正接受。

因此,从传承的角度考虑,要设法鼓励儿童参与民俗庙会活动,为他们的参与提供必要的条件。在这方面,日本在文化财(包括民俗文化财)保护工作中的一些做法是值得我们学习借鉴的。日本一些被确定为民俗文化财的活动中,几乎都有儿童的方阵、儿童的参与,甚至为了儿童的参与,宁可打破仪式活动的"常规"。

例如,2008 年 5 月 3 日,笔者在日本滋贺县草津市下笠町老杉神社考察"五谷丰成祈愿踊り"时发现,参与该项活动的人员涵盖各个年龄段,有白发苍苍的老者,也有刚刚入学的小学生;涵盖各种职业,既有神社神职人员,也有许多家庭妇女。其中让我最感到吃惊的是大量青少年的参与,走在舞蹈队伍前面的是一位由大人牵着手的只有四五岁的男童,两位最主要的舞者一位十岁左右,一位约十五六岁。可见在这项活动中,少年儿童始终占有重要的地位。神舆出游,原本抬者只能是成年男性,不允许女性、小孩接触。但是,我们在现场看到,有两副小神舆是专门供小孩子们抬的,由老师担任指挥,参与者均为小学生,不仅有男孩,也有不少女孩,他们跟随在大人的后面抬着神舆,用童稚的声音高声呐喊,汗流浃背,但没有一人退却。询问当地民众,他们为什么要这样做?几乎一致的回答是要让小孩子们在快乐中感受到这种气氛,享受这种乐趣,从而慢慢地学会技艺。在巡游的队伍中,有一大群推着自行车的妈妈,车上载着孩子穿的衣服、喝的饮料和吃的点心,一路随行,队伍休息时就为孩子忙这忙那。从活动的组织者到家长,无不体现了让孩童积极参与的愿望,并为他们的参与创造了良好的条件。

2008 年 5 月 23 日在日本广岛县三次市三河町下板木村调查"信原田乐大花田植"时也遇到了这种情况。田乐是广泛流行于日本的一项民俗活动,在插秧时举行,以祈祷水稻丰收。临近仪式结束时,安排一男一女两位小孩入田,学习插秧。这是事先安排好的程序。没想到的是,这时又有两位男孩、两位女孩主动提出要下田。当现场广播播出此消息后,现场顿时爆发出了阵阵掌声,对这四个小孩的行为表示赞扬,连歌手也停止了演唱,很快有几位村民带领小孩下田,并指定专人教他们插秧,活动才接着进行。

如果按照非物质文化遗产的原真性保护原则,上述两例都属于"违规"行为,因为它打破了原有活动的惯例。但这种"违规",却恰恰体现了日本民众在民俗文化财保护过程中对于"儿童"的重视。

因此,我们在民俗庙会的保护中,应该牢固树立"儿童意识"。儿童时期不仅是身体生长的重要时期,更是学习的重要阶段。让儿童从小学习、接触民俗庙会文化,可以说能起到事半功倍的作用。在具体的操作中,可以制作一些适宜中小学生使用的道具,由学校组织舞龙、舞狮、高跷、腰鼓、打莲湘等表演队伍,直接参与庙会活动,为培育年轻的传承人创造条件。

总之,虽然说空间、时间和传承人是近些年来传统民俗保护、非物质文化遗产保护中一直强调的问题,但从目前的情况来看,情形并不理想。在这过程中需要解决两个问题:一是明确政府和民间组织的关系和职责,政府部门该管的要认真负责管起来,比如信仰空间的土地规划问题;二是要改变观念,辩证看待"变"与"不变"(传承与创新)的关系,比如庙会的时间,为了适应当下的实际情况,必须作适当的调整,以便于更多的人参与,为传承创造必要的条件。

(本文原刊于《群文世界》2016 年第 2 期)

化传统为时尚：李守白的艺术创新之路

传统民间艺术需要创新，是一个共识，但如何创新、怎样创新，是一道不易解决的难题。创新就意味着抛弃部分传统，抛弃陈规，扬弃已不合时宜的东西；创新需要勇气，还要冒失败的风险。正因为如此，民间艺术家们面对困境往往裹足不前，不敢迈出这一步。当然创新也是需要能力的，没有足够的能力就无法创作出真正具有创意的新作品。李守白从一位传统剪纸艺术家，到如今成为蜚声海内外的海派创意剪纸的领军人物、石库门风情重彩画的开拓者，其艺术实践和成功经验无疑可以给我们提供借鉴和启迪。回顾李守白这些年来的艺术创新之路，大致可以用"出"与"入"两个词来概括。

一、走"出"传统剪纸，走"入"创意剪纸

如果从新疆阿斯塔那地区三座南北朝墓葬中出土的剪纸算起，中国民间剪纸艺术已经走过了一千五百多年的发展历程。长期的创作实践，积累了丰富的经验，形成了基本固定的剪纸语言。这既是一笔宝贵的财富，但同时也成为了剪纸艺术家们创新的"桎梏"。

李守白出生于一个艺术世家，父亲李庭益是著名的剪纸艺术家。李守白从小就受到父亲严格的绘画基础训练和民间艺术的熏陶，10 岁时剪纸作品就被《文汇报》刊登，11 岁时剪纸作品《学科技》参加"上海市少年儿童美术展览"，被选为展览会海报，多家报刊刊登。考入上海工艺美术学校后，李守白接受了正规的美术基础训练，此后又拜中国著名画家、剪纸大师林曦明先生为师。2004 年前，李守白一直以青年海派剪纸艺术家的身份蜚声业内。海派剪纸，虽然相对于中国传统剪纸来说，已经有了不少的超越，但随着剪纸生活实用功能的消失，如何令

其作为艺术品真正被市场接受,似乎还没有特别成功的例子。上海一些剪纸艺人在宾馆、商场、旅游景点表演剪纸及出售剪纸作品,虽然也能获得不错的经济收入,但终究不是剪纸艺术的根本出路。有着十多年海外生活经历的李守白,对中国剪纸艺术的价值有着比一般艺人更深刻的认知,他认为,解决问题的关键是要找到一个传统剪纸与现代艺术对接的形式。

2004 年 9 月,由其名字命名的上海守白文化艺术有限公司进驻徐汇区青年创业孵化园,从此他的艺术创作进入了一个全新的阶段,也就是从这个时候起,李守白开始尝试对传统剪纸的大胆改造。第一幅赢得广泛赞誉的作品是长 17 米、高 0.6 米的大型剪纸长卷——《上海童谣》,它采用连环画的形式,描绘了当年孩子们在石库门里弄集体玩耍的情景,孩子们天真的童趣在作品中得到了淋漓尽致地表达。说起这幅作品,跟本人还有一点关系:2004 年本人受华东师范大学出版社夏玮女士之邀,选编《笃笃笃,卖糖粥——100 首上海里弄童谣》,为了增强童趣,编辑建议增加插图,于是请李守白为本书插图。过了一个月左右,36 幅既符合童谣内容又充满童趣的绘画便完成了,为该书增色不少。可喜的是,没过多久,便见到了他以童谣为创作内容的剪纸长卷,此作品多次赢得大奖。自此以后,其创新的步伐更快,走的是传统剪纸与现代时尚元素相结合的路子。

在 2007 年的"第二届国际创意活动周"上,李守白设计制作的"剪纸创意家具",首次打破了剪纸需用"纸"来做的概念,将剪纸的造型和纹理表现在实木家具上,使"生活艺术化"能被切身感受,受到了来自各界的瞩目。

2009 年春节,李守白用剪纸语言设计的大型装置艺术——3D 重叠"剪纸牛群"与高大的"石库门"剪纸雕塑,耸立在上海新天地南里广场的中心位置。该作品采用木质板材和 LED 灯光嵌入式效果来制作,将浓郁的民族文化和独特的海派艺术相融合,创造出"最牛一年"的新天地景观,在整个新年里被视为新天地重要的旅游标识。

在 2010 年"国际创意活动周"上展示的"凤穿牡丹"和"喜上眉梢"

海派旗袍剪纸灯饰,运用镂空剪纸技艺做成。内置灯光后,剪纸图案间的镂空效果或明或暗地折射出来,产生隐隐约约的视觉效果,从而表达出一种独特的艺术美感。

在"3D纸艺——2010中国·瑞士纸艺合展"中,参展作品"石库门的光与影",除了运用剪纸的画面和镂空技巧外,还引入了环保和低碳的理念。以石库门为表现主题,利用废弃的报纸、用过的瓦楞纸等材料,通过艺术的手法变废为宝,让其成为能传达文化理念的审美作品。

李守白的"纸艺",已经突破了传统剪纸艺术的种种局限,与现代、后现代艺术相结合,从平面走向立体,从单纯的"纸"到综合材料的运用,成为了年轻人喜欢的时尚艺术。本着"把传统剪纸的装饰纹样和现代时尚的造型设计相结合,用兼容并蓄的海派特点来描绘都市题材,这比原生态的剪纸更容易贴近我们的城市生活"的理念,李守白创作出了许多传统剪纸与现代时尚元素相结合的创意剪纸作品。

二、走"出"剪纸,走"入"石库门风情重彩画

"他知道剪纸的外在美不及绘画艺术,但剪纸的构图、造型能为现代艺术提供骨质感;剪纸技法可以成为开拓艺术的手段。于是,他大胆地在重彩画中运用剪纸元素。"2004年11月举办的第八届上海艺术博览会上,李守白首次展示了他新创作的石库门风情重彩画,他表示:"带去了四幅画,当时心里蛮紧张的,不知道会不会得到认可,开价也不高,一幅只有3 000元。没想到,四张都卖完了,这以后,我信心大增,也认识到'石库门消费'始终是有市场的。"其重彩画继承了工笔画的传统,在生宣纸上作画,用中国画的颜料铺彩,同时借鉴油画的技巧,特别是对明暗、黑白关系的处理,以及将剪纸艺术的语言运用于绘画之中,让人耳目一新,得到中外艺术家的一致好评。从此以后,他将主要精力用于重彩画的创作,近年来创作了一批以上海石库门为背景的重彩画,将上海老城厢特有的民俗生活浓缩于画中,从中折射出上海都市风情的人文底蕴和文化精髓。

事实上,在他的石库门风情重彩画中,也可发现对传统剪纸元素的

有效合理利用。如他笔下的女性形象，头、颈、手臂、身材、腿几乎都用以造型的椭圆形，就是源于剪纸语言中的月牙纹；女性服饰上的装饰图案则多用锯齿纹、鱼鳞纹和波纹，在《牡丹阁》《弄堂淑女》《市景》等作品中表现得都非常明显。也由此形成了其作品与众不同的独特风格。

三、走出纸面艺术走"入"跨界艺术

李守白并没有满足于重彩画的成功，近些年来不断开拓，将创意剪纸、重彩画从纸面艺术向生活领域扩展，他自己称之为"跨界"行为。如将创意剪纸《上海童谣》制作成立体雕塑，运用到家具装饰；将创意剪纸、石库门风情重彩画制作成浮雕挂屏、工艺灯具，甚至 U 盘。特别是将剪纸艺术运用于大型的环境装饰方面，如 2010 年春节在上海时尚之地新天地布置的大型剪纸雕塑"团圆新天地·翘首最牛年"，2010 年 4 月在卢湾区西成里制作的"上海童谣大型浮雕壁画"等，都取得了极好的社会反响。

"泡咖啡中国人永远比不上外国人，泡茶外国人永远不如我们。我要把中国民间艺术的新价值发掘出来，但是必须要迎合时代、前卫时尚。"这正是李守白艺术创新的成功之处，也是他不断努力的方向，祝愿他取得更大的成功。

（本文原刊于《上海工艺美术》2012 年第 3 期）

奔走在普及民俗文化路途中的学者郑土有

孔庆利

图为郑土有教授接受采访

近日,我们走进复旦大学,采访了我国著名民俗学家,中国民俗学会副秘书长,华东师范大学中国民俗保护研究开发中心兼职研究员,复旦大学中文系教授、博导郑土有先生。他就民俗文化与中国传统文化的传承与保护谈了自己的研究心得与体会。

民俗或民俗文化已成为当下媒体和口头语境中的热门词汇。但民俗或民俗文化究竟指什么、包括哪些内容、有哪些表现形式这些问题,在民众中并没有形成清晰的认识。郑土有教授在采访中给出了他对民俗学的理解:"民俗文化在中国五十六个民族中,内容极为丰富,表现形式多种多样。民俗这种人类文化是各民族民众世世代代传袭下来的、有稳定形式的事物和现象，它表现在人们的行为上、口头上、心理上，并且不断反复地出现在民众的日常生活中，为民众所认同。"

在讲到民俗文化的作用时，郑土有教授表示，在以经济发展为中心的市场经济体制下，民俗文化的重要性被大多数人忽视，但事实证明，中国优秀的民俗文化遗产，在历史上为中华民族的振兴和壮大发挥了巨大作用，并为现代人留下了很多宝贵财富。中国的民俗文化始终保持着一种多民族多元一体化格局，保持了文化多样性的鲜明特色，符合人类文明发展的前进方向。民俗文化传统正是当代文化走向大繁荣的根脉，只有根深才能叶茂。我国目前正在大力推进的非物质文化遗产保护的巨大文化工程就充分证实了这种深远的影响。

在民俗文化被边缘化的现实情况下，如何使民俗文化在更大更广的范围内被民众认同和重视，就显得意义格外重大了。谈及这一点，郑教授提出了两点建议：首先是民俗文化普及要从小抓起，让下一代从小就重视民俗文化的作用和意义，提高他们的价值认同，这是民俗文化普及的关键。其次还要在制度上建立起合理科学的普及措施，将民俗学纳入到学校教学计划之内，而不是仅仅将其作为一门点缀性的学科，在国家重视的前提下才能更好地引导民间机构和民众自身参与其中。

知易行难。无论是对民俗文化的保护、传承，还是开发、利用，都需要政府、市民、商家、媒体、学者和研究机构等主体单位多方协同努力，需要在取得一致认识的基础上明确各方的权责，以共同利益和长远利益为目标，力争实现现代文明与传统文化的共赢、经济发展与社会风尚的共赢，使民俗文化成为实现中国梦的一个有力支点。

（本报道见新华网 2014 年 6 月 24 日，中国民俗学网 2014 年 6 月 25 日）

郑土有：让民俗文化留住美丽乡愁

月映红

　　婺城，一座在时光的潮汐中屹立了 2 000 多年的古城，世人该如何保护好那些留存不多、有着百年千年历史的文化遗存？如何正确处理美丽乡村建设与乡土文化保护的关系？如何发挥政府主导和民间保护的作用？

　　带着这些疑问，五一期间，笔者有幸在浙江省金华市汤溪镇寺平村拜访了应邀参与民俗文化挖掘、整理工作的我国著名民俗学家郑土有先生，向其讨教传承民俗文化助力乡村振兴等话题。

　　郑土有教授坦言，无论是对民俗文化的保护、传承，还是开发、利用，都需要政府、企业、民众、媒体、学界等多方协同努力，需要在取得一致认识的基础上明确各方的权责，以共同利益和长远利益为目标，力争实现现代文明与传统文化的共赢、经济发展与社会风尚的共赢，使民俗文化成为实现中国梦的一个有力支点。

　　郑土有，浙江省金华市婺城区塔石乡人。文艺学博士，现为复旦大学中文系教授、艺术人类学与民间文学专业博士生导师、民俗学专业硕士生导师，复旦大学艺术人类学与民间文学研究中心副主任。兼任中国民俗学会副会长、国际亚细亚民俗学会中国分会副会长、中国民间文艺家协会理事、上海市非物质文化遗产保护专家委员会成员、上海通俗文艺研究会副会长、上海五缘文化研究所所长、延边大学客座教授、三峡大学客座教授。主要从事民间文学、民俗学、非物质文化遗产保护的教学与研究工作。

　　郑土有长期以来潜心于民俗文化的研究，经常深入乡间田野，足迹遍及大江南北，寻访年逾古稀的山歌歌手和故事家，搜集整理各种民间文化资料,他主持的中国农民画调查项目,花了 5 年时间,调查了 12 省 16 个农民画画乡。为弘扬中国优秀传统文化、保护非物质文化遗产作出了不懈努力。其学术成果分获上海市哲学社会科学优秀成果一、二、三等奖,两次获得中国民间文艺最高奖"山花奖"。2016 年以来,郑土有应邀参与汤溪乡贤会的工作,为婺城汤溪民俗文化的挖掘、整理献计献策,指导开展了汤溪山歌、汤溪手艺人口述史、汤溪民俗的调查和整理工作,已取得初步成果。

乡愁是一种情愫,历久弥坚

回忆起家乡生活,56 岁的郑土有似乎有说不完的故事。

出生在婺城山区塔石乡壁下村的郑土有,在村里的小学、乡里的初中度过童年的时光,他不仅读书用功,而且每天放学后,打猪草、砍柴,为家里做些力所能及的事。因为成绩优异,加上政审过关,郑土有成为那届塔石初中仅有的几个能走进汤溪"城里"读高中的"山里毛虫"之一。

郑土有说,壁下村距离汤溪镇有 60 里路,因为汤溪在 1958 年撤县以前是县城,所以"山里人"习惯称去汤溪是"进城里"。那个年代,"城里人"看不起"山里人",吵架时就骂"山里人"是"山里毛虫"。"山里人"脾气犟,不服气,骂"城里人"流里流气,所以经常闹矛盾,甚至打架。而往往吃亏的都是山里人,所以山里学生都会有种惧怕心理。郑土有笑言,这种现象至今还百思不得其解,但确实是当时来自山区的学生共同的体验。

因为路途遥远,交通不便,郑土有两周才回家一次,每次都要走上六七个小时,回校时再从家里带上两星期不易变质的霉干菜炒黄豆之类的菜。"那时吃得太多了,导致后来很多年看到霉干菜都反胃。"有时家里给了几毛钱零用,花五分钱买一碗青菜,他也必然分中、晚两顿吃。"父母在汤溪镇附近的油麻车村有个朋友,有时就到他们家去拿一些腌菜,调剂一下。"虽说求学之路艰辛,但郑土有依然觉得乐在其中。

1977 年,郑土有高中毕业后回到村里,在生产队干农活。因为是高中生,没多久被推荐当了村里最早的赤脚医生。采草药、练针灸,学起了医学知识。他还在汤溪区赤脚医生知识竞赛中得过第三名。"说真的,那两年当赤脚医生的日子也挺有意思的,看到村民的病被自己治好了,特有成就感。"郑土有坦言,本以为日子就这样在农村过上了,但母校老师的一个口信改变了他的命运。

1979年春天的一天,汤中地理老师胡则友托人给郑土有带了个口信,希望他到汤中复习班复习。母校老师的关爱,再一次激起了心中的读书欲望!郑土有回忆,当时家里条件很差,父亲身体不好,还有弟弟妹妹在上学,他已是家里的主要劳力,出去复习对家庭生活影响是很大的,当时他跟父母承诺:"只复习一年,若没考上,就回家务农。"在获得父母支持的情况下,1979年秋,郑土有又回到汤溪中学,经历了人生中最奋力拼搏的一年,起早贪黑、埋头苦读,除了吃饭睡觉,就是在教室里上课复习,几乎很少回家。经过一年的努力,终于顺利考上了华东师范大学中文系。

岁月抹去了不少生活的痕迹,但是乡愁,让童年的记忆历久弥新。

民俗文化是联系"乡愁"的纽带

缘何会走上民俗文化研究之路,郑土有表示,这与他的汤中学习经历和农村生活密不可分。

"我良好的中文基础要感谢汤中教过我的两位语文老师。一位是陈培德老师,他毕业于北大哲学系,讲起课来口若悬河,声音极富磁性,普通话标准,我非常爱听他的课。陈老师后来担任过金华市委宣传部长、浙江师范大学党委书记、浙江省委副秘书长、浙江省体委主任等职。还有一位是复习班的金烈光老师,不仅语文知识渊博,而且有很好的教学方法,在他的悉心辅导下,我的语文成绩有了更大的提高。后来填报志愿时,充分听取了金老师的建议报考了华东师大中文系。"郑土有坦言,自己能走到今天离不开母校的培养和恩师的教导。

因为从小生活在农村,民俗文化的种子在郑土有儿时就已慢慢萌芽。"每到夜晚,村里的男女老少都会走出家门坐在一起聊天,小孩子们或是玩耍,或是听着老爷爷讲有趣的民间故事。"郑土有时常回忆起怡然自得、民风淳朴的乡村生活。在大二的时候,他选修了民间文学,开启了他与民俗文化研究的不解之缘。大学毕业时他考取了华东师范大学中文系民间文学专业硕士研究生。毕业后,郑土有进入上海市文联从事民间文学刊物的编辑工作。

民俗文化正是郑土有联系"乡愁"的纽带。2001 年至 2004 年,郑土有在职攻读了文艺民俗学博士。毕业后,他选择进入复旦大学教书育人,立志为优秀传统文化的传承和发展培养更多的年轻人。

让他欣慰的是,这些年,随着国家对传统文化的重视,报考的学生越来越多。不过,他的工作也是越来越忙,不仅要教书育人,还要应邀参与各地非遗申报考核、民俗文化挖掘保护工作。"中国优秀的民俗文化遗产,在历史上为中华民族的振兴和壮大发挥了巨大作用,并为现代人留下了很多宝贵财富。当下,民俗文化传统正是当代文化走向大繁荣的根脉,只有根深才能叶茂。"郑土有表示,"这么多年来,我基本上都在为民俗文化的保护和传承而忙碌,希望通过自己的努力,为中国传统文化走向繁荣贡献一份微薄之力。"

婺城,不仅山清水秀、生态优越、风光秀丽,而且还有板凳龙、雅畈斗牛、婺剧等原生态民俗文化,足以唤起我们的乡愁记忆。谈及如何挖掘传承婺城特色传统文化,郑土有教授表示,民俗活动就是乡愁最好的诠释,像塔石举办"三月三"民俗文化节就是民间"看得见的乡愁",这是一种情愫,更是一种文化表达。

"这些年,我看到了家乡地方政府对民俗文化保护和传承的重视。"郑土有建议,民俗文化在抢救性整理的同时一定要注重摸清家底、因地制宜,其多样的表现形式更要在符合本土文化特色的前提下合理展示、利用。在融合乡村振兴工作中,要树立文化遗产的"自珍"意识,更要防止"自毁"现象的发生。同时,郑教授表示,他愿意带着大学生社会实践团队走进家乡,为婺城民俗文化的挖掘、保护和传承献计献策。

(本文原刊《婺风》2018 年第 7 期)